Hugo Loetscher

Lesen statt klettern

Aufsätze zur literarischen Schweiz

Diogenes

Editorische Notiz am
Ende des Bandes
Umschlagillustration: Ferdinand Hodler,
›Die Dents-du-Midi von Caux aus‹,
1917 (Ausschnitt)

www.diogenes.ch
60/03/8/1
ISBN 3 257 06353 9

Inhalt

Vorwort

Wir werden nicht mit Wurzeln, sondern mit Füßen geboren. Sie verleihen die Freiheit, von dort wegzugehen, wo man zufälligerweise auf die Welt gekommen ist. Diese Freiheit nutzte Thomas Platter. Als Renaissance-Mensch nahm er sein eigenes Schicksal nicht nur in die eigenen Hände, sondern stellte es auch auf die eigenen Füße. Der Geißbub Platter verließ die Berge seines Heimatkantons Wallis und zog in die Stadt Basel. Mit einer Zukunft, die aus Käse, Heu und Kühen bestehen würde, konnte er sich nicht zufriedengeben; er suchte Bildung und fand sie im Humanismus.

Daß diese Entscheidung Platters einen Autor wie Hugo Loetscher einnimmt, wird nicht verwundern. Schließlich bekannte sich Loetscher im *Immunen* zum Credo: »Natura hominis arte facta est« – die Natur des Menschen ist aus Kunst gemacht. Damit stellt er sich gegen die Determiniertheit durch Natur und Milieu und plädiert für eine Gesellschaft, die dem Schwächeren einen gleichberechtigten Platz einräumt. Und eine solche Gesellschaft kommt ohne Bildung nicht aus.

Mit diesem Credo sucht er das wahre Leben nicht auf der Alp, entgegen einer Tradition, die den Einstieg in die Schweizer Literatur mit den Gedichten Albrecht von Hallers zu Unrecht monopolisiert hat. Einmal, weil die Autobiographie Platters zweihundert Jahre vor den Versen Hallers geschrieben worden ist, andererseits auch, weil die Gegenbewegung, »vom Alpinen zum Urbanen«, ebenso Tradition hat wie die Idealisierung der Sennen. Schließlich fiel die Wahl zwischen Käsehütte oder Schulhaus, wie sie in Jeremias Gotthelfs *Käserei in der Vehfreude* beschrieben worden ist, in der Schweiz nicht immer zugunsten der Käsehütte aus.

Indem nun Loetscher seine Aufsätze zur Schweizer Literatur mit dem Wunsch Platters beginnt, in die Schule gehen zu dürfen, und er die idealisierenden Dichtungen Hallers erst an die zweite Stelle setzt, erscheint die schweizerische Literatur in einer anderen Perspektive, nämlich in einer, die zum Umdenken nicht nur einlädt, sondern geradezu zwingt.

Nicht ganz unpersönliche Aufsätze hat der Autor beabsichtigt. Da sind einmal solche über klassische Autoren wie Gotthelf oder Keller, daneben aber auch über andere, an deren Werk sich heute kaum noch jemand erinnert oder die bereits zu Lebzeiten ohne Erfolg geblieben sind. Doch ermöglicht gerade die Lektüre etwa eines Adrien Turel oder Konrad Farner unerwartete Einsichten, wenn es darum geht, der literarisch-intellektuellen Schweiz näherzukommen. Bezeichnend für Loetschers Bekenntnis zu Mehrsprachigkeit und Multikulturalität ist die Tatsache, daß zu seiner Schweiz selbstverständlich auch welsche Autoren gehören wie Maurice Chappaz oder Jacques Chessex; ihre Werke repräsentieren eine Religiosität, wie sie sich im deutschsprachigen Landesteil nicht im ähnlichen Maße findet und daher mehr ist als nur eine Ergänzung.

Nun hat Loetscher selber eine Epoche der Schweizer Literatur mitbestimmt. Dabei entstanden persönliche Beziehungen, die seine Sicht auf Autoren seiner Generation und ihre Werke mitgeprägt haben. Die Auseinandersetzung mit einem Max Frisch, einem Friedrich Dürrenmatt oder einem Adolf Muschg mag dadurch logischerweise viel persönlicher geprägt sein; dennoch steht auch bei ihnen das Dilemma von Engagement und Ästhetik, von politischer Verantwortung versus Recht auf Kunst ebenso an zentraler Stelle wie bei Gottfried Keller und seinem Hin- und Hergerissensein zwischen dem Wahren und dem Schönen. Wie universell dieses Dilemma auch sein mag, im Falle der Schweiz äußert es sich mit Hartnäckigkeit, fast als ob das Bekenntnis zur Belletristik etwas Unziemliches hätte.

Erstaunlich ist diese Sammlung nicht zuletzt wegen der Stilvielfalt der Essays. Einmal nähert sich Loetscher den Autoren in Gestalt eines fingierten Interviews, ein andermal in Form der Erinnerung, dann wieder mittels einer Analyse des Gesamtwerkes oder einer überraschenden Begegnung in einem Helvetischen Chatroom; im Falle von Blaise Cendrars tritt er gar als dessen Gepäckträger auf.

Die Essays sind Zeugnis einer Beschäftigung mit Schweizer Literatur über Jahrzehnte; manche sind eigens für diesen Band konzipiert worden, andere erschienen bereits früher in diversen Zeitschriften oder Anthologien. Sie zeigen, daß sich der überzeugte Kosmopolit Loetscher, trotz seiner intensiven Beschäftigung mit Lateinamerika und Asien, immer wieder auch zur Literatur der Schweiz geäußert hat. Von einem Autor, der selber die Frage aufwarf, wer wohl die Schweiz entdeckt haben könnte, und sogar befürchtete, seine Heimat sei vielleicht noch gar nicht richtig entdeckt worden, läßt sich auch nichts anderes erwarten. Sein Vorschlag, die Geschichte der Schweizer Literatur aus einem völlig neuen Blickwinkel zu betrachten, lädt zu einer Entdeckungsreise innerhalb der eigenen literarischen Heimat ein. Damit relativiert er vieles, was zum Mythos geworden ist.

Schon der junge Loetscher relativierte den Mythos Heimat. Er definierte sie nicht als etwas Gegebenes, sondern als etwas, das man sich fortwährend erwirbt, als etwas, das man stets für sich vergrößert und dessen Grenzen man immer wieder verschiebt. Das veranlaßte ihn auch dazu, anders über die heimatliche Literatur nachzudenken und zu dem Schluß zu kommen: Provinz ist keine Gegebenheit, sondern eine Entscheidung.

Jeroen Dewulf

Die urbanen Platters – die andere helvetische Tradition

Gemeinhin lassen wir die deutschsprachige Literatur der Schweiz mit Albrecht von Hallers Gedichtband *Die Alpen* beginnen – aber es gäbe einen anderen Einstieg und eine andere Einsicht.

Zwar sind die Berge auch schon vor Haller bedichtet worden. Aber er war es, der ein Datum setzte. Erst 1732 erlangte die Alpendichtung dank des Berner Aristokraten literarischen Rang.

Nun waren die Alpen nicht irgendein Motiv; sie waren Bekenntnis. Modisch gesprochen: Sie waren identitätstiftend. Nicht umsonst hatte Haller, programmatisch wie entschuldigend, seine Verse »schweizerische« Gedichte genannt.

Die Bergwelt als das feierlich Ureigene – man konnte über sie ganz anderes lesen: Vom »hohen und grusamen Berg« schrieb Thomas Platter. Und das war zweihundert Jahre früher.

Thomas Platter (1499–1582), ein Walliser Geißbub, der die Bergwelt verließ, um in der Stadt seinen Wirkungsraum zu finden. Und Albrecht von Haller, der Städter, der in der Bergwelt göttliche und vaterländische Offenbarung erfuhr, der wanderte durch das Erhabene, ohne sich dort niederzulassen.

Auf der einen Seite Haller, der die Welt der Sennen idyllisierte: »Wann Tugend Müh zur Lust und Armut glücklich macht... man ißt, man schläft, man liebt und danket dem Geschicke.« Auf der andern Seite Platter, der sich erinnert: »Im Sommer mußte ich im Heu liegen, im Winter auf einem Strohsack voller Wanzen und oft auch voller Läuse. So liegen gewöhnlich die armen Hirtlein, die bei den Bauern in den Einöden dienen.« Und manchmal war der Durst so groß, daß sich der Junge in die Hand pinkelte und das eigene Wasser trank. Trotz bitterarmer Jugend (»große armut von mutter lyb an«) erinnert er sich an glückliche Momente wie ans Kristall-Suchen. Aber die Alpen waren bedrohlich – »grausig der Berg«, »grausig der Fels«.

Als Jüngling hatte Platter seine Bergwelt verlassen. Er kehrte gelegentlich noch dorthin zurück. Doch es blieb beim Zwischenhalt; auch wenn er später einmal daran dachte, sich mit seiner Familie im Herkunftstal niederzulassen: Die Absicht blieb von kurzer Dauer, und dies, obwohl die Walliser Regierung ihm das Schulwesen anvertrauen wollte.

Als er seinen Heimatort Grächen zum letzten Mal aufsuchte, war er vierundsechzig, Leiter eines Internats, Rektor der Münsterschule in Basel, ein erfolgreicher Drucker und angesehener Wissenschafter. Die Wiederbegegnung bestätigte Trennung und Abschied, die schon lange vorher stattgefunden hatten. Er hatte als Knabe beim Rodeln einst geglaubt: »Ich könnte es ebenso gut wie meine Brüder.« Aber er machte, übers Rodeln hinaus, die Erfahrung: »Sie waren die Berge besser gewohnt als ich.«

Auf diesem letzten Besuch begleitete ihn sein Sohn Felix (1536–1614), seinerseits ein anerkannter Mediziner, der

Würde nach Basler Stadtarzt. Dieser, in der Stadt geboren, hatte Mühe mit der Familienwallfahrt ins Oberwallis. Von ihm als Studenten hatte es geheißen: »Zuerst die medizinische Ausbildung und dann eine reiche Heirat... unser ehrgeiziger Jüngling verliert diese klassischen Wege des sozialen Aufstiegs nicht aus den Augen.« Sein jüngerer Halbbruder wird für ihn die Grabinschrift entwerfen: »Aeskulap seiner Stadt und der ganzen Welt.« Felix Platter hatte andere Reiseerfahrungen gemacht als sein Vater; er hatte in Montpellier Medizin studiert und auf dem Hinritt und dem Rückritt ein Stück Frankreich kennengelernt.

Der Vater, Thomas Platter, hingegen war als junger Geißhirt ausgezogen, um lesen und schreiben zu lernen. Was ihm, der Halbwaisen, zu Hause geboten wurde, hatte wenig mit schulischer Bildung zu tun. Der Pfarrer, der sich seiner zeitweilig annahm, war großzügiger mit Schlägen als mit Lektionen; von dieser pädagogischen Methode hatte Platter mitgekriegt, daß es zuweilen für einen Lehrer nützlich ist, den Unterrichtsstoff einzubleuen.

Platter suchte seine Ausbildung jenseits der Berner Alpen, in der Außerschweiz, wie die Walliser noch heute sagen, in Deutschland. Mit »Tütschland« war der deutschsprachige Raum gemeint und damit auch die Schweiz. Er brach in Städte auf wie München und Dresden, wie Naumburg und Breslau. Das war zu einer Zeit, als »Ausland« und »Elend« sprachlich noch die gleiche Bedeutung hatten.

Eine neue Welt tat sich auf, und sei es nur, daß der Walliser Bergbub zum ersten Mal Kachelöfen sah oder Ziegeldächer. Zum ersten Mal begegnete er auch seltsamen Tieren wie Gänsen. Die verlockten zu einer neuen Möglichkeit, sich durchzuschlagen, zum Beispiel zum Gänsediebstahl.

Sechs Jahre zog Platter als fahrender Student durch die deutschen Lande, in Begleitung eines selbstherrlichen Vetters. Der Jüngere, als »Schütze«, mußte, wie es Usance war, in Gegenleistung für den Unterricht sich um den Unterhalt kümmern. Statt daß der Ältere, ein sogenannter »Bacchant«, sich groß um dessen Ausbildung sorgte, nutzte dieser den »Schützen« nach Strich und Faden aus.

Sechs Jahre Vagantentum. Der junge Platter stahl sich durch, wie Not heischte und sich Gelegenheit bot. »Singen gehen« hieß soviel wie betteln. Und Platter lernte singen. Auf unerwartete Weise erfuhr er Sympathie. Nach der Schlacht von Marignano (1515) empfand man europaweit ein Mitgefühl für die geschlagenen Schweizer; die hatten bis dahin als unbesiegbar gegolten. Dank einer helvetischen Niederlage kam Platter zu manchem Notgroschen. Und wenn er gar Walliser Dialekt redete, kriegte er für sein exotisches Deutsch oft einen Sonderbatzen.

Allerdings, als er nach seinen Vagantenfahrten ins Wallis zurückkehrte, wunderten sich nicht nur Familie und Verwandtschaft, wie »fremdländisch« er sprach. Jahrzehnte später wird er seinen Sohn Felix, als dieser von seinem Studium und seinen Reisen aus Frankreich zurückkehrt, mahnen, nicht so ausländisch zu sprechen, sondern sich dem heimisch-langsamen, betulichen Redegang anzupassen. Als sein Sohn Felix ihm Südfrüchte schickte, schrieb er zurück: »Ich bringe das seltsame Zeug nicht herunter; Pomeranzen machen mir lange Zähne, daß ich beim Brot nicht beißen mag; Granatäpfel sind langweilig zu speisen. Ich esse nach meinem alten Brauch ein gut Stück Habermus wie die andern Bauern.« In solchen Momenten kam in dem Basler Humanisten der Bergler hoch, der auch nicht alle groben Scherze der Herkunft aufgegeben hatte.

»I wott id Schuel« – Platters Wunsch gibt einen Slogan ab für die Geschichte unseres Bildungswesens: »Ich will in die Schule.«

Was sich als älteste Demokratie rühmt, kennt erst dank eines Heinrich Pestalozzi seit gut zweihundert Jahren die demokratische Möglichkeit, daß alle in die Schule gehen können – was auch soviel heißen kann wie Schulzwang. Der Autodidakt (»Ich will in die Schule«) stellt in unserer Literaturgeschichte einen Typus dar: sei es Ulrich Bräker, der arme Mann aus dem Toggenburg, oder Kleinjogg, der philosophische Zürcher Bauer. Ich will in die Schule, und wenn ihr mich nicht laßt, bau ich mir selber eine. So schulfreundlich war das Land nicht immer und nicht überall. Im neunzehnten Jahrhundert wird Jeremias Gotthelf darüber einen Roman schreiben, wie die Einwohner der Vehfreude sich gegen den Bau eines Schulhauses aussprechen zugunsten einer Käserei.

Platter entschied sich nach seinem studentischen Vagantentum und einem kurzen Abstecher ins heimatliche Wallis für Zürich. Bei Myconius, dem Schulmeister am Fraumünsterstift, lernte er Latein. Griechisch erwarb er sich im Selbststudium; wo er keinen Lehrer hatte, machte er sich selber zu einem. Ein Bildungswille, der sich durch keine Umstände kleinkriegen ließ. Nachts stand er heimlich auf, um seinen Homer zu lesen. Seine Hebräisch-Kenntnisse erwarb er, indem er zur nächtlichen Stunde eine Grammatik abschrieb, während deren Verfasser schlief. Seine Situation verbesserte sich, als der Autodidakt selber Lehrer wurde. Er wurde Hauslehrer bei Heinrich Werdmüller, einem Müller und Ratsherrn, das bedeutete Kost und Logis. Er übte mit den übrigen Tischgängern von Myconius Grammatik. Und zwischendurch fand er ein Auskommen, indem er sich in Zürichs Umgebung als Hebräisch-Lehrer anbot.

Als er mit einer ersten ordentlichen Ausbildung begann, war er längst über das übliche Studentenalter hinaus. Er hatte sich mit Gelegenheitsarbeiten durchgeschlagen, lebte zeitweilig in einem Halbbordell, besorgte Botengänge, darunter hochpolitische und höchst gefährliche. Als Hühnerhändler verkleidet, schmuggelte er Nachrichten nach Zürich, um Huldrych Zwingli über die Disputationen zu informieren, von denen der Reformator ausgeschlossen war, bei denen aber die Sache der Reformation verhandelt wurde.

Der Wechsel vom Wallis nach Zürich war kein bloßer Ortswechsel, Platter hatte nicht einfach die Berge gegen eine Stadt eingetauscht. Der Geißbub, für den zu Hause vielleicht die Ausbildung zum Priester möglich gewesen wäre, ließ den Katholizismus seiner Kindheit hinter sich; er bekannte sich zur Lehre von Zwingli. Als Protestaktion mag man die Szene deuten, die er nicht ungern weitergab: Als er als Kustos die Kirche heizen sollte, machte er mangels Brennmaterials mit einer Johannes-Statue Feuer; der Evangelist erwies sich als tauglicher Wärmespender.

Wenn sich Platter mit Hanf eindeckte und die Seilerei erlernte, dann nicht nur, um einen Brotberuf zu haben. Der Religionsmeister Zwingli hatte das Handwerk als Gegenmittel zum unverbindlichen Disputieren und Spekulieren empfohlen. Angesichts mancher heutiger Symposien denkt man nostalgisch an die zwinglianische Empfehlung.

Das Seilerhandwerk war eine Zeitlang für sein Auskommen wichtig, auch noch, als Platter nach Basel zog. Doch trat neben das Handwerk und bald an dessen Stelle die Lehrtätigkeit. In Basel wurde er Professor, leitete ein Internat und gründete eine Druckerei. Der Geißbub, der einst verdingt worden war, wurde Hausbesitzer an einer guten Basler Adresse und Eigentümer eines Landgutes, ein sozialer Aufstieg, der bis ans Lebensende nicht frei war von Schuldenlast.

Über seinen Lebenslauf hat Platter einen Bericht geschrieben, Lebenserinnerungen verfaßt, um seinem Sohn Felix darzulegen, welche Mühsal ihm widerfahren war, aber auch, wie er all die Mühsal meisterte – »durch gottes gnadt«. Er war recht offen, wenn er gestand, wie er und seine Angetraute monatelang die Ehe nicht konsumierten, »da sich beide schämten«.

Seine Autobiographie ist ein frühes Zeugnis jener literarischen Gattung, die in der schweizerischen Literatur einen festen Platz einnehmen wird: bei Albrecht von Haller als *Tagebuch seiner Beobachtungen über Schriftsteller und sich selbst* und bei Johann Caspar Lavater als *Tagebuch eines Beobachters seiner selbst*, später als *Sieben mal sieben Jahre aus meinem Leben* bei Jakob Stutz bis zur *Bilanz eines erfolglosen Lebens* bei Adrien Turel.

Platters Lebenserinnerung ist geschrieben in einem Frühneuhochdeutsch, das sich nur mit etlicher Anstrengung im Originalton lesen läßt. Es gibt Übertragungen ins Deutsche unserer Zeit, die ein zusätzliches Lesevergnügen bieten, da sprachliche Reminiszenzen beibehalten (und erklärt) werden: »Zank« heißt nicht »Streit«, sondern »Diskussion« und »Einöde« soviel wie »steinichte Alpenweide« oder »Einzelhof«, »küsse« bedeutet »Kissen«, und »große Welt« heißt »viel Leut«, und es wird einem bewußt, daß »Gewehr« von »wehren« kommt, so daß eine Stoß- und Hiebwaffe wie die Hellebarde auch ein »Gewehr« sein konnte; eine Redewendung wie »sich in die Nesseln setzen« wird anschaulich, weil sie aufs Hinkauern beim Bedürfnisverrichten anspielt, indem man »in die Nesseln brünzlet«.

Hundertfünfzig Jahre kursierten die *Lebenserinnerungen* nur in Abschriften, bis sie Ende des 18. Jahrhunderts gedruckt wurden. Seither bilden sie ein sicheres Kapitel der deutschschweizerischen Literatur. Unter verschiedensten Gesichtspunkten wurde das Werk publiziert – nicht nur, um »zu belustigen und zu ergetzen«. Anfänglich als Erbauungslektüre gedacht, als Beispiel für ein tapfer gottergebenes Leben, später als »Sittengemälde ihrer Zeit«, immer aber als einzigartiges Dokument der Reformation und der Renaissance verstanden, ein Zeugnis der Neuzeit, in der das Individuum beginnt, von sich Kenntnis zu nehmen.

Aber nicht nur die eigenen Erinnerungen geben Auskunft über sein Leben, sondern auch die seines Sohnes Felix. Allerdings deckt dieser mit dem, was er zu Buche brachte, nicht sein ganzes Leben ab. Was er als Siebzigjähriger niederschrieb, sind die Erinnerungen an seine Studentenzeit in Montpellier und an seine Reise durch Frankreich. Auch der Sohn aus zweiter Ehe, Thomas der Jüngere (1574–1628), Tomilin genannt, verfaßte ein Buch über seine Reisen, diese führten ihn nach Spanien, England und in die Niederlande.

Nimmt man die drei Memoirenwerke als Ganzes, erhält man Einblick in ein Jahrhundert. Das Dokumentarische wird um so bedeutungsvoller, wenn man die Briefe von Thomas Platter an seinen Sohn mit berücksichtigt. Und wenn man bei Felix Platter neben seinen wissenschaftlichen Werken wie den *Observationes* die Beschreibung der Stadt Basel und den Pestbericht aus den Jahren 1610/11 mit in Betracht zieht. Eine solch dokumentarische Zeugenschaft zweier Generationen hat den französischen Historiker Le Roy Ladurie zu seinem breit angelegten Werk *Le siècle des Platters* inspiriert; auf deutsch wurde »Das Jahrhundert der Platters« zu *Eine Welt im Umbruch;* die Platters wurden ins Souterrain des Untertitels verwiesen: »Der Aufstieg der Familie Platter im Zeitalter der Renaissance und der Reformation.«

Wie stark dabei das Alpine die Denkart bestimmen kann, mag man auch daran erkennen, daß Le Roy Ladurie für den beruflichen Aufstieg des Humanisten metaphorisch dem Berglerischen verfällt: »Als geborener Alpinist wird Thomas der Bergler jeden Schritt seiner beruflichen Karriere sichern. Erst wenn er mit den Füßen Halt gefunden hat, sucht er mit der Hand auf der glatten Felswand den nächsten Griff zu ertasten, den winzigen Steinvorsprung, an dem der Kletterer sich festklammern kann, um in einem Schwung seinen ganzen Körper weiter nach oben zu befördern: vom Halt, den das Betteln gewährte, zum Griff der Alphabetisierung...«

Sosehr die Autobiographie von Thomas Platter kulturgeschichtliche Einblicke bietet, die Stärke des Lebensberichtes liegt nicht primär in der Kenntnisnahme der politisch-gesellschaftlichen Situation seiner Zeit. Die Ausrichtung auf das persönlich Erlebte bedeutet unweigerlich Einschränkung, sie verschafft aber dem Werk zugleich eine eigene Qualität. Die Lebenserinnerungen Platters sind die erste Autobiographie der Deutschschweizer Literatur.

Man könnte neben Platter für den schweizerischen Kulturbereich weitere zeitgenössische Autoren nennen, die ihre Autobiographien veröffentlichten. Josua Maler (1529–1599), der das Wörterbuch *Die Teutsch spraach* bearbeitet hatte, hielt seine Lebenserfahrungen in einer Hauschronik für Kinder und Kindeskinder fest. Andreas Ryff (1550–1603), ein Basler Rats- und Tuchherr, orientierte mit seinen biographischen Aufzeichnungen über die damaligen Geschäftsusancen. Es ist die Zeit der Emanzipation des Individuums, in der Selbstzeugnisse verfaßt werden, die man später als »Ego-Dokumente« bezeichnete.

Platter aber zeichnet aus, daß sein Lebensbericht übers Individuelle hinausweist. Er ist repräsentativ für den Ausbruch aus dem Alpinen in die Urbanität.

Platter erinnert sich, wie er einst mit einem andern »hiertlin« davon träumte, fliegen zu können, um über die Berge hinweg in die Welt hinauszugelangen. Aber er mußte mit dem andern Hirtlein feststellen, daß Gott den Menschen nicht geschaffen hatte, »zfliegen, sundern zghan«. Und er ist nicht »geflogen«, sondern »gegangen«. Es waren nicht Flügel, die sein Weggehen ermöglichten, sondern Füße, und an die Stelle der Träume waren Bücher getreten.

Ein Geißbub, der aus den Bergen ausbricht und in der Stadt zur Kultur findet, in seinem Fall im Basel des Humanismus, wobei man daran erinnern darf, daß »urban« einst soviel wie »kultiviert« bedeutete. Damit begründete Platter einen Topos: lesen statt klettern.

Das ist ein anderer Einstieg in die schweizerische Literatur als das, was später Tradition werden sollte, eine Tradition, die das wahre Leben in den Bergen sucht, nicht biographisch, sondern symbolisch-ideologisch, sich auf Herkunft berufend, selbst wenn das, was inzwischen historisch entstanden ist, mit dieser Herkunft wenig zu tun hat: die Alpen als Markenzeichen, ein Image, das ebenso eingängig wie beliebt ist, aber hartnäckig das schweizerische Selbstverständnis verstellt.

Als die Schweiz 1998 an der Frankfurter Buchmesse den Schwerpunkt abgab, wählten die Organisatoren für das hochindustrialisierte Land den alpinen Slogan »Hoher Himmel, enges Tal«. Nur eben: Keine einzige große oder größere Stadt liegt im engen Tal, und der Himmel ist so hoch wie überall: zehntausend Meter, darüber ist er Freiraum für Satelliten und Engel.

Interview mit Albrecht von Haller

Fühlen Sie sich als Gespenst?

Warum sollte ich?

Als einer, der zurückkehrte, als »revenant«?

Wie kommen Sie darauf?

Ein anderer Rückkehrer in die Schweiz hat sich als »revenant« bezeichnet und dabei an die deutsche Bedeutung »Gespenst« gedacht. Adrien Turel.

Kenne ich nicht.

Er lebte von 1900 bis 1934 in Berlin. Er hat in Deutschland seine ersten Werke veröffentlicht. Gedichte und philosophische Essays.

Fand er als Gespenst sein Auskommen?

Er schrieb die Bilanz eines erfolglosen Lebens. *Ein Aussteiger, bevor es das Wort gab. Ein Verweigerer. Erfolglosigkeit im Selbstverlag – nicht immer aus freien Stücken. Einer, der zurückkehrte und sich absetzte. Lesenswert, was er an Autobiographischem verfaßte.*

Autobiographisches? Das hat mich immer interessiert.

Er hat von uns Schweizern behauptet: »Für gewisse Laster sind wir nicht zahlreich genug.« Er kehrte wegen der Nationalsozialisten zurück.

Ich bin freiwillig zurückgekehrt.

Sind Sie auch freiwillig gegangen?

Ich bin zweimal gegangen. Das erste Mal –
Und das zweite Mal?

Das erste Mal ging ich als Student nach Tübingen. Wegen der Naturwissenschaften. Ich war damals, 1723, gerade fünfzehn Jahre alt. Mein Medizinstudium aber schloß ich in Leyden ab. Mit einer Dissertation über den Speichelgang. Es war üblich, daß einer nach dem Examen auf Reisen ging. Nicht eine Kavalierstour, sondern eine Fachreise: Hospitäler, Botanische Gärten, Raritätenkabinette.

Wie in London. Dort notierten Sie anläßlich eines Besuches bei einem Ihrer Kompatrioten aus Zürich: »Sah einen teil seiner Curiositäten, der insonderheit in Statuen besteht. Er nehrt einige curiose Thiere, als einen Zobel aus Norwegen, der meist einem Wiesel gleich sieht und Fleisch frißt. Einen ostindischen Kranich, der entsetzliche Beine und einen extralangen Hals hat.« Stimmt es, daß Sie Ihren Pariser Aufenthalt frühzeitig abbrachen? Wegen einer Polizeiaffäre? Weil Sie sich für Ihre anatomischen Studien vom Totengräber Leichen beschafften?

Die Reise führte weiter von Paris nach Straßburg und Basel. Man kann dies nachlesen. Mein Gott – es waren Krankheitsrapporte und Therapien.

Nicht nur. Damals lobten Sie Landstriche, die mit dem Lineal und der Schnur gezogen worden waren. Sie führten ein Reisejournal.

Das war niemals zur Veröffentlichung gedacht. Schon wegen der Sprache nicht. Wir redeten in Bern französisch.

Sie meinen, unter den gebildeten Bürgern, unter den Aristokraten?

Natürlich redeten wir auch Dialekt. Der Herausgeber

meiner Studienreise hat mir angekreidet, wie sich Französisch und Dialekt in mein Deutsch einschleichen: »Je suis tombé malade« ergab bei mir »ich fiel(e) krank«. Wir sagen von einer Landschaft, daß sie »abhaltet«, und nicht, daß sie »abfällt«.

Ein Jahr danach schrieben Sie Die Alpen. *Ein Gedicht, dessen Sprache allgemein bewundert wurde.*

Ich habe die deutsche Sprache geliebt und geschätzt. In meinem Gedicht über »Vernunft, Aberglauben und Unglauben« habe ich meiner Überzeugung Ausdruck verliehen: nämlich, daß sich die deutsche Sprache so gut wie das Englische für philosophische Dichtung eignet.

Weshalb der Blick nach England?

Es war die Sprache von Alexander Pope und des großen John Milton.

Ihre erste Publikation nannten Sie Schweizerische Gedichte. *Genauer:* Versuch schweizerischer Gedichten. *Mit einem falschen Genitiv?*

Der ließ sich korrigieren.

Schweizerisch wegen der Thematik?

Nein. Mehr als Bitte um Nachsicht.

Schweizerisch als Entschuldigung, als mildernder Umstand?

Das Wort »schweizerisch« hatte im deutschen Kulturraum keinen guten Klang – wenn überhaupt einen. Die Entschuldigung war angebracht, wenn Sie an die Leipziger Puristen denken, an Johann Christoph Gottsched und die Gottschedianische Sekte.

Noch immer durchkämmen deutsche Lektoren und Kritiker schweizerische Texte nach Helvetismen und zeigen mit Tro-

phäenstolz, was für linguistische Böcke geschossen wurden. Friedrich Dürrenmatt, auch ein Berner, hat in die deutsche Sprache das Wort »Morgenessen« eingeführt: Zwar macht der Zeremonienmeister den Bühnenhelden Romulus darauf aufmerksam, daß es korrekterweise »Frühstück« heißt, aber Romulus begehrt auf: Was klassisches Latein in diesem Haus, bestimme ich.

Kennen Sie Johannes Grob? Er stammte aus dem Toggenburg. Er war ein schätzenswerter Epigrammatiker. *Spazierwäldlein* heißt eine seiner Sammlungen. Er starb wenige Jahre vor 1700. Einem deutschen Richter in Sachen Poesie, einem »Dichtgesetzgeber«, rief er zu: »Du lehrest, wie man soll kunstreiche Reime schreiben./Und wilt den Dichtergeist in enge Schranken treiben:/Allein ich gebe nicht sobald die Freiheit hin./Weil ich von Mut und Blut ein freier Schweizer bin.« So unbegründet waren meine Bedenken nicht. Ich bin Schweizer, und Deutsch ist für mich eine Fremdsprache.

Dem würde heute, ein Vierteljahrtausend später, ein Peter Bichsel Wort für Wort zustimmen. Er ist überzeugt, gerade weil Deutsch eine Fremdsprache ist, würden wir Schweizer mit ihr besonders sorgfältig umgehen.

Und immer daran feilen.

Auch an der Gesinnung?

Nehmen Sie Drollinger, der fast gleichzeitig wie ich mit Dichten angefangen hat. Ich lernte ihn bei einem meiner Aufenthalte in Basel kennen. Karl Friedrich Drollinger. Ein Schwabe, der als glühender Schweizer fühlte. Ist es nicht bezeichnend, wie skeptisch er apropos der Sprache blieb: »Ein geborener Schwabe zu sein und seine meiste Lebenszeit in der Schweiz zugebracht zu haben sind wohl nicht die Umstände, die zu einer reinen deutschen Poesie zutragen können.« Und sah sich mein Zürcher Bekannter Breitinger nicht veranlaßt, eine Verteidigung »der schweizerischen Muse von Haller« zu verfassen? Und sein Mitkämpfer, der andere Zürcher, Bodmer? Schickte er seine Manuskripte vor der Drucklegung nicht nach Deutschland, um sie auf gut Deutsch redigieren zu lassen? Bot er nicht mit seiner Homer-Übersetzung eine aufschlußreiche Hierarchie? Die erste Fassung, die unvollkommene, nannte er die »schweizerische«, die verbesserte die »deutsche« und die dritte dann die »poetische«.

Immerhin steht über der »deutschen« noch die »poetische«. Trotz allem sind Sie der erste Schweizer, der mit seiner Dichtung über sein Land hinausgewirkt hat. Ein Lessing wunderte sich Ihretwegen, daß Alpensöhne elegant schreiben: »Es war eine Zeit, da ein schweizerischer Dichter ein Widerspruch zu sein schien. Der einzige Haller hob ihn.«

In seinem *Laokoon* hat er ganz andere Argumente gegen mich vorgebracht. Ich sah mich genötigt, dagegen zu opponieren.

Verse von Ihnen wurden ein Lieblingszitat des jungen Schiller. Die Gott verherrlichenden Verse aus dem Gedicht »Morgengedanken«: »Den Fisch, der Ströme bläst und mit dem Schwanze stürmet,/Hast du mit Adern ausgehöhlt./ Du hast den Elefant aus Erden aufgetürmet/Und seinen Knochenberg beseelt.«

In seinen Ausführungen *Über naive und sentimentalische Dichtung* hielt mir Schiller vor, ich hätte nicht Empfindungen ausgedrückt, sondern Gedanken über Empfindungen. Wenn schon eine Referenz, dann Goethe, obgleich ich kein Freund der Genies und ihres Geniekultes war.

Er fand Ihre Gedichte in der Bibliothek seines Vaters.

Er soll seiner ersten Fassung des *Egmont* als Motto einen Satz aus meinem *Usong* vorangestellt haben. Und im *Wilhelm Meister*, das steht fest, hat er die *Alpen* »ein großes und ernstes Gedicht« genannt und vom »Anfang einer nationalen Dichtung« gesprochen.

Schweizerisch hieß also nicht mehr bloße Entschuldigung, sondern erwachendes Selbstbewußtsein?

Darf ich mich selber zitieren: »Dann hier, wo Gotthards Haupt die Wolken übersteiget/Und der erhabnern Welt die Sonne näher scheint,/Hat, was die Erde sonst an Seltenheit gezeuget,/Die spielende Natur in wenig Lands vereint./ Wahr ist's, daß Libyen uns noch mehr Neues giebet,/Und jeden Tag sein Sand ein frisches Untier sieht;/Allein der Himmel hat dies Land noch mehr geliebet/Wo nichts, was nötig, fehlt und nur, was nutzet, blüht.«

Ein Land, das der Himmel mehr als andere liebt – mit der Formulierung können wir uns auch heute noch bestens abfinden, obgleich vieles blüht, nicht weil es nutzet, sondern weil es subventioniert ist, und vieles blüht, das als Pflanze importiert wurde. Der Anfang einer nationalen Poesie – sollte er zugleich Beginn eines nationalen Stolzes sein?

Nationalstolz? Das Wort läßt mich an Johann Georg Zimmermann denken.

Ihr erster Biograph. Zimmermann.

Ich war gegen die Veröffentlichung der Lebensbeschreibung.

Er hat im nachhinein behauptet, Sie hätten ihn nicht besonders gemocht.

Er hat als junger Mann bei mir in Göttingen studiert. Medizin, mit auffallendem Interesse für Staatswissenschaften. Gern habe ich mich in seine Schrift *Über die Einsamkeit* vertieft. Wir haben oft davon gesprochen. Ich war als Kind viel allein. Der frühe Tod meiner Mutter. Der frühe Tod meines Vaters.

Mit neun legten Sie ein hebräisches und griechisches Lexikon an und befaßten sich mit einer chaldäischen Grammatik.

Latein war die Sprache, in der ich meine wissenschaftlichen Arbeiten publizierte.

Zimmermann ist – wie Sie – gegangen.

Man hat ihm den Posten eines königlichen Leibarztes angeboten. In Hannover.

Er ging aus Enttäuschung. Er hatte versucht, sich in seiner Heimatstadt einzurichten.

Ich war es, der ihn als Stadtphysikus nach Brugg empfohlen hatte.

Er gehörte zu denen, die auf Verbesserungen versessen waren. Er war ein Sympathisant der »Helvetischen Gesellschaft«. Sie selber hielten zu dieser Vereinigung eher Distanz.

Helvetisch, schweizerisch, kein Intelligenzblatt kam ohne diese Wörter aus.

Wenn ein Lavater »Schweizerlieder« dichtete, war er »schweizerisch« stolz: »Wer, Schweizer, wer hat Heldenblut ...«

Sie hingen alle gefährlichen Umstürzlerideen nach. Auch

ein Mitbegründer der »Helvetischen Gesellschaft« wie der Basler Isaak Iselin. *Helvetischer Patriot* hieß sein Periodikum: Er verfaßte die »philosophischen und patriotischen Träume eines Menschenfreundes«.
»Menschenfreund«, »l'ami du peuple« – das war später eine Kampfparole von Jean-Paul Marat, der seine neuenburgische Heimat verlassen hatte, ein Hauptakteur der Französischen Revolution.

Revolution – das war für das korrupte Frankreich vorauszusehen.
Sie meinen: Revolution fürs Ausland und zu Hause Ordnung und Tradition? Was aber, wenn einer mit seinen Reformvorschlägen scheitert? Wie der erwähnte Iselin? Er wollte das Schulsystem verbessern, das Einbürgerungsgesetz larger handhaben. Sein Amt als Ratsschreiber in seiner Heimatstadt Basel empfand er als Sklavendienst. Auch er trug sich mit dem Gedanken, ins Ausland zu gehen. Er hatte Zimmermann gebeten, sich nach einem konvenablen Posten umzusehen. Aber er ist geblieben. Gegangen ist Zimmermann. Gegangen sind Sie, Herr Haller.

Man hatte mir an der eben gegründeten Universität von Göttingen eine Professur für Botanik, Anatomie und Chirurgie angeboten.
War dies der einzige Grund zu gehen?

Die Kultur wurde in Bern nie hochgeschätzt, so dünkte mich jedenfalls damals.
Ein Holzboden, wie Gottfried Keller später sagen wird? Nicht nur Bern, sondern die Schweiz. Darf man in dem Zusammenhang Voltaire zitieren?

Einen Freygeist!

Hatten Sie nicht einmal gedichtet: »Wer frei darf denken, denket wohl.«?

In meinen Briefen über einige »Einwürfe noch lebender Freygeister wider die Offenbarung« habe ich dargelegt, was ich von Voltaire und seinem Verhältnis zur Religion halte. Ich fühlte mich dazu verpflichtet als »tätig ernstlicher Christ«.

In Lausanne hatte ein bernischer Landvogt zu Voltaire einmal gesagt: »Warum machen Sie immer so viele Verse? All das Zeug führt zu nichts. Mit Ihrem Talent könnten Sie es zu etwas bringen. Sehen Sie mich an. Ich habe es zum Landvogt gebracht.« Wie hieß doch dieser Landvogt?

Ich erinnere mich nicht.

Nach der Veröffentlichung Ihrer Gedichte waren Sie ein berühmter und gerühmter Mann.

Ja, schon.

»Zu meinen Füßen lag ein ausgedehntes Land,/Durch seine eigne Größ' umgrenzet,/Worauf das Aug' kein Ende fand,/Als wo Jurassus es mit blauen Schatten kränzet./Die Hügel decken grüne Wälder./Wodurch der falbe Schein der Felder/Mit angenehmem Glanze bricht;/Dort schlängelt sich durchs Land, in unterbrochnen Stellen,/Der reine Aare wallend Licht.« Solche Naturnähe war neu.

Das war der Blick vom Gurten, dem Hausberg Berns, auf die Flußlandschaft der Aare.

Oder in den Alpen *die Schilderung des Lauterbrunnen-Wasserfalls.*

Das ist ein Irrtum. Die Vorlage dazu bot der Staubbach Pisse-Vache im Wallis.

Sie haben die Alpen entdeckt.

Vor mir haben es schon andere mit den Bergen versucht. Vor über hundert Jahren Hans Rudolf Rebmann.

Schon, aber…

Dieser Berner Pfarrer lud zum Gespräch der Berge Niesen und Stockhorn ein – das Stockhorn übrigens, die Besteigung des Stockhorns, die lateinischen Hexameter der »Stockhornias«, datieren von noch früher. Vergessen Sie Conrad Gesner nicht, unseren europäischen Plinius aus Zürich, seine Besteigung des Pilatus, seine Wanderungen in den Glarner Alpen.

Wenn schon, dann auch Johann Jakob Scheuchzer mit seiner Barometrik und Höhenmessung. Er war der erste, der den Föhn ernst nahm, der seinetwegen nicht einfach Kopfweh kriegte, sondern ihn untersuchte. Als seine Naturgeschichte der Schweiz *herauskam, lernten Sie gerade lesen und schreiben. Dieser Rebmann hingegen, der zu einem »Gastmahl und Gespräch zweier Berge, des Niesen und des Stockhorn« einlud…*

Ein Lehrgedicht.

Eine zurechtgestutzte Kosmographie, eine verrückt gewordene Enzyklopädie. Sie hingegen haben aus eigener unmittelbarer Anschauung geschrieben.

Unsere Wanderung begann im Jura, um genau zu sein. Wir kehrten über Savoyen in die Schweiz zurück: in die Walliser Alpen und dann in die Berner und von dort in die Innerschweiz. Wir waren zu zweit. Ich wanderte zusammen mit Johannes Geßner, dem nachmaligen Canonicus, Mathematikprofessor und Botaniker in Zürich. Eine Reihe von alpinen Pflanzen hat er als erster beschrieben. Auch dies ist ein Ergebnis unserer Wanderung.

Also steht am Anfang unserer nationalen Poesie das Klettern. Ob von da unsere Vorliebe für die kleinen Schritte kommt?

Ich war Paßwanderer. Das Hochgebirge wurde später erklommen.

Saussure und seine Wanderung in den Alpen. *Er war auf den Montblanc geklettert. Nach den Wissenschaftlern kamen die Touristen. Vorab die von Ihnen so geschätzten Engländer.*

Manchmal würde ich gern noch einmal durch die Alpen wandern.

Es stünden Ihnen Drahtseilbahnen, Schwebebahnen, Sessellifte zur Verfügung. Es werden Pauschalarrangements angeboten. Jodel und Wurst inbegriffen, vom Panorama nicht zu reden und vom Drehrestaurant: in alle vier Himmelsrichtungen schauen, ohne sich vom Platz erheben zu müssen.

Sie meinen, das sei alles nicht mehr bedichtungswürdig?

Die Frage ist eher, ob Sie noch einen Gipfel oder ein Seitental finden, das noch nicht bedichtet wurde. Sie stehen nicht nur am Anfang einer nationalen Poesie, sondern auch einer nationalen Epik.

Ob sich der Roman für ein so hohes Motiv wie die Alpen eignet?

Als Liebhaber von Bibliographien könnten Sie einen umfangreichen Katalog der Bergliteratur anlegen: mit Lawinen und Felssturz, mit Morgenrot und Matten, mit Verbauungen und Staudämmen. Die Dichter klettern noch immer. In unseren Tagen schrieb Ludwig Hohl eine Erzählung, Bergfahrt, *nicht eigentlich eine Fahrt, sondern eine Bege-*

hung. Wenn er vom »unermeßlichen, unüberblickbaren Gestürme der Bergflanken« schreibt, meint man, er habe vorher bei Ihnen nachgeschlagen. Das Hochgebirge mit seiner dünnen Luft verführte zur höheren Prosa.

Zu meiner Zeit konnte man in medizinischen Werken lesen, die Alpenluft verdumme.

Sie ist manchmal dem Lungenkranken besser bekommen als dem Dichter. Bergsteigen als Symbol war immer beliebt, wo man das Leben als keuchenden Aufstieg verstand. Hohl hat zwischen dem Künstler und dem Alpinisten Verwandtschaft entdeckt – der Alpinist erklimmt den Gipfel, der Künstler zieht sich in einen Teil des Bergraumes zurück, möglicherweise in einen Stein, »in dessen Glitzern und Funkeln sind viele und zukünftige Besteigungen enthalten«. Allerdings konnte der gleiche Autor von den Alpen sagen, sie seien »schauerlich, unmenschlich und ungeistig«.

Das kommt mir bekannt vor. Johann Joachim Winckelmann, der das Mediterrane schätzte, der Bewunderer der edlen Einfalt und stillen Größe, er zog bei der Alpenüberquerung in der Postkutsche die Vorhänge zu, um die schauerliche Landschaft nicht sehen zu müssen. Wie war schon der Name des Alpinisten-Dichters?

Ludwig Hohl. Er lebte in Genf.

Ein Welschschweizer?

Er kannte auch Holland. Er ging dorthin in eine Art freiwilliges Exil. Er fand Holland gräßlich wie die Schweiz. Er bekundete seine Anhänglichkeit an die Schweiz, indem er ein Exil wählte, das in seiner Mentalität ihr ähnlich war. Zurückgekehrt, ließ er sich in der französischen Schweiz nieder – allein, um nicht den Dialekt zu hören, diese »kuh-

mistartige Sprache«, wie er meinte. Sie sehen, man kann auch innerhalb des eigenen Landes exilieren.

Das läßt mich an Beat Ludwig Muralt denken. Seine *Lettres sur les Anglais et les Français* waren für unsere Generation bedeutungsvoll. Auch für mich. Er sah in den Engländern ein freieres Volk als in den Franzosen, die wir in allem nachäfften. Er liebte das einfache Leben auf dem Land, das weniger verdorben war als das der Städte. Er wurde aus Bern verbannt. Wegen seiner pietistischen Ansichten, seiner ketzerischen Moral. Er brach offen mit der Landeskirche. Vor unserer Alpenwanderung wollte ich ihn in Colombier besuchen. Er lebte zurückgezogen im Neuenburgischen. Bis er amnestiert wurde.

In der guten alten Zeit gab es noch Landesverweis. So was schlägt sich in der Volksseele nieder. Heute ist Landesverweis juristisch nicht mehr möglich. Doch bei Zeit und Gelegenheit kommt aus der Tiefe solches hoch: Wenn man einen linken Kritiker weghaben wollte, hieß es zu einer gewissen Zeit »Moskau einfach«.

Schön, daß die Dichter immer noch klettern.

Es gibt sehr moderne Kombinationen. Da veröffentlicht Emil Zopfi Texte vom Klettern: Die Stunden im Fels. *Der Autor, Alpinist und Sportkletterer ist auch Erwachsenenbildner für Informatik und Sprache. Die Schiefertafel, wie Sie sie kennen, ist elektronisch geworden. Allerdings, als in den achtziger Jahren unsere Jungen rebellierten, wollten sie die Alpen abtragen, um einen freien Blick aufs Mittelmeer zu gewinnen.*

Die Alpen abtragen! Dieser großartige Ausweis für die sinnvolle Schöpfung: »Genug, es ist ein Gott, ruft es die Natur.« Diese Schöpfung versuchte ich poetisch zu malen. Nach dem Leben.

Gemälde in einer barocken Sprache.

Barock? Das Wort mag ich nicht. Ich bin Protestant. Militanter Protestant. Haben Sie meine Zeilen gegen die Jesuiten nicht gelesen, gegen den Papst? Wenn ich mich für Missionierungen interessierte, dann nur, weil ein einziger zum Protestantismus Bekehrter mehr wert ist als tausend Katholiken. Dank Spenden konnte ich in Göttingen eine protestantische Kirche bauen.

Wenn Sie schreiben: »und ist der süße Schaum der Euter ausgedrückt«, meinen Sie, daß einer mit dem Melken fertig ist?

Was sonst?

Und wenn Sie schreiben: »Dort eilt ein künstlich Blei nach schwergehörnten Böcken«, dann wurde wohl ein Schuß abgegeben.

Nach Gemsböcken. Das dürfte klar sein. Ich dichtete auch über den Käse.

»Das Mehl der Alpen.«

Ich erwähne die Stelle mit dem Käse nur, weil ich weiß, zu was für spöttischen Bemerkungen sie Anlaß gegeben hat.

Dennoch: Ihre Sennerinnen und Sennen haben mehr mit der Alp zu tun als die Schäferinnen und Schäfer eines Salomon Geßner mit der Viehzucht.

Jener Geßner schrieb seine *Idyllen* in völlig anderer Absicht. Bei unserer Alpenwanderung galt die ursprüngliche Intention dem Botanischen. Doch dann erlebten wir die Welt der Alpenbewohner: »Seht ein verachtet Volk zur Müh' und Arbeit lachen./Die mäßige Natur allein kann glücklich machen.«

Hundertfünfzig Jahre vor Ihnen hat ein Genfer Pastor in Brasilien –

Wo? Ich präsidierte in Deutschland eine wissenschaftliche Gesellschaft, welche die Natur der überseeischen Länder erforschen wollte.

Jean de Léry, ein Calvinist, begleitete ein französisches Expeditionscorps nach Südamerika, nach Brasilien. In seinem Tagebuch informiert er über die Sitten der Indios, der Ureinwohner. Ihm fiel auf, daß Kannibalen menschlicher sein konnten als die, welche sich Christenmenschen nannten. Er entdeckte, was man später den »guten Wilden« nannte. Sie, Herr Haller, entdeckten den guten Wilden mitten unter uns. Auf der Alp.

Sicher habe ich idealisiert. Ich habe später auch Korrekturen angebracht, als ich feststellen mußte, wie Luxus und Verderbtheit vor der Alpenwelt nicht haltmachten.

Man hat in Ihnen einen Vorläufer von Rousseau gesehen.

Jetzt kommen auch Sie damit. Natürlich schätzte ich an Rousseau seine Hinwendung zur Natur. Ein Buch wie *La Nouvelle Héloïse.* Doch was für Schlüsse hat er aus seinem »Contrat social« gezogen! Das führt unweigerlich zur Pöpelrepublik.

Darf man Die Alpen *als ein kulturfeindliches Poem lesen: »Ihr Schüler der Natur, ihr kennt noch güldne Zeiten.« Entwicklungsfeindlich wie jedes Lob des Ursprungs? »Du Volk, du aber hüte dich, was größres zu begehren,/Solang die Einfalt dauert, wird auch der Wohlstand währen.« Und antiintellektuell? »Hier hat die Natur die Lehre, recht zu leben,/Dem Menschen in das Herz und nicht ins Hirn gegeben.«*

In dem Gedicht »Die Falschheit menschlicher Tugenden« habe ich klar zwischen echter und falscher Kultur unterschieden. Sie sollten die erste Fassung lesen. Nicht die von der Zensur verstümmelte. Ich benutzte die Einwohner der Alpenwelt als –

Als Gegenwelt? So würden wir heute sagen.

Gegenwelt? Anti? Vielleicht. Ich wollte unserer Gesellschaft, meiner Berner Gesellschaft, einen Spiegel vorhalten.

Wie in dem Gedicht »Der Mann nach der Welt«, was wohl soviel heißt wie ein Typ nach dem Geschmack seiner Zeit: ein Nichtsnutz und ein Tunichtgut, einer, wie ihn die verrottete Gesellschaft liebt: »O Zeit, o üble Zeit, wo Laster – pardon – Läster – rühmlich werden.«

Sie erinnern mich an meine jugendliche Empörung: »Das Herz der Bürgerschaft, das einen Staat beseelt,/Das Mark des Vaterlandes ist mürb und ausgehöhlt./Und einmal wird die Welt in den Geschichten lesen,/Wie nah dem Sittenfall der Fall des Staats gewesen.«

Damals waren Sie noch kein Rückkehrer.

Es gab andere, die anders dichteten. Dieser Hardmeyer, Johann Melchior. Einer, der zum Katholizismus konvertierte. Er mit seinen weltlichen und geistlichen Sprüchen. Da tönte es anders: »Schöner Baum der Eidgnosschaft./In dir ist noch Mark und Saft.«

Was mehr Patriotismus als Sinn für Rhythmus verrät.

Die Politiker waren käuflich und die Sitten korrupt. Ich war nicht der einzige, der solches vorbrachte.

Ein Historiker wie Schlözer hat die Berner Regierung als »Kakistokratie« apostrophiert.

Die Kritik hat Tradition. Lange vor mir hat Grob, den

ich bereits erwähnte, den *Treugemeinten eidgenössischen Aufwecker* veröffentlicht, in welchem er die Mißstände geißelte. Eine Flugschrift, die unter dem Pseudonym »Warnmund« erschien. Oder denken Sie an *Heutelia,* Sie erkennen sogleich das Anagramm für Helvetia. Eine Reisebeschreibung, eine fiktive natürlich. Was man darin alles an Kritik und Vorwürfen findet: eine feile Justiz, Vögte, die bestechlich sind, die Armut der sogenannten Untertanenkantone; der Autor kämpfte gegen den Aberglauben, er forderte die Abschaffung der Vorrechte der Städte, die Vereinheitlichung der Münzen...

Wie hieß dieser Autor?

Das Werk ist anonym erschienen.

Pseudonym, anonym. Was für ein Fressen für die Politische Polizei. Was die alles in die Fichen eintragen konnte.

Fichen?

Ja... Karteikarten einer Subversiven-Registratur, angelegt während des Zweiten Weltkriegs und bis in die neunziger Jahre weitergeführt, einer der Skandale der Nachkriegszeit.

Wir mußten stets mit der Zensur rechnen, der obrigkeitlichen und der geistlichen. Die erste Ausgabe der *Alpen* ist anonym erschienen. Die zweite trug meinen Namen.

Und die letzte den Namen mit allen Titeln.

Ja, Albrecht von Haller, Herrn zu Goumoens Le Jux und Eclagens. Präsident der königlichen Gesellschaft zu Bern; der Kaiserlichen und königlichen Französischen, Englischen, Preußischen, Holländischen, Edimburgischen, Bononischen, Schwedischen, Arcadischen, Bayrischen, Carinischen, Uppsalischen Academien und Gesellschaften der Wissenschaften Mitglied. *Versuch Schweizerischer Gedichte.*

Elfte vermehrte und verbesserte Auflage. Mit des hohen Standes Bern gnädigsten Freyheiten.
Mir fällt auf: Wir haben bis heute keine Geschichte des schweizerischen Zensurwesens. Unsere Kulturgeschichte ist aber erst komplett, wenn wir nachlesen können, was einst nicht gelesen werden sollte und was nicht gelesen werden konnte. Eine Geschichte unserer Verbote und Repressionen. Unter Berücksichtigung unserer Vorväter. Ganz im Sinne der Tradition.

»Sag an Helvetien, du Heldenvaterland./Wie ist dein altes Volk dem jetzigen verwandt?« – Was mußte ich mir diese meine eigenen Verse vorhalten lassen.
Sie eignen sich nun einmal für patriotische Feiern. Auch dann, wenn die Schweiz ihren siebenhundertsten Geburtstag begeht. Die Verse eignen sich schon deswegen, weil sie eine Klage sind. Ohne Klage geht es nicht. Ohne Klage, daß es nicht mehr ist wie früher. Was aber, wenn es schon vor zweihundertfünfzig Jahren nicht war wie früher? Die Klage scheint so alt zu sein wie die Vorväter. Aktuell bleibt die Klage, auch dann, wenn Sie schreiben: »Bei solchen Herrschern wird ein Volk nicht glücklich sein./Zu Häuptern eines Stands gehöret Hirn darein.« Ganz ohne Kopf scheint's doch nicht zu gehen.

Gut – ich wurde Stadtarzt. Man bot mir die Stelle eines Bibliothekars an. Bei der Besetzung wichtiger Ämter aber wurde ich übergangen. Als im Inselspital die Stelle eines dirigierenden Arztes frei wurde, hieß es: Das ist nichts für einen Poeten. Als ich für eine Professur kandidierte, Geschichte und Eloquenz, mußte ich hören: Das ist nichts für einen Arzt.

Und dann sind Sie gegangen. Ein zweites Mal.

Vorher habe ich noch einmal eine Alpenwanderung gemacht. Ich habe noch einmal einen Lieblingsort aufgesucht. Den Bremgartenwald. Dort habe ich…

Sie zögern?

Dort habe ich ein Gedicht begonnen. Vielleicht mein bestes, auch wenn es nicht so berühmt wurde. Immerhin hat Kant, Immanuel Kant, der Philosoph –

Wir lesen ihn noch immer.

Er schätzte meine Verse als erhaben ein. Ein unvollkommenes Gedicht, das heißt, es wurde nie vollendet. Darin der Versuch, die Ewigkeit sprachlich zu erfassen: »Ich häufe ungeheure Zahlen./Gebürge Millionen auf./Ich wälze Zeit auf Zeit und Welt auf Welten./Und wenn ich auf der March des Endlichen nun bin/Und von der fürchterlichen Höh'/Mit Schwindel wieder nach dir sehe/Ist alle Macht der Zahl vermehrt mit tausend Malen/Noch nicht ein Teil von dir/Ich tilge sie und du liegst ganz vor mir.«

In Göttingen hörten Sie auf zu dichten.

So radikal läßt sich das nicht sagen.

Abgesehen von Gelegenheitsgedichten: das Einweihungsfest der Göttingschen Hohen Schule oder die Kantate, die in der allerhöchsten Gegenwart seiner Königlichen Majestät Georg des Andern aufgeführt wurde.

Die Vorsehung hat mich bei unerwarteter Gelegenheit zum Dichter gemacht.

Beim Tod Ihrer Frau.

Einige Tage zuvor hatte ich noch über »Marianens anscheinende Besserung« gedichtet, aber dann lautete der Titel der Trauer definitiv »Beim Absterben meiner geliebten

Mariane: »Ich seh' dich noch, wie sie erblaßt ist./Wie ich verzweifelnd zu ihr trat,/Wie du die letzten Kräften faßtest/Um noch ein Wort, das ich erbat.« Kaum waren wir in Göttingen, starb sie.

Drei Jahre später, bei einem Besuch in der Schweiz, heirateten Sie wieder, die Tochter eines Berner Ratsherrn.

Und das gleiche Geschick. Zwölf Monate später starb sie im Kindbett. Diesmal hatte ich über den Tod meiner zweiten Frau Elisabeth Buchner zu schreiben.

»O nennet mir ein Elend wie das meine,/Und sprecht mir dann das Recht der Tränen ab.«

Manchmal ist mir, als hätten diese Verse über ihren Anlaß hinaus Gültigkeit. Der Trübsinn in mir wirkte stärker als die Heiterkeit und nahm mit dem Alter zu.

Fühlten Sie sich fremd in Göttingen? Aus Ihrer holländischen Studentenzeit stammt ein Gedicht, »Sehnsucht nach dem Vaterland«.

»Hemvé«, wie die Franzosen, von unserer deutschen Sprache inspiriert, das Heimweh nennen, die »maladie suisse«.

Unser guter Zimmermann hat diese Krankheit untersucht. Er hat nachgewiesen, daß sie nicht eine spezifisch schweizerische ist, daß aber die Schweizer diese Art Melancholie für sich reklamieren – überzeugt von den »Vorteilen ihres Vaterlandes«, glauben sie, daß keine andere Nation so viel Anspruch auf Heimweh hat, obgleich andere Völker dazu genauso viel Anlaß hätten.

Vielleicht ist es nicht ein Vorrecht von uns, sondern eine Begabung.

Man könnte auf Zschokke hinweisen. Heinrich Zschokke, naturalisierter Deutscher, hat gut hundert Jahre nach Ih-

nen Wanderungen unternommen – nicht durch die Alpen, sondern durch die Schweiz. Er konnte das unbehelligt tun: »Kaum ein europäisches Land besitzt eine bessere Sicherheitspolizei mit geringeren Kosten als eben die Schweizer Polizei.« Das dürfte heute, was die Kosten betrifft, anders sein.

Wer an die Ordnung glaubt, muß den Ordnungskräften vertrauen.

Darum geht es in diesem Zusammenhang nicht. An der gleichen Stelle fährt Zschokke fort: »Überall ländliche Wohnungen, vereinzelt, inmitten ihrer herumgelegenen Grundstücke; Dörfer, Weiler, einzelne Höfe fast überall nur eine halbe oder viertel Stunde von einander entfernt; im täglichen Verkehr verwandte Nachbarschaften, wo Jedermann, klein und groß, sich kennt und nennt; – wie würde da verdächtiges Gesindel Gelegenheit finden, sich anzunisten? Oder wie könnte da ein Unbekannter nur vorübergehen, dessen Signalment die männliche und weibliche Neugier nicht sogleich aufnähme? Schon, wer nicht in der gleichen Ortschaft oder Nachbarschaft wohnt, und wäre er auch ein Bürger des gleichen Landes, heißt ein Fremder.« Wir könnten innerhalb des eigenen Landes in die Fremde gehen. Sie gingen in die Fremde jenseits der Grenzen.

Ich hatte meine Arbeit. Die *Enumeratio methodica stirpium Helvetiae indigenarum,* mein Kompendium der schweizerischen Pflanzenwelt, war eine stete Verbindung mit der Heimat. Man kann auch in einem Herbarium oder in einem Botanischen Garten zu Hause sein – ad interim.

Man hat von Ihnen gesagt, ich glaube, es war Herder, Sie trügen eine »Alpenlast von Gelehrsamkeit«, Sie seien der geistvollste Kompilator. Imposant, wenn man an Ihre kritischen Bibliographien denkt – an die Bibliotheca botanica.

Oder die *Bibliotheca anatomica.* Die *Bibliotheca chirurgica.* Die *Bibliotheca medicinae practicae.*

52 000 Buchtitel hat ein Wissenschaftler gezählt.

Wenn wir schon beim Zählen sind: Da wäre das *Handbuch der Physiologie* zu erwähnen, acht Bände. Bei meiner Herausgebertätigkeit habe ich gern mit Künstlern zusammengearbeitet, wegen der Illustrationen.

Sie hatten einen Ruf nach Utrecht und einen nach Oxford.

Friedrich der Große wollte mich nach Berlin holen.

Sie aber sind nach Bern zurückgekehrt.

Ich war der Querelen müde. All der Anfeindungen und Anfechtungen. Von den Verleumdungen nicht zu reden. Und dann meine Gesundheit.

Hätte man die nicht auch in Göttingen kurieren können? Bei so vielen Berufungen und Ehrungen – die Wahl in den Großen Rat von Bern soll für Sie einer der glücklichsten Tage gewesen sein.

Ich bin danach noch acht Jahre in Göttingen geblieben.

Dann aber sind Sie zurückgekehrt.

Nicht als Gespenst, sondern als Rathausammann.

In dieser Funktion mußten Sie den Regierungsmitgliedern die Tür aufmachen und als Stimmenzähler wirken. Man spottete über den »großen Haller«. Als Rathausammann durften Sie über die gebrauchten Stoffe verfügen, grünes Tuch. Es heißt, die Kleider Ihrer Kinder seien daraus verfertigt worden, so daß diese alle als grüne Heinriche herumliefen.

Ich war Mitglied des Schulrats. Mir wurde die Revision der Akademie zu Lausanne anvertraut. Ich stand dem Waisenhaus vor. Ich wurde mit archäologischen Aufgaben betraut. Das alles erlaubte mir trotzdem, eine private Arztpraxis zu führen. Und dann wurde ich Direktor der Bernischen Salzwerke in Roche.

Eine glückliche Zeit?

Jeder arbeitet auf seine Weise am Glück der Welt. Trotz aller administrativen Last, die ich nie verabscheute, fand ich Zeit für wissenschaftliche Tätigkeit wie für meine *Icones anatomicae*, ein Großwerk anatomischer Abbildungen.

Als Ihre Amtszeit zu Ende war, fürchteten Sie, sich wieder mit subalternen Posten zufriedengeben zu müssen. Sie dachten erneut daran, wegzugehen.

König Georg III. bot mir die Stelle eines Kanzlers an. Eine hochdotierte Position. Wieder in Göttingen.

Warum haben Sie nicht akzeptiert?

Meine Familie.

Sie hatten bald nach dem Tod Ihrer zweiten Frau wieder geheiratet.

Meine Frau und meine Kinder, die fühlten sich in Bern daheim.

Aber Ihre Treue wurde nicht belohnt. Sie hatten gehofft, in die eigentliche Regierung gewählt zu werden, in den »täglichen Rat«. Dies war nicht der Fall, obwohl Sie die Hand zur Versöhnung gereicht hatten.

Wie meinen Sie das?

Mit der Bearbeitung Ihrer Gedichte.

Variantes lectiones. Lesarten. Ich habe an meinen Gedichten gearbeitet.

Ich rede nicht von den stilistischen Änderungen, den sprachlichen oder metrischen Verbesserungen.

Ich ließ lieber einen Sprachfehler stehen als einen matten Gedanken.

Ich meine nicht einmal die Kommentare, die Sie zu jedem Gedicht verfaßten. Obwohl die sich wie Herabsetzungen der eigenen Arbeit lesen. Oder sollte zum Beginn der nationalen Poesie auch die Entschuldigung gehören – nicht dafür, daß Sie schweizerische Gedichte schrieben, sondern daß Sie überhaupt Poesie verfaßten?

Meine Gedichte waren immer mühsame Kleinigkeiten. Ich habe in Nebenstunden gedichtet. Im Zustand des Krankseins zum Beispiel oder in einer schwermütigen Stunde. Es gab die Augenblicke, da mich die »poetische Krankheit« befiel.

Ich denke an die Kommentare, in denen Sie das, was Sie einst in Ihren Gedichten geschrieben haben, widerriefen oder es mindestens in Frage stellten – wobei es mich überrascht, daß Sie bei solcher Distanzierung die Gedichte überhaupt auflegten.

Junge Leute, die in Büchern die Welt kennengelernt haben, wo die Laster immer gescholten und die Tugenden immer geehrt und die vollkommensten Muster ihnen vorgemalt werden, fallen leicht in den Fehler, daß ihnen alles, was sie sehen, unvollkommen und tadelhaft vorkommt. Auch ich war einmal jung.

Ihre Sozialkritik wäre am Ende nichts als verfehlter Übermut? Soll man dies so verstehen, wenn Sie dem Gedicht »Die verdorbenen Sitten«, mit dem Sie einst schockierten, Sätze wie die voranstellten: »Der unzweifelhaft blühende Zustand meines glückseligen Vaterlandes bezeugt unwidersprechlich, daß die herrschenden Grundregeln ihrer Vor-

gesetzten gut und gemeinnützig sind.« Der »unzweifelhaft blühende Zustand« und die »guten und gemeinnützigen Grundregeln«, darüber hatte ein Samuel Henzi eine andere Meinung.

Er war ein Rädelsführer.

Er hatte, mit anderen zusammen, lediglich in einer Bittschrift gefordert, die angestammten Rechte wiederherzustellen und zu respektieren. Die Antwort war Landesverweis. Und als er zurückkehrte, wurde er verhaftet und zum Tode verurteilt.

Er wollte die Regierung mit Gewalt stürzen.

Die Affäre war ein internationaler Skandal.

Die Affäre wurde aufgebauscht.

Lessing hat den Skandal zum Thema eines Theaterstücks gemacht; es ist allerdings Fragment geblieben.

Ich versuchte, Lessing davon abzuhalten.

Wissen Sie, daß ein zeitgenössischer Autor wiederum daran dachte, Henzi auf die Bühne zu bringen? Friedrich Dürrenmatt?

Der mit dem »Morgenessen«?

Während Sie das Aggressive Ihrer Satiren zurücknahmen, verfaßte Henzi mit einem einzigen Satz die schärfste Satire. Als der Scharfrichter beim ersten Mal nicht traf, reckte der Verurteilte noch einmal den Hals: »In dieser Republik sind selbst die Henker schlecht.«

Ein Zeitgeist des Aufruhrs.

Ein demokratischer Aufbruch.

Gegen eine aristokratische Ordnung.

Ein Gespensterkampf? Selbst Ihre Leidenschaften verleugneten Sie. »Doris«, ein Liebesgedicht, das Sie schrieben, als

Sie Ihre erste Frau, Mariane, kennenlernten, als Sie davon dichteten, wofür die Weste, die Westwinde, Zeugen sind, Verse, berühmt und oft zitiert, deren Sie sich später schämten: »Komm, Doris, komm zu jenen Buchen,/Laß uns den stillen Grund besuchen,/Wo nichts sich regt als ich und du./ Nur noch der Hauch verliebter Weste/Belebt das schwache Laub der Äste,/Und winket dir liebkosend zu.«

Was uns, wenn wir zwanzig sind, lebhaft und erlaubt vorkommt, scheint mit siebzig töricht und unanständig. Wie ich mir ein Leben im Dienste der Religion vorstelle, habe ich in meinen *Briefen über die wichtigsten Wahrheiten der Offenbarung* dargelegt. Von meinem Spätwerk reden Sie nicht.

Entschuldigen Sie. Ich möchte nicht unterschlagen, daß Sie für die Göttingschen Zeitungen von Gelehrten Sachen –

Später: *Göttingsche Anzeigen von Gelehrten Sachen.*

An die neuntausend Rezensionen sollen Sie dafür verfaßt haben, vorab wissenschaftliche Werke annoncierend, aber auch literarische.

Mindestens sagen Sie nicht, ich hätte bei diesem Gespensterkampf keine Kenntnis genommen von dem, was zu meiner Zeit publiziert wurde.

Anläßlich Ihrer Briefe über die Offenbarungswahrheiten meinen Sie, daß »die Angelegenheiten der Ewigkeit« zu ernst seien, als daß man sie »mit einer Geschichte vermischen sollte, worin von Liebe und Krieg und von anderen Geschäften des gemeinen Lebens« die Rede ist. Die Geschichte (oder die Literatur?) als Störenfried der Belehrung?

Ich habe auch an einem Dichter wie Homer das Didaktische vermißt.

Und ihn dafür getadelt. Sollte zu Ihnen als dem Anfang der nationalen Poesie auch das Bekenntnis zum Didaktischen gehören? Der Autor nicht auf der Suche nach einem Publikum, sondern auf der Suche nach einem Klassenzimmer? Warum aber schrieben Sie trotzdem Romane?

Ich weiß, daß diese Bücher kaum Anklang fanden. Vom Verstandenwerden schon gar nicht zu reden. Sie waren unzeitgemäß.

Daran allein kann es nicht liegen.

In *Usong* stellte ich die ideale Staatsführung einer absoluten Monarchie dar, ohne einem blinden Lob der Monarchie zu verfallen. In *Alfred* behandelte ich die gemäßigte Monarchie, die englische Staatsverfassung. In *Fabius und Cato* versuchte ich zu zeigen, daß eine Republik mit ihren republikanischen Rechten nicht zu weit gehen sollte.

Usong *spielt im Orient, in Persien,* Alfred *in einem historischen England. In* Fabius und Cato *verteidigt der Altrömer Cato den republikanischen Staat gegen die demokratischen Ideen des Sophisten Karneades. Ferne Schauplätze und historische Situationen: Sollte ein Weggehen denkbar sein, das einem erlaubt zu bleiben, indem man thematisch auswandert?*

Gemeint war immer Bern.

Weshalb haben Sie es nicht genannt? Einem Helden in Usong *leihen Sie viel von Ihrem Leben, viel von den bitteren Erfahrungen, die Sie in Bern machen.*

Meine Helden sind exemplarisch.

Exemplarisch bis zu jener Allgemeingültigkeit, die keiner konkreten Situation mehr weh tut? Weshalb überhaupt die Romanform?

Um Leute anzulocken, die ein bloß ernsthaftes Buch nicht in die Hände nehmen würden.

Literatur als Lockmittel? Als Falle? Als Verpackung?

Ich habe in meinen Romanen eindeutig Stellung bezogen – oder beziehen lassen.

Eindeutig zum Beispiel Ihre Abrechnung: »Die Herrschaft des Volkes ist wesentlich der Sitz der Aufruhren.«

Man kann in der Tat in die Fremde gehen, auch wenn man bleibt, dann, wenn die eigene Zeit immer fremder wird.

Sie sind zu einem Buch gekommen, das Sie selber nicht veröffentlichten, das erst nach Ihrem Tod herauskam.

Mein Journal?

Welches Ihr Herausgeber betitelte Tagebuch seiner Beobachtungen über Schriftsteller und sich selbst.

Notizen über Autoren, Werke und Themen, die mich bewegten – aber wozu diese »Aufzeichnungen« um Stellen aus meinem privaten Tagebuch ergänzen?

Man könnte sich diese Mischung noch konsequenter denken: die Auseinandersetzung mit seiner intellektuellen Zeit und parallel dazu zeigen, wie der Autor mit sich selber umgeht.

Das lag nicht im Trend.

Sie nehmen mit Ihrem Tagebuch mehr an unserer nationalen Literatur teil, als Sie vielleicht vermuten. An jener Literatur der Introspektion, die Tradition haben wird – als Selbstschau und mit dem Tagebuch als literarische Form. Und selbst mit Ihrem schlechten Gewissen partizipieren Sie an dieser Literatur, wenn ich an unsere Jahrzehnte denke – da wird das schlechte Gewissen selbst von solchen kulti-

viert, die gar nicht sündigten – aus purer moralischer Bereitschaft.

Ein Lavater hat selber sein *Tagebuch eines Beobachters seiner selbst* herausgegeben.

Man könnte auch die pietistische Erweckungsliteratur Ihrer Zeit anführen.

Ich habe schon anfangs gesagt, daß mich Autobiographisches interessiert. Denke ich an das Jahrhundert vor mir, fällt mir kaum Erzählendes ein. Dafür die Autobiographien der beiden Walliser Platter, des älteren Thomas und des jüngeren Felix, des Geißbuben, der zum Gelehrten wurde, und des berühmten Mediziners.

Aber Ihre Art, sich mit sich selber zu beschäftigen, zählt zu einer Literatur, die bei uns Tradition hat. Amiel ist nicht bloß ein Sonderfall des neunzehnten Jahrhunderts: der Mann, der mit »Roulez tambours« ein vaterländisches Lied dichtete und sich über Tausende von Seiten hinweg der Selbsterziehung ausliefert. An seinem »Journal intime«, oder genauer, an solcher Literatur der Introspektion, haben sich eine Reihe welscher Autoren inspiriert. Man wird Sie jedenfalls auch dort nennen müssen, wo sich Schreiben als Sichverkriechen und In-sich-selbst-Verkriechen betätigt.

Das Tagebuch war ein Ort meiner Zuflucht.

Ein Ort der Peinigung und Zerknirschung, der Infragestellung und Selbstquälerei.

Ich war Beobachter meiner selbst. Vielleicht schon, weil ich Arzt war. Als ich einem Freund die Geburt meines ersten Sohnes mitteilte, geriet mir die Freudennachricht zu einer veritablen Beschreibung einer Entbindung.

Waren Sie süchtig?

Meine Alterskrankheiten zogen sich hin. Gicht. Und dann mein Nieren- und Blasenleiden. Ein Schmerz, den ich mit Opium linderte.

Und die Dosierung?

Meinen Sie die Dosierung des Schmerzes oder die Dosierung des Opiums?

Sie haben über den Verlauf der Krankheit einen Bericht verfaßt und der Göttingschen Akademie zur Verfügung gestellt.

Das eigene Leiden als Anlaß fürs Schreiben, nicht weil es ein eigenes ist, sondern weil es Kompetenz verleiht darzustellen, was, woran und wie ein Mensch leidet.

Wenn solche Absicht literarisches Programm geworden wäre. Noch kurz vor Ihrem Tod, so ist in Ihrem Tagebuch zu lesen, quälten Sie sich mit Vorwürfen wegen Ihres ungenügend christlichen Verhaltens. Als es ans Sterben ging, erlebten Sie einen Moment hoher Luzidität: Sie fühlten sich selber den Puls.

Il bat, il bat, il bat – plus.

Er schlägt, er schlägt, er schlägt – nicht mehr.

Salomon Geßner und die leichte Flöte

»Diese Dichtungsart bekommt besonderen Vorteil, wenn man die Szenen in ein entferntes Weltalter setzt; sie erhalten dadurch einen höheren Grad der Wahrscheinlichkeit, weil sie für unsere Zeit nicht passen, wo der Landsmann mit saurer Arbeit untertänig seinem Fürsten und den Städten den Überfluß liefern muß und Unterdrückung und Armut ihn ungesittet und schlau und niederträchtig gemacht haben.«

Erstaunlich, daß man diesen Sätzen praktisch kaum im Wortlaut begegnet, liest man über den Autor und sein Werk.

Als Salomon Geßner (1730–1788) diese besondere Dichtungsart in der Einleitung zu seinem *Idyllen*-Band darlegte, war er sechsundzwanzig Jahre alt. Er hatte bereits einige Dichtungen veröffentlicht, *Über die Nacht* und *Daphne*. Ein junger Literat, der erste europäische Anerkennung erlangt hatte und der zu seinen Bekannten literarische Persönlichkeiten wie Ewald von Kleist oder J. W. L. Gleim zählen durfte. Den großen internationalen Erfolg brachten die *Idyllen,* die 1756 herauskamen und die in zweiundzwanzig Sprachen übersetzt wurden.

Der Autor, der so hart über den damaligen Bauernstand urteilte, war ein Städter. Er entstammte dem Zürcher Patriziat. Allerdings hatte er sich als sperriger Jüngling erwiesen, so daß man ihn zur Nacherziehung nach Berlin in eine Buchhändlerlehre schickte. Nach seiner Rückkehr in die Vaterstadt erwies er sich zunehmend als nützliches Glied der Gesellschaft. Er, der sich einen Namen als Dichter gemacht hatte, trat in die väterliche Firma ein. Er wurde ein anerkannter Drucker, Verleger, Buchmacher, Graveur. Dank seiner Heirat mit Judith Heidegger festigte er Firma und Haushalt; sie war die Tochter eines Buchdruckers, des Konkurrenten seines Vaters. Die Heirat war eine gewerblichhandwerkliche Bett-Fusion.

Nun hatte Geßner in der Einleitung zu seinen *Idyllen* auch ein paar Sätze lang Konzession geübt:

> »Ich will nicht leugnen, daß ein Dichter, der sich ans Hirten-Gedicht wagt, nicht sonderbare Schönheiten aufspüren kann, wenn er die Denkungs-Art und die Sitten des Landmannes bemerket, aber er muß diese Züge mit feinem Geschmack wählen, und ihnen ihre Rauheit zu nehmen wissen, ohne den ihnen eigenen Schnitt zu verderben.«

In einem Brief an den Dichterkollegen Gleim hatte Geßner gar zugestanden, es wäre durchaus denkbar, daß dank der Freiheiten, die in der Schweiz größer seien als in den Fürstenländern, man hier noch auf Hirten von ursprünglicher Art stoßen könnte, wie sie in der Antike ein Theokrit geschildert hat. Es sieht aus, als suchte Geßner, in gewissen Momenten wenigstens, bei der Realität Rückhalt für sein weit entlegenes Weltalter.

Geßners Vorbild war Theokrit. Er wurde auch in der zeitgenössischen Rezeption als deutscher Theokrit gefeiert. Schon in einer Hinsicht war der Vergleich gerechtfertigt: Auch Theokrit hatte den Schauplatz für seine Idyllen verlegt, weg vom Griechenland seiner Gegenwart in ein poetisiertes Sizilien. Sosehr Geßner der Vergleich mit dem antiken Klassiker schmeichelte, ihm roch er zu sehr nach Käse. Wenn er etwas an seinen Hirten nicht mochte, war es der Stallgeruch.

Selbst wenn Geßner meinte, theokritische Hirtentypen in den helvetischen Alpen anzutreffen, oder wenn er einräumte, die Sitten der Landbevölkerung könnten sich durchaus als literaturtauglich erweisen, sofern man ihnen die Rauheit nehme – soweit gesellschaftliche Realitäten angesprochen werden, sind diese frisiert oder aufgehoben in einer idealisierten Gegenwelt.

Da will ein Jäger, der sich verirrte, seinen Lebensretter, einen jungen Hirten, belohnen:

> »Komm mit mir in die Stadt, dort wohnet man nicht in strohernen Hütten; Paläste von Marmor steigen dort hoch an die Wolken, und hohe Säulen stehen um sie her, du sollst bei mir wohnen, und aus Gold trinken, und die köstlichen Speisen aus silbernen Schüsseln essen.«

Doch Menalkas wehrt ab:

> »Was soll ich in der Stadt? Ich wohne sicher in meiner niedrigen Hütte, sie schützt mich vor Regen und rauhen Winden, und stehen nicht Säulen umher, so stehen

doch fruchtbare Bäume und Reben umher; dann hol ich aus der nahen Quelle klares Wasser im irdenen Krug; auch hab ich süßen Most; und dann eß ich, was mir die Bäume und meine Herde geben; und hab ich nicht Silber und Gold, so streu ich wohl-riechende Blumen auf den Tisch.«

Da finden sich die ergreifenden Szenen mit Chloe:

»Habt ihr den jungen Hirten nicht gesehn, wenn er seine geflecketen Kühe und die hüpfenden Kälber hier vorübertreibt und hinter ihnen hergehend auf seiner Flöte dem Widerhall ruft?«

Die junge Hirtin wird beim wiederkehrenden Frühling Kränze an die Äste der Gebüsche hängen. Und wenn Chloe bei anderer Gelegenheit meint, Daphnis sei ertrunken, will sie nicht »säumen, den Tod in den Wellen zu suchen«. Aber die Nymphen hatten den Wellen befohlen, sie sorgfältig auf dem Rücken zu tragen. »Grausame Nymphen!« rief sie, »ach! Zögert nicht meinen Tod! ach! verschlinget mich Wellen.« Die Wellen aber tragen sie ans Ufer eines Eilands, wohin sich Daphnis als guter Schwimmer gerettet hatte.

Da plant bei Gelegenheit Mirtil angesichts des sterbenden Vaters voll Edelmut:

»Ach, Vater! bester Freund! bald soll ich dich verliehren; trauriger Gedanke! Ach! dann – – – dann will ich einen Altar neben dein Grab hinpflanzen; und dann, so oft ein seliger Tag kömt, wo ich Nothleidenden Gutes thun kann, dann will ich, Vater! Milch und Blumen auf dein Grab streun.«

Geßner gestand in seiner *Idyllen*-Einleitung:

»Oft reiß ich mich aus der Stadt los, und fliehe in einsame Gegenden; dann entreißt die Schönheit der Natur mein Gemüt allem dem Ekel und allen den widrigen Eindrücken, die mich aus der Stadt verfolgt haben; ganz entzückt, ganz Empfindung über ihre Schönheit, bin ich dann glücklich wie ein Hirt im goldenen Welt-Alter, und reicher als ein König.«

Was Geßner für die Dichtung forderte, deckte sich nicht mit seinem Lebensstil. Er war alles andere als ein Stadtflüchtiger oder einer, der in einem Elfenbeinturm Zuflucht gesucht hätte. Er führte in Zürich das, was man in dem puritanischen Milieu durchaus Salon nennen konnte. Er gründete mit Jugendfreunden die »Dienstags Compagnie«, eine Art Club, wo man sich gegenseitig seine Arbeiten vorlas und der auch die Zeitschrift *Crito* herausgab. Als der junge Mozart in Zürich gastierte, spielte er in Geßners Haus. Und wenn aufs Land, dann zog es ihn nicht in einsame Gegenden. Er beteiligte sich an der Porzellan- und Fayencenfabrik in Schooren-Bendlikon am Zürichsee; er war Obervogt in den Gemeinden Erlenbach und Wipkingen und danach als Sihlherr Oberaufseher über die der Stadt gehörenden Wälder. Leute, die ihn in Sihlwald besuchten, waren erstaunt, wie wenig idyllisch und wie gutbürgerlich sich die Familie präsentierte.

So unbekannt konnte die Bauernwelt dem Zürcher Patrizier nicht sein – weder den wirtschaftlich-sozialen Gegebenheiten noch der intellektuellen Auseinandersetzung nach. Er konnte bei einem anderen Zürcher lesen:

»Nur im Schoß der Natur, nur in ländlicher Einfalt bleiben die Sitten rein, bleibt der Staat stark. Wir müssen sehen, daß die Sittenverderbnis nicht auch auf die Bauern übergreift, dafür sorgen, daß die Bauern ihre Güter nicht über den städtischen Begangenschaften zu vernachlässigen beginnen. Wir sollten dem Bauern seinen Beruf angenehm machen. Mit nichts ist dem Vaterland und dem gemeinen Nutzen besser gedient als mit der vernunftgerechten Erneuerung der bäuerlichen Wirtschaft.«

Das schrieb Hans Caspar Hirzel, Stadtarzt und Philanthrop, 1759 in *Die Wirtschaft eines philosophischen Bauern*. »Kleinjogg«, wie der philosophierende Bauer J. Gujer hieß, dank der Übersetzung von Hirzels Werk ins Französische als »Socrate rustique« berühmt geworden, war ein Beispiel dafür, daß mindestens einzelne sich nicht damit abfanden, als Leute vom Land ungesittet und niederträchtig zu sein. Kleinjogg soll von sich bekannt haben: »Ich wollte immer lesen und beten. Mein redliches Weib half mir auf den rechten Weg; sie stellte mir den Verfall unserer Haushaltung vor und nötigte mich zur Arbeit.«

Kleinjogg war der Initiator der »Bauerngespräche«, die von der Naturforschenden (oder Physikalischen) Gesellschaft in einem der feinen Zunfthäuser Zürichs durchgeführt wurden. Bei ihnen trafen sich Bauern und Städter.

Diskutiert wurde über die Verbesserung der Landwirtschaft. Zur Debatte standen Nutzen und Unnutzen von Zäunen, Stallfütterung, Düngerzubereitung oder Kompost und Waldpflege. Allerdings wurde Kleinjogg nie Mitglied einer vornehmen Gesellschaft wie der Naturforschenden. Bei aller Anerkennung, die man ihm entgegenbrachte, es blieb bei einem patriarchalischen Schulterklopfen, »unser Kleinjogg«.

Albrecht von Haller, der als Berner Aristokrat einst in seinen Alpengedichten das einfache Leben der Sennerinnen und Sennen gefeiert hatte, spielte einen seiner Pächter gegen Kleinjogg aus:

> »Seine Sitten und sein Verstand waren gerade, wie sie zu seinem Stande sich schickten, ohne Poesie und ohne Roman. Klijogg, wie er uns beschrieben wird, tritt aus seinem Stande heraus und wird zu sehr ein Denker.«

Isaak Iselin, Ratsschreiber in Basel, Repräsentant der schweizerischen Aufklärung, der Gründer der »Gesellschaft zur Beförderung des Guten und Gemeinnützigen«, Autor der *Philosophischen Mutmaßungen über die Geschichte der Menschheit,* antwortete Haller:

> »Sollte es an einem Mann tadelswürdig sein, einen Verstand zu besitzen, der das gewöhnliche Maß der Leute seines Standes überschreitet, um aus einem Bauersmann ein Denker zu werden? Wenn man gut, groß, edel denkt wie der Klijogg, so sehen wir nicht, wie man zu sehr ein Denker sein könnte.«

Aber Kleinjogg war nicht das einzige Bauern- oder Tagelöhnerkind, das Hunger nach Büchern hatte. Wenn viele auf dem Land diesen Hunger nicht stillten und ungesittet blieben, dann nicht zuletzt deswegen, weil die Eltern nicht das Holz oder die Nahrungsmittel aufbrachten, die als Schulgeld dem Lehrer zu entrichten waren, oder weil Dorfkindern im Winter oft warme Kleidungsstücke oder gar Schuhe für den Schulweg fehlten. Um eine Verbesserung zu erzielen, forderte Heinrich Pestalozzi 1777 in einem Brief »Über die Erziehung der armen Landjugend« als zeitgemäße Emanzipation die »Auferziehung des Armen im Geiste der Industrie«.

Zu seinen Zeitgenossen konnte Geßner auch schreibende Bauern zählen wie Ulrich Bräker und Heinrich Bosshard. Fritz Ernst, der so gediegen über das geistige Zürich schrieb, meinte von beiden: »Sie gehören zu den Naturen, welche beim näheren Zusehen verlieren, ein Geschick, dem die Mehrzahl der Menschen unterworfen ist.« Im Fall von Heinrich Bosshard trifft zu, daß der Autor von *Eines schweizerischen Landmannes Lebensgeschichte von ihm selbst beschrieben* es nicht einmal ins sechsbändige *Schweizer Lexikon* von heute brachte. Aber im Fall von Ulrich Bräker hat Fritz Ernst zu wenig weit geblickt.

Ulrich Bräker, der Sohn eines Tagelöhners und Seifensieders, wird in seiner Autobiographie *Lebensgeschichte und natürliche Abentheuer des Armen Mannes im Tockenburg* erzählen, wie einer trotz Armut sich als Autodidakt Bildung erwarb. Als die ersten Texte von Bräker erschienen, hatte Geßner das Dichten praktisch aufgegeben. Zwar waren 1772 *Neue Idyllen* herausgekommen; sie boten kaum

Neues. Noch immer »das frohe Gebrüll der Herden und die Flöten der Hirten und eine Welt, in der die Tugendhaften glücklich sind«. Eine Bestätigung: »Nicht den blut-bespritzten kühnen Helden, nicht das öde Schlacht-Feld singt die frohe Muse; sanft und schüchtern flieht sie das Gewühl, die leichte Flöte in ihrer Hand.«

Oder doch? Melden sich für einmal auch politisierte Hirten zu Wort? Da treffen Daphnis und Micron auf ein zerfallenes Denkmal, das zu Ehren eines Tyrannen errichtet wurde. »Lächerlich ists, wie da ein junger Frosch dem tobenden Held auf dem Helm sitzt... und eine Schnecke sein drohendes Schwert hinaufkriecht«, so daß Daphnis sich fragt: »Was bleibet von seiner fürchterlichen Größe?« Und Micron: »Nein, könnte ich mit einer Schandtat den Reichtum der ganzen Welt gewinnen, lieber, viel lieber wollt ich nur zwo Ziegen hüten.« Er führt den Freund zum Denkmal, das sein Vater sich selber gesetzt hat: »Was du hier siehest, ist sein rühmliches Denkmal. Die Gegend war öde. Sein Fleiß hat diese Felder gebaut, und diese fruchtbaren Schatten hat seine eigene Hand gepflanzt.«

Beschlossen wird die Sammlung der *Neuen Idyllen* durch »Das hölzerne Bein«. Da setzt sich ein alter Mann im Gebirge neben einen jungen Hirten und meint, sein hölzernes Bein ausstreckend: »Dies Bein ... ist mir ehrenhafter als manchem seine zwey guten... daß mancher eurer Väter voll Narben und zerstümmelt ist, das sollt ihr Jungen Gott und ihnen danken.« Und der junge Hirt antwortet, als hätte er Schiller gelesen: »Der ist nicht werth, ein freyer Mann zu seyn, der je vergessen kann, daß unsre Väter es erfochten.« Der Alte berichtet von der Schlacht, in der er sein Bein verlor, und davon, wie ihn einer rettete, dem er nie Dankbarkeit bezeugen konnte. Der gnädige Zufall will, daß der junge Hirt der Sohn des Retters ist; so kann der Mann mit dem Holzbein, der Herden und Felder besitzt, den Jungen belohnen, und außerdem: »Eine einzige schöne Tochter war seine Erbin.«

Diese »schweizerische Idylle«, wie sie Geßner selber charakterisierte, von geradezu prähollywoodschem »Happyendismus«, ist patriotisches Pathos pur. Da schrieb der Geßner mit, der nicht nur in der Lokalpolitik Zürichs mitredete, im Großen Rat vorerst und danach auch im Kleinen. Geßner zählte zu den ersten Mitgliedern der 1762 gegründeten Helvetischen Gesellschaft. So nahm er auch in seine *Vermischten Schriften* »Verhandlungen der Helvetischen Gesellschaft in Schinznach im Jahr 1763« auf wie »Die letzten Wünsche eines helvetischen Patrioten«, verfaßt von dem Luzerner Politiker Franz Urs Balthasar; seine Schrift hatte den Anstoß gegeben zur Gründung der Helvetischen Gesellschaft. Ihn begrüßte Geßner mit einer Elogen-Antwort. Wie sehr man in Geßner einen Mann der Politik sah, mag man daran erkennen, daß ihm, dem Idylliker, nahegelegt wurde, eine Episode wie die Verteidigung der reformierten Minderheit in Solothurn »in eine Erzählung zu bringen«. Einmal mehr hätte sich ein Dichter mit engagierter Literatur patriotisch nützlich erweisen sollen; es blieb bei der Absicht.

Interessant jedenfalls, daß in der Ausgabe der *Neuen Idyllen* sich Geschichten von Denis Diderot finden, von Geßner übersetzt: der französische Aufklärer und der Schweizer Idylliker zwischen Buchdeckeln vereint und dies auf ausdrücklichen Wunsch des Franzosen. Während Geßner meinte, daß Bauern sich kaum für die Literatur eignen, wollte Diderot eine »moralische Erzählung« wie *Die beiden Freunde von Bourbonne* als Beispiel dafür verstanden wissen, daß »Hoheit der Seele und erhabene Eigenschaften allen Ständen und Ländern zukommen«.

Man hat an Geßner gelobt, daß er den Zeitgeist wie kaum ein anderer vertrat. Wenn er nach den *Idyllen* eine Dichtung wie *Abel* vorlegte, traf er in der Tat die modische Empfindsamkeit von damals. Aber es gab neben seinem Standesgeist einen anderen Zeitgeist, einen, der offen war für die aktuelle Realität. Solches Interesse konnte sein Mentor, Kritiker und Förderer, Johann Jakob Bodmer, zeitgemäßer vertreten, als er das breit gefächerte Programm seiner Wochenschrift *Discourse der Mahlern* vorlegte, das übrigens aufs beste auch einem heutigen populären Presseerzeugnis gerecht würde: »Wir haben den Menschen zum Objekt genommen … Alles was menschlich ist und den Menschen angeht, gehört zur Aufgabe.« Abgedeckt werden soll die ganze Sittengeschichte, und versprochen sind:

> »Nachrichten über die verschiedenen Sorten von Conversationen; über die Kleidung, divertissements etc; was die Herren, die Bürger, die Bauern, das Frauenzimmer für Ergötzlichkeiten haben; über ihre Manier mit dem Frauenzimmer umzugehen; über die Verlöbnis- und Heiratszermonien; über die Ritus, die man bei Leichenbegängnissen beobachtet; über ihren goût in Ansehung der Bücher.«

Man hat an Geßner auch das Zeitlose, Gültige, Schöne seines Arkadiens gerühmt. Ohne davon zu sprechen, daß dieses Arkadien nur zustande kam, indem Geßner zwar in seiner Einleitung zu den *Idyllen* von den »sclavischen Verhältnissen« der Bauernschaft sprach, aber von ihnen absah, womit sich die Frage stellt, ob ein solches Ab- und Wegsehen nicht zuletzt auf ein Akzeptieren oder mindestens auf ein Dulden hinausläuft.

Wenn Geßner bewußt von den tatsächlichen Verhältnissen absah, rechtfertigte er dies »um eines höheren Grades von Wahrscheinlichkeit« willen. Damit kommt das klassische Gegensatzpaar von »wahrscheinlich« und »wahr« ins Spiel, wie es auch für die Poetologie der Zürcher Literaten Johann Jakob Bodmer und Johann Jakob Breitinger von Bedeutung war. Die 1740 erschienene *Critische Abhandlung von dem Wunderbaren in der Poesie und dessen Verbindung mit dem Wahrscheinlichen* propagierte eine neue Literaturauffassung, die der Einbildungskraft eine bisher unbekannte Rolle zusprach. Der Mimesis, der Abbildung von Realität, wurde die »Nachahmung der Natur in dem Möglichen« entgegengesetzt. Demnach hieß es bei Breitinger:

> »Was ist dichten anders, als sich in der Phantasie neue Begriffe und Vorstellungen formieren, deren Originale nicht in der gegenwärtigen Welt der würklichen Dinge, sondern in irgend einem andern möglichen Welt-Gebäude zu suchen sind. Ein jedes wohlerfundene Gedicht ist darum nicht anderst anzusehen als eine Historie aus einer anderen möglichen Welt.«

Damit gewann Geßner fürs erste einmal eine theoretische Legitimierung seiner Dichtungsart; wenn seine *Idyllen* etwas vorführten, dann sicher ein anderes Weltgebäude. Doch Breitinger exemplifiziert weiter: Er fordert »die geschickte Verbindung« des »Wundersamen« mit dem »Wahrscheinlichen«: Das Wunderbare wird ohne das Wahrscheinliche »abentheuerlich und unglaublich«, und andererseits wirkt das Wahrscheinliche, »wenn es nicht von dem Verwundersamen unterstützt wird, nicht aufs menschliche Gemüt«.

Genau das Problem hatte sich Geßner eingehandelt, nämlich daß sich sein Verwundersames nicht auf Wahrscheinliches abstützte, seine Wahrscheinlichkeit war das »Verwundersame« selber. Jede Glaubwürdigkeit, ob eingestanden oder nicht, setzt Glauben voraus. Geßners Credo galt einem Goldenen Zeitalter, der verlorenen Unschuld des Ursprungs. Oder wie er idyllisch schrieb:

> »In der ersten Jugend der Tage, da die wenigen Bedürfnisse der Unschuld und die Natur unter den noch unverdorbenen Menschen die jungen Künste erzeugten… Damals war der Gesang noch ein Regel-loses Jauchzen der Freude.«

Allerdings gab es bereits Raubvögel, doch gegen die konnte eine Waffe erfunden werden, und aus den Gedärmen der Raubvögel ließen sich die Saiten des Bogens spannen.

Vier Jahre vor Geßners *Idyllen* hatte Jean-Jacques Rousseau seinen *Discours sur les sciences et les arts* veröffentlicht; er hatte die Frage der Akademie von Dijon, ob der Fortschritt der Wissenschaften und Künste zur Verderbnis oder zur Verbesserung der Sitten beitrage, negativ beantwortet. Die grundsätzliche Kritik der *Idyllen* kam daher nicht von der literarischen Seite, sondern von der philosophischen. Die Gattungsentscheidung für die Idylle verrät eine anthropologische Grundhaltung. Der Traum vom Goldenen Zeitalter mußte überall dort fragwürdig bleiben, wo man die Geschichte der Menschheit als Prozeß und Entwicklung und als Fortschritt verstand.

Friedrich Schiller mahnte: Der idyllische Dichter »führe uns nicht rückwärts in unsere Kindheit, um uns mit den kostbarsten Erwerbungen des Verstandes eine Ruhe erkaufen zu lassen, die nicht länger dauern kann als der Schlaf unserer Geisteskräfte; sondern führe uns vorwärts zu unserer Mündigkeit«. Desgleichen hat Immanuel Kant in *Muthmaßlicher Anfang der Menschengeschichte* die Vorstellung des Goldenen Zeitalters als pures Wunschgebilde verworfen:

> »Der reine Genuß eines sorgenfreien, in Faulheit verträumten oder mit kindischem Spiel vertändelten Lebens – eine Sehnsucht, die die Robinsone und die Reise nach den Südseeinseln so reizend macht, überhaupt aber den Überdruß beweiset, den der denkende Mensch am civilisierten Leben fühlt.«

Scharf hat später Hegel im Namen des werktätigen Weltgeistes geurteilt:

> »Denn eine in dieser Weise beschränkte Lebensart setzt auch einen Mangel der Entwicklung des Geistes voraus...

Der Mensch darf nicht in solch idyllischer Geistesarmut hinleben, er muß arbeiten.«

Daß sich entferntes Weltalter und Zeitgenossenschaft vereinen lassen, das schien Geßner in der bildenden Kunst leichter zu gelingen, sah er doch in der Malerei die legitime Schwester der Literatur. Mit seinem »Brief über die Landschaftsmalerei an Herrn Füßli, den Verfasser der *Geschichte der besten Künstler in der Schweiz*« legte Geßner einen Werkstattbericht vor; er schilderte darin sein Vorgehen beim Studieren der Natur, die seiner Kunst als Vorlage diente:

»... [ich] muß mich hüten, daß mich der Hang zum bloß Wundersamen nicht hinreiße; immer muß ich mehr auf das edle und schöne sehen, sonst kann ich leicht in meinen Zusammensetzungen ins Abenteuerliche fallen.«

Er ist sich der Gefahr der »erkünstelten Umstände« bewußt, und so kann er durchaus einen Rückgriff auf das unmittelbar Reale in Kauf nehmen.

»Man kann einen zerfallenen Schweinstall malen und ein Bäuerchen, das ganz lustig da an die Wand pißt, und eine Lache daneben, und dabei alles Spiel von Schatten und Licht und die Zauberey des Colorits, und die größte Niedlichkeit in der ganzen Ausführung anbringen. Dergleichen Werke können auch schätzbar sein.«

Ungeachtet dessen bleibt unbestritten, was im Prinzip das Erstrebenswerte ist:

> »Landschaften, die Aussichten sind in ein glückliches Land, das seinen Bewohnern Überfluß liefert: ein reiner Himmelsstrich, unter dem alles mit gesunder Üppigkeit aufblühet.«

In Konsequenz gehören zu seinem Werk ebenso Landschaften mit mythologischen Figuren wie über fünfzig Blätter radierter Schweizer Landschaften, die er von 1780 bis 1788 für den *Helvetischen Calender* schuf. Da findet sich neben »Waldidyll mit Kühen« ein »Tanzender Faun im Walde«. Für einmal ist es ein »Wasserfall mit drei Frauen, die aus dem Wasser flüchten« und ein andermal ein »Wasserfall mit drei arkadischen Hirten und einem Flötenspieler«. Naturbilder »Weg, Brücke, Haus« oder »Ausblick auf Mäuerchen mit Blumentöpfen« neben Szenen mit Pan, Idyllen-Figuren wie Daphnis und Chloe oder der Statue eines liegenden Flußgottes. Mit welcher Absicht auch immer Bilder oder Radierungen konzipiert wurden, sie sind nicht denkbar ohne Naturstudien; seine Skizzen von Weiden und Wäldern sind dafür ein illustratives Beispiel. »Das Gebirge« (eine idealisierte Darstellung des Glärnisch?) und viel direkter »Die Felswand« verdanken ihre Anschaulichkeit den vorangegangenen Felsstudien. Eine Gouache wie »Der Wunsch oder die poetische Einsiedeley« ist eines der Bilder, in denen wirklichkeitsgetreue Landschaft und poetisierte sich decken.

Was Geßner mit Pinsel, Stift, Radiernadel und Grabstichel schuf, hat nie Anlaß zu grundsätzlicher Kritik gegeben, hier stützte sich das Wundersame auf das Wahrscheinliche. Deshalb haben diese Darstellungen nie Spott ausgelöst wie die Hirtinnen und Hirten seiner *Idyllen-Welt.* Herder, der der Geßnerschen Dichtkunst nicht ungewogen war, bilanzierte: »Das sind Schäfermasken und keine Menschen.« Ebenso wurden die *Idyllen* als Possen von Schäfern abgetan, die weder Hunger noch Durst haben: »Was uns alle Tage vor Augen kommt und ans Herz geht, davon piepsen sie kein Wort.«

Was aber, wenn man bei der Lektüre der *Idyllen* nicht immer die Lebensbedingungen der Bauern von damals als Kontrastprogramm im Kopf behält, wenn es dienlicher und gewinnbringender wäre, die Aufmerksamkeit auf anderes zu lenken? Auf etwas, das vielleicht auch verständlicher macht, weswegen die *Idyllen* zum internationalen Erfolg wurden. Was, wenn man in die liebesgeschwängerte Atmosphäre eintaucht, die *Idyllen* als erotische Dichtung taxiert, wie sie erstaunlicherweise in einem puritanischen Zürich entstand, das für seine Sittenmandate berüchtigt war. Geßner bekam die Rigorosität der Zensur wegen seines Hirtenromans *Daphnis* zu spüren: Solche Liebesgeschichten waren nicht erbaulich, das Titelblatt mußte geändert und das Motto des Lateiners Propertius gestrichen werden; das Buch erschien ohne Nennung des Autors, ebenfalls wurde der Druckort weggelassen. Nicht nur in eigener Sache kämpfte Geßner gegen die Zensur; als Ratsherr verteidigte er Heinrich Meister, den Autor von *De l'origine des principes religieux,* der für geraume Zeit aus Zürich verbannt wurde. Angesichts solch religiöser und moralischer Prüderie und Repression nehmen sich die *Idyllen* streckenweise geradezu wagemutig aus: Da sinkt Chloe zärtlich Daphnis in die Arme,

> »und ihr Entzücken, oh, das kann ich nicht singen! Zärtlicher als wenn die Nachtigall ihrem Gefängnis entfliegt ... sie fliegt izt entzückt dem schauernden Gatten zu, sie seufzen und schnäbeln und umschlagen sich mit ihren Flügeln; aber izt tönt ihr Entzücken in Freuden-Liedern die stille Nacht durch.«

Da verdankt das Saitenspiel seine Erfindung der Liebe, dank ihr wurde der erste Garten angelegt: Lycas will um die Ulme, unter der ihm Chloe den ersten Kuß gab, Rosenstöcke pflanzen und weitere Blumenbeete anlegen – »ich will hierher den ganzen Frühling sammeln«. Da meint ein Faun:

> »Mir soll die Liebe nicht eine trübe Stunde machen, nein, keine trübe Stunde. Versagt mir diese den Kuß, dann hüpf' ich zu der andern hin, ich will sie alle lieben, alle will ich küssen.«

Und neben dem Frivolen das Sentimentale:

> »Oh du schwarzer Wald... einsiedlerisch will ich in deinem Schatten ruhen, melancholischer Wald ... Leb izt wohl, Amor! dein Pfeil wird mich hier nicht finden; ich will nicht mehr lieben, und in einsamer Gegend weise seyn. Lebe wohl, du braunes Mädchen! das mit schwarzen Augen mir die Liebe in mein bisher unverwahretes

> Herz geblitzt hat... dein schmachtender Blick... ach! zu sehr, zu sehr hast du mein Herz bemeistert... und dein schwellender Busen...«

Und neben dem Sentimentalen das Moralisch-Dramatische:

> »Noch beb ich durch alle Gebeine. Er riß mich auf seinen Schooß hin, drückt' an seinen Busen mich, und alle Verheißungen die verführen und alles was Liebe reitzendes sagen kann, das floß von seinen Lippen. Ich weinte, ich bebte und wäre der Verführung zu schwach; ach! jetzt unglücklich, jetzt nicht mehr dein unschuldiges Kind. Hätte, so dacht ich, deine fromme Mutter dich je unkeusche Umarmungen niederträchtig dulden gesehn.«

Doch anderswo bettelt Damon: »Reiche deinen Hals mir her und deine Augen, daß ich dich schnäbeln kann.« Ihm kommt Phillis entgegen: »Halte deine Lippen doch auf meine Lippen, dann Damon! schnäbeln beide.«

Die Idylle als ländliches Boudoir, mit einer Nacktheit, an der die Lust mitgezeichnet hat und die das Goldene Zeitalter als Unschuld rechtfertigt. Weltentlegen bedichten, was sich hautnah nicht aussprechen ließ? Agrarkulturelle Geständnisse waren nun einmal möglich: »Ich liebe dich mehr als die Schafe den Klee.«

Verglichen mit dem, was sonst in diesem achtzehnten Jahrhundert möglich war, war dies Erotik light. Nun mußte man auch nicht gleich auf zürcherisch *Glück und Unglück der berühmten Moll Flanders* von Daniel Defoe erwarten oder eine *Thérèse philosophe* des Marquis d'Argens.

Die Zürcher Erotik eines Geßner war immerhin eine, die man zeigte und die man zeigen und aufstellen durfte wie die Nippsachen aus der Fayencefabrik, von zerbrechlicher Vitalität wie Porzellan, glatt wie dieses und abstaubbar.

Aber in welcher Lesart auch immer, die Rezeption der *Idyllen* betraf nicht nur ein Buch und seinen Autor. Die Tatsache, daß es ein schweizerischer Autor war, färbte auch ab auf das Image der Schweiz; man identifizierte das Land mit dem Buch, das es hervorgebracht hatte; das Land kam zu einer Idyllen-Rolle, die es nicht ungern spielte, selbst gegen das eigene Besserwissen.

So ist in diesem achtzehnten Jahrhundert angelegt, was bis in unsere Jahrzehnte Aktualität behält. Die Diskrepanz zwischen dem Bild, das wir von uns pflegen, und der Wirklichkeit, die wir leben – ein Konflikt, der unser Selbstverständnis bestimmt. Dies zu wissen heißt noch lange nicht, dem Rechnung zu tragen. Geßner war sich dessen durchaus bewußt, wenn er in einem Brief schrieb:

> »Aus dem, was wir drucken lassen, da kennt man uns nicht halb. Man muß mit uns essen, trinken und lachen, um unseren ganzen Werth zu sehen.«

Die ganze Wahrheit wenigstens bei der Gastronomie, das ist keine schlechte Voraussetzung für Tourismus. Für die Literatur bleibt dann allerdings nur die Halbwahrheit – oder die Entlarvung des Halben zugunsten von etwas Umfassenderem oder gar eines Ganzen, ein Prozeß, den man in Zukunft als Entmystifikation bezeichnen wird.

»... kein Fleck Land auf Gottes Erdboden und auch im Mond nicht seyn kann, der mit dem unsern zu vergleichen wäre. Sclaven sind alle andern Menschen, nirgend keine Freiheit und kein Heil. So denkt ein wahrer Eidgenoß, und wenn auch sein Haus ein Schweinstall wäre, der Grund und Boden eine Mistlache, und wenn auch seine Nachbarn Schweine oder Hunde wären. Da darf er doch auf dem Bauch oder Rücken liegen, seine Viere von sich strecken, und in edlem Stolz die Monarchen der ganzen Welt verachten.«

So hat im achtzehnten Jahrhundert ein Idylliker, Geßner, in einem Brief über das gespottet, was die Schweiz im zwanzigsten als »Sonderfall« propagieren wird.

Johann Georg Zimmermann oder das Leiden an der Schweiz

»...Fabeldichter erzählen, daß in Indien ein Ort gefunden werde, wo alle Leute Buckel haben. Ein wohlgestalteter und artiger Jüngling kam an diesen Ort, die ehrsame gebuckelte Bürgerschaft versammelte sich und nahm die außerordentliche Gestalt dieses Fremdlings in Augenschein; ihre Gesichter, ihr Gelächter, ihre Schimpfreden und ihre Buckel waren genugsame Merkmale ihrer Verwunderung. Zum großen Glücke für den Jüngling befand sich ein Weiser in dieser Bürgerschaft, der vielleicht auch schon Leute ohne Buckel gesehen hatte; dieser sprach: ›Was tut ihr, meine Freunde? Laßt uns einen Unglücklichen nicht beschimpfen; der Himmel schuf uns schön, er zierte unsere Rücken mit einem knochigen Gebirge. Ei so laßt uns darum nach dem Tempel gehen, um den Unsterblichen für dieses Glück zu danken.‹ Wer also unter seiner eigenen Nation nicht ein Fremdling sein, wer in einem moralisch gebuckelten Lande der allgemeinen Verachtung entgehen will, muß über alles denken, wie man in diesem Lande denkt: er muß sich allen herrschenden Vorurteilen unterwerfen; er muß, so stolz er immer kann, den allgemeinen Buckel mitmachen, weil man eine Demut, die vom Vaterland eine niedrige Meinung hegt, unter die größten Laster zählt.«

Diese Passage findet sich in einem Buch, das seinerzeit berühmt war. Ein Bestseller, wie wir heute sagen würden. Es heißt *Vom Nationalstolz*. Darin ist, wie der Untertitel ausführt, »von Vorurteilen gegenüber andern Menschen und andern Völkern« die Rede. Und zwar in recht anschaulicher oder, wenn man will, in recht anekdotischer Weise.

> »Die kleine, nichtsbedeutende Nation der Natches war, nach ihrer alten Sage, vormals die gewaltigste Nation in dem mitternächtlichen Amerika; der hohe Adel bestand aus fünfhundert Sonnen, und alle wurden von einer großen Sonne beherrscht. Das heutige Oberhaupt dieses Völkleins hat etwas in seinem Stolze, das mir ungemein gefällt. Er tritt alle Morgen aus seiner Hütte hervor, grüßt die Sonne, bietet ihr seine Pfeife zu rauchen an und schreibt ihr mit dem Finger den Weg vor, den sie den Tag über nehmen soll.«

Zahlreich sind solche Beispiele, die illustrieren, wie Völker dazu neigen, das, was sie ausmacht, als Mittelpunkt der Welt zu nehmen. Was Völker auf diese Art charakterisiert, ist nach dem Autor schon im Verhalten des einzelnen angelegt:

> »Der Mensch hält sich für den Mittelpunkt aller geschaffenen Dinge. Es hat immer Leute auf diesem Erdenfleck gegeben, die sich einbildeten, die Sonne brenne nur, um sie zu erwärmen; jene gestirnten Welten seien nichts als goldene Nägel am Firmament, mit dem ganzen unausdenklichen Weltgebäude in keiner andern Absicht ge-

schaffen, als nur um ihren Bedürfnissen zuvorzukommen, ihren Geist zu belustigen und ihre Sinne zu kitzeln... Jeder Mensch gibt seinem Geschmack und Kenntnis den höchsten Preis; jeder glaubt, man sei zu allen Arten von Kenntnis unfähig, wenn man zu seinem unfähig ist. Der Jäger glaubt, man werde in der andern Welt von einem Planet zum andern jagen. Der Chemiker zweifelt nicht, daß alle Auserwählten im Himmel den Paracelsus lesen.«

Was vor bald zweihundertfünfzig Jahren mit solchen Worten aktuell war, hat Gültigkeit behalten. So sehr haben sich unsere Klischees und die Liebe zu ihnen nicht geändert. Wir fabrizieren nach wie vor Bildnisse von Zentrismen. Und dies, obwohl man annehmen könnte, daß unser Informationsstrom und die Möglichkeit des Reisens an Vorurteilen Abbau leisten. Wie sehr mußten Pauschalvorstellungen erst vorherrschen, als es einen solchen Informationsanfall noch nicht gab und das Reisen einer kleinen Schicht vorbehalten blieb. Andererseits darf man nicht übersehen, daß Klischees bereits den Anfang eines Erkenntnisprozesses darstellen: daß es überhaupt so etwas wie andere Völker gibt.

Gegen Klischees zog das Buch *Vom Nationalstolz* zu Felde. Und dies mit pointierter Sprache:

»Die Liebe des Vaterlandes ist freilich in vielen Fällen mehr nicht als die Liebe eines Esels für seinen Stall.«

Nicht nur Begeisterung lösten solche Attacken aus. Ein Franzose warf dem Verfasser vor, er habe ein waches Auge für die Laster aller Nationen außer für die der Deutschen.

Nicht uninteressant ist die Replik des Autors: Er könne solche Laster kaum aufzählen, da den Deutschen so etwas wie Nationalgefühl abgehe:

»Einzelne Beispiele des lächerlichen Stolzes findet man zur Genüge auf den deutschen Universitäten, in den deutschen Reichsstädten, bei dem deutschen Adel und bei allem, was in Deutschland Herr und Hund ist. Aber Beispiele des närrischen Nationalstolzes sind im Ganzen bei einem Volke ungemein selten, das die Werke seiner Künstler verachtet, seiner Poeten zuerst verspottet, fremde Arbeit und ausländische Gelehrte vorzüglich lobt und sich nur zuweilen an der kleinen Nation der Schweizer reibt. Mit welchem Recht hätte ich die ehrlichen Deutschen für die etwaigen Spuren ihres Nationalstolzes belachen können, da sogar der größte Gelehrte unseres Weltalters ihnen den Mangel dieser angeblichen Torheit als einen wichtigen Nationalfehler vorwirft? Dieser Gelehrte sagt in der Vorrede zu einer Historie der Frösche, daß in Europa ein großes Volk lebe, welches sich durch Fleiß und Arbeitsamkeit von allen andern unterscheidet, erfinderische Köpfe und Männer von Genie nicht in kleinerer Anzahl besitzt als irgendeine Nation, der Wollüste wenig achtet und unter den Tapfern das Tapfere ist. Dieses Volk verachtet sich selbst, es hasset sich, kauft, lobt und ahmet nur das Fremde nach. Es glaubet sich weder wohl zu kleiden, noch etwas Niedliches essen, noch etwas Köstliches trinken, noch bequem wohnen zu können, wenn es nicht seine Kleider, Weine, Köche, Schneider, Tücher, Baumeister mit großen Kosten aus andern und wohl gar von Feinden bewohnten Ländern kommen läßt.«

Nun hätte der Verfasser keinen Grund gehabt, die Deutschen zu schonen. Er war Schweizer, und was seine eigenen Landsleute anging, zeigte er sich keineswegs rücksichtsvoll.

Der Verfasser Johann Georg Zimmermann wurde 1728 in Brugg geboren. In einem Städtchen des heutigen Kantons Aargau, das damals Untertanengebiet von Bern war. Wegen dieser politischen Konstellation war er »Aus-Bürger«, wie die offizielle Bezeichnung hieß, »Aus-Bürger« oder »Bürger von auswärts«, auf jeden Fall jemand zweiter Klasse. Das Nicht-dazu-Gehören schärfte bei Zimmermann den Sinn für das Nichtkonforme, gleichzeitig auch eine geradezu peinliche Bereitschaft, dankbar zu sein, wenn er dazugehören durfte. Diese Ambivalenz sollte Leben und Werk bestimmen.

Zimmermann hatte sich zum Arzt ausbilden lassen. Er lernte bei Albrecht von Haller, einem Berner Kompatrioten, der nicht nur als Mediziner eine Kapazität war. Seine Gedichte *Die Alpen* stehen am Anfang der schweizerischen Naturlyrik. Diesem Mann wollte es Zimmermann gleichtun, als Mediziner wie als Dichter. In der Medizin gelang dies, indem er nicht zuletzt dank seiner medizinwissenschaftlichen Publikationen bald zu einem der gesuchtesten Ärzte wurde. Als 1755 ein Erdbeben Lissabon zerstörte, wurde eine ganze Epoche in ihrem Glauben an einen vernünftigen Gott und an die Vernunft der Welt erschüttert. Auch Zimmermann leistete seinen Beitrag: »Die Zerstörung von Lissabon«, ein Poem, bei welchem die Anmerkungen so zahlreich wie die Verse sind und diese so trocken wie die Anmerkungen. Auch wenn Zimmermann später noch vereinzelte Verse schrieb, die Ambition, ein Dichter zu sein, hatte er aufgegeben; er war entschlossen, »die Dichtkunst zu abandonieren«. Wenn literarische Anerkennung, sollte er die als Prosaschriftsteller erlangen, als Essayist von Rang, als einer der ersten unserer Literaturgeschichte, von einer Ausdruckskraft, die bis heute anhält, doch heute kaum bekannt.

Dank der Vermittlung seines einstigen Lehrers Albrecht von Haller war Zimmermann in Brugg Stadtphysikus geworden. Sosehr er einen Posten in seiner Heimatstadt gesucht hatte, er litt unter den kleinstädtischen Verhältnissen. Er brachte dies in einer Satire zum Ausdruck: »Entwurf eines Katechismus für kleine Städte«, den er 1766 in der kurzlebigen Zeitschrift *Erinnern* veröffentlichte, welche die damaligen Literaturpäpste von Zürich, Bodmer und Breitinger, herausgaben. Ein Thema, das er später wieder aufnahm, wenn er von der »Totenstille kleiner Städte« schreibt:

> »...wie müßig und träge mehrenteils die Einwohner sind, wie schrecklich sie Langeweile drückt, wie da außerhalb ihrer Gastereien und Spieltische, mit Ausnahme der politischen Kannegießerei, eine beständige Hungersnot von Ideen herrscht und wie diese guten kleinen Leute dann weiter nichts aufbringt oder rühret, als was zuweilen durch ihre Straßen fährt und was sie etwa gewahr werden, indem einer dem andern vom Morgen bis zum Abend in die Fenster schielt.«

Vierzehn Jahre war Zimmermann in Brugg tätig gewesen. Als sich 1768 die Möglichkeit bot, »königlicher großbritannischer Leibarzt« in Hannover zu werden, sagte er zu. Er sollte nur noch besuchsweise nach Brugg und in die Schweiz zurückkehren. Als der Vierzigjährige Brugg verließ, kam dies einer Flucht aus der Kleinheit und Kleinlichkeit gleich. Paul Nizon hätte ihn, zweihundert Jahre später, in seinem *Diskurs in der Enge* zitieren können.

> »Aber Gott hat es doch gut mit mir gemeint; wäre ich in Brugg nicht verachtet und verfolgt gewesen, so hätte ich niemals Bücher geschrieben; und hätte ich niemals Bücher geschrieben, so wäre ich ganz gewiß niemals zu der großen Charge gelangt, die ich jetzt habe...«

Trüb und schwierig waren die Brugger Jahre für Zimmermann, aber fruchtbar. In der Zeit hatte er die Biographie seines verehrten Lehrers Albrecht von Haller verfaßt, was dem eher mißfiel, da Zimmermann notgedrungen auf Dinge zu sprechen kam, die Haller verschwiegen hätte; ihm mißfiel die Anbiederung, so rühmend sie auch ausfiel.

In der Brugger Zeit publizierte Zimmermann auch seine wichtigsten medizinischen Schriften: *Von der Erfahrung in der Arzneikunst* und *Von der Ruhr unter dem Volke im Jahre 1765*. Er erwies sich in ihnen als sachlicher Informant von klarer Prosa. In Brugg entstanden auch die ersten Fassungen der Schriften, dank deren Zimmermann zu einem vielgelesenen Autor seiner Zeit, zu einem ausgesprochenen Modeschriftsteller wurde: *Vom Nationalstolz* und *Über die Einsamkeit*.

Seine erste Publikation, noch lateinisch, hatte den »National-Temperamenten« gegolten. Im Buch *Vom Nationalstolz* trat er, ganz im Sinne der Aufklärung, gegen Vorurteile an. Er verkündete und forderte Toleranz, und dies vor allem im religiösen Bereich. Zu Recht stellte er Aberglaube bloß. Wenn er dafür Sitten und Bräuche fremder Völker als Beispiele anführte, konnte er dem Laster erliegen, als dessen Kritiker er auftrat:

> »Die Neger sind sehr eitel, zumal da sie unter allen Völkern auf Erden die dümmsten sind.«

Das Beispiel ist eine Illustration dafür, daß es nicht nur heute leichter ist, im Grundsatz gegen oder für etwas einzutreten als diesem Grundsatz im einzelnen, im konkreten gerecht zu werden.

Denn Zimmermann spricht nicht nur von dem Stolz, der sich auf eingebildete Vorzüge bezieht, sondern auch von einem Nationalstolz, der sich auf wahre Vorzüge stützt, wobei die Unterschiede festzuhalten gelegentlich nicht nur dem Leser, sondern auch Zimmermann schwerfällt. Da ist vom »orgueil« die Rede, von Hochmut und Überheblichkeit, und andererseits von stolzem Selbstbewußtsein, von »fierté«. Im gleichen Maße, wie er gegen Vorurteile antrat, setzte er sich für das ein, was er den »nötigen Nationalstolz« nennt.

> »Das Bewußtsein des wahren Wertes seiner Nation ist der Nationalstolz, der sich auf wahre Vorzüge bezieht, und dieser Stolz ist eine politische Tugend von großer

Wichtigkeit. Das Gefühl der Würde seiner Vorväter ist eine Triebfeder, ihnen gleich zu werden; der Ruhm eines Volkes in Künsten und Wissenschaften erwecket mit der Teilnehmung an diesem Ruhme die Begierde, denselben zu vermehren; die Überzeugung, daß man unter einer guten Regierung lebt, macht das Vaterland angenehm und den Bürger dem Vaterlande hold. Der gerechte Stolz einer Nation entsteht also aus den Vorteilen, die sie zu Hause genießt, aber nicht immer aus der Achtung, die ihr diese Vorteile bei fremden Völkern erwerben.«

Um Zimmermann in seinen Absichten und Wertungen zu verstehen, ist es unerläßlich, die verschiedenen Fassungen des Buches vom Nationalstolz zu vergleichen. Zwischen der ersten und der letzten Version liegt nicht bloß redaktionelle Arbeit, sondern es hat ein Gesinnungswandel stattgefunden.

»Ein wilder, ungestümer und unruhiger Kopf findet sich in der Demokratie glücklich; ein stiller, vernünftiger und tugendhafter Mensch in der Aristokratie; ein biegsamer, ehrgeiziger, aber nach den Umständen sich selbst überwindender Geist in der Monarchie.«

Diese Passage liest sich in der endgültigen Fassung so:

»Ein wilder, ungestümer, gesetzloser Kopf preiset über alles die Demokratie; ein ehrliebender die Monarchie; ein gemeiner Geist gibt der Regierungsform den Vorzug, wo die meisten Vortheile für seine Person aus der Einrichtung des Staates fließen; ein edler Geist der Regierungsform, wo er die größte Anzahl Menschen glücklich sieht.«

Noch eindeutiger wird der Gesinnungswandel ersichtlich, wenn man einen entsprechenden Vergleich zum Stichwort »Gleichheit« anstellt: »So wie die Menschen frei geschaffen waren, so waren sie auch gleich geschaffen«, hieß es früher. In der letzten Fassung aber liest man:

»Das System von der rechtskräftigen Gleichheit aller Menschen ist falsch, weil die Gesellschaft jeden Menschen nur nach dem wahrscheinlichen Verhältnis von seinem Vermögen zum allgemeinen Besten schätzen kann.«

Die verschiedenen Fassungen und Auffassungen, die Meinungsrevisionen und Gesinnungsänderungen haben Werner Milch, der Zimmermanns »Kampf für die Überwindung der Aufklärung« untersuchte, zur Erkenntnis veranlaßt:

»Man hat es noch nie beobachten wollen, obwohl es eines der merkwürdigsten Kennzeichen von Zimmermanns Eigenart ist, daß der schöngeistige Philosoph, der spekulative Essayist, der politische Polemiker im Laufe der Jahre mehrmals seinen Standpunkt wechselte, Rousseau verehrt, bald beschimpft und dann wieder hochschätzt, aus einem starren Republikaner zu einem Monarchisten wird, als Weltbürger und Feind Berns der patriotischen ›Helvetischen Gesellschaft‹ angehört und unbedenklich dem verhaßten heimatlichen Patriziat seine Bücher mit schmeichelhaften Vorreden zueignet, während der Mediziner Zimmermann einen geraden Weg unbeirrt geht: zur Praxis und als Fachschriftsteller zur Hygiene und zur Psychiatrie.«

Nun hat Zimmermann nicht nur aus intellektueller Laune oder modischem Opportunismus seinen Standpunkt geändert. Wie sein Denken im Lauf der Zeit ein Thema verschieden anging, läßt sich an seinem Werk *Über die Einsamkeit* aufzeigen. Eine erste Ausgabe erschien 1773, das schmale Bändchen eines Mannes, der sich in einsamen Stunden an den Schreibtisch setzt. Was er vorerst als persönliche Betrachtungen vorlegt, wird er zehn Jahre später auf 1600 Seiten als Thema vertiefen:

»In diesem unruhevollen Leben, unter dem Zwang der Geschäfte und der Pflichten, in Fesseln der Welt und am Abend meiner Tage möchte ich noch Schatten verschwundener Freude hervorrufen; ach nur Schatten aus jenen Tagen meiner Jugend, in denen Einsamkeit meine einzige Freude war; in denen ich keine angenehmere Ausflucht kannte, als in Klöster und Zellen, in unbewanderte Gebirge, hohe, schauervolle Wälder und zerstörte Schlösser alter Grafen und Ritter, und kein lebhafteres Vergnügen als der Umgang mit Todten.«

Man hat mit Recht darauf hingewiesen, daß er zuerst *aus* der Einsamkeit geschrieben hat und am Ende *über* sie. Während die erste Ausgabe sein geschlossenstes Werk ist, sind die vier Bände der definitiven Edition ein Kompendium, die Summe seiner persönlichen und schriftstellerischen Existenz, anekdotisch und aphoristisch, analysierend und erzählend, eine Heterogenität, die stilistisch die Komplexität von Lebenserfahrung widerspiegelt. Stichworte aus den Inhaltsverzeichnissen zeugen von der Spannweite seiner Assoziationen:

> »Wie man in der Einsamkeit faselt/Elende Beweggründe zum Klosterleben überhaupt/Egyptische Früchten aus Samen des Evangeliums/Warnung gegen Menschenhaß/Timon aus der Schweitz/Zigeunerclub/Die große Welt bewegt sich den ganzen Tag, und thut eigentlich den ganzen Tag nichts/Lob der Cocetterie.«

Der Gedankenreichtum ist so vielfältig, daß sich daraus Anthologien herausdividieren ließen wie etwa »Seltenheiten der Weltliteratur«.

Ginge es in unserer Literaturgeschichte um eine Platzanweisung der vier Bände *Einsamkeit*, wären sie neben den *Notizen* von Ludwig Hohl zu nennen; er teilt mit ihm den essayistischen Denkstil und das Talent zur aphoristischen Pointe: »Einsam ist man zuweilen auch da, wo man nicht allein ist«, oder: »Der Fuchsjunker in Yorkshire glaubt, er sei der Herr der ganzen Erde, denn er ist in Yorkshire Herr aller Füchse.«

Wie Zimmermann beim Nationalstolz zwischen »orgueil« und »fierté« unterscheidet, so kennt er auch eine negative und eine positive Einsamkeit. Eine ausführliche Kritik, fast klinisch-höhnisch, zielte auf das Eremitentum in Kapiteln wie »Vom Trieb zur Einsamkeit in den ersten Zeiten der christlichen Kirche und überhaupt in warmen Ländern«. Unter Einsamkeit verstand er nicht ein Alleinsein als Ausdruck einer atomisierten Gesellschaft oder anonyme Beziehungslosigkeit, sondern Einsamkeit als Chance, als ein Zurückziehen auf sich selbst, schöpferische Klausur und Besinnung:

> »Einsamkeit rufet uns immer von Schwäche zu Kraft, von Verführung zu Widerstand, von der Tyranney des Sichtbaren zur freyen Beherzigung des Unsichtbaren, von dem Gegenwärtigen zur Zukunft.«

Aber seine Ambivalenzen konnten zu diskutablen Rezeptionen verleiten, wie eine oft zitierte Stelle zu illustrieren mag:

> »Doch wir leben in der Dämmerung einer großen Revolution, in den Tagen einer zweiten Scheidung von Licht und Finsternis. Man bemerkt in Europa gleichsam einen zweiten Aufstand zum Besten des gesunden Denkens. Die Wolken des Irrtums und der Furcht zerstreuen sich, des langen Zwanges müde wirft man die Ketten der alten Vorurteile ab, um von den verlorenen Rechten der Vernunft und der Freiheit wieder Besitz zu nehmen. Das allenthalben verbreitete Licht, der allenthalben angewandte philosophische Geist, die daher rührende größere Kenntnis des Fehlerhaften in der angenommenen Denkungsart und kurzweg, das Sturmlaufen auf die Vorurteile der Zeit zeugt eine Dreistigkeit im Denken, die oft in eine strafbare Frechheit ausartet, manchem sein kleines Maß von Freiheit, manchem sein ganzes zeitliches

Glück, und hie und da einen Kopf kosten wird; auch leider schon jetzt die Sophistik des Mißverstandes und der Mißdeutung zur gegenseitigen Logik der Zeit macht, aber mit der politischen Klugheit und der pflichtmäßigen Unterwürfigkeit gegen die Landesgesetze verbunden, unserm Weltalter große Verbesserungen und der Barbarei den Todesstich verspricht.«

Wegen solcher Gedankengänge sah man in Zimmermann einen Vorahner oder gar Vordenker der Französischen Revolution. Liest man weiter, wird man bald feststellen, daß er mit einer Revolution zwar eine Umwälzung im geistigen, aber kaum eine im sozialpolitischen Bereich meint. Zimmermann hat heftig reagiert, als in Frankreich die Revolution ausbrach. Er sprach von einem gefährlichen Fieber, vor allem, als dieses auch die Schweiz zu befallen drohte.

Sosehr er in seiner Grundhaltung Republikaner war, in seinen Neigungen war er Aristokrat. Natürlich machte er sich lustig über den Anspruch des Erbadels, aber er war für den Verdienstadel empfänglich – eine Möglichkeit, die auch ihm offenstand. Er wurde »Ritter von Zimmermann«.

Seine aristokratische Neigung fand ihre volle Bestätigung, nachdem Zimmermann 1768 die Schweiz verlassen und als britischer Leibarzt nach Hannover übergesiedelt war. Dort kam er zu der Anerkennung, die er immer gesucht hatte und die ihm in der Heimat versagt geblieben war oder von der er meinte, daß sie ihm versagt worden sei. Er meinte sich selber, wenn er einmal schrieb:

»Gott erbarme sich jedes Jünglings von Einsicht und Verstand in jeder kleinen Stadt, deren hochweiser Schultheiß oder Bürgermeister sein Leben lang nichts gelesen hat und von allem, was gedruckt wird, nichts weiß und versteht ... Jeder fähige und brauchbare Kopf wird in Deutschland gewiß gebraucht, sobald man ihn kennt ... Ein politischer Denker zumal nehme sich in der Schweiz in acht, daß man ihn nicht eher aus dem Lande jagt, als befördert.«

Zimmermann war in Deutschland brauchbar. Aber ganz konnte er den Schweizer nicht hinter sich lassen. Und sei es nur, daß er dessen Sprache mitnahm:

»Schweizerische Derbheit des Geschmackes und des Stils fanden Deutsche in allem, was ich vormals geschrieben habe, und diese Derbheit war freilich eine Folge meines abgesonderten Lebens ... Daß ich sogar noch heute die Farben zu dick auftrage, daß ich noch heute gegen meine Landsleute und Zeitgenossen meinen Pinsel in Galle tauche und vollends deutsch sage, was eine Dame in einem Buche so wenig als im Umgange gerne vor ihr Anschauen bringen läßt... nichts sei sicher vor meinem Tadel und vor meiner juvenalischen Wut, mein Stil sei so vollblütig; ich gefalle nicht und sei nicht zu verdauen, die deutsche Nation sei viel zu züchtig und zu schamhaft, viel zu delikat und zärtlich, um so was lesen zu können ... Derbheit ist allerdings eine bäurische Unmanier im Umgange, da hingegen nackte Wahrheit in Büchern, und auch ab und zu in Briefen, doch zuweilen frappiert und wirkt ... Sind

> nicht viele schöne Geister eben darum im Umgange unausstehlich, weil sie glauben, ihre Schriften seien die äußersten Ideale von Urbanität und Eleganz ... Wer also im Umgange sanft und nachgebend ist, kann doch wohl etwa einmal in Schriften einen Ausdruck wagen, der auffällt und trifft, und hie und da eine Wahrheit in der Nachtkappe sagen, wenn andere im Sonntagsrocke immer lügen.«

Allerdings standen die privaten Erfahrungen in keinem Verhältnis zu seinem gesellschaftlichen Erfolg. Sehr bald verlor Zimmermann seine Frau. Seine Tochter, die sich vergeblich gegen die Tyrannei des Vaters wehrte, starb früh an Schwindsucht; sein Sohn verfiel der geistigen Umnachtung. Er selber litt an Hypochondrie und quälender Melancholie. Und dies alles hinter der Maske eines mondänen Philosophen.

Ungeachtet dessen, aus einem «Aus-Bürger«, aus einem, der nicht ganz dazugehörte, war einer geworden, der voll und ganz dazugehören durfte. Seine Visitenkarte nahm sich im Verlauf einer Karriere respektabel aus: Königlich großbritannischer Hofrat und Leibarzt in Hannover sowie Leibarzt der Kaiserin von Rußland und des Königs von Preußen, Ritter hoher Orden und Mitglied der Akademien von Berlin, München, Petersburg, Palermo und Pesaro, der Gesellschaften der Ärzte in Paris, London, Edinburg und Kopenhagen, der königlichen Sozietät zu Göttingen, der Schweizer Gesellschaft für Wissenschaften und der Naturforschenden Gesellschaft zu Bern.

Einen Höhepunkt seiner Karriere erlebte er, als er ans

Sterbebett von Friedrich dem Großen gerufen wurde. Jede ärztliche Hilfe kam zu spät. Zimmermann benutzte den Anlaß zu einem selbstgefälligen Auftritt; er schrieb »Über Friedrich den Großen und meine Unterredung mit ihm vor seinem Tode«. Eine Publikation, die Zimmermann Spott eintrug und sogleich parodiert wurde.

Die Affäre weitete sich zu einer peinlichen Angelegenheit aus. Zimmermann sah sich gerade in dem Punkt in Frage gestellt, auf den es ihm ankam: in seiner gesellschaftlichen Stellung. Er, der sich gern mit Titeln und Auszeichnungen schmückte, mußte sich den Spott von einem gefallen lassen, der von sich selber sagte, er sei weder ordentlicher noch außerordentlicher Professor, keines Hofes Rath, keines Ordens Ritter, weder von der ersten noch von der dritten Klasse, keiner Akademie der Wissenschaften wie auch keiner einzigen gelehrten noch ungelehrten Sozietät Mitglied, aber fähig, Zimmermann bloßzustellen.

Zimmermann litt auch gesellschaftlich an Hypochondrie. So antwortete er mit Gehässigkeit auf Kritiken und verstrickte sich in literarische Querelen. In anonymen Publikationen, in Schmähschriften und Pasquillen wurden Invektiven und Verdächtigungen ausgetauscht. Es fanden Schlammschlachten statt, die dem heutigen Medienstil durchaus entsprechen. Zimmermann scheute sich nicht, das Sachliche dem Persönlichen zu opfern. Er höhnte über Lichtenberg, der »häßlich und verwachsen« sei, er griff ihn an wegen dessen Schwanz-Parodie auf Lavaters *Physiognomie;* danach zerstritt er sich auch mit Lavater. Eines seiner Pamphlete lautete »Memoire an Seine kaiserliche Majestät Leopold den Zweiten über den Wahnwitz des Zeitalters und die Mordbrenner, welche Deutschland aufklären wollen«. Der Republikaner machte sich zum Fürstendiener. Er sah sich von den sogenannten »Aufklärern« verfolgt, die er als »Volksverräter« apostrophierte. Er warf Berliner Intellektuellen wie Nicolai vor, daß sie für die Brutalitäten der Französischen Revolution eine moralische Mitschuld trügen: Sie propagierten »Kopfabschneiden, Intrigieren, Morden, Sengen, Brennen und Menschenfleischfressen«. Adolph von Knigge, der mit ins Visier genommen worden war, der sich selber in seinen Polemiken nicht immer an das hielt, was er als Umgangsformen gepriesen hatte, leitete einen Ehrverletzungsprozeß ein und gewann ihn. Der Tod befreite Zimmermann am 7. Oktober 1795 von all dem, was er nur noch als Erniedrigung hätte empfinden können.

»Bei äußerstem Ansehen das traurigste Leben«, kommentierte Goethe, der von Zimmermanns »unseliger Hypochondrie« sprach, von seinem »partiellen Wahnsinn«, davon, wie dieser »sein fortdauerndes moralisches Morden... zuletzt gegen sich selbst kehrte... er wollte nicht einsehen, daß das Absurde eigentlich die Welt erfülle«. Ricarda Huch nahm das Urteil auf und hat von »Zimmermanns tragischer Biographie« geschrieben. Stefan Zweig hat angesichts aller Maßlosigkeiten auch für Zimmermann gelten lassen, daß »Intensität alles bedeutet«.

Ohne Zweifel voller Widersprüche, gequält von einem Minderwertigkeitsgefühl, das auch nicht von ihm abließ, als sich Erfolg einstellte. Bei aller Komplexität bleibt er als Autor von *Vom Nationalstolz* und *Über die Einsamkeit* unbestritten. Beide Werke bedingen sich gegenseitig, obwohl sie thematisch weit auseinander zu liegen scheinen: Geht es im

Nationalstolz um das Kollektiv, die Gemeinschaft, handelt es sich in der *Einsamkeit* um das Glück des einzelnen.

Mit beiden Büchern bewies Zimmermann Spürsinn für aktuelle Themen, für die intellektuelle Atmosphäre seiner Zeit. Beide Bücher haben nachhaltig gewirkt. Nur schon dadurch, daß er mit *Vom Nationalstolz* den Nationalcharakter als Thema einführte, was in der Völkerkunde später als Wesensbestimmung eines Volkes diskutiert wurde und in den jüngsten Zeiten als Identitätssuche. Kaum war die erste Fassung von *Vom Nationalstolz* erschienen, folgte 1751 eine Publikation wie *Vom Tode für das Vaterland* von Thomas Abbt, 1765 *Von dem deutschen Nationalgeist* und zwei Jahre später die *Patriotischen Briefe*, beide von Friedrich Karl von Moser. Bücher, die zur Formung jenes deutschen Nationalbewußtseins beitrugen, dessen Absenz Zimmermann noch beklagt hatte.

Es sind auch die Jahre, in denen in der Schweiz das Nationale zum Thema wird: Es erschienen Wochenschriften wie der *Eidgenoß* oder *Der Helvetische Patriot*. Johann Caspar Lavater veröffentlichte seine *Schweizerlieder* und Isaak Iselin die *Philosophischen und patriotischen Träume eines Menschenfreundes*. Zwar hatte Zimmermann selber das junge schweizerische Nationalbewußtsein mitgeprägt, er war aber zugleich einer der ersten Kritiker der erwachenden Vaterlandseuphorie und ihrer helvetisch-patriotischen Heldengesänge. Er nahm zwar an den Verhandlungen eines vaterländischen Unternehmens wie der Helvetischen Gesellschaft teil, gleichzeitig bekannte er privat: »Ich bin nicht Patriot.« Doch ist bei ihm auch zu lesen, was sich fast wie eine Parodie anhört:

»Liebe des Vaterlandes, o Gott, welches Gefühl für einen Schweizer, der daran krank liegt... Liebe glüht in jedem Hinblick zu dir, Vaterland... All' meine Hab um diesen Trunk Wasser – aus einer Schweizerquelle! – Ausgelitten, ausgefochten hat er und überwunden! Sein Mund ist fröhlich, sein Herz kühn, er däucht sich wieder jung, wie ein Adler... Er fliegt heim ins Vaterland, stets vom Rhein zur Aare, zur Limmat, zum Rhodan, muß zurück, denkt an Deutschlands Grenze, unweit Basel ... – und weint seine letzte Thräne.«

Und auch mit dem Buch *Über die Einsamkeit* hatte Zimmermann ein damaliges Lebensgefühl getroffen: privates Arkadien, Rückzug auf das Eigene. In *Abendstunden eines Einsiedlers* (1780) wählte Heinrich Pestalozzi als Protagonisten einen greisen Weisen für seine pädagogische Bilanz, und eine der führenden Frauenzeitschriften, herausgegeben von Marianne Ehrmann, nannte sich *Die Einsiedlerin aus den Alpen*. Bezeichnend für die Aussteigerthematik des Rokoko waren in Deutschland Titel moralischer Wochenschriften wie *Der Einsiedler*, *Der Eremit*, *Der vernünftige Träumer*. Als Madame de Staël den Franzosen die Deutschen vorstellte, hob sie als einen der wichtigsten Wesenszüge die Einsamkeit hervor, jene Einsamkeit, von der ein Hugo von Hofmannsthal sagen wird, sie sei für die Deutschen »der natürliche Spielraum des Geistes«.

Zimmermanns Psychogramm weist über den »Fall Zimmermann« hinaus. Er ist eine Figur, an der sich Verhaltensmuster ablesen lassen, die mit ihm und seit ihm die intellektuelle Schweiz mitbestimmen:

Das Leiden an der Enge. Der Druck eines Konformismus, der sich als Demokratie ausgibt. Die Macht der Majorität und der Zwang zur Anpassung. Gesellschaftskritik als selbstverständliches Verhalten eines Intellektuellen, aber eine Anklage, in die sich die persönliche und private Klage einmischt, bis pures Ressentiment die Kritik entwertet. Die Anbiederung bei Schicksalhaftem. Der Ausbruch aus der Enge. Die nie totale Loslösung von der Heimat und damit die »maladie des Suisses«, das Heimweh. Reisläuferei als geistige Antwort. Eine Hypochondrie, die vor lauter Leiden an Problemen die Probleme verpaßt. Parallel dazu ein Rückzug auf Innerlichkeit in Form von Introspektion, dies ebenso als Ausflucht wie als Ausgleich.

Das liest sich, als befasse man sich mit unserer unmittelbaren Gegenwart.

Jeremias Gotthelf: Käsehütte statt Schulhaus

Der Bauernspiegel ist ein erstaunliches Werk. Nicht nur, weil ein Erstling von solcher Qualität selten ist. Der Ruhm war so groß, daß manche Interpreten zur Überzeugung gelangten, in diesem Buch sei der spätere Gotthelf in nuce enthalten. Ein Urteil, gegen das der Gotthelf-Kenner Karl Fehr protestierte: *Der Bauernspiegel* sei ein respektables, aber überschätztes Buch, verglichen mit den Großromanen der späteren Zeit wie *Uli der Knecht* oder *Käthi die Großmutter.*

Der Bauernspiegel bleibt auch so ein erstaunliches Werk, für die deutschsprachige Schweizer Literatur exemplarisch.

Das Buch präsentiert sich als »Autobiographie«. Es ist eine fiktive Selbstdarstellung, in der der Autor, Albert Bitzius, sich zum Namen Jeremias Gotthelf verhilft. Unter diesem Pseudonym wird er seine späteren Werke publizieren und mit ihm in die Literaturgeschichte eingehen.

Auch das Werk, das dem *Bauernspiegel* folgte, *Leiden und Freuden eines Schulmeisters,* ist als fiktive Autobiographie konzipiert. Gotthelf hat die Autobiographie zu einem literarischen Genre gemacht, als literaturhistorischer Moment, zu vermerken, wie wenn Robert Walser den Schulaufsatz oder Max Frisch das Journal als Gattung in die Deutschschweizer Literatur einbringt.

Exemplarisch ist *Der Bauernspiegel* schon vom Stoff her. Erzählt wird von Bauern, genauer von Berner Bauern. In der ersten Vorrede hält der Autor fest: »Ein Spiegel ist's, doch nicht ein gemeiner, in dem ein jeder sein schönes Gesicht zu sehen glaubt, weil er das eigene erblickt. Mein Spiegel zeigt die Schatt- und nicht die Sonnseite eures Lebens, zeigt also, was man gewöhnlich nicht sieht, nicht sehen will.«

Die Bauernwelt, die bis dahin in der Literatur idyllische und idealisierte Auftritte kannte, kommt zu einem Schauplatz von unerbittlicher Realität. Sicher, schon Heinrich Pestalozzi hat sich in *Lienhard und Gertrud* daran gemacht, ungeschminkt von der Armut der Bauern zu schreiben; neben den menschlichen Abgründen, die Gotthelf aufdeckt, bleibt Pestalozzi erzählerisch im betulich Gutgemeinten.

Gotthelf erzählt die Geschichte eines Verdingbuben, wie im bäurischen Berndeutsch ein Pflegekind heißt, im Umgang gewöhnlich bloß »Bueb« gerufen. Diese Kinder, Waisen, Uneheliche oder aus armengenössigen Familien stammend, wurden bei sogenannten »Bettlergemeinden« förmlich versteigert. Ein trübes Kapitel sozialer Ausbeutung. Usancen, die sich bis ins zwanzigste Jahrhundert behaupteten. Es ist wieder ein Berner, C. A. Loosli, der die skandalösen Sozialpraktiken bloßstellt mit »Anstaltsleben« oder »erziehen, nicht erwürgen«, gegen die »Administrativjustiz« polemisierend. Zu seiner Zeit scheute sich die Pro Juventute auch nicht, mit der Herzlosigkeit bürgerlichen Ordnungssinnes Fahrenden, den sogenannten Zigeunern, das familiäre Sorgerecht abzusprechen und die »Kinder der Landstraße« bei Pflegefamilien unterzubringen. Die Schicksalhaftigkeit solcher Zwangsmaßnahmen hat Mariella

Mehr, selber Angehörige der Roma, zum Gegenstand von Büchern wie *Kinder der Landstraße. Ein Hilfswerk, ein Theater und die Folgen* gemacht. Gotthelf erzählt die Geschichte des Verdingbuben in schweizerischer Manier: In einem Hochdeutsch (oder Standarddeutsch), das helvetisch geprägt ist, im Sprachduktus wie im Wortschatz lokal oder regional gefärbt: »Bösliche Absicht lag also am Tage, und als man werweisete über den Täter, erinnerte sich das Meitschi, daß es mich lachen gehört. In der ersten Hitze schien schon alles bewiesen. Ich wurde beschieden, und als ich gerufen wurde, zäpfelten die Knechte und Mägde miteinander. Meine Schandtat wurde mir vorgehalten, aber lange begriff ich nicht, was man eigentlich von mir wolle; als ich es endlich merkte, bekannte ich unverhohlen, was ich gewollt und getan, von weiterem aber wollte ich nichts wissen. Die früheren beständigen Anklagen, die gegenwärtigen Verdachtsgründe machten mir böses Spiel.«

Diese Szene, in der der »Bueb« zum Sündenbock gemacht werden soll, enthält manche Helvetismen, die einem Helveter von heute kaum mehr geläufig sind; nicht nur wegen des Bedeutungswandels, sondern wegen der spezifischen Berner Mundart und des bäuerlichen Milieuwortschatzes. Um heutige Lesbarkeit zu erleichtern, hat man sich zugunsten einer Eindeutschung für unterschiedliche Editionsprinzipien entschieden.

In einer Ausgabe von *Wie Joggeli eine Frau sucht* (Birkhäuser/Diogenes) liest man: »Er wüßte wohl, sagte er, zu einer reichen und hübschen Frau zu kommen, aber er wolle auch eine freine, fromme, fleißige; denn was hülfen ihm Schönheit und Geld, wenn Zanksucht dabei sei und Kupsucht und wie die Suchten alle heißen mögen! Ein zanksüchtig Mädchen gebe eine alte Hexe, sagte er, einem kupsüchtigen saure alle Milch im Keller, und es kriege zuletzt ein Gesicht, gegen welches ein altes Judenkrös ein Prachtstück sei.« Dieser Ausgabe ist ein Glossar beigegeben, allerdings halten sich die Anmerkungen in einem bescheidenen Umfang; so findet man keine Erklärung für »Judenkrös« oder Ausdrücke wie »Haushöck«, »Ankenhafen« oder »Tischdrucke«.

In einer anderen Edition (Rentsch 1925) liest sich die gleiche Passage so: »Er (Joggeli) wüßte wohl, sagte er, zu einer reichen und hübschen Frau zu kommen, aber er wolle auch eine freine (gutmütige), fromme, fleißige; denn was hülfen ihm Schönheit und Geld, wenn Zanksucht dabei sei und Kupsucht (Schmollsucht), und wie die Suchten alle heißen mögen? Ein zanksüchtig Mädchen gebe eine alte Hexe, sagte er, einem kupsüchtigen saure alle Milch im Keller, und es kriege zuletzt ein Gesicht, gegen welches ein altes Judenkrös ein Prachtstück sei.« Aber was ist mit den »Meitscheni« (den Mädchen), dem »Pflanzplätz« (Gemüsegarten) und was mit dem »Strümpfeplätzen« (Strümpfeflicken)? Daß Kupsucht Schmollsucht ist, muß auch einem Schweizer, der nicht Berner ist, erklärt werden.

Schon Gotthelf selber fühlte sich verpflichtet, in seinen späteren Werken Ausdrücke zu erklären. Wenn er zum Beispiel in *Die Käserei in der Vehfreude* von »greiseten« Kühen schreibt, erläutert er: »Eine greisete Kuh ist eine solche, welche gerade zur gelegenen Zeit die meiste Milch gibt; eine für die Käserei greisete Kuh gibt während der Käsezeit die meiste Milch.«

Einmalig und außerordentlich ist die Mischung aus Hochdeutsch und Mundart. Diese Mischsprache wählte er für seine literarischen Werke. Die Predigten hatte er bis dahin in schweizerischem Hochdeutsch gehalten. Als Beispiel für die Doppelsprachigkeit sei die Szene gewählt, in der der Ich-Erzähler sich um ein Amt bewirbt, das ihm wegen seiner linken Vergangenheit verweigert wird, weil man solche (»söttige« oder »sellige«) Revoluzzer (Rote) nicht in Dienst haben will:

»Ich ging nun zum Regierungsstatthalter, um mich anschreiben zu lassen. Ich traf ihn auf dem Sofa sitzend mit einer kurzen Figur, die es sich ganz behaglich darin sein ließ; man sah ihr an, daß so etwas ihr seltsam sei. Der Regierungsstatthalter fragte mich, ohne aufzustehen oder mich sitzen zu heißen: ›Was weit dr?‹ Ich berichtete ganz kurz mein Begehren. ›Ja‹, sagte er, ›es sy nit meh die alte Zyte, won e jede Halunk cha werde, was er will; me wott hützutag bravi u rechti Lüt, daß me o weiß, wer si sy, u was mit ne isch.‹ Ich erwiderte, daß ich kein Halunke sei und etwas verstehe von der Sache. ›Ja, me weiß scho, wer dr syt‹, hieß es wieder, ›syt dr nit unter de Rote gsi?‹ – ›Ja, Herr‹, sagte ich. ›He nu, so weiß me scho, wer dr syt; da isch eine wie dr anger, es isch kene nüt wert, u so söttige Landesverrätere git me kei sellige Poste.‹«

Der narrative Teil wird in der Standardsprache geschrieben, das Gesprochene, ob Dialog, Befehl oder Ausruf, in Berner Mundart. Damit erhält das Gesprochene eine unmittelbare Lebendigkeit, die von der hohen Begabung zeugt, dem Volk aufs Maul zu schauen und zu hören, was mitgemeint ist, wenn es spricht.

Allerdings sind die zum Teil recht umfangreichen Passagen und gerade in ihrem Raffinement nur dem verständlich, der die Mundart beherrscht. Diese beschränkte Rezeption war auch Anlaß für den deutschen Verleger Springer in Berlin, Gotthelf dazu zu bringen, für ein nichtschweizerisches Publikum Werke wie *Leiden und Freuden eines Schulmeisters* oder *Uli der Knecht* zu überarbeiten. Dabei wurden die Mundartpassagen ins Hochdeutsche umgesetzt. Das Erzählte gewann größere Verständlichkeit. Doch die oralen Partien besitzen nicht mehr die unmittelbare Anschaulichkeit.

Nun sind Dialoge in der deutschschweizerischen Epik allgemein Schwachstellen und wirken oft genug umständlich. Die Tatsache, daß wir Mundart reden und mit dem gesprochenen Hochdeutsch wenig Erfahrung oder Übung haben (oder pflegen), spiegelt sich in Unbeholfenheiten bei der Wiedergabe von Gesprochenem; das mag in der Rezeption dazu führen, daß Schwerfälligkeiten als alpine Exotik verstanden werden.

Aber das Dilemma der Wiedergabe von gesprochener Sprache in der geschriebenen ist nicht ein spezifisch helvetisches Problem. Ich erinnere mich an ein Symposium in Kairo. Als Antwort auf meine Ausführungen über die schweizerische Sprachsituation Dialekt – Standarddeutsch legte einer der Teilnehmer dar, daß es drei verschiedene Arabisch gibt: dasjenige des Korans, das heilige, in dem kaum Literatur verfaßt wird; das Standardarabisch, wie es in den Printmedien zu lesen ist, und daneben nationenweit Dialektvarianten. Er schlug als Lösung für eine möglichst authentische Erzählkunst vor, den narrativen Teil im Standardarabisch zu verfassen und die Dialogpassagen in der jeweiligen Regionalsprache beziehungsweise im Dialekt.

Genau das hat Gotthelf in seinem Erstling gemacht. Am Anfang der schweizerischen Erzählliteratur steht ein sprachliches Mischwerk, das Standarddeutsch und Mundart gleicherweise und gleichwertig einsetzt, ein Sonderfall, der keine Fortsetzung fand, selbst bei Gotthelf nicht.

Exemplarisch ist dieser *Bauernspiegel* aber auch in seinen Motiven.

Der Ich-Erzähler setzt sich wegen einer Gerichtsaffäre ins Ausland ab und tritt in den französischen Kriegsdienst ein: »Wie ich Rekrut werde und allerlei Betrachtungen mache« und »Wie ich aus einem Rekrut ein Mann werde«, aber auch »Wie man uns die Träume vertreibt«. In die Fremde gehen, ins Ausland, bleibt ein Topos der Schweizer Literatur und damit auch die Rückkehr, wie etwa im *Grünen Heinrich* oder im *Stiller*.

Bei Gotthelf liest sich die »Heimkunft« so: »An einem schönen Herbsttage, am wolkenleeren Himmel die milde Sonne, auf den Weiden die läutenden Kühe, wanderte ich langsam meiner Heimat zu. Mir war weich, aber wohl ums Herz; die liebliche Luft, das unaussprechliche Heimelige, das aus jedem Zaune, aus jedem Hügel mich anlächelte, gossen einen stillen Frieden über mich aus, eine vertrauungsvolle Ruhe erfüllte mich... vor mir lag meine Heimat, am grünen Abhang das ehrwürdige Kirchlein, vor ihm der alte, immer gleiche Fluß mit seinen guten und bösen Launen, um das Kirchlein her die wohlbekannten Häuser, ob wohl noch mit den wohlbekannten Menschen? Tief unten im Tale glänzte in der abendlichen Sonne die Wetterstange auf meines seligen Großvaters Hause, das stolze Bauernhaus auf der Talwand oben sah ich auch mit seinen glitzernden Fenstern, und vor demselben die Elefanten der Schweiz, die stattlichen Kühe auf der Herbstweide.«

Zur wiedergefundenen Heimat gehört unausweichlich die Wirtsstube. Nachdem der Ich-Erzähler zu etwas Geld gekommen ist und er sich nach einer Berufstätigkeit umsieht, rät ihm ein Fecker, ein Milch- und Maßprüfer: »Gotthelf, suchet Euch ein Wirtshaus aus, das ziemlich besucht ist von einheimischer Gastig, die Wirtsleute eine Truppe Kinder haben, was nicht schwer zu finden ist, da zieht Euch zu, das ist der schönste Posten, den ich für Euch weiß ... da wäre der rechte Ort, Weisheit zu predigen und Menschen vernünftig zu machen.«

Die Wirtsstube als Forum der Kannegießerei, wie der damalige Ausdruck fürs Politisieren lautet, beim Schoppen die öffentlichen Angelegenheiten durchnehmen, der Ort, um auf den Tisch zu hauen, Agieren durch Schimpfen. Die Wirtsstube, die Kneipe oder die Beiz, wie es helvetischer heißen müßte, oder der Spunten, ein Ort der politischen Willensäußerung, wenn vielleicht auch nicht der Willensbildung, ein helvetischer Speakers Corner.

Die Wirtsstube ist aber auch ein Ort des Unheils. Hier läßt Gotthelf den Handelsreisenden die Mädchen treffen, über deren Schicksal er schreiben wird: »Wie fünf Mädchen im Branntwein jämmerlich umkommen«, und die Wirtsstube wird auch »Dursli dem Branntteweinsäufer« zum Verhängnis.

Das Wirtshaus bildet einen unübersehbaren Treffpunkt in der Schweizer Literatur. Schon in Pestalozzis *Lienhard und Gertrud* trifft man sich zu Debatte und Abstimmung im Wirtshaus, gewöhnlich nur Männer: »Die Bauern im Wirtshause werden beunruhigt« oder »Der Pfarrer kömmt ins Wirtshaus« lauten Kapitel. Ebenfalls in der Beiz wird später Peter Bichsel viel von dem hören, worüber er in seinen Kolumnen räsoniert. »Wenn also der Stammtisch, der Biertisch, die Urzelle unserer Demokratie wäre, dann gäbe es längst keine Demokratie mehr.« Er notiert sich zum Stichwort »Totaldemokraten«: »Ich persönlich habe zwar den Eindruck, daß es früher Gaststätten gab, wo sich die ganze Bevölkerung ohne Unterschied traf.« Einer, der nicht ungern Beizen aufsuchte, war Robert Walser, aber bei seiner »Wirtshäuselei« ging es ihm nicht um Willensbildung am Stammtisch.

Schon zur Zeit des *Bauernspiegels* meldete ein Fecker Bedenken: »Gar oft führen Zotenreißer, Händelsucher oder mit Gott und der Welt Unzufriedene das große Wort und verleiden ordentlichen Männern ihren Schoppen. Mit Schrecken sehe ich auch mehr und mehr im Volke selbst eine Kluft entstehen. Aus dem Volke erheben sich Beamtete, Gewerbsleute usw., es ist der erwecktere Teil des Volkes, und diese fangen an, die Gaststube zu verlassen, ziehen sich in Leisten, Lesezirkeln, und wie die Dinger alle heißen, zusammen und trennen sich von der Masse. In der Gaststube bleiben die Ungebildeteren, wo keiner dem andern etwas Ordentliches bieten kann.«

Die Wirtsstube dient im *Bauernspiegel* als Ort der Aufklärung und Bildung, sie wird genutzt als Lehranstalt. Und an Schulischem ist der Romanfigur nicht minder gelegen als dem Autor Gotthelf selber. »Von einem berühmten Schulmeister und einem berühmten Pfarrer, die mich unterweisen, und wie« ist wirkungsvollste Satire, wie alles, was im *Bauernspiegel* von Schule oder Religionsunterricht handelt. In seinem zweiten Werk, *Leiden und Freuden eines Schulmeisters,* ist der Protagonist ein Lehrer. Der fiktive Jeremias Gotthelf in der Rolle von Peter Käser, der sich vom Knecht zum Lehrer emporarbeitet, ist Schicksals- und Gesinnungsgenosse von Thomas Platter, dem Walliser Geißhirten, und dessen Entschiedenheit: »I wott id Schuel.«

Die Schule bleibt ein hohes und drängendes Anliegen – fürs Schreiben wie in der Politik. Und daß die Schule einen schweren Stand hat, mag man auch daran erkennen, daß die Vehfreuder statt eines Schulhauses eine Käsehütte bauen, was Stoff genug hergibt für einen Roman, weshalb aber auch nicht nur der Käse, sondern auch unsere Bildung Löcher hat.

Der Schulmeister eine Figur der Literatur und ihrer Tradition. Wobei der Schulmeister nicht unbedingt ein Lehrer sein muß. Man denke an den Paten, der in Gottfried Kellers *Zürcher Novellen* Herrn Jacques beibringt, ein Originalmensch zu werden. Und in der Geschichte vom *Fähnlein der sieben Aufrechten* erteilen die Älteren dem Jüngeren Lektionen, um aus ihm einen brauchbaren Schweizer zu machen.

Der Schulmeister-Lehrer muß auch nicht notwendigerweise ein Mann sein. In *Geld und Geist* entwirft Gotthelf das Idealbild einer Frau: »Es ist auch eigentlich die alte, ächte Hausfrau, welche das Feuer anzündet im Haus des Morgens und am Abend es löscht; sie ist des Feuers Herrin und das Feuer ihr Diener, sie ist des Hauses Priesterin, sie wahret, sie brauet des Hauses Segen auf ihrem Herde.«

Die Literatur hat der Frau die Rolle zugestanden, welche die Politik ihr bis 1971 vorenthielt: das politische Mitbestimmungsrecht. Schon lange vorher übten es die Frauen als Erzieherinnen aus. Bei Pestalozzi ist es Gertrud, die »ihre Kinder lehrt. Ein Versuch, den Müttern Anleitung zu geben, ihre Kinder selbst zu unterrichten«, und bei Gottfried Keller bringt Frau Amrein ihrem Jüngsten politische Verantwortung bei. Um noch einmal Peter Bichsel zu nennen: Er hat Reden und Aufsätze unter den Titel *Schulmeistereien* gestellt, dank subtiler Ironie nicht belehrend und gerade dadurch ins Gewissen redend.

Die Figur des Schulmeisters steht nicht für Professionalität, sondern für eine Intention: für das Pädagogische als Movens der Literatur, für den furor paedagogicus. Auch in der Hinsicht ist der *Bauernspiegel* ein exemplarisches Buch.

Es beginnt fabulierend, doch das Fabulieren wird gegen den Schluß hin durch Debattierprosa verdrängt; da wird weniger erzählt, dafür um so mehr diskutiert, was einem christlichen Staat anstehe. Gotthelf nimmt im Vorwort zur zweiten Ausgabe Stellung zum Vorwurf, daß im »zweiten sogenannten politischen Teil« zuviel geschwatzt werde. Er verteidigt sein Engagement: »Was kann ich dafür, daß es in mir sprudelt und kocht, wenn ich das Glück dieses Ländchens durch selbstsüchtige Leidenschaftlichkeit niedergetreten, durch Frechheit zerstört, durch Laster aufgezehrt, durch schnöde Geldsucht ausgebeutet, durch Unbedachtsamkeit, Rechthaberei oder Leichtsinn untergraben sehe. Verzeiht mir nun, wenn es auch überkocht!«

Der Erzählstrom kann aber auch gegenteilig verlaufen. *Die Käserei in der Vehfreude* beginnt mit sachkundigen

Ausführungen über Käseproduktion, als handle es sich um ein Sachbuch, wonach guter Käse nicht nur auf der Alp hergestellt werden kann, sondern auch im Tal. Doch der Autor benutzt das Thema, um die Geschichte eines Kollektivs zu schreiben, eine Dorfgeschichte, in der das Dorf selber zum Protagonisten wird. Dies wiederum bietet Gotthelf Anlaß für eine Liebesgeschichte zwischen dem armen Änneli und dem Ammannssohn Felix, was mit der Käsethematik wenig zu tun hat. Und wenn Gotthelf von der Bernischen Sanitätskommission den Auftrag entgegennimmt, einen Roman gegen Kurpfuscherei und Quacksalberei zu schreiben, und dafür entsprechende Unterlagen erhält, wird er zwar erzählen, »Wie Anne Bäbi Jowäger haushaltet und wie es ihm mit dem Doktern geht«. Wir aber lesen das Buch nicht als Aufklärungsschrift, sondern weil Gotthelf mit Anne Bäbi Jowäger eine große Frauenfigur kreierte.

Der Furor paedagogicus kann zum Terror paedagogicus führen.

Bezeichnend, daß ein Herausgeber des *Bauernspiegels* »Kürzungen im Sinne von Ausscheidungen« vornahm; er strich »langatmige Betrachtungen und episodische Ausschweifungen, Anspielungen auf Persönlichkeiten und Verhältnisse, namentlich parteipolitischen Charakters, Rohheiten und Cynismen«.

Der Prediger fällt dem Erzähler immer wieder ins Wort; aber es ist andererseits der Erzähler, der dem Prediger und seiner Didaktik davonläuft, um sich der narrativen Phantasie hinzugeben. Wenn der Novelle *Die schwarze Spinne* unbestritten literarischer Rang zugestanden wird, dann deswegen, weil hier der Erzähler sich durchgängig und damit auch kompositionell behauptet. Und wenn *Die Wassernot im Emmental* mit kompakter Geschlossenheit überzeugt, dann deswegen, weil Gotthelf mit seiner mythenbildenden Imagination eine Naturkatastrophe metaphorisch umdeutet, indem er die Emme zu einer Schlange macht. Andererseits hat der Polemiker und Pamphletist, Invektiven und billige Schwarzweißmalerei nicht scheuend, in *Zeitgeist und Berner Geist* den Erzähler erwürgt.

Mit diesen Widersprüchlichkeiten hat sich einer der frühesten Kommentatoren, Gottfried Keller, auseinandergesetzt. Sein Aufsatz über Jeremias Gotthelf ist nach wie vor ein Beispiel von hoher Literaturkritik. Er wirft ihm vor, ohne »ästhetische Zucht« zu sein. Aber gerade solcher Zuchtlosigkeit ist unter Umständen schönstes Erzählgut zu verdanken, wenn Gotthelf meint, er müsse noch ein »Müsterchen« bieten, wenn er in den Ereignisablauf weitere Geschichten einbaut oder schlicht und einfach ausholt. Aber eben, so Keller, »sodann läßt er [Gotthelf] sich alle Augenblicke zu einer süßen Kapuzinerpredigt, zu einer Anspielung mit dem Holzschlegel, zu einem feinen Wink mit dem Scheunentor verleiten, welcher weit hinter die Grenze der behandelten Geschichte gerichtet ist«. Und demnach folgert Keller: »Gotthelfs Hauptstärke ist einmal nicht die geistliche oder politische Rhetorik an sich, so fest auch seine Gesinnung ist, sondern eben das stofflich Poetische; darum sollte er dieses in den Vordergrund treten lassen, wie er es früher auch getan, als er noch nicht so von der Tendenz besessen war.«

Allerdings: Gotthelf die geistliche oder politische Rhetorik absprechen zu wollen bringt den Autor um sein Grundanliegen: Ob er Kalendergeschichten schreibt oder von der Kanzel redet, ob er als Feldprediger zu Soldaten spricht oder als Festredner zu Mitgliedern eines Schützenvereins, ob er Pamphlete oder Erzählungen verfaßt, Artikel oder Romane, stets äußert sich ein Mann, der sich einer vom Christentum geprägten Gesellschaft verpflichtet fühlt. Dies aber nicht als Traktätchen-Schreiber. Im *Bauernspiegel* geißelt er den traditionellen Religionsbetrieb: »Der Pfarrer sprach nun seine gewohnte Rede, in welcher die Hölle neben dem Himmel und die Teufel neben den Engeln gar gewaltig aufmarschierten; die einen ließ er selig singen, die andern brennend heulen und zähneklappern. Und er redete lauter und immer lauter, bis ein Mädchen sein Nastuch nahm und schluchzte; da nahmen alle Mädchen nacheinander die Nastücher und schluchzten, und die Weiber taten ebenso, und auch lauter und immer lauter, und die Tränen rannen häufiger, und die Herzen pochten heftiger und der Pfarrer donnerte mächtiger; selbst der Himmel wurde graulich, die Hölle immer furchtbarlicher, das Zittern und Beben immer gewaltiger, das jüngste Gericht kam näher, immer näher, die Posaunenengel brachten die Posaunen zum Munde näher, immer näher, Zittern und Beben erfüllte die Glieder, von dem jüngsten Gericht glaubte sich alles verschlungen; da pickte des Pfarrers Uhr die bestimmte Minute. Es schwieg der Pfarrer, es verrannen die Bilder, es trockneten die Tränen, es verhallte das Schluchzen, und der Pfarrer nahm eine Prise Tabak mit Zufriedenheit, und die Weiber boten einander die Schnupftrucken mit Behaglichkeit und sprachen: ›Das war doch schön, dä chas.‹« – Ja, der versteht's.

Gotthelf setzte sich für ein zeitgemäßeres und gerechteres Christentum ein, und dies war nur möglich mit radikalen Reformen. Insofern gehörte er zum progressiven Flügel des Protestantismus, ein markantes Beispiel für eine Theologie der sozialen und politischen Verantwortung. Aber das Christentum, das er gegen den Zeitgeist propagierte und verteidigte, war ein konservativ bewahrendes. Er hatte sich mit den »Roten«, den Revolutionären von 1831, den Liberalen, solidarisiert. Doch aus einem »ächten« Liberalen wurde ein Konservativer, der jegliche weitere Liberalisierung und Demokratisierung, wie sie die Bundesverfassung von 1848 vorsah, ablehnte und im Kampf dagegen sich rückwärtsgewandter Argumente bediente – sich berufend auf »die reinen Kräfte unserer altschweizerischen Denkungsart und Handlungsweise in unserer Mitte von neuem zu beleben und allmählich wieder herzustellen«.

Dieser Wandel vom gemäßigten Liberalen zu einem Konservativen, der den Radikalismus mit umgekehrter Radikalität attackierte, hat es der Gotthelf-Rezeption von rechts bis links nicht leichtgemacht. Es wurde selbst bestritten, daß es sich um einen Gesinnungswandel handelte. Sicher, Gotthelf blieb der militante Christ, doch das Ziel seiner Kritik änderte sich. Er, der für die Lehrerausbildung, den Bau von Schulhäusern und das höhere Niveau des Schulbetriebs eingetreten war, setzte sich nach wie vor zugunsten der Volksschule ein, aber nicht für die Sekundarschule. Zuviel Bildung schien den kritischen Geist allzu sehr zu stärken, was sich nachteilig für seine christlich geprägte Gesellschaft auswirken könnte. Wie Gottgefälligkeit und Einsicht zusammengehen, läßt sich etwa an seinen Kommentaren zur Armut illustrieren, sichunterordnen und sichfügen werden zur gesellschaftlichen Tugend. Er, der die soziale Not als brennendes Problem erkannt und zum Thema gemacht hatte, notierte: »Arme wird es immer geben, so will es Gott«, relativierte aber zugleich, was die Armut seiner Zeit betrifft: »Aber diese Natur von Armut ist nicht von Gott, die ist vom Menschen.« In seiner Gesellschaft hat eine Aristokratie wie die von Bern nichts zu suchen, aber es gibt eine gottgewollte Ordnung mit einer gottgewollten Unterordnung. Der gleiche Gotthelf, der die Verfassung bekämpfte, welche die Grundlage für die moderne Schweiz abgab, prägte Sätze, die seither zum klassischen Bestand des nationalen Credos zählen: »Wer es mit dem eigenen Hause nicht gut meint, wie sollte er es gut meinen mit dem Vaterlande; und wer Weib und Kindern keine Freude opfern kann, wird der wohl Leib und Leben opfern dem Vaterlande... Im Hause muß beginnen, was leuchten soll im Vaterlande.«

Diese ambivalente Komplexität bestimmt auch das literarische Urteil und die Rezeption. Je nachdem, ob man die Widersprüche mit einbezieht, oder ob man Abstriche macht.

Da stellt Walter Nigg, selbst Pastor, seine Gotthelf-Lektüre unter das Stichwort »Wallfahrt zur Dichtung«: »Gotthelf ist der große Volksseelsorger: Ihn unter einem therapeutischen Gesichtspunkt zu lesen tut dem dichterischen Charakter seines Werkes keinen Abbruch, im Gegenteil, es wird dadurch erst in seinen tiefsten Intentionen erschlossen.«

Da hält Walter Muschg fest: »Gerade in seiner barbarisch scheinenden Einstellung zur Kunst wirkt Gotthelf ganz modern und aktuell«, wie wenn eine literarische Wertung identisch wäre mit einem »weltflüchtigen Schönheitskult«. Demnach bilanziert Muschg: »Wir glauben … bei ihm auf dem Grundfelsen schweizerischen Wesens zu stehen, der tiefer liegt als alle geschriebenen Verfassungen und Gesetze.«

Ulrich Knellwolf, Pastor und Krimi-Autor, charakterisiert Gotthelfs Schreiben als »narrative Theologie«; damit werden diesem Autor literarisch-ästhetische Absichten abgesprochen. Dabei bedarf doch eine Predigt einer andern Wertung als eine Erzählung. Wird da die literarische Kreation nicht der theologischen Intention geopfert?

Und was, wenn literarisches Schreiben als Flucht verstanden wird: »Die Flucht in das reine Kunstwerk wird in dieser Schaffensperiode zu einer inneren Notwendigkeit, je mehr sich der Dichter vom Zug der Zeit loslöst und je stärker er sich von den politischen Gegnern verfolgt sieht. Er vermochte zwar nicht mit jedem der noch kommenden Werke diesen Schritt aus dem Zeitlichen hinaus ins Bleibende zu tun. Aber *Uli der Pächter* ist eine der reinsten Früchte dieser Bemühungen zur Selbstbefreiung vom politischen Engagement«, schreibt Karl Fehr, und zwei Seiten weiter liest man zu *Zeitgeist und Berner Geist:* »Diesmal aber flüchtete er nicht in das reine dichterische Bild.«

Exemplarisch, wie außerliterarisch geurteilt wird, als gälte es, die Literatur mit Seelsorge welcher Art auch immer zu rechtfertigen, als ob es nicht genügte, einen Erzähler um seiner Erzählkunst willen zu würdigen.

So kritisch Keller gegenüber Gotthelfs politischem Engagement war, er verteidigte ihn gegen sich selbst: »Das größte epische Talent…, welches seit langer Zeit und vielleicht für lange Zeit lebte.« Wenn Keller den Schriftsteller Gotthelf um der Literatur willen vor dem Prediger schützt, mag bei Keller die Sensibilität für eine Gefahr mitspielen, die für ihn und sein Werk nicht minder gilt, in den Fällen, wo bei ihm nicht religiöse, sondern politische Verantwortung dem Poetischen dreinredet.

Als Student hatte Gotthelf an einem akademischen Preisausschreiben der Universität Bern teilgenommen. Unter den Autoren, die der Achtzehnjährige damals zitierte, waren unter anderem Vergil, Tasso, Shakespeare und Cervantes, die deutschen Klassiker mit Lessing, Goethe und Schiller. Gotthelf hat sich später kaum mehr mit Literatur auseinandergesetzt. Er selber hatte sich das Etikett »Volksschriftsteller« eingehandelt, der allerdings in Deutschland in erster Linie von Bildungsbürgern gelesen wurde. »Mir waren von je die meisten Volksschriften abgeschmackt vorgekommen. Weise Leute rüsteten eine solche Schrift zu wie die Apotheker ihre Mittel, nahmen ein Lot Religion, anderthalb Lot Moral, zwei Lot feine Lebensart, ein halb Pfund gemeinnütziges Allerlei, streuten einige Volksausdrücke darunter, preßten irgend einen alten Witz hinein, rührten wohl alles untereinander und stellten dem Volk das Fressen vor. Das Volk wandte sich zumeist angewidert ab, nur hier und da ward ihm durch gemeinnützige, gutmütige Ammen was eingezwängt. Selbst Pestalozzis *Lienhard und Gertrud* leidet in den späteren Auflagen an der unnatürlichen Überladung mit Gemeinnützigem.«

Gotthelf bringt gegenüber Pestalozzi, den er wegen seines moralischen Engagements hoch verehrte, literarische

Bedenken vor. Hellhörig wohl, weil er weiß, wie rasch er selber sich zum Opfer von Gemeinnützigem macht. Wann immer er aber das Predigen läßt, behauptet sich der Erzähler, und dafür braucht es keine Rechtfertigung.

Mit Gottfried Keller im ungemütlichen Seldwyla

Eingeschlagene Fensterscheiben, Portale und Stadtmauern mit Farbe verschmiert – so unvertraut kommt einem das nicht vor. Nur daß in dem Fall nicht eine Stadt von heute anvisiert ist, sondern eine von gestern. Wenn es gilt, Tradition hochzuhalten, sei hiermit festgestellt, daß auch Bruchscheiben und Schmierereien zur schweizerischen Tradition gehören.

Ob in weit zurückliegenden Zeiten die einen den andern die Zugbrücke mit schwarzer Farbe bekleckst, so daß die andern »die lärmenden Maler mit Kalktöpfen bewarfen«. Oder ob in späterer Zeit eine halbwegs konservative Regierung am Ruder war, so daß sich Einwohner stracks um die Schullehrer der Stadt drängten und »der Pfarrer genug an den Glaser zu bezahlen hatte für eingeschlagene Scheiben«.

Dabei gleich an Zürich zu denken ist voreilig. Nach Erscheinen des ersten Bandes *Die Leute von Seldwyla* (1856) stritten sich in der Schweiz sieben Städte um die Ehre, mit diesen Geschichten gemeint zu sein. Die Spekulation war um so legitimer, als der Autor einst einen »spezifisch schweizerischen Novellenzyklus« geplant hatte. Der Mensch will lieber belächelt oder verspottet als nicht zur Kenntnis genommen werden.

»Irgendwo in der Schweiz«, lautet die Angabe des Autors,

diese Geographie gilt schon eher – eine Karte, auf der sich neben Seldwyla ein Kantonshauptort und die Landeshauptstadt finden. Nachbargemeinden, mit denen man seit Generationen im Streit liegt, oder konservativ-katholische Nachbarkantone, wohin die jungen Radikal-Liberalen ihre militärischen Freischarenzüge unternehmen. Ohne Zweifel handelt es sich angesichts der umliegenden Hügel, der Weinberge und Wälder um ein Städtchen im Mittelland, was nicht bloß geographisch zu verstehen ist.

»Sie lassen, solange es geht, fremde Leute für sich arbeiten«, das ist als Beschäftigungsdevise so wenig spezifisch zürcherisch, wie einem die Bemerkung auch nicht rein historisch vorkommt. Ebensowenig, wenn ein Arbeitgeber erwartet, daß Gastarbeiter wie die Kammacher, statt eine Lohnerhöhung zu fordern, »Fisch« sagen sollen, wenn wieder einmal bloß Sauerkraut aufgetragen wird.

Soweit Gottfried Keller seine Heimatstadt direkt ins Visier nahm, hat er sie sonst beim Namen genannt, was später ein Titel wie *Zürcher Novellen* bestätigt: Dort begegnet man seinem zeitgenössischen Zürich der sieben Aufrechten, die mit ihrem Pokal an ein Schützenfest fahren, oder dem historischen Zürich jener mittelalterlichen Epoche, da Hadlaub die *Manessische Handschrift* verfaßte; mit *Ursula,* der religiös verwirrten Liebenden, wurde das Zürcher Oberland zum Schauplatz der Reformationswirren und ihrer Sekten, während mit dem Landvogt Salomon Landolt das Städtchen Greifensee für das Zürich des zu Ende gehenden Ancien régime steht.

Recht unmittelbar hat Keller seine Heimatstadt in *Der grüne Heinrich* geschildert, schon auf den Eingangsseiten, die er nicht in die zweite Fassung aufnahm. In diesem Auftakt betätigt sich Keller als animierter Fremdenführer. Das Sightseeing-Boot führt vom See limmatabwärts nach Baden wie in einem Tourismusprospekt des noch nicht existierenden Verkehrsvereins: Zürich, das »wie ein Traum aus dem blauen Wasser steigt« und das sich in die Landschaft bettet »als größere edle Rosette«.

Keller, der eben der Malerei adieu gesagt hatte und der sich in Berlin ans Schreiben machte, erweist sich in diesen Einstimmungsseiten als der Landschaftsmaler, der er einst hatte werden wollen, nur daß er sein Bild von Zürich nicht mit dem Pinsel, sondern mit der Feder koloriert.

In der Romaneröffnung feiert Keller Städte, die an einem See liegen; freundeidgenössisch erwähnt er neben Zürich auch Luzern und Genf. Seldwyla, »wonnig und sonnig, immer das gleiche Nest«, aber liegt nicht an einem See. Nicht einmal an einem Fluß. Die Ortswahl war kein Zufall, sondern verrät Konzeption:

> »Die ursprünglich tiefere Absicht dieser Anlage wird durch den Umstand erhärtet, daß die Gründer der Stadt dieselbe eine halbe Stunde von einem schiffbaren Fluß angepflanzt, zum deutlichen Zeichen, daß nichts daraus werden solle.«

Solche Präzisierung bietet die Einleitung zum ersten Band der *Leute von Seldwyla,* ein Stück Prosa von geistvoller Anschaulichkeit, das für sich genommen als Kürzestgeschichte eines Kollektivs gelesen werden kann. In dieser Visitenkarte präsentiert Keller ein Charakterbild der Seldwyler:

> »Sie halten die Gemütlichkeit für ihre besondere Kunst, und wenn sie irgendwohin kommen, wo man anderes Holz brennt, so kritisieren sie zuerst die dortige Gemütlichkeit und meinen, ihnen tue es doch niemand zuvor in dieser Hantierung.«

Selbstbewußte und selbstgefällige Provinzialität, die nicht ausschließt, daß die Seldwyler mit der ganzen Welt Handel treiben und sich in Australien wie in Kalifornien dadurch auszeichnen, daß sie geschickt Fisch essen. Eine gemütliche Provinzialität, die zur irrigen Auffassung verleitet, Seldwyla sei eine Schwester- oder Partnerstadt von Abdera oder Schilda und die Seldwyler würden sich nicht nur durchs Fischessen, sondern vor allem durch Schildbürgerstreiche abheben. Zur Vorstellung solch wohliger Biederkeit mag Keller selber beigetragen haben, wenn er von »beschaulicher Aufzeichnung« schreibt und Seldwyla eine »lustige und seltsame Stadt« nennt.

Aber vielleicht haben wir unsererseits das literarische Seldwyla verharmlost, um nicht zur Kenntnis nehmen zu müssen, wie brüchig das Seldwyla ist, das wir selber leben, so daß wir uns voll unbesehener Gemütlichkeit auf Schulter und Schenkel klopfen, in der Hoffnung, dadurch den Alpdruck zu vertreiben.

Stoßen wir auf Kauziges oder Skurriles in unserem Alltag, und sei es auch im politischen, neigen wir dazu, von Seldwyla zu reden. Nie würden wir Seldwyla erwähnen, wenn es sich um Selbstmord handelt. Aber zu Seldwyla gehört die Tragödie von Sami und Vrenchen, die Tatsache, daß unser einheimisches Liebespaar Romeo und Julia freiwillig in den Tod geht. Man darf in dem Zusammenhang daran erinnern, daß auf einer internationalen Liste von Großbanken die erste schweizerische lediglich an vierzehnter Stelle auftritt, während wir in der Selbstmordstatistik einen viel repräsentativeren Platz einnehmen.

Ganz gemütlich war es eben doch nicht in Seldwyla. Jedenfalls nicht für alle. Von Pankraz' Vater liest man:

> »Er war keiner von den schlimmsten gewesen, vielmehr fühlte er eine so starke Sehnsucht, ein ordentlicher und fester Mann zu sein, daß ihn der herrschende Ton, dem er als junger Mensch nicht entgehen konnte, angriff; und als seine Glanzzeit vorübergegangen und er der Sitte gemäß abtreten mußte von dem Schauplatz der Taten, da erschien ihm alles wie ein wüster Traum und ein Betrug um das Leben, und er bekam davon die Auszehrung und starb unverweilt.«

Sein Töchterchen, Pankraz' Schwester, hatte bald erkannt, daß »bei den Seldwylern nicht viel dahintersteckte an dauerhaftem Lebensglück«, weswegen sie nicht heiratet. Und Frau Amrain, deren Ehemann sich wegen Schulden ins Ausland abgesetzt hatte, sinnierte beim Anblick ihrer drei Söhne, zehn, acht und fünf Jahre, »ob dieselben auch wert seien, daß sie, Frau Amrain, das Haus für sie aufrecht halte, da sie ja doch Seldwyler wären und bleiben würden«. Doch sie darf erleben, daß ihre Eingriffe sich lohnten, den Jüngsten zu mehr als dem »kleinen Wohlständchen« zu erziehen, »da er zu den wenigen gehörte, die aufrecht blieben, solange sie lebten«.

Es hat eben seine Bewandtnis mit der Gemütlichkeit, und es braucht nicht viel, um zu erkennen, »wie die Macht und die Herrlichkeit« auf einem »trefflichen Schuldenverkehr« basieren, dank dessen eine »ausgezeichnete Gegenseitigkeit und Verständnisinnigkeit gewahrt wird«, etwas, das bloß für die gehobenere Bürgerjugend gilt; es handelt sich um den Konsens von Konteninhabern.

Dieses Seldwyla besitzt eine straffe Sozialstruktur. Es herrscht hier auch, wie man mit Verwunderung vernehmen mag, eine »große Armut«. Allerdings kommt sie kaum zur Darstellung, sie bleibt an dem Rand, wo sie schon sozial angesiedelt ist. »Verlumpte Leute« und das »Hudelvölkchen« dürfen für einmal in der heruntergekommenen Gaststätte »Paradies« zu Lustbarkeiten auftreten, wo auch Sami-Romeo und Vrenchen-Julia feiern.

Eine Armut, die »gestützt wird« mit dem Erlös aus dem Abholzen der umliegenden Wälder. Ein Geschäft, das eines Tages zur richtigen »Baumschlächterei« ausartet. Deswegen gibt ein pflichtbewußter Bürger wie Jukundus Meyenthal, Jukundi genannt, den Holzhandel auf; doch sieht er sich am Ende genötigt, aus pekuniären Gründen auch die Eiche zu schlagen, die als Prachtexemplar zu retten er sich vorgenommen hatte.

Man sieht, man kann diese Geschichten recht zeitgemäß lesen, was nicht heißt, daß dies der einzige und schon gar nicht der einzig richtige Zugang ist. Eines wird klar, auch das neunzehnte Jahrhundert gab sich schon recht grün und umweltbewußt, was sogar für Seldwyla galt. Totgeholzt wurde bereits in der guten alten Zeit.

Zwar bietet Seldwyla mit seiner Bummelexistenz eine geruhsame Geschlossenheit, doch es entgeht trotz seiner Abseitslage von einem schiffbaren Fluß nicht der Historie. Zwischen dem ersten Band der *Leute von Seldwyla* von 1856 und dem von 1873/74 hat sich nicht nur die Schweiz, sondern auch Seldwyla verändert. Man findet nicht mehr länger »plebejisch-gemütliche Konkurse und Verlumpungen«, an ihre Stelle treten »vornehme Akkommodements mit staatlichen auswärtigen Gläubigern, anständig besprochene Schicksalswendungen«, um die Buchhaltung als Zeichen der Zeit anzuführen.

Diese Verwirtschaftlichung vollzieht sich nach Keller auf Kosten der Politik oder der politischen Ideen. Doch ereignete sich auch das, was er die »trockene Revolution« genannt hat, die Einführung des allgemeinen Wahlrechts. Mit Distanziertheit hat er von dem gesprochen, was anläßlich der Revision der Zürcher Verfassung als »Volksrechte« gefordert wurde.

Seine Enttäuschung und seinen Pessimismus hat Keller im *Martin Salander* dargestellt. Skepsis und Befremden gegenüber einer Entwicklung, die nicht nur eine schweizerisch-seldwylische war, sondern eine europäische, drücken sich auch in seinem Urteil über zeitgenössische Literatur aus: Ihn hätten »bei Björnson und Ibsen die ewigen Wechsel- und Fabrikaffairen, kurz all die Lumpenprosa wenig erbaut«.

Der Prolet hatte noch gute hundert Jahre zu warten, bis in der Schweiz Lumpenprosa geschrieben wurde; der Arbeiter hatte auch zu warten, bis er zu einer Lumpenpolitik kam.

In Seldwyla und für Seldwyla wird keine Lumpenprosa

verfaßt. Hier machen nicht Lumpen, sondern Kleider die Leute, wobei im Fall des schlesisch-polnischen Schneiders, der die Titelfigur für *Kleider machen Leute* abgibt, nicht so sehr die Ausstattung die Hochstaplerkarriere auslöst; vielmehr ist es die Tatsache, daß der Gutgekleidete – Zukunft vorwegnehmend – aus einem Wagen steigt, der auf soziales Standing schließen läßt.

Sofern die Verwirtschaftlichung in Seldwyla erzählerisch Niederschlag findet, geschieht dies in der Geschichte vom »Verlorenen Lachen«. Zur Debatte steht die Profitgesellschaft mit ihren politischen und parteipolitischen Wirren. Die Auseinandersetzungen finden unter denen statt, welche die Maschinen besitzen, und nicht unter denen, welche an den Maschinen stehen.

Am wohlsten fühlt sich Keller – bei allem Spott – im kleinbürgerlichen Milieu der Handwerker und Gewerbetreibenden. Da mögen Herkunft und Jugenderinnerung mitwirken. Dies gilt nicht nur für Seldwyla. Es sind Handwerker, die als sieben Aufrechte ihr Fähnlein tragen – »ein opus als Ausdruck der Zufriedenheit mit den vaterländischen Zuständen«, wie Keller sagte. In Seldwyla wird die Steinbruchbesitzerin Frau Regel Amrain zum politischen Gewissen, indem sie ihrem Jüngsten die entsprechenden Lektionen erteilt, ein Beispiel gebend, wie eine Frau ohne politische Rechte in der Politik nach dem Rechten sieht.

Die Verwirtschaftlichung bringt eine Gesellschaft von »Besitzlustigen« hervor, doch diese haben ebenbürtige Vorfahren. Wenn die Besitzwilligen des früheren Seldwyla eine Sorge haben, dreht sich diese um Geld. Geld spielt eine wichtige Rolle bei Heiraten und Familiengründungen, und sei es nur, daß Frau Amrain entscheidet, welche Frau für ihren Jüngsten als Gattin in Frage kommt, oder daß im »Verlorenen Lachen« Jukundis Mutter als Heiratsvermittlerin mitmischelt.

Man erkennt die Seldwyler nicht zuletzt an ihren Liebesgeschichten: an der verklemmten Affäre, wie sie ein Pankraz in Indien durchmacht, ebenso wie an der lebensfrohen Verliebtheit von Sami und Vrenchen, die im Freitod endet. Wie rasch Keller zu seiner eigenen Überraschung sich in das verirrt, was der Zeitgeschmack bereits als Zote empfindet, kann man in einem Brief an Friedrich Theodor Vischer, den damaligen Ästhetik-Professor an der Universität Zürich, nachlesen:

> »... in den *Gerechten Kammachern,* wo einer derselben ruft: Ich sehe wie die verehrl. Jungfer Bünzlin mir wollüstig zuwinkt und die Hand auf – das Herz legt, sollte es heißen. Hier sollte der Witz darin bestehen, daß der Tölpel sagen wollte, liebreich oder zärtlich zuwinkt, und aus Unkenntnis der Sprache das Wort wollüstig gebraucht, wobei aber die falsche Prüde sofort eine nicht zu duldende Unanständigkeit oder Sauerei versteht und ihn unterbricht, aus gleicher Dummheit. Anstatt den Satz ›die Hand aufs Herz legt‹ ruhig auszuschreiben, wollte ich drastischer unterbrechen, ohne zu merken, wie vertrackt die Sache aufgefaßt werden kann.«

Man könnte als Kontrastprogramm zu dieser Prüderie *Das Sinngedicht* lesen, das Keller nach den *Leuten von Seldwyla* verfaßte. Welche Variationen von Leidenschaften begleiten die Haupterzählung von einem, der auszieht, eine weiße Galathee mit einem Kuß zum Erröten zu bringen. Sollte die Leichtigkeit dieser Prosa nicht zuletzt deswegen möglich sein, weil sie im Ausland spielt und nicht auf dem erotischen Holzboden von Seldwyla-Schweiz? Sollte auf Keller selber zutreffen, was er von dem Seldwyler sagt, der sich »um so besser hält, wenn er ausrückt«, und der »sich rüstig umtut, wenn er nur erst aus dem warmen sonnigen Tal herauskam, wo er nicht gedieh«.

Was, wenn der junge Keller das Stipendium genutzt hätte, das ihm die Zürcher Regierung zur Verfügung stellte. Er hätte die Möglichkeit gehabt, eine Orientreise zu unternehmen. Er zog es vor, vorher zu studieren, um zu wissen, was ihn auf einer solchen Reise erwarten würde. Also brach er zum Studium nach Heidelberg auf. Man hat gesagt: Wenn der Schweizer die Möglichkeit hat, ins Paradies zu gehen oder übers Paradies einen Vortrag zu hören, entscheidet er sich für den Vortrag. Keller hat an seiner Stelle Figuren auf Orientreisen geschickt.

In Seldwyla haben die Herzen ihre Bilanzen, und die Gefühle führen Buch. In *Spiegel, das Kätzchen* geht es einmal darum, vermittels einer Heirat in den Besitz eines Schatzes zu kommen, was teuer bezahlt werden muß. Ein andermal scheitert die Liebe daran, daß die Verliebte aus Angst, finanziell ausgenutzt zu werden, den Geliebten auf die Probe stellt; man möchte in allen Belangen sichergehen, man erwartet auch in der Liebe Risikogarantie. Wie man sich beim sexuellen Kalkül verrechnen kann, erfährt der Schmied seines Glücks, der mit seiner Papiermutter schläft und den Erben zeugt, der ihn um das Erbe bringt.

Lust und Besitz lassen sich leicht zu Besitzgier kopulieren. »Du gehörst mir. Du bist mein Eigentum«, sagt die kleine Küngolt, und der kleine Dietegen wird bald darauf antworten: »Von heut an bist du so gut mein Eigentum wie ich das deinige.« Zwar wird eine Züs Bünzlin durch die »Handlichkeit« eines Schwäbchens »gebunden«, doch nach der Heirat unterdrückt und regiert sie ihren Mann, da er ihr Eigentum ist. Nun fügt sich dieser Kammacher als Ausländer wie seine beiden Rivalen bestens in die Seldwyla-Ordnung; wie die sich lustlos abrackern, ergibt lustvolle Lektüre. Im »Wörterbuch von Seldwyla« könnten, wie im *Zürichdeutschen Wörterbuch,* die Äquivalente für »arbeiten« mehr als eine Spalte ausmachen, während »sich freuen« mit einer einzigen Zeile auskommt.

Jedenfalls erleben wir in Seldwyla eine Gesellschaft mit all jenen Mentalitäten, die heutigen Historikern so aufschlußreich geworden sind. Wenn zwei Bauern sich darüber einig sind, »einem Geiger das Heimatsrecht in unserer Gemeinde abzustreiten, da man uns den Fetzel fortwährend aufhalsen will«, wird offensichtlich, wie vieles von der unmenschlichen Rigorosität unserer heutigen Flüchtlings- und Asylantenpolitik gegenüber einem Fremden, einem »Fetzel«, wie unsere fremdenfeindlichen Einbürgerungsmethoden bereits im gemütlichen Seldwyla zu finden sind.

Daß ein Kollektivbild der Leute von Seldwyla entsteht, ist um so überraschender, als es sich um eine Sammlung von Einzelgeschichten handelt und die Heldinnen und Helden »sonderbare Abfällsel« sind, wie Keller festhält.

Daß ein Hexenmeister ein »sonderbares Abfällsel« darstellt, leuchtet ein. Obgleich: Er besorgt die Dinge, die besorgt werden müssen, die die andern aber gern einem Dritten überlassen. Und eine poetische Sonderbarkeit mag es auch sein, daß als Gegenspieler eine Katze auftritt. Jener Spiegel, der aus Notwehr zum Dichter wird, die Literatur als Notlüge benutzend, um sein Fett, das heißt seinen »Schmer«, zu retten.

Und sonderbar ungewöhnlich ist es natürlich auch, wenn eine Frau die Liebesbriefe, die an sie gerichtet sind, weitergibt zur Beantwortung, ein Mißbrauch, der zu Scheidung und neuer Liebesbeziehung führt und andererseits Keller die Vorlage bietet für eine brillante Satire über die literarisch-kulturelle Wichtigtuerei der »Tinteriche«.

Doch kann sich hinter einem »sonderbaren Abfällsel« Repräsentatives verbergen, wenn man an Pankraz denkt, der mit seinem Schmollen die helvetische Kunst des »Muffseins« demonstriert, womit wir grundsätzlichen Unmut und Übelgelauntheit bezeichnen, unsere tiefverwurzelte Prämisse fürs Schimpfen: »Welche unnütze Stadt«, wie Pankraz sagt. Doch ist dieses Schmollen heilbar, allerdings muß Pankraz dafür weit weggehen, in Indien Militärdienst leisten und in Afrika einen Löwen jagen. Ein Nachfahre dieses Schmollers aber könnte einen ganz anderen Weg einschlagen. Es wäre denkbar, daß er von der Seldwyler Literaturkommission ein Werkjahr zugesprochen erhält, so daß er als »Unrechtleider« sorgenfrei durch »Wald und Feld streichen kann, um zu sehen, wie er irgendwo ein tüchtiges Unrecht auftreiben und erleiden könne«.

Diese »sonderbaren Abfällsel« gehören alle zum Clan des Grünen Heinrich, eines jener »Sonderlinge«, für die der Literaturwissenschafter Hans Mayer eine europäische Genealogie und eine deutschsprachige Zeitgenossenschaft aufstellte. Im Rückblick meinte Keller: »Der Titel ›Der grüne Heinrich‹ scheint mir nämlich immer an Skurrilität oder unfreiwilliger Komik zu leiden.«

Zunächst einmal schließen sich die *Leute von Seldwyla* schon chronologisch an den *Grünen Heinrich* an. Noch während und dezidiert nach der Niederschrift des Romans machte sich Keller an die »novellistische« Arbeit: »Farbenfroh und sinnlich, reinlich und bedächtig« wolle er schreiben, die Erzählungen sollen »den schlechten Eindruck verwischen, den mein formloser und ungeheuerlicher Roman auf den großen Haufen machen wird«. Man muß nicht zum großen Haufen gehören, um die Meretlein-Geschichte hochzuschätzen und den Roman nicht als gelungenes Ganzes, sondern passagenweise zu würdigen.

Die Leute von Seldwyla entwirft Keller mit größerer kompositorischer Strenge. Mit Spannung bietender Konsequenz entwickelt er die Geschichte der Kammacher, und mit überraschender Linearität führt er den Schmied seines Glücks zur Pointe. Mag sein, daß Keller unbelasteter ans Schreiben ging, weil nicht Autobiographisches gestaltet werden sollte. In unbekümmerter Freiheit hantierte er mit Ironie und Humor, komödiantisch und raffiniert. Doch gibt es auch einen inneren Bezug zwischen den *Leuten von Seldwyla* und dem *Grünen Heinrich,* dessen Spitzname schon festhält, daß die Figur außerhalb des Üblichen steht, und der sich seines Existenzproblems bewußt war: »Einer jener Absonderlichen [zu sein], die etwas Apartes vorstellen und dennoch nicht in die Welt und in die Zeit taugen.«

In der ersten Fassung läßt Keller seinen Grünen Heinrich

auf den letzten Seiten sterben, mit einer Promptheit allerdings, die sich wie die Liquidation eines Helden ausnimmt, ein episches Schlußmachen, ein Akt der Befreiung.

In der zweiten Fassung wird der gleiche Heinrich zu einem brauchbaren Bürger, der seinen Mann in der Gesellschaft steht und der »in seine Zeit taugt«. Nicht ohne Bedenken kommentierte er die Änderungen: »Verheiraten und behaglich werden lassen kann ich den Ärmsten jetzt nicht mehr; es würde dies einen komischen Effekt machen...«

Die Sozialisierung des Grünen Heinrich macht auch die Erlebnisweite der Leute von Seldwyla aus: ihre Entwicklung zum Tauglichsein. Dazu gehört unübersehbar der Freitod von Romeo und Julia. Hatte Keller nicht selber einmal daran gedacht, den Grünen Heinrich in den Freitod zu schicken? Zwar meint Sali, »es wäre nicht übel, die ganze Welt in den Wind zu schlagen und uns dafür zu lieben ohne Hindernis und Schranken«. Doch ihn, der den Vater der Geliebten blödprügelte, hindert das Gewissen: »Das Gefühl, in der bürgerlichen Welt nur in einer ganz ehrlichen und gewissen freien Ehe glücklich sein zu können.« Überraschend jedenfalls, mit welcher Selbstverständlichkeit die beiden in den Tod gehen. Ein Entschluß, der Keller selber so überraschte, daß er eine moralische Erklärung anhängte, die er für die definitive Fassung strich.

> »Was die Sittlichkeit betrifft, so bezweckt diese Erzählung keineswegs, die Tat zu beschönigen und zu verherrlichen; denn höher als diese verzweifelte Hingebung wäre jedenfalls ein entsagendes Zusammentreffen und ein stilles Leben voll treuer Mühe und Arbeit gewesen, und da diese

die mächtigsten Zauberer sind in Verbindung mit der Zeit, so hätten sie vielleicht noch alles möglich gemacht; denn sie verändern mit ihrem unmerklichen Einfluß die Dinge, vernichten die Vorurteile, stellen die Ehre her und erneuern das Gewissen, so daß die wahre Treue nie ohne Hoffnung ist. Was aber die Verwilderung der Leidenschaften angeht, so betrachten wir diesen und ähnliche Vorfälle, welche alle Tage im niedern Volk vorkommen, nur als ein weiteres Zeugnis, daß dieses allein es ist, welches die Flamme der kräftigen Empfindung und Leidenschaft nährt und wenigstens die Fähigkeit des Sterbens für eine Herzenssache aufbewahrt, daß sie zum Troste der Romandichter nicht aus der Welt verschwindet. Das gleichgültige Eingehen und Lösen von ›Verhältnissen‹ unter den gebildeten Ständen von heute, das selbstsüchtige frivole Spiel mit denselben, die große Leichtigkeit, mit welcher heutzutage junge Leutchen zu trennen und auseinanderzubringen sind, wenn ihre Neigung irgend außer der Berechnung liegt, sind zehnmal widerwärtiger als jene Unglücksfälle, welche jetzt die Protokolle der Polizeibehörden füllen und ehedem die Schreibtafeln der Balladesänger füllten.«

Ansonsten wird in Seldwyla Ordnung unter Lebenden hergestellt. Pankraz, der Schmoller, wird »ein dem Lande nützlicher Mann«. Vater Amrain, der aus Amerika heimkehrt, »lernt begreifen, daß er in einem wohlbestellten Haus besser aufgehoben wäre als in Wirtshäusern«, und der Schmied seines Glücks hängt nicht mehr länger einer Illusion nach, sondern stellt Nägel mit Köpfen her.

Doch ist das Haus erst in Ordnung gebracht, wenn auch anständig und tüchtig geheiratet wird, denn die Familie, ganz im Sinne Heinrich Pestalozzis, bildet die Grundlage von Gesellschaft und Staat. Keller, der Junggeselle blieb, der in Liebesbriefen eher von sich abriet, als daß er sich empfahl, der frostig reagierte, als um ihn geworben wurde, dessen Verlobte sich umbrachte, der seinem Junggesellendasein im *Landvogt von Greifensee* ein extravagant-elegantes Denkmal setzte – Keller hat in Seldwyla als Heiratsvermittler gewirkt, bevor er als Staatsschreiber seine Unterschrift unter entsprechende Dokumente setzte.

Nachdem Jukundi und Justine ihr Lachen wiedergefunden haben, »zieht Justine in die Stadt zu ihrem Mann, wo dieser ohne Unterbrechung wohl gedieh und seine Rechtgläubigkeit in Geschäfts- und Verkehrssachen verlor, ohne deswegen selbst unwahr und trügerisch zu sein«. Und anderswo heißt es: »Sie lebten alle zufrieden und wohlbegütert. Und das Geblüt der Frau Regel Amrain wucherte so kräftig in ihrem Hause, daß auch die zahlreichen Kinder des Fritz vor dem Untergang gesichert sind.« Der schlesische Schneider, der seinen Kleidern seine Karriere verdankt, wird nach der Verehelichung immer weniger »träumerisch«, dafür »von Jahr zu Jahr geschäftserfahrener«. Wenn es einst im Märchen hieß, »falls sie noch nicht gestorben sind, leben sie heute noch«, lautet das seldwylische Klein-Glück familienbewußter und realistischer: »Gritli und Wilhelm hatten wohl erzogene Kinder, welche, als sie erwachsen waren, andere Wohlerzogene zur Ehe herbeiholten.«

Wohlanstand und Wohlstand reichen sich die Hand in der Wohlerzogenheit. Doch auch fürs bürgerliche Paradies gilt, daß Sündigen literarisch ergiebiger ist. So beruhigend es sein mag, daß Gritli und Wilhelm wohlerzogene Kinder haben, spannender waren sie, als sie Liebesbriefe mißbrauchten. So besonnen es sich ausnimmt, daß der Schmied seines Glücks am Ende eine taugliche Werkstatt unterhält, Stoff gab er mit den Schwindeleien bei seiner Erbschleicherei. Und Pankraz behalten wir im Gedächtnis, nicht weil er ein brauchbarer Mann wurde, sondern weil er ein Schmoller war.

Bei diesem Sozialisierungsprozeß geht es Keller immer zugleich um die Integration der eigenen Person, um die eigene Sonderbarkeit und die eigene Tauglichkeit, als Schriftsteller wie als Bürger. Man hat oft seine Bemerkung zitiert, man könne einen Umzug nur beschreiben, wenn man nicht daran teilnimmt, sondern vom Straßenrand aus zuschaut. Keller gelang die Beschreibung des bürgerlichen Aufzugs, weil er davon träumte mitzumarschieren.

Der Träumer, der staatsbürgerlich vernünftig wird – man kann diesen Integrationsprozeß durch andere Begriffspaare abstecken: persönliche Neigung und Bürgerpflicht, Eigenständigkeit und Gemeinschaft, Originalität und Konvention. In den *Züricher Novellen* lernt unter der Leitung eines Oheims, der unter der Leitung Kellers steht, Herr Jacques, die Rahmenfigur, anhand von Einzelgeschichten zwischen echter und falscher Originalität zu unterscheiden. Ein Lehr- und Lernprozeß, der seine Erkenntnisse aus der Frage nach dem »Wahren« und »Wahrhaftigen« gewinnt. Dies ganz im Sinne der Absicht, mit der sich Keller an die *Züricher Novellen* gemacht hatte: »Im Gegensatz zu den *Leuten von Seldwyla* [sollen sie] mehr positives Leben enthalten.«

Indem Keller solchen Zwiespalt und solche Wandlungen

thematisiert, wird er zum politischen Schriftsteller. Und dies vielleicht in einem tieferen Sinn als dort, wo er direkt zur Politik Stellung bezog, wohl wissend, daß Parteipolitik nicht gleich Politik ist. Verpflichtender auch, als wenn er sich als Staatsschreiber betätigte oder das Vaterland in Saus und Braus hochleben ließ, was ihm Patrioten gedankt haben, je nachdem, ob sie das Rebellische oder den konservativen Zug mochten. Als nationaler Schriftsteller wurde er Vorbild für jene schweizerische Tradition, welche die Literatur gemäß staatsbürgerlicher Verantwortung rechtfertigt. Aber man ist nicht deswegen schon ein politischer Autor, weil man ein vaterländischer ist, gleichgültig, ob die Bewunderer bei dessen patriotischem Bekenntnis positiv oder negativ jodeln.

Er selber konnte recht kritisch sein gegenüber einer Erzählung wie *Das Fähnlein der sieben Aufrechten,* einer Erzählung, die seinerzeit und heute als Muster patriotischer Literatur gefeiert wird. Keller selber befand:

> »Das Fähnlein, kaum 18 Jahre alt, ist bereits ein antiquiertes Großvaterstück; die patriotisch-politische Zufriedenheit, der siegreiche altmodische Freisinn sind wie verschwunden, soziales Mißbehagen, Eisenbahnmisere, eine endlose Hatz sind an die Stelle getreten. Wegen der Schützenrede fiel mir erst neulich und zu spät die Auskunft ein, dieselbe dem jungen Fandt durch einen alten gedankenrednerisch, der selber nicht sprechen kann, heimlich zustecken zu lassen, wobei dann die rhetorischen Lehren und Ermahnungen der beiden Alten eine weitere komische Situation herbeigeführt hätten.«

Urs Widmer hat diese Erzählung gegen den Autor verteidigt, indem er sie in den historischen Kontext stellt. Dabei entwirft er einen Abriß der Schweizer Geschichte vom Ancien régime bis in die Jahrzehnte Kellers, detailreich und mit überraschenden Perspektiven. Gleichzeitig skizziert er ein aufschlußreiches Psychogramm, neben den zeitgeschichtlichen Gegebenheiten die persönlich-subjektiven mit einbeziehend. Der Aufsatz wirkt nicht als literarische Ehrenrettung dieser patriotischen Erziehungs-Erzählung, sondern ist ein ergreifendes Bekenntnis zu den Leiden, aus denen heraus einer schrieb, »denn eines hat jeder, der Gottfried Keller liest *und* liebt, bald einmal heraus: daß er jedesmal, wenn er von etwas Grünem redet, nahe am Herzen seiner Finsternis ist«.

Wenn es das »intellektuelle Billet doux« gibt, hat Peter Bichsel eines geschrieben, und falls es dies nicht gibt, hat er es erfunden mit seiner Rede »Martin Salander oder das Drama der Rückkehr in die Heimat«. Eine seiner Lesarten dieses Buches gilt der »mißlungenen Autobiographie über ein mißlungenes Leben«, somit auch einem »mißlungenen Märchen«. Dank unsentimentalen Nachempfindens wird Keller mit seinen Träumen und Verstrickungen ein Autor von heute, »der in die Realität geraten ist, in die Relationen und die Relativitäten. Das bittere Ende der reinen Dichtung.«

Das Bekenntnis zu Keller, nicht primär zu seiner Dichtung, sondern zu seiner gesellschaftspolitischen Rolle, läßt ihn zu einem Schutzpatron werden, zu dem auch Thomas Hürlimann und Otto F. Walter aufsahen, als sie sich bei einem Referendum gegen den Beitritt der Schweiz zum EWR entschieden.

Wie immer die Verehrung sich ausnimmt, der Politiker fiel dem Schriftsteller stets wieder in die Arbeit. Wenn in »Der Wahltag« ein Großvater seinen drei Enkeln staatskundlichen Unterricht erteilt, geht dies auf Kosten der Literatur. Das war Keller bewußt, der diese Kalendergeschichte nicht in die *Gesammelten Werke* aufnahm. Anders, wenn Frau Amrain ihrem Jüngsten ins Gewissen redet, er solle an einer Wahlversammlung teilnehmen. Hier dominiert die Erzählsituation.

Keller wählte seine Themen nicht aus purer Pflichterfüllung, sie haben seine Biographie bestimmt, politisch wie ästhetisch, sich ergänzend und im Widerspruch. Er verfaßte Bettagsmandate und führte ein Traumbuch. Seine Spannweite reicht von der ersten Fassung des *Grünen Heinrich* zur zweiten und von dieser zum *Martin Salander.* Von den *Sieben Legenden* zu den *Züricher Novellen* und vom *Sinngedicht* zu seinen *Leuten von Seldwyla.* Vom garstig-politischen Jesuitenlied bis zum Vers eines großen Dichters: »Doch seit eine Rose zu denken vermag, ist noch kein Gärtner gestorben.«

Da ist der vierundzwanzigjährige Keller, der gesteht: »Aus einem vagen Revolutionär und Freischärler à tout prix habe ich mich zu einem bewußten und besonnenen Menschen herangebildet.« Kraft eines solchen Geständnisses könnte er gute hundert Jahr später zum Avantgardisten der 68er-Revolutionäre erkoren werden, die den Weg durch die Ämter in die Bourgeoisie antraten. Keller mußte noch ohne den Begriff »Paradigmawechsel« auskommen.

Da ist der Keller, der das »Zorngedicht« seiner Jugend hinter sich läßt und sich bei den *Leuten von Seldwyla* für eine »heilsame Kritik« entscheidet und der die Rolle des Schriftstellers so definiert: »... noch ist nicht alles Gold, was glänzt; dagegen halte ich es für die Pflicht eines Poeten, nicht nur das Vergangene zu verklären, sondern das Gegenwärtige, die Keime der Zukunft so weit zu verstärken und zu verschönern, daß die Leute noch glauben können, ja, so sind sie und so gehe es zu. Tut man dies mit einiger wohlwollender Ironie, die dem Zeuge das falsche Pathos nimmt, so glaube ich, daß das Volk das, was es sich gutmütig einbildet zu sein und der innerlichen Anlage nach auch schon ist, zuletzt in der Tat und auch äußerlich wird.«

Ironie als Instrument des Dichters, aber nicht die scharfe Ironie eines Heinrich Heine; denn Heine ist keine »ernste Persönlichkeit«. Keller wehrt sich gegen die »Heinisierung«; er versteht sein Langgedicht »Der Apotheker von Chamounix« als »Grabgesang für die Heinesche Willkür und Polissonnerie«.

Der Keller, der das Patriotisch-Politische zur Pflicht machte, hatte einst notiert:

> »Es gibt jetzt schon eine Art Schweizer, welche schlimmer sind als die Türken, Juden, Heiden und heimatlosen Literaten. Ohne daß ein Menschenkind ihre Talente, Kenntnisse und Tugenden kennt, sind sie hinten und vorn im Vaterland zu sehen und doch nirgends in demselben recht daheim. Alljährlich erfinden sie einen neuen Patriotismus und preisen sich zunächst selber als die Säulen desselben an. Ihre Beweggründe, ihre Grundsätze und Behauptungen brechen sie von den Zäunen, und gerade so weit als diese kurze Ware reicht auch ihre Tat-

kraft. Nationalitätsfrage in der poetischen Literatur und Kunst. Die Dichter und Künstler sind gute Patrioten in allen bürgerlichen Dingen. Aber in der Kunst schweifen sie ins Freie hinaus über die Grenzen; da lassen sie sich nicht behaften. Sie haben mit andern ein geheimnisvolles Vaterland, unbekannt wo. Melusine.«

Und andererseits der Keller, der die Erfahrung machte:

»Siegesgesänge über gewonnene Wahlschlachten, Klagen über ungünstige Ereignisse, Aufrufe zu Volksversammlungen, Invektiven gegen gegnerische Parteiführer usw., und es kann leider nicht geleugnet werden, daß lediglich diese grobe Seite meiner Produktionen mir schnell Freunde, Gönner und ein gewisses kleines Ansehen erwarb. Dennoch beklage ich heute noch nicht, daß der Ruf der lebendigen Zeit es war, der mich weckte und meine Lebensrichtung entschied.«

Neben der »groben Seite von Produktionen« der Keller, der nach dem ersten Band der *Leute von Seldwyla* die *Sieben Legenden* veröffentlichte, die man nicht seiner Absichtserklärung nach als »protestantischen Spott über katholische Mythen« zu lesen braucht; hier schreibt er frei vom »Terror des Zeitgeistes«, den er zuweilen auch »Zeitlein« nennt; er bietet Prosa von eleganter Heiterkeit; das »Tanzlegendchen« ist ein hoher Moment seines Humors: Die neun Musen singen im Himmel, worauf alle Himmelsbewohner von der Sehnsucht nach der Erde ergriffen werden, so daß den Musen jeder zukünftige Himmelsauftritt versagt bleibt.

Da ist der Keller, der nach eigenen Worten als Staatsschreiber »seinem poetischen Dasein eine sogenannte bürgerlich-solide Beschäftigung unterbreitet« hatte und der, noch im Staatsdienst stehend, bekannte:

> »In neuer Zeit lebe ich endlich wieder einmal mehr für meine Person. Ich durchgehe alte Manuskripte, mache sogar Verse, kurz, ich übe mich vorsichtiglich, aber behaglich ein, heut oder morgen wieder ein freier Schriftbeflissener zu werden, da mich die Jahre doch zu dauern anfangen, die so dahingehen.«

Nach der Demissionierung atmet er auf, weil er »das freie allgemeine Weltreich der Poesie betritt«, und mit dem Blick auf Erzählungen wie *Der Narr auf Manegg* oder *Der Landvogt vom Greifensee* jubiliert er über sich: »Da wird nicht politisiert, da wird fabuliert und komödiert.«

Da ist der Sympathisant »sonderbarer Abfällsel«, der mit spießiger Indignation auf Emile Zola reagiert, weil der über Randfiguren wie Prostituierte schreibt, und der für sich selber eine »versöhnliche Perspektive« sucht. Zola verkörpert jenen Zeitgeist, von dem Keller nichts wissen will.

Sein Problem bleibt das eines Pädagogen, der hofft, »das Didaktische in der Poesie aufzulösen wie Zucker und Salz im Wasser«, und der sich »der Despotie des Zeitgemäßen« erwehrt und sich des Kulinarischen in der Literatur durchaus bewußt ist, so daß er den »didaktischen Knochen« gern mit »novellistischer Petersilie« auszuschmücken gedenkt.

Ein Autor, der meint, er habe mit *Das verlorene Lachen* ein »allgemein wahres Gesellschaftsbild der Gegenwart ausgeheckt« und nach den »Absonderlichkeiten etwas Wohlgezogenes geliefert«, der sich aber sagen lassen muß, er sei »zu tendenziös und lokalisiert«, und der erlebt, wie »kaum vom Poetischen« seines Schreibens gesprochen wird.

Der Fabulierer, dem der Kommentator und Berichterstatter ins Wort fällt, der Engagierte, der sich die Pausen für Poesie freikämpft. Er spricht von der »zweckfreien Kunst« und erfährt anläßlich des *Martin Salander,* was für künstlerische Konsequenzen es hat, »wenn man tendenziös und lehrhaft sein will«. Der Traum, etwas zu schreiben, das im gleichen Maße »wahr« und »schön« wäre.

Ein Dilemma-Traum? Wenn ja, hat ein Dilemma Gottfried Keller zum Klassiker gemacht.

Blaise Cendrars – Hommage à un »fumiste«

Vierunddreißig Koffer und zwei Passagiere, wenn das für einen Gepäckträger nicht nach Geschäft aussieht: der eine recht elegant und der andere einarmig.

Als ich, ein verdienter Gepäckträger, diese Episode erzählte, meckerte gleich einer, meine Aussagen würden nicht stimmen. Der eine Passagier, der 1904 in Moskau den Transsibirischen Expreß bestieg und einen reservierten Platz im Abteil »Vers libre« einnahm, könne nicht einarmig gewesen sein, besagter Frédéric Sauser, so stellte der Meckerer fest, damals ein Jüngling, habe über zwei gesunde Arme verfügt, im Ersten Weltkrieg erst sei ihm, einem Schweizer, der freiwillig in der Fremdenlegion diente, ein Arm amputiert worden.

Und? Was soll's? Darf nur ein Dichter lügen und nicht auch ein Gepäckträger – vierunddreißig Koffer und ein Einarmiger, das gibt mehr her als einer mit zwei gesunden Armen und einem einzigen Koffer, zumal der mit Bestimmtheit sein Gepäckstück selber trägt.

Der Dichter hätte für mich sicher Verständnis aufgebracht. Hat er sich doch 1912 an Ostern in New York an den Herrn gewandt: Nimm dich der Juden im Ghetto an, nimm dich der Prostituierten an. Warum soll sich der Herr nicht auch der Gepäckträger annehmen? Schließlich stamme ich aus einem der trostlosen Außenviertel, die der Dichter als »banlieue« feierte und die er als »Zone« an einen andern abtrat.

Auch ich hab mich mit der Wirklichkeit nicht zufriedengegeben. Ich habe als Kofferträger gedichtet, indem ich mir vorstellte, was wohl im Koffer der Vollbusig-Blonden sein könnte und was im Suitcase einer Frau, die ein solch läppisches Hütchen trägt. Hat der in seinem Kleidersack tatsächlich nur Kleider, und wieso reist einer mit einem Überseekoffer, wenn er einen Zug in ein Provinznest nimmt.

Und was ist in den Gepäckstücken all der jungen Frauen und Mädchen, die sich keinen Kofferträger leisten – ja, was habe ich in meiner Phantasie Koffer ausgepackt. Was wohl in der Hutschachtel lag, aus der es tropfte? Einmal hat mich die Neugierde zum Dieb werden lassen. Ich fragte mich hinterher, weshalb ein Mensch so viel schmutzige Wäsche mit sich herumträgt und dafür ein Schließfach sucht.

Seit der Begegnung im Moskauer Bahnhof, von wo der Transsibirische Expreß abfährt, habe ich einen geheimen Traum: auch auf Reisen zu gehen mit vierunddreißig Koffern, hinter mir vierunddreißig Gepäckträger, und ich, ich nehme den Patagonienexpreß, da der Transsibirische besetzt ist, ebenso ist der Bombay-Expreß durch ein »elastisches Gedicht« belegt, auch den Panamakanal lasse ich aus, dort war mein Schweizer schon mit sieben Onkeln unterwegs, deswegen nehme ich sieben Tanten mit, wenn ich im Patagonienexpreß nach Feuerland fahre.

Auf dem Schiff, das mich nach Südamerika brachte, war ich Steward, und ich war nicht schlecht erstaunt, als ich Herrn Sauser wiedertraf, der sich gleich ärgerte: Er heiße nicht mehr Sauser und auch nicht Sausey, auch nicht Frédéric und schon gar nicht Freddy, sondern Blaise Cendrars.

Ich schaute nach: Die Schiffspassage (nach Santos, Brasilien) war auf einen Sauser ausgestellt, aber am Tisch des Kapitäns aß ein Cendrars, derselbe, welcher mit seinen »feuilles de route« poetische Frachtbriefe verfaßte oder Ansichtskarten. Ich erlaubte mir einen Blick in seine Zolldeklaration; er hatte als Kofferinhalt angegeben: Manuskripte zu einem Roman und einem Ballett, zwei Bände des *Darmesteter Lexikons,* eine Remington-Reiseschreibmaschine und »kiloweise weißes Papier, kiloweise weißes Papier«.

Aber wer weiß, vielleicht war er gleichzeitig auf der Fahrt zu den Antipoden. Sicher ist, daß er nicht bis Chile reiste, wie er durchblicken ließ, er war auch nicht in Argentinien. Ich aber, ich war dort. Wenn ich behaupte, ich hätte in der Pampa am Spieß das Rind gedreht, das ich als Gaucho mit dem Lasso einfing, ist das zwar eine Lüge; die zu widerlegen ist aber schwieriger, als wenn Cendrars behauptet, er habe in Peking im Wagon-Lits-Hotel die Zentralheizung bedient; das läßt sich leicht als Schwindel entlarven. Nur eben, jede Beweisführung ist hinfällig, weil er als Dichter lügt, so daß er fürs Schwindeln noch Ruhm (wenn auch nicht unbedingt Honorar) kassiert – das dichterische Lügen genießt nun mal einen hohen Grad mildernder Umstände.

Aber wie auch immer, es hat mich gefreut, als ich diesem Schweizer wieder begegnete, und auch, daß es nicht das letzte Mal war. Zufällig konnte die Begegnung sein wie die vierzig Jahre später; er hatte sich eben von einem Kind verabschiedet – ob das eines dieser weißen Kinder war, denen er schwarze Negermärchen erzählte?

Diesmal wollte ich die Sache gut machen und begrüßte ihn als Monsieur Bourlingueur – was ganz falsch war. Aber ich dachte, daß bei jemandem, der Literatur nicht nur macht, sondern lebt, Autor und Held sich nicht trennen lassen. So falsch konnte es nicht sein, in Cendrars einen zu begrüßen, der bourlinguiert: einen, der gegen die Wellen kämpft, einen Abenteurer und Herumtreiber in der Sprache, einen »foudroyé«, vom Blitz getroffen, aber nicht von ihm erschlagen.

Als ich mich auf seine unwirsche Frage, ob wir uns nicht schon einmal begegnet seien, als Gepäckträger vorstellte, wollte er wissen: »Für welche Zeitung schreiben Sie Rezensionen?«

Wir waren am Seine-Ufer bei den Bouquinisten aufeinandergestoßen. Wir lehnten am Geländer und sahen den Schiffsleuten zu. Ich stellte fest, daß wir gemeinsame Leidenschaften haben. Es geht mir wie ihm, der einmal bekannte: Er könne stundenlang zuschauen, wie andere Leute arbeiten. Das schrieb er, nachdem er Paris als Meerhafen entdeckt hatte, allerdings ist in »Paris, port-de-mer« mehr von Büchern als von Schiffen die Rede, von Bibliotheken, die dank ihm um einige Bücher reicher geworden sind.

Auch ich habe in dieser Welt das »tohu-bohu« gedichtet; aber es war mir nicht vergönnt, das Gedichtete schriftlich festzuhalten. Also habe ich per Lektüre gedichtet, und dafür war mir Blaise Cendrars willkommen, so sehr, daß ich ihm jederzeit das Gepäck nachtragen würde, und wären es vierunddreißig Koffer. Ihm gelang Erstaunliches: Andere machten aus Feuer Rauch, er aber, ein begnadeter »fumiste«, machte aus Rauch Feuer.

Adrien Turel oder das formulierte »Heimweh nach der Zukunft«

Er wohnte in der Venedigstraße in Zürich, in einem Weltzentrum, wie er festhielt. Das Haus gelangte viele Jahre nach seinem Tod zu ephemerem Ruhm, aber nicht als Denk- und Tatort Turels, sondern weil es abgerissen werden sollte und einige Jugendliche das Gebäude aus Protest kurzfristig besetzt hielten.

Die Venedigstraße war nach Turels Beschluß nicht das einzige Weltzentrum, es gab noch zwei andere, die lagen in Moskau und Washington.

So berühmt Turel aber auch war, ohne daß jemand Kenntnis von ihm nahm, so fruchtbar und unermüdlich er in seinem Weltzentrum gearbeitet hatte, zwanzig Jahre nach seinem Tod war keines seiner Bücher greifbar. Er beteiligte sich an unserer intellektuellen Diskussion nicht, dabei hätte er mehr zu sagen gehabt als manche, die ungeniert und unbekümmert zu Wort kommen. Turel ist ein großer Unbekannter der Schweizer Intellektualität.

Sicherlich, der Kanton und die Stadt Zürich haben seinen Nachlaß, 33 000 Blätter, auf Mikrofilm aufgenommen; so ist mindestens für die Zukunft gerettet, was für die Gegenwart gedacht war.

Es gibt ferner eine Turel-Stiftung, die sich seines Werkes annimmt; ihre Mitgliedschaft machen zwei Personen aus, die Witwe des Autors, Frau Lucie Turel-Welti, und ein treuer Begleiter seines Schaffens, Professor Hermann Levin Goldschmidt. Die Stiftung hat seit Turels Tod zehn Bände herausgebracht, Lyrik, Essays, Romane, autobiographische und philosophische Schriften, abgeschlossene Werke, Aufsätze und Fragmente – ein kleines Œuvre also, lauter Vervielfältigungen in Folioformat mit einer jeweiligen Auflage von 200 beziehungsweise 100 Exemplaren, die nicht einmal einen kleinen Kreis erreichten.

Zwar wurde sein Name hin und wieder erwähnt, und es erschienen auch gelegentlich Aufsätze über ihn, aber all diese Bemühungen blieben ohne Wirkung. Nun war Turel selber überzeugt, er habe Zeit: »Ausgehend vom Schicksal großer Geister, die erst nach ihrem Tod berühmt wurden, habe ich von jeher die Neigung gehabt, die Persönlichkeit für langdauernder zu halten als eine Institution. Einem Freund sagte ich einmal, eine Bankgarantie sei nichts, aber was Turel sage, das sei etwas.«

Es wäre schon längst der Moment zu prüfen, inwieweit gedeckt ist, was Turel sagte, aber wir haben uns ja noch nicht einmal die Mühe gemacht, seine Schriften zu lesen; und bei dieser Lektüre würde sich erweisen, ob wir unsererseits imstande sind, das einzulösen, was wir dank Turel in der Hand haben.

Wie aber soll man Turel zu Präsenz verhelfen, zu einer ersten Bekanntschaft, die einleuchtet, die verpflichtet und nachhaltig wirkt?

Sollte dieser erste Kontakt nicht über seine Romane geschehen? Der historische Roman um das Leben des Marschalls Moritz von Sachsen, *Dein Werk soll deine Heimat sein,* 1942 erschienen, ist längst vergriffen. Eine Gelegenheitsarbeit wie die Kriminalgeschichte *Die Greiselwerke* ist vor kurzem zwar in zwei Tageszeitungen wieder nachgedruckt worden. Die andern Romane, die Fragmente gebliebene *Tragödie eines Seehelden, Heldentum und Ohnmacht des Bailly de Suffren,* sind nur als Vervielfältigungen herausgekommen wie auch *Die 12 Monate des Dr. Ludwig Stulter.* Das gilt auch für den Science-fiction-Roman *Reise einer Termite zu den Menschen.* Da müßte doch einiges zu entdecken sein.

Gerade ein Roman wie *Reise einer Termite zu den Menschen* könnte mit einer gedankenspielerischen Phantasie heute ein lesewilliges Publikum finden; es geht darin um die Enträtselung von Termiten-Geheimberichten, denn »wie die Japaner im 19. Jahrhundert plötzlich in eine neue Phase eingetreten sind, so machen die Termiten nun einen gewaltigen Ruck nach vorwärts. Sie haben uns weiße Menschen ruhig schuften und erfinden lassen, nun gehen sie daran, das nachzuholen, was wir unter Erschöpfung unserer besten Kräfte vorgemacht, zu sehr vorgemacht haben« – ein gewaltiges Unternehmen, an das sich die Termiten wagen; sie eignen sich das Wissen des Menschen an, indem sie seine Bibliotheken hohlfressen.

Und andererseits könnte man den Roman *Die 12 Monate des Dr. Ludwig Stulter* als indirektes Selbstporträt des Schriftstellers auffassen. Man begegnet in diesem Buch einer hohen Fähigkeit Turels, seinem Humor – dann etwa, wenn Dr. Stulter, dieser »Till Eulenspiegel unter den Philosophen«, sich daran macht, die Kostenberechnung aufzustellen für sein tägliches Treppensteigen von der Mansarde auf die Straße und wieder zurück. Der Roman enthält aber auch eine Passage, die nicht nur über den Romanhelden Auskunft gibt. Dr. Stulter führt einmal aus, wie es ihm nicht gelinge, über den Anfang eines Romans hinauszukommen: Er sei beim Schreiben gleich anfangs über einen Geldbetrag gestolpert, er habe eine Zahl hingeschrieben, habe sofort über deren Bedeutung nachgedacht und gemerkt, wie sie erst aus dem Hintergrund einer bestimmten historischen Situation überhaupt verständlich werde, damit sei er aber schon voll aus der Erzählung draußen und mitten in der Reflexion gewesen.

Diese Passage charakterisiert auch Turels erzählerisches Verhalten. Zwar hat er in einem Roman wie *Dein Werk soll deine Heimat sein* oder in *Heldentum und Ohnmacht des Bailly de Suffren* einen linearen Erzählduktus durchgehalten. Aber die Versuchung zur Reflexion verdrängt immer wieder die Lust an der Darstellung. So gehört zu seinen Romanen das Ausbrechen aus der puren Erfindungskraft. Wenn sich im Roman *Dr. Stulter* einige Freunde am Stammtisch treffen, verwandelt sich dieser bald in Seminar und Akademie, und in der *Reise einer Termite zu den Menschen* beansprucht das Gedankenspiel mehr Aufmerksamkeit als die Komposition. Die Imagination selber wird bei Turel zum Thema; er mag nicht, aus puritanischer Strenge vielleicht, das »sacrificium intellectus« vollziehen, jenes Opfer bringen, das für den Fabulierer nicht unbedingt das Abwürgen, aber sicher die Zurückstellung des Intellekts bedeuten würde.

Aber wäre es nicht überhaupt richtiger, Turel ganz anders zu präsentieren? Als Lyriker etwa. Seine erste Publikation war immerhin ein Gedichtband, *Es nahet gen den Tag*. Die Lyrik blieb nicht nur eine Jünglingsbeschäftigung; das Dichten hat sein ganzes Leben begleitet. Turel hat Verse in die verschiedensten Prosatexte eingestreut und eingebaut. Im Tschudy-Verlag (Sankt Gallen) ist 1954 die Sammlung *Ergreif das Heute* erschienen, und nach Turels Tod gab Hans Rudolf Hilty im gleichen Verlag *Weltsaite Mensch* heraus. Die Gedichtsammlung *Vom Mantel der Welt* ist 1947 im Selbstverlag erschienen, aber immerhin noch als gedrucktes Buch. *Eros demiurgos* ist nur noch als Vervielfältigung der Turel-Stiftung herausgekommen. In diesem Band, der seine pseudoheraklitischen Fragmente enthält, stellt Turel gleich eingangs die Frage: »Wie kommt es nur, daß ausgerechnet ich, ein Nuklearmaterialist, den unsystematischen Widersinn begehe, gerade Transpositionen oder Umstimmungen den Gedichten zuzuordnen.« Und in den theoretischen Ausführungen, die den Band beschließen, plaziert er die Dichtung in der Nähe der Philosophie. Er konnte zum Beispiel 1934 im Vorwort zu den Gedichten »Titanen und Termiten« schreiben: »Auch beanspruche ich für die Verse keine Originalität. Vielmehr ist mir gewiß, daß mir ihre Veröffentlichung ganz unwert scheinen würde, wenn diese Gedichte nicht energische Versuche wären, Vorstellungen der Substitutionslehre, der Vektorenrechnung usw. für jedermann sinnfällig zu machen.«

Die Bekanntschaft mit dem Dichter Turel könnte sich schon deswegen aufdrängen, weil er selber »Christi Weltleidenschaft« als eine seiner wichtigsten Leistungen betrachtete, eine Dialog-Lyrik, in der sich ein Schlüsselsatz findet: der Sohn (Christus) sagt zur Mutter (Maria): »Herberge warst du mir, nicht Heimat.« »Christi Weltleidenschaft« (1923) wurde in den Band *Weltleidenschaft* (1945) aufgenommen, ein Buch, das zur gleichen Zeit, als man das Weltzentrum Venedigstraße demolierte, eingestampft wurde.

In Turels Dichtungen herrscht das welterlösende Pathos, wie wir es von der »Oh, Mensch«-Lyrik des Expressionismus her kennen, und Turel gehört mit Karl Stamm und Otto Wirz zu den profiliertesten Vertretern eines deutschschweizerischen Expressionismus. Doch seine hymnische Lyrik wirkt in ihrer Form epigonal, in ihrer Aussage überladen, als Ganzes bemüht und gequält, so daß man Turels Behauptung widersprechen möchte, er sei seiner »Hauptbegabung nach ein Dichter«. Zudem wäre es ein leichtes, andere Stellen zu zitieren, wo sich Turel nicht in erster Linie als Dichter und nicht einmal als Schriftsteller versteht. Er selber hielt einmal fest: »Es wird vergebliche Mühe sein, mich in einer Literaturgeschichte zu suchen. Die Literaturhistoriker haben keine Schuld daran. Ich war bis vor kurzem grundsätzlich nicht unterzubringen.«

Die Romane wie die Lyrik weisen unweigerlich auf den Verfasser philosophischer und morphologischer Arbeiten hin, auf den »Soziologen, der die Soziologie quasi geometrisch« betrieb, auf den Sozialphysiker, auf den Geschichtsphilosophen oder wie immer Turel sich selber spezifizierte und wir ihn charakterisieren wollen. Damit aber ergäbe sich auch der logische und richtigere Einstieg.

Das Gespräch mit diesem Mann mußte faszinierend gewesen sein, wenn man bedenkt, daß er zur Zeit des kalten Krieges zwar auch von den beiden aufkommenden Supermächten Rußland und Amerika sprach, aber daß er überzeugt war, es laufe nicht auf eine Konfrontation hinaus, sondern auf eine Annäherung, Konvergenz statt Konkurrenz, wie er mit seinen Begriffen sagte. Aufregend ist nicht, was Turel mit seinen prophetischen Analysen auch in anderen Belangen inhaltlich vorwegnahm. Die Tragödie der Propheten, die recht haben, beruht darin, daß sie von der Wirklichkeit eingeholt werden können; Propheten, die sich irren, haben es einfacher.

Aufregend ist die Basis, von der aus Turel seine Analysen anstellte. Er glaubte an Utopien, aber nicht an politische, sondern an technische. Nach ihm ist es die wissenschaftlich-technische Entwicklung, welche zu bestimmten Entscheidungen zwingt, und die Gesellschaft, die er entwirft, ist eine, welche sich ihrer technisch-wissenschaftlichen Gegebenheiten bewußt ist und von deren Stand aus agiert.

Turel ist ein Antiideologe par excellence. Er ist nicht auf Glaubenssätze aus, nicht auf deren Anwendung oder Verteidigung, sondern er geht den Bedingungen nach, unter welchen es zu solchen Glaubenssätzen kommt. Man hat ihm manchmal vorgeworfen, in seinem Denken spiele die Ethik keine große Rolle, und er hat sich verteidigt, er könne nur an eine Ethik glauben, die der jeweiligen wissenschaftlich-technischen Situation entspreche. Sein antiideologischer Einsatz gibt ihm seine Radikalität; »querweltein« war eine typisch Turelsche Prägung; bei aller Unerbittlichkeit aber hoffte er, daß er helfen dürfe, die »tabula rasa« mitzuentdecken.

Wenn das Gespräch und die Auseinandersetzung mit Turel etwas Erregendes und Aufregendes haben, dann nicht zuletzt, weil Turel »Weltleidenschaft« besitzt, wie eines seiner Wörter heißt. Er kann dank seines Wissens und dank seiner unermüdlichen Lektüre von einer Kultur zur andern wechseln; der Gang in die frühesten Epochen macht ihm so wenig Schwierigkeiten wie der Sprung in die nächste und übernächste Zukunft, er wechselt die Disziplinen mühelos und mit Freude an der Überraschung; er äußert sich über den Naturschutz und springt im nächsten Moment zur römischen Geschichte, seine Idee der Entwicklung exemplifiziert er an den Dinosauriern; wenn er taktische Probleme behandelt, denkt er ebenso ans Militär wie an die Beziehung zwischen Mann und Frau, das Gespräch mit ihm ist immer zugleich ein Antasten und Verwerfen, ein Sichverbeißen und Überspringen. Der Anlage nach steckte da viel Postmodernismus drin.

Man muß von Turel als dem großen Anreger sprechen; seine Fähigkeit zu provozieren ist nichts anderes als Demonstration pädagogischer Absicht. Er selber hat zwei Arten von Büchern unterschieden und für seine eigenen eine aufschlußreiche Charakterisierung getroffen:

> »Es gibt Werkzeugmaschinen und Gebrauchsmaschinen... So gibt es auch Bücher, die nur als Werkzeugmaschinen zu gebrauchen sind und als solche zu werten. Von diesen Büchern und Werken ist nicht zu erwarten, daß sie als Gebrauchsgüter Massenabsatz finden werden... Man wird später verstehen, daß der Mißerfolg von meinen Büchern darin begründet ist, daß es typische Werkzeugmaschinen in der Industrie geistiger Werte sind.«

Aber mit welchem Werk auch soll man diesen Turel präsentieren? Man zögert, von einem Hauptwerk zu reden. *Die Eroberung des Jenseits* (1930), wo er »die große Konvergenz von weltrevolutionärer Physik und Marxismus« suchte, hat er zwanzig Jahre später wiederaufgenommen in *Rußland und Amerikas Wettlauf zur Eroberung des Jenseits*. In »Maßsystem der historischen Werte« wollte er objektiv meßbare Kriterien aufstellen, weil es ihm 1940 nicht genügte, »gegen die nun über Europa hereinbrechende Metternichszeit in Proteststellung zu verharren«; das Buch wurde »gegen jenen Menschentypus, dessen Verführbarkeit seit den antiken Demokratien bis heute in allen Metropolen einen garantiert sicheren Hebelpunkt abgibt für jede demagogisch-dramatische Effekthascherei« geschrieben. Oder ergäbe nicht seine Theorie wie die Psychoanalyse Stufe II einen zeitgemäßen Einstieg, seine Auseinandersetzung mit Freud und Bachofen, die »Emanzipation des Mannes vom Reich der Frauen«, wo er von der »Verdrohnungsangst« des Mannes schreibt? Sollte sein »Gegenangriff auf die Persönlichkeit und dessen Abwehr« den ersten Ansatzpunkt abgeben: »Der Mensch präjudiziert unvermeidbar, was er finden will, und er weigert sich, seine Metrik abzuwandeln. Wir aber müssen zu einer Erweiterung des großartigen Heisenbergschen Unbestimmtheitsmomentes vordringen.« Oder doch eher »Die dritte und letzte Stufe der Weltrevolution« und »Von Altamira bis Bikini«, wo Turel aufgrund des Atombombenerlebnisses seine Theorie bestätigt sieht und den Gedanken weiterführt, daß der Mensch zu einer technischen Allmacht gelangt ist, die sein Schicksal ausmacht?

Man muß Turels Schaffen als einen kontinuierlichen Prozeß der Reflexion sehen. Es ging ihm nie so sehr um das Einzelwerk oder die abgeschlossene Sache, sondern um ein unentwegtes Weiterführen und Wiederaufnehmen; aber das letztere nicht im Sinne einer Redaktion. Praktisch hat Turel nie eine Seite überarbeitet; er griff die gleiche Sache lieber nochmals auf, kam ein fünftes und siebtes Mal darauf zurück, formulierte sie neu und stellte sie in einen anderen Zusammenhang. Das gibt seinem Schaffen einen großen Atem, aber eben die geniale Unbekümmertheit hat als Tugend auch ihre Laster – eine vagabundierende Disziplinlosigkeit.

Die Begriffe der »Schwelle« und der »Schwellenüberschreitung«, die für ihn so wichtig sind, um die kulturhistorische und kulturphilosophische Situation zu charakterisieren, sind auch von Bedeutung für das eigene Schaffen, das eine Schwelle nach der anderen überschreitet, so daß sich eine Zimmerflucht in die Zukunft auftut. Zur Selbstinterpretation notierte er sich einmal:

»Nicht daß ich glaube, immer recht zu haben oder alles für vortrefflich zu halten, das ich produziere, eher das Gegenteil ist der Fall. Nur für die Gesamtheit meiner Lebensarbeit habe ich ein Selbstgefühl, welches die Grenze des für einen gesunden und normalen Menschen Erlaubten streift. Wunderlicherweise halte ich von den einzelnen Sachen oder Leistungen, aus deren Summe sich doch notwendigerweise die sämtlichen Werke zusammensetzen müssen, erstaunlich wenig. Und ich bin immer bereit, eine abgeschlossene Arbeit fallenzulassen, so bin ich für meine Bücher ein schlechter Verkäufer, ich habe die Neigung, den Verleger darauf aufmerksam zu machen, ich hätte ein anderes Buch vor, das werde außerordentlich.«

In dem Maße, in dem Turel ein Antiideologe ist, erweist er sich auch als jemand, der sich gegen jede Ästhetisierung wehrt, und damit meinen wir, gegen jeden Versuch, Probleme auf künstlerische Weise zu lösen. Ein Vers, den er immer wieder als Selbstzitat anführt, lautet: »Aber Lieder sühnen nichts.« Damit lehnt er alles Denken ab, das von der Kunst die große Versöhnung und den gerechten Ausgleich erwartet.

»Man griff immer wieder zur Ausflucht des die Materie verklärenden Kulturgeistes, was zu einer ästhetischen Einschätzung des Kulturfortschritts führte«, notierte er sich an anderer Stelle. Turel wird auch nie seine Zeit verlieren, um zu ziselieren. Wenn seine Sprache in den Manierismus umschlägt, dann ist es nie ein Manierismus der Form, sondern der Terminologie.

Seine Skepsis gegen alles, was sich als pure Ästhetik und reines Spiel ausgibt, läßt sich auf geradezu rührende Weise illustrieren. Turel spielte sehr gern Schach, er hat diese Neigung »eine zärtlich geliebte Ausfluchtsleidenschaft« genannt, und von einem russischen Schachspieler sagte er: »Ein Michael Botwinik zu werden ist eine wunderbare Ausrede, um kein Marx sein zu müssen.« Bei all dieser Mißachtung der einzelnen Sache und der speziellen Leistung aber passierte es, daß sich Turel geradezu im Detail und in einzelnen Sätzen von höchster Prägnanz und Anschaulichkeit äußert. Das ist nur scheinbar ein Paradox; das beständige Sichausrichten auf das Ganze ist letzten Endes ein unmögliches Geschäft, wenn es zu einem endgültigen Abschluß kommen will; angesichts dieser Sisyphusarbeit steigert sich das Bedürfnis nach der Einzelformulierung und nach dem momentanen Richt- und Leitsatz.

Turel wirkt oft in der Einzelformulierung überzeugender als in der Ausrichtung auf ein zusammenhängendes Ganzes. Nicht zufällig heißt ein Band aus dem Nachlaß *Splitter.* Zur Schweiz zum Beispiel sagt Turel: »Für gewisse Laster sind wir nicht zahlreich genug.«

Turel selber nannte sich »Turelchen«. Er kannte die List des Diminutivs. Er machte sich klein und ging in die Knie, aber nur, um Anlauf zu nehmen und dafür um so höher zu springen. Turel konnte von sich selber nicht sagen, er sei ein Genie, aber Turelchen durfte das. Die Ironisierung setzte selber ein Lächeln auf, so daß es nicht möglich war herauszulachen.

Zu diesem Turelchen gehörte in Zürich ein Tagesablauf, der früh begann, der ihn ins Bahnhofsbuffet und in seine Stammbeizen führte. Dazu gehörte die Berliner Manier, mit einer Aktentasche herumzugehen, auch wenn nichts in ihr war. Zu Turelchen gehörte es hofzuhalten und den andern gleich klarzumachen, daß sie ihm nicht folgen könnten, am liebsten war er bei seinesgleichen wie Marx, Einstein, Freud und Nietzsche. Und er, der den Erfolg so sehr verachtete, konnte im Briefkasten nachschauen, ob nicht das Nobelpreiskomitee geschrieben habe. Sowenig er sich um Zustimmung kümmerte – gab man ihm den kleinen Finger, nahm er nicht nur die Hand, sondern auch den Kopf. Und gerade er, der der Zukunft klar ins Auge sah, erwachte nicht selten in der Ausnüchterungszelle.

Er war in dem Maße eine Figur, daß diese oft das Werk verstellte. Der Eindruck des Kauzigen und Skurrilen weckte den Verdacht, es handle sich um einen Hysteriker oder, wie man volkstümlicher sagen würde, um einen Spinner. Je weniger Erfolg sich einstellte, je mehr die Isolierung wuchs, um so stärker nahm die Betonung des Außenseiterischen zu. Er wurde ein Meister der Querelen und war ein Liebhaber der Versöhnung.

Was also liegt näher, als sich Turel über seine Autobiographie zu nähern: *Bilanz eines erfolglosen Lebens* hat er sie genannt. Turels Autobiographie ist schon von den Schauplätzen her ungewohnt: Sie beginnt im zaristischen Rußland, wo Turel geboren wurde; sie spielt am Genfersee, wo er einige Kindheitsjahre verbrachte; im kaiserlichen Berlin besucht er Gymnasium und Universität; er nimmt als intellektueller Revolutionär an den politischen Unruhen der Nachkriegszeit teil, will in Bayern die Agrarreform durchführen; in Frankreich und Berlin betätigt er sich als Psychoanalytiker; das Berlin, das er 1934 verläßt, wird von den Nazis beherrscht; es gibt das kurze Zwischenspiel im Paris der Dritten Republik und dann die Rückkehr in die Schweiz, in ein Zürich der nazistischen Infiltration und der nationalen Abwehr; dreiundzwanzig Jahre lebte er hier; als er starb, begann sich das Land eben auf die Hochkonjunktur auszurichten.

Turels Autobiographie wird aber nie zur persönlichen Geschichte oder gar Leidensgeschichte. Ein Geburtsschaden, dessentwegen seine rechte Körperseite gelähmt war, hätte eine Legitimation und unangreifbare Entschuldigung für ein »tapferes« Buch geliefert. Turel jedoch redet von seinem Krüppelsein nur, weil es seine Art, die Dinge zu sehen, mitbestimmte; denn vieles, was für den normalen Menschen selbstverständlich ist, ist es für einen Behinderten wie ihn nicht. Die Benachteiligung durch die Natur wird aber nicht zum Thema selbst, sondern gibt nur eine der Prämissen ab: »In meiner Autobiographie wird grundsätzlich darauf verzichtet werden, ständiges Verpassen von Erfolgsmöglichkeiten ethisch mit meiner Verkrüppelung zu verbrämen.« Bis zum Äußersten treibt Turel die Objektivierung der eigenen Person. Die Beschäftigung mit dem eigenen Ich ist immer zugleich die Frage nach dem, was dieses Ich ausmacht, aber die Frage wird in ihrem geistesgeschichtlichen und politisch-kulturellen Konnex gestellt.

Sich mit dem eigenen biographischen Material zu verschiedenen Zeitpunkten auseinanderzusetzen bedeutet bei Turel zugleich, es in verschiedener Weise, methodisch wie stilistisch, zu bewältigen, sowohl als Erzähler, der das Anekdotische benutzt und das Lokalkolorit liebt, wie als Analytiker, der alles unter eine diskursive Linie bringt. In den Pariser Kapiteln tritt die Person fast völlig in den Hintergrund; den Platz beanspruchen französische Geschichte und Kultur. Historie und historische Exkurse drängen sich auch in seinen Schweizer Passagen in den Vordergrund, und zwar dermaßen, daß Turel die Frage aufwirft: »Warum so viel Geschichtsunterricht in einer Autobiographie?«

Für die Schweizer Zeit finden sich zwar wieder viele kurze Abschnitte, in denen Turel direkt von persönlicher Erfahrung spricht, aber es fehlt andererseits für diese Zeit eine umfassende, bogenschlagende Darstellung, wie sie für die Kindheit oder die Berliner Zeit vorliegt.

»Nötig ist nicht Kampf um Erfolg, nötig ist vielmehr Streik vor dem Erfolg, Erfolgsstreik«, so lautet die Devise; mit dieser Devise hat Turel vorweggenommen, was bei Herbert Marcuse dann zur großen Weigerung wird. Es ist die Weigerung, mit Erfolg und Karriere eine Gesellschaft zu bestätigen, zu der man sich nicht bekennen kann. Turels Autobiographie ist ein leidenschaftliches Buch der Auflehnung, der Absage.

»Mein curriculum vitae zeigt, daß ich niemals bei meiner Epoche anwesend bin«, schrieb Turel; er formulierte die gleiche Erfahrung auch so: »Ich habe mich zu meiner Zeit radial abgesetzt.« Damit äußert sich jemand, der sich in vollem Bewußtsein und geradezu programmatisch als Unzeitgemäßer versteht; diese Unzeitgemäßheit liegt auch seiner Erfolglosigkeit zugrunde. Nun war es nicht so, daß Turel von Anfang an seine Arbeit auf Erfolglosigkeit angelegt hätte, sondern diese stellte sich im Laufe der Zeit ein und vermehrte sich. Das hinderte Turel nicht, darunter zu leiden; man kann den Appetit auf Bestätigung und Anerkennung zügeln, aber schwerlich den Hunger danach.

Zwar kam Turel immer wieder zum Zug. Er schrieb bei Gelegenheit für mehrere Schweizer Zeitungen, aber eine übliche Mitarbeit konnte sich nicht einspielen, dem stand nicht zuletzt sein Temperament im Wege. Je problematischer die Publikationsmöglichkeiten wurden, um so ungeduldiger und schwieriger mußte Turel reagieren. Und damit wuchs auch die Gefahr, daß die Eigenheit zu Eigensinn wurde und das Eigenbrot zu Eigenbrötelei.

Es kam nicht zur totalen Katastrophe dank Lucie Welti, der Frau, die Turel 1945 heiratete. »Lady Murckelchen«, wie er sie nannte, sorgte dafür, daß der Erfolgsstreiker überhaupt existieren konnte.

Daß sich Turel zum Erfolgsstreik verurteilte, hatte Logik, je entschiedener er gegen eine Gesellschaft antrat, die auf Rentabilität bedacht war, und dies nicht nur im Geschäftlichen, sondern auch im Kulturellen. Turel blieb dabei nie ein Detailkritiker, sondern zielte immer zugleich aufs Ganze und aufs System. Er stellte sich in Gegensatz zu einer Schweiz, die im 19. Jahrhundert in ihrer politischen Konzeption zukunftsträchtig gewesen war, die hernach aber ihre ganze Phantasie in die Wirtschaft steckte. Insofern ist Turels Buch von einem Erfolgsstreik ein eminent schweizerisches Buch – nicht nur in der Hinsicht.

Die Autobiographie wurde von einem Rückkehrer geschrieben. Turel selber wählte dafür das französische Wort »revenant«: »Das Wort revenant der französischen Sprache ist besonders schön. Tiefer als Gespenst oder Geist wie das englische Ghost, bezeichnet es die Tragik, die sich ergibt, wenn eine unterbrochene Lebensbeziehung wieder aufgenommen wird. Selbst wenn diese Seele unsterblich wäre, könnte sie niemals zu ihren Ursprüngen zurückkehren.«

Die Rückkehr ist ein Topos der Schweizer Literatur, er gilt für die Biographie der Schriftsteller wie für das Schicksal jeweiliger Helden, denn es ist ein Topos der schweizerischen Lebenserfahrung. Die Rückkehr setzt das Weggehen voraus, und dieses Weggehen kann Verschiedenes und Widersprüchliches heißen, freiwillige Emigration wie Ausflucht und Söldnerdienst an allen wirtschaftlichen und intellektuellen Fronten, aber auch Öffnung und Mitbringen von neuen Ideen; diese Rückkehr kennt die Dialektik von

Enge und Weite, von Ferne und Heimat; die Rückkehr ist jene schweizerische Entfremdung, die sich bestätigt sieht und zugleich nach Lösungen sucht.

Als Revenant, als Rückkehrer und Gespenst, wollte Turel für die Schweiz eine Rolle spielen, wie sie einst Carl Spitteler mit seiner Darlegung des Schweizer Standpunktes auf sich genommen hatte. Die Situation des Ersten Weltkriegs und die des aufkommenden Nationalsozialismus waren nicht nur ähnlich, sondern die Bedrohung durch Hitler stellte im Vergleich dazu eine viel bösere Gefahr dar, gegen die es sich als kleine Nation zu behaupten galt. Turel, der die Mundart nicht beherrschte und der sich gegen jede Heimatkunst wehrte, setzte sich für eine kulturelle Unabhängigkeit der Schweiz, genauer der deutschsprachigen Schweiz, ein. Er redete jener Emanzipation das Wort, die seither nicht mehr rückgängig gemacht werden konnte, aber, wie Kurt Marti sagt, Turel wollte »die Welt nicht in der Schweizerperspektive, vielmehr die Schweiz in der Weltperspektive sehen«.

Turel wollte der Schweiz und ihrer Neutralität zu einer neuen Bestimmung verhelfen; er begründete gleichsam einen intellektuellen Patriotismus:

> »Hat damals, nach Marignano, die Neutralitätsleistung der Schweiz darin bestanden, daß sie die große Religionskrise der damaligen Welt durch Zwingli, Bruder Klaus und Calvin vorwegnahm und sich dadurch gegen die folgenden fürchterlichen Selbstverwüstungskrisen immunisierte, da kann eine entsprechende Neu-Immunisierung der neutralen Schweiz gegenüber den Weltreligionsgrün-

dungen in Rußland und den Vereinigten Staaten nur dadurch geschehen, daß die Schweizer den Mut aufbringen, erst einmal realiter zu erkennen, was ›draußen‹ vorgeht, um dann zu versuchen, diesen einmaligen Prozeß in der Menschheitsgeschichte geistig vorwegzunehmen...«

Turel setzte sich für die Emanzipation der Schweiz ein, indem er sie auf eine Zukunft ausrichtete, in einem Moment, als man sich in der Schweiz auf die Vergangenheit besann. Als sich in diesem Land alles auf Tradition und Bestätigung ausrichtete; als Sekurität auch zum ideologischen Prinzip erhoben wurde, wollte er diese Schweiz zur Zukunft zwingen, zum intellektuellen Abenteuer, zu einer Bereitschaft zum Experimentieren.

Die Vorwegnahme war eines seiner Grundthemen. Er hat nicht nur die allgemeine These aufgestellt, daß »der Mensch jede kommende Realkrise entgiften kann und entgiften soll, indem er sie theoretisch vorwegnimmt«, sondern er hat auch sein eigenes Leben eben auf diese Vorwegnahme hin angelegt. Die Forderung, die er an sich stellte, hielt er auch bereit für das eigene Land. Er selber hat sein Leben als Experiment angesehen, geradezu laboratoriumsmäßig.

Er faßte sich als jemand auf, der die Zukunft ausprobiert, und die Zukunft gehörte seiner Meinung nach einem »neuen Menschen«: »Der Mensch irrt, er ist noch gar kein Mensch.« Für dieses zukünftige Bild des Menschen, der im Ultratechnoikum und in der Vierdimensionalität lebt, standen ihm recht gegensätzliche Figuren aus der Geistesgeschichte Pate; von Nietzsche übernahm er den Aufruf zum Übermenschen, aber Turel wollte den Übermenschen im Sinne von Marx und Engels demokratisieren: »Jedermanns Recht auf Genialität« hieß einer seiner Leitsätze – es ist, als hätte er Beuys gelesen. Der Übermensch als Massenerscheinung, das konnte nichts anderes heißen, als daß jeder nach seinen Möglichkeiten leben kann. Der Humanismus von Turel siedelt in der Forderung nach einer Gesellschaft, in der sich jeder in seiner Art verwirklicht, das heißt, ein »Genie« wird. Damit aber erhält der Durchschnitt seine Bedeutung, nicht als Zahl, sondern als Qualität, und in dem Sinne ist auch seine Anmerkung zu verstehen, er wolle lieber ein Spießer zukünftiger Zeiten sein als ein Genie der jetzigen: »Wenn ich je ein Gelübde getan habe, so das Gelübde, lieber völlig unbekannt zu verrecken, als ein sogenanntes Genie im dreidimensionalen Sinne zu werden und im dreidimensionalen Sinne Erfolg zu haben.«

Der »Erfolgsstreiker« war eine Vorform dieses neuen Menschen. Im Hinblick auf die Zukunft konnte es sich somit nicht um Erfolglosigkeit handeln. Er, der nicht ankommt, spielt seinen »Größenwahnsinn« nicht nur aus, sondern er predigt »ein gesundes Maß von Größenwahnsinn«. Das war nicht zuletzt gegen ein Land gerichtet, das die Kleinheit als Entschuldigung dafür nimmt, nichts Großes leisten zu müssen, gegen die freiwillige Entscheidung, im engen Winkel ungestört die Rappen zu zählen und den Nicht-Mut als Bescheidenheit auszugeben.

Der Widerspruch des Erfolgsstreikers bringt somit auch eine Tragikomödie, kennt die Arroganz und die Verzweiflung. Turel selber sagt vom Erfolgsstreiker und meint damit unerbittlich sich: »Der Erfolgsstreiker ist nur eine Vorstufe zu dem ohne Askese unbestechlichen Menschen, denn der

Erfolgsstreiker erquickt sich noch allzusehr an seinem Martyrium.«

Die Chance des Erfolgsstreikers liegt darin, »Schattenmodelle für die Zukunft zu entwerfen«. Der Verzicht auf Karriere in der Gegenwart macht Terrain frei für die Zukunft, insofern ist dieser Streik nicht Passivität, sondern Aktion. Und es wird nicht zuletzt mit dem eigenen Leben agiert, um diese Zukunft auszuprobieren. Was dies für ein intellektuelles Abenteuer darstellte und was für Einsatz notwendig war, hat Turel in seinen autobiographischen Schriften gezeigt. Sie stehen unter dem negativen Titel der Erfolglosigkeit – aber sie könnten auch unter einem anderen Satz von Turel stehen: »Wir sind vor Eifer am Werk am Leben geblieben.«

Friedrich Glauser – der arme Hund, der jeder von uns ist

Glauser paßte nicht ins Bild, und dies in jeder Hinsicht. In einer autobiographischen Notiz, die er nicht für einen Psychiater, sondern für einen Verleger verfaßte, gab Friedrich Glauser unter den mütterlichen Vorfahren Hofräte an und unter den väterlichen einen Goldgräber aus Kalifornien – »eine schöne Mischung«, wie er meinte, »ein unschönes Resultat«, wie er selbst festhielt.

Herkunftsmäßig war für ihn, der 1896 in Wien geboren wurde, alles auf Wohlanstand ausgerichtet. Der Vater, Professor an der Handelsakademie, war ein Mann von Ansehen, der auf Ansehen hielt. So wuchs Glauser in einem Milieu auf, in dem man eine gute Schularbeit mit einem Opernbesuch honorierte. Doch später, als der Vater in Mannheim eine eigene Schule leitete, beantragte dieser die Bevormundung seines Sohnes wegen Schuldenmachens; da er auch das Ehrenamt eines schweizerischen Generalkonsuls innehatte, konnte er zu gegebener Zeit dem Sohn den Weg zwar nicht nach oben, aber in die Fremdenlegion ebnen.

Ganz anderes war vorgesehen gewesen. Als der junge Glauser im k. k. Gymnasium Schwierigkeiten hatte, sah sich der Vater, ein Auslandschweizer, nach einer der besten Schulen in seiner Heimat um und entschied sich für Glarisegg am Bodensee, ein Landerziehungsheim, das sich an englischer Pädagogik inspirierte und wo die Söhne der oberen Zehntausend ausgebildet wurden. Eine erstrangige Adresse. Doch Glauser sollte zu anderen Adressen kommen: Polizeigefängnis und Spital, Zwangsarbeitsheim, Zuchthaus und Irrenanstalt.

Nachdem Glauser aus Glarisegg rausgeflogen war, versuchte er es am Collège in Genf; noch vor dem Abschluß brannte er durch. Mit einiger Anstrengung brachte er in Zürich die Matura hinter sich und schrieb sich an der Universität für ein Chemiestudium ein. Doch sollte er sich in der Folge als Milchausträger und Handlanger durchschlagen. In den Anstalten übte er Tätigkeiten aus, wie sie Internierungen mit sich bringen, er war Hausbursche, aber auch Organist. Nach seiner Entlassung aus der Fremdenlegion suchte er sein Auskommen als Küchengehilfe in Paris und als Kumpel in Belgien. Als der Fünfunddreißigjährige eine Lehre in einer Baumschule absolvierte, wurde aus dem Hilfsgärtner ein Gärtner mit Diplom. Am Ende jedoch wurde er Schriftsteller.

Das alles sah nach einem Fall aus, nur nach einem Fall, und dies in geradezu klassischer Weise.

Da war der frühe Tod seiner Mutter. Der Vierjährige verlor damit einen Menschen, der »seine Angst verstand«. Da war die Wiederverheiratung seines Vaters und eine neue »maman«, wie man zu Hause sagte, wo man französisch sprach. Da war ein Vater mit rigorosen Wertvorstellungen und von gnadenloser Korrektheit.

»Die Gesellschaft übernahm später die Rolle des Vaters wenigstens in meinem Innenleben.«

Das schrieb Glauser in einer Rückschau. Diese Gesellschaft präsentierte sich ihm als Polizist und Psychiater, als Wächter und Wärter, als Vormund und Richter. Aber eines Tages lernte er auch eine Pflegerin kennen, und sie sollte zur großen Hoffnung werden.

Da war aber auch ein Schlüsselerlebnis wie das, als der Vater den Jungen zwang, den Diebstahl eines Fleischstückes zuzugeben, das er nicht entwendet hatte. Man denkt an eine entsprechende Episode im Leben von Jean Genet, die Jean-Paul Sartre anführte, um diesen französischen Außenseiter als Märtyrer der Gesellschaft heiligzusprechen. Die Rebellion Glausers hat mit ihren Grund in solcher Erfahrung; man hatte ihn zum Lügner gemacht, er war bereit, die Rolle zu übernehmen.

Von Kindheit an Situationen, aus denen es nur einen Ausweg zu geben schien, die Flucht. Zum ersten Mal brannte Glauser mit dreizehn Jahren nach Preßburg durch. Während er auf der Polizeistation in einer Kollektivzelle darauf wartete, daß ihn sein Vater abholte, machte er eine Entdekkung:

> »Der Wärter sollte mich wieder mitnehmen – ich, als Direktorensohn, sollte doch nicht mit Vaganten zu Nacht essen – aber ich wollte bleiben. Schließlich gab mir der Mann einen Napf, und ich aß mit den Menschen, die man gemeinhin Gesindel nennt. Was willst du, das ist so gewesen, ich kann nichts dafür. Ich fühlte eine Zugehörigkeit zu den Leuten, hier war man nicht allein, Lärm gab es und Gesang und Flüche, die ich nicht verstand. Noch merkwürdiger vielleicht ist es, daß die Leute mich als einen der ihren ansahen. Sie waren freundlich, gar nicht

untertänig. Eine alte Zigeunerin hing mir sogar ein Bleikreuz um den Hals, an einer Schnur, die vielleicht nicht ganz sauber war ... Vom ersten Augenblick an hab ich gefühlt: beim Gesindel ist deine Heimat. Dort gehörst du hin.«

Das war Solidarität mit jenen Randfiguren, denen er sich eines Tages selber zuzählte, die er überall und immer wieder auf seinen Lebensstationen antraf und denen er in seinen Romanen und Erzählungen Unterkunft gewähren sollte. Die Literatur wurde zum Asyl.

Die Flucht konnte Ausreißen und Abhauen bedeuten: ob er sich in einem Hotel verkroch, bei Freunden Unterschlupf suchte oder sich mit einer Schreibmaschine auf eine Alp zurückzog. Ob er daran dachte, nach Amerika auszuwandern, aber das Geld für anderes brauchte, oder ob er nach Tunis aufbrach, ohne je dort anzukommen.

Es hatte sich auch die Flucht in die Drogen angeboten. Mit zwanzig hatte er angefangen Morphium zu spritzen; er wechselte später auf Opium und Äther über und machte Erfahrungen mit einer ganzen Skala von Betäubungsmitteln. Diese Abhängigkeit war unvermeidlich begleitet von Rezeptfälschungen und Beschaffungsdelikten wie Diebstahl und Unterschlagung.

Es bot sich aber auch die radikalere Flucht in den Tod selber an. Als Gymnasiast machte er seinen ersten Selbstmordversuch aus enttäuschter Schülerfreundschaft. Später versuchte er sich in einem Arrestlokal zu erhängen, als er verhaftet worden war, weil er ein gestohlenes Fahrrad weiterverkaufen wollte. Es kam in Belgien zu einem Selbstmordversuch, nachdem er im Morphiumrausch sein Zimmer in Brand gesteckt hatte. Der Suizid begleitet mit solcher Selbstverständlichkeit seine Lebensetappen, daß sich auch ein entsprechender Verdacht einstellte, als er 1938 in Nervi bei Genua mit zweiundvierzig Jahren an einer Herzlähmung starb.

Ein Fall ohne Zweifel. »Dementia praecox« lautete die erste Diagnose: »Jugendirrsinn.« Die Gegenexpertise hielt fest: »Moralischer Schwachsinn.« Bevormundet wurde er »wegen liederlichen und ausschweifenden Lebenswandels«.

Ein Fall, der dazu verlockt, in Glauser den großen Rebellen gegen die bürgerliche Gesellschaft zu sehen. So ganz geht das Bild dieser Revolte nicht auf.

Sicherlich, mit der Auflehnung äußert sich auch der Hohn über jede Anpassung und die »bürgerlichen Tiere«. Im Tagebuch aus seinem ersten Aufenthalt in einer Irrenanstalt liest man über einen jungen Mitinsassen:

> »Der Vater will, er soll stehlen wie er. Der Sohn will ehrlich werden. Hat strohblondes mit Wasser an den Kopf gepapptes Haar, ein nervöses aber auch ausdrucksloses Gesicht mit einem sonderbar gemeinen Lächeln. Er wird ein guter Bürger werden. Schade.«

Aber Glauser versuchte selber immer wieder, ein guter Bürger zu werden: Sei es, daß er, der »ewige Patient«, Pfleger werden wollte, in Indien oder sonstwo weit weg, oder sei es, daß er, der ewig Verhaftete, Internierte und Abgeschobene, sein Brot als Gerichtsberichterstatter zu verdienen beabsichtigte.

Sosehr er sich gegen seinen Vater auflehnte, er bat ihn ein Leben lang um Verständnis und bettelte bei jedem Anlaß um finanzielle Unterstützung, die ebensooft gewährt wie sistiert wurde.

Und er, der vor und aus Anstalten floh, hielt fest: »Das Unerträglichste in den Anstalten ist ja immer der Mangel an Einsamkeit.«

Bei anderer Gelegenheit konnte er notieren: »Zufrieden war ich eigentlich immer erst, wenn ich im Gefängnis oder im Irrenhaus war.«

Er hatte sich auch freiwillig für Aufenthalte in der Anstalt gemeldet und drängte gar auf Verlängerung oder Internierung und erklärte seinem Vormund:

> »Sie werden begreifen, daß ich gerne eine längere Arbeit hier fertig gemacht hätte; falls sie mir angenommen wird, habe ich doch einen stärkeren Rückhalt und eine gewisse Befriedigung, die nicht zu unterschätzen ist.«

So wurde er als Drogenabhängiger auch kein Prophet der künstlichen Paradiese:

> »Ohne die gewohnte Spritze ist man nur ein halber Mensch, was sage ich, ein halber Mensch: überhaupt kein Mensch; ein Lumpen, über einen Stuhl geworfen, hat mehr Widerstandskraft als ein Morphinist ohne Morphium.«

Und zum gleichen Thema gestand er:

»Im Grunde gibt es nichts Uninteressanteres als das Leben eines Morphinisten. Es beschränkt sich auf Perioden, in denen er das Gift nimmt, und auf Perioden, in denen die Gesellschaft ihn zwingt, sich das Zeug wieder abzugewöhnen. Alle Gründe, die man erfindet, um die Sucht zu entschuldigen, können sich literarisch und poetisch sehr gut machen; konkret ist es eine Schweinerei, denn man ruiniert sich sein Leben damit.«

Im gleichen Maße, wie sich Glauser gegen Autorität auflehnte, suchte er Anpassung. Bis zu dem Grad, daß er es sich selber zum Vorwurf machte. Ein Jahr vor seinem Tod erschrak er:

»Ich bin von einer Mürbe, die bei einer Linzertorte vielleicht als Qualität aufgefaßt würde, aber bei einem Menschen nur eine große Schweinerei ist.«

Schon wegen solcher Ambivalenz können sich schwerlich jene Autoren auf ihn berufen, die in unseren Jahrzehnten aus dem Rebellieren ein intellektuelles Statussymbol machten. Und sicher nicht jene, bei denen der heilige Zorn am Anfang steht und die nach einem Motiv dafür Ausschau halten. Glauser plante den »poète maudit« nicht, er war es, er wurde dazu gemacht.

Und Glauser wurde auch kein Vorläufer jener, denen ihr Innenleben leidvollen Anlaß fürs Observieren und Schreiben abgibt, obgleich die entsprechenden Psychogramme zur Verfügung gestanden hätten. Für solche Minuziositäten war seine Verzweiflung zu groß. Da war zu viel an Trostlosigkeit, als daß er seine Desperatheit hätte kultivieren mögen oder sich mit Genuß bei ihr aufhalten.

So routiniert er war in der Rechtfertigung und im Stilisieren, so schonungslos konnte er mit sich umgehen:

> »Manchmal, in meinen ganz ehrlichen Stunden, komme ich mir vor wie einer jener Hunde, denen im Laboratorium jener Gehirnteil entfernt worden ist, welcher der Sitz des Orientierungsvermögens sein soll: Der Hund kann seinen Weg nicht mehr finden: Will er auf einen Knochen losgehen, so schlägt er einen spiraligen oder zackigen Weg ein – und gelangt schließlich doch nicht zu seinem Knochen.«

Trotz aller Willensschwäche suchte er seinen Knochen. Er hoffte jemanden zu finden, der bedingungslos zu ihm hielt. Er erwartete die Radikalität einer Hingabe, die zu leisten er selber nicht imstande war. Er setzte auf Frauen, transitorisch wie leidenschaftlich. In seinem letzten Lebensabschnitt wurden zwei Personen wichtig. Martha Ringier, die er bezeichnenderweise »maman« nannte; sie leitete in Basel die populäre Publikationsreihe *Gute Schriften*, eine geistige Freundin, die sich ebenso um seine Notlage kümmerte wie um Veröffentlichungen. Und dann Berthe Bendel.

Berthe Bendel war Pflegerin in der Anstalt Münsingen. Dort war Glauser 1932 interniert. Die Frau war wegen seiner Publikation *Morphium* auf ihn aufmerksam geworden. Er tauschte mit ihr Briefe in der Anstaltsbibliothek. Wegen dieser Beziehung zu einem Patienten verlor sie ihre Anstellung. Mit ihr wollte Glauser ein neues Leben beginnen und eine bürgerliche Existenz begründen. Der erste Versuch scheiterte; auch dem zweiten Anlauf, in der Nähe von Chartres in Angles ein Lotterhüttchen mit Gemüsekultur zu bewirtschaften, war kein Erfolg beschieden. Die beiden lebten dann kurze Zeit in der Bretagne, bevor sie gezwungen waren, in die Schweiz zurückzukehren. Mit Berthe reiste Glauser im Sommer 1938 nach Nervi bei Genua. Die beiden wollten heiraten. Am Abend vor der Hochzeit brach Glauser bewußtlos zusammen. Zwei Tage später war er tot.

Mit Berthe hatte Glauser, ein »Leidsucher«, wie er sich selber nannte, einen »sicheren Punkt in einem unsicheren Leben« gefunden. Berthe hielt zu ihm, als er rückfällig wurde, sie war da für jeden Neubeginn, sie stand in den Jahren an seiner Seite, als Glauser die aussichtslose Existenz eines freien Schriftstellers fristete. In seinen letzten fünf Lebensjahren entstanden seine Romane, unter abenteuerlichen und verzweifelten Umständen, zwischen Internierungen und Entlassungen, einigen Erfolgen und Zusammenbrüchen, Entziehungskuren und Reisen.

Seine Liebe zu Berthe drückte Glauser mit Worten wie diesen aus:

> »Ich bin ein ganz armer Idiot gegen dich, tatsächlich, denn ich habe immer gedacht, ich sei so irgend ein fremdes Tier von einer halb ausgestoßenen Rasse, mit meiner Wurstigkeit und meinem auf die letzte Karte setzen … Ich komme einfach aus dem Staunen nicht heraus.«

Er liebte die Metapher vom »armen Hund«, nicht nur für sich, sondern auch für die Unhelden seiner Erzählungen und Romane. Am Ende und für die Nachwelt wurde er zum Schriftsteller, mit und trotz seiner »Katastrophensucht«. Obwohl, auch als Schriftsteller paßte er nicht ins Bild.

Man liebte damals wie heute die Vorstellung, daß Schweizer Schriftsteller nützliche Glieder der Gesellschaft sind: Gottfried Keller als Staatsschreiber und Jeremias Gotthelf als Pfarrer. Und Conrad Ferdinand Meyer besaß Anstand genug, über ein ausreichendes Privatvermögen zu verfügen. Allerdings – zu Keller gehörte der Alkoholismus. Gotthelf war einer der am meisten gehaßten Männer. Und Meyer kannte Aufenthalte in der Nervenklinik.

Auch was die eigene Generation betraf, lag Glauser nicht völlig daneben. Robert Walser war 1929 in die Berner Klinik Waldau gekommen. Als Glauser dort eingeliefert wurde, war Walser bereits nach Herisau überführt worden, wo er mit äußerster Diskretion ein Vierteljahrhundert lang ein Geheimschriftendasein lebte.

Sicherlich, im Vergleich zu den andern hatte Glauser mit seinem Außenseitertum übertrieben. Er fügte sich aber nicht nur biographisch nicht ins Bild, sondern auch literarisch nicht.

Als er einmal in einem Rückblick einen Vers von Paul Verlaine zitiert, erinnert er sich mit melancholischer Ironie: »Damals, als ich noch literarisch veranlagt war.«

Als Student hatte Glauser daran gedacht, französische Literatur zu studieren; bei seiner Zweisprachigkeit leuchtete das ein. Aber der Universität zog er die Bohème vor. Während des Ersten Weltkriegs war Zürich ein Zentrum der Avantgarde. Glauser lernte dank Tristan Tzara den Dadaismus kennen, und er trat auch bei den Dadaisten auf. Seine Spezialität war, »Sprachensalat zuzubereiten«. Aber er suchte bei den Dadaisten nicht Credo, sondern Anschluß.

Er fand Anschluß, wenn auch oft nur kurzfristig, an andere intellektuelle und literarische Zirkel und Gruppen. In Zürich wie in der italienischen Schweiz. Hugo Ball und seine Frau Emmy erregten seine Bewunderung. Seine erste Flucht hatte ihn nach Ascona geführt. *Jahrmarkt des Geistes* heißt sein Erinnerungsstück an diesen ausgeflippten Ort:

> »Meine Flucht aus dem Irrenhaus bedeutet hier kein Makel. Ein kleiner Anstrich von Romantik war es höchstens, eigentlich verrückt war ich ja nie gewesen.«

Schon während seiner ersten Internierung hatte Glauser ein Tagebuch verfaßt; er hörte nie zu schreiben auf, auch wenn es zu längeren Unterbrechungen kam: »Ein wenig Geld: ich muß nämlich Schreibmaschinenpapier kaufen und ein paar Zigaretten.«

So lautete einer seiner Hilferufe an den Vater aus der Anstalt.

Unter dem, was nicht nur für ein Tagebuch gedacht war, sondern veröffentlicht wurde, sind zunächst die Prosastücke eindrücklich, in denen Glauser Autobiographisches umsetzt. Ein Parlando-Text wie *Nausikaa,* übrigens eines der seltenen Beispiele dafür, wie unbelastet der Humor des Autors sein kann. Oder *Beichte in der Nacht,* eine Monolog-Erzählung, die in jede neuere Anthologie deutschsprachiger Erzählungen aufgenommen werden müßte.

Seinem ersten Roman lag die Erfahrung in der Fremdenlegion zugrunde. *Gourrama,* benannt nach einem Legionsposten im Süden Marokkos. Glauser hatte auf das Manuskript einen Vorschuß des Schweizerischen Schriftstellerverbandes erhalten; die zweite Rate wurde nicht ausbezahlt, da man den Schluß unbefriedigend fand. Aber wie auch immer der Schluß der endgültigen Fassung sein mochte, das Buch besitzt Intensität und Anschaulichkeit wie nur wenige Romane aus den dreißiger Jahren. Nun hatte das Buch nicht zuletzt deswegen Verlegenheit ausgelöst, weil sich darin homoerotische Passagen finden. Einmal mehr hätte Glauser aufbegehren können, ob man denn nicht Geschichten schreiben dürfe, die wahr seien.

Aber es waren andere Gründe, weshalb sich Glauser nicht ohne weiteres ins literarische Bild fügte.

> »Moralischer Defekt. Maßlose Überheblichkeit bei so geringer Intelligenz, daß sie gerade für eine schriftstellerische Tätigkeit seiner Gattung noch ausreicht.«

So lautete ein Gutachten eines seiner Seelenärzte, des Direktors der Anstalt Waldau, der ein Auch-Dichter war.

»Seine Gattung«, das war der Kriminalroman, und der war am Rand der seriösen Literatur angesiedelt. Es war ein Friedrich Dürrenmatt, der nach Glauser den Kriminalroman literaturfähig machte. Sosehr Glauser bei einzelnen Feuilletonredaktoren Unterstützung fand, in dieser Zeitung und in jener Illustrierten publizieren konnte, Schriftsteller zu Kollegen und Förderern zählte, die zünftige Literaturkritik und die Literaturwissenschaft nahmen eine solche

Literatur nicht allzu ernst. Erst nachdem 1969 die vier Bände *Gesammelte Werke* zu erscheinen begannen, setzte eine literarische Neubewertung ein.

»Sie rümpfen die Nase wegen meiner Beschäftigung mit dem Kriminalroman. Erlauben Sie, daß ich mich ein wenig verteidige... Mein Ehrgeiz strebt nicht danach, von Literaturbonzen ernst genommen zu werden. Ich möchte die Leute erwischen, die Courths-Mahler lesen oder John Kling.«

Glauser fühlte sich zur Rechtfertigung verpflichtet. Was er hier in einem Brief an einen seiner Verleger ausführte, nahm er wieder auf in einem *Offenen Brief über die Zehn Gebote für den Kriminalroman:*

»Wenn es uns gelingt, Sympathien und Antipathien im Leser zu wecken für unsere Geschöpfe, für die Häuser, in denen sie wohnen, für die Spiele, die sie spielen, für das Schicksal, das über ihnen schwebt und sie bedroht oder ihnen lächelt? Das alles tat früher der ›Roman‹ schlechthin, das Kunstwerk. Wäre es nicht eine lohnende Aufgabe für uns, ihm immer wieder Leser zuzuführen durch seinen verachteten Bruder, den Kriminalroman?«

Aber der gleiche Glauser konnte auch schreiben:

»Ich habe mir nie eingebildet zu wissen, wie man fürs Volk schreibt. Ich glaube die sogenannte Volksliteratur ist ein aufgelegter Schwindel.«

Obwohl Glauser mit seinen Kriminalromanen Erfolg hatte und Pläne für neue in sich trug, wollte er einmal etwas »Ernsthaftes« verfassen, den »großen Schweizer Roman«.

> »Plötzlich scheint es mir, als brauche ich die Schweiz, als sei sie meine Heimat und wolle ich über sie schreiben und müsse in diesem Land wohnen.«

Das schrieb er ein paar Monate vor seinem Tod aus Italien. Dieser Wunsch nach Seßhaftigkeit und Identifizierung nahm sich anders aus, als was er fünfzehn Jahre zuvor über die Enge des Landes notiert hatte:

> »Ich stelle mir das so schön vor, wieder einmal unbehindert aus der Schweiz fliehen zu können, und manchmal kommt's mir vor, als sei es gleichgültig, ob ich hier eingeschlossen sei, in einem Haus mit einem kleinen Garten, oder draußen in einem grenzgesperrten Land.«

Sein Vater hatte dem Jungen gepredigt, er sei »Bürger eines freien Helvetiens«. Glauser sollte dieses freie Helvetien für die Anstalts-Geographie von Basel, Bern und Zürich kennenlernen. Er war in die Schweiz zur Schule geschickt worden, um die »Sitten seiner Heimat« kennenzulernen. Das tat er, aber nicht wie vorgesehen. Er wurde mit seinen Kriminalromanen zum Schilderer dieser Sitten wie kaum ein anderer seiner Generation, und daß diese Sitten Unsitten waren, lag nicht an ihm.

In den Jahren, als in der Schweiz im Zeichen der geistigen Landesverteidigung und der nationalen Selbstbesinnung die Blut-und-Boden-Welt sich auch in der Literatur breitmachte, durchlöcherte Glauser die Idylle. Er entmystifizierte schon dadurch, daß er Irren- und Armenanstalten zu Schauplätzen der Literatur machte, daß er in die Sozietät jenen Rand einbrachte, den diese nur allzu gern leugnete. Er machte den kleinen Mann und die kleine Frau zu Helden und Heldinnen:

»Was einfache Menschen für komplizierte Schicksale haben können«, sagte einmal eine seiner Figuren. Glauser entlarvte die Gesellschaft, indem er ihre Vorstellung von Recht und Ordnung bloßlegte. Das tat er nicht aus irgendeiner programmatischen Absicht, sondern indem er als Erzähler diese Gesellschaft darstellte. Er erreichte nicht zuletzt Authentizität, weil er, unbekümmert um die einheimischen und ausländischen Puristen, Helvetismen als Stilmittel benutzte und somit auch von der Sprache her schweizerische Atmosphäre schuf.

Die Wohlanständigkeit hatte ihn kriminalisiert, er kriminalisierte die Wohlanständigkeit. Er, der zum Fall geworden war, machte aus der Gesellschaft einen Fall. Der Kriminalroman war nicht eine zufällige, sondern eine gegebene Literaturgattung. Demzufolge nimmt Glauser seinen Platz in der Schweizer Literatur ein mit Kriminalromanen wie *Wachtmeister Studer*, *Matto regiert* oder *Der Chinese*.

Glauser erfand die Figur des Wachtmeisters Studer. Nach eigener Auskunft dachte er dabei an Georges Simenons Maigret. Aber Studer wurde nicht eine Kopie. Glauser verhalf ihr zu unverkennbar helvetischer Selbständigkeit, indem er das Hintergründige in die Biederkeit steckte.

Dank dieser Detektivfigur erlangte Glauser Popularität. Vorerst nicht mit dem Studer, wie er in seinem Roman auftritt, sondern wie er auf die Leinwand kam. Insofern war die Popularität auch bereits ein Mißverständnis. Das illustriert die Verfilmung von *Matto regiert* aus dem Jahr 1947, die ein Beispiel helvetischer Hollywoodisierung darstellt. Im Film endet die Geschichte, die in einer Irrenanstalt spielt, wo ein Patient den Direktor umbringt, nicht wie im Roman in einer »scheußlichen Einsamkeit«. Erst Kurt Gloor, der 1979 den *Chinesen* verfilmte, brachte das Bodenlose der Atmosphäre auf die Leinwand, das die Romane von Glauser auszeichnet.

Mit wenigen Strichen konnte Glauser Schauplätze charakterisieren. Und als Erzähler war er ein Meister des Beiläufigen:

> »Und in Bellegarde, während er auf den Schnellzug wartete, nahm Wachtmeister Studer Abschied von seinem treuesten Reisebegleiter: dem ramponierten Koffer aus Schweinsleder. Es war ein wortloser, aber inniger Abschied. Dinge haben oft mehr Herz als Menschen – der Koffer verzog alle Falten, die ein langer Gebrauch in sein Leder gegraben hatte. Aber er weinte nicht. Koffer begnügen sich damit, kummer- und vorwurfsvoll dreinzublicken…«

Von Wachtmeister Studer heißt es, er »spinne ein wenig«; man erfährt, daß er eine dunkle Affäre hinter sich hatte, ein Versager, dem man eine zweite Chance gibt und der nach wie vor vom »großen Fall« träumt. Aber die Bilanz einer

Fahndungsarbeit lautet anders: »Es war kein großer Fall gewesen. Man hat wieder einmal daneben gegriffen.«

Das Spiegelbild von Glauser ist leicht erkennbar; er gibt diesem Wachtmeister für seine Detektivarbeit jene Fähigkeit, sich »einzuleben«, auf die Glauser selber so angewiesen war. Es ist ein Angeschlagener, der sich an eine angeschlagene Gesellschaft macht.

> »Der Täter? Er ist ein Mensch unter anderen, wie es im alltäglichen Leben auch der Fall ist. Und daß er entlarvt wird, ist gar nicht so wichtig, es gibt kein Aufatmen am Ende, keinen Theatercoup, die Geschichte hat eigentlich kein Ende, sie hört auf – es ist ein Abschnitt des Lebens, aber das Leben läuft weiter, unlogisch, packend, traurig und grotesk zugleich.«

So werden mit dem Täter zugleich die Respektspersonen entlarvt. Aufgedeckt wird nicht ein Fall, sondern die Sozietät, in der dieser Fall möglich war – nicht zuletzt das macht die Modernität von Glauser aus.

> »Denn die Gerechtigkeit, wie man sie früher darstellte und auch heute noch, wenn man sie symbolisieren will, vor Gerichtspalästen, präsentiert sich als eine wohlgenährte, ziemlich vollbusige Krämerin, die sich für irgendeinen Kostümball auf griechisch verkleidet hat. Außer der Binde über den Augen, die wohl ebensogut und stilecht eine Dominomaske vorstellt, trägt sie in der einen Hand ein Schwert, während sie, ganz ihrem unterschobenen Berufe gemäß, zwischen den Fingern der andern den Gal-

gen einer Waage hält. Und das Zünglein der Waage soll senkrecht nach dem (ach so leeren!) Himmel weisen. Was wägt die Gerechtigkeit? Sie versucht Tat und Strafe ins Gleichgewicht zu bringen. Es heißt dies nichts anderes, als daß eine Tat, die in einer Sekunde geschehen ist (im Bruchteil einer Sekunde zumeist), durch soundso viele Jahre oder Monate Einschließen in einen wenig Quadratmeter großen Raum aufgewogen werden kann. Die Zeiten sind andere, zugegeben, und gegen die Kompliziertheit der heutigen Justiz wäre nichts einzuwenden, hätte man nicht den unangenehmen Eindruck, sie sei nichts anderes als die Flucht vor einer Verantwortlichkeit. Eine Ausflucht, ein Kompromiß. An und für sich wäre dies gar nichts so Übles, denn schließlich steht unser ganzes soziales Leben auf Kompromissen, auf Ausflüchten.«

Diese Gedanken legt Glauser in einem Aufsatz dar, der bezeichnenderweise *Störenfried* heißt. Er, den man zum Lügner gemacht hatte, stellte fest, daß alle lügen. Ihm leuchtete die Kollektivlüge ein; ansonsten wäre in einer Gesellschaft nicht möglich, was er »Geselligkeit« nannte. Genau diese Geselligkeit aber zerstörte er. Er, der nicht ins Bild paßt, zeigte, wie das Bild nicht stimmt. Er führte uns vor, was wir alle zu vermeiden suchen: »Als jener arme Hund dazustehen, der jeder von uns nun einmal ist.«

Der Lehrer der Sprache, der Anwalt der Bildung – Max Rychner

Es gab den *Tages-Anzeiger*. Die Zeitung kannte ich von zu Hause. Hier sollten die ersten Zeitungsarbeiten erscheinen, verfaßt von einem Gymnasiasten und Studenten. Der Feuilletonchef war Walter Boesch. Er förderte den, der als junges Talent galt oder sich als solches fühlte. Zum Beispiel einen Kollegen wie Hugo Leber, der später zum Redaktionsteam der glorreichen Zeit des *Tages-Anzeiger-Magazins* gehörte, den Herausgeber der ersten Friedrich-Glauser-Werkausgabe.

Aber es gab auch *Die Grüne Tat,* die Wochenendausgabe einer Tageszeitung. Mit einer Aufschlagseite für Kultur, einer einzigen Seite nur, aber die war berühmt. Man träumte davon, dort publizieren zu dürfen. Der Mann, der dafür zuständig war, hieß Max Rychner. Er hatte sein Büro in einem Haus, das der Migros gehörte; diese Konsum-Genossenschaft war auch Besitzerin der Zeitung. Das schien nicht zu jemandem zu passen, der in der Literatur kaum das »soziale Kapital« pflegte.

Und dann wagte man es doch. Es gab einen besonderen Grund. Im *Tages-Anzeiger* konnte man zwar Bücher deutschsprachiger Autoren besprechen oder Übersetzungen. Was aber, wenn man – wie ich – Literatur in der Originalsprache las, zum Beispiel in Englisch oder Französisch, vor allem Französisch, weil ich mich wegen einer Dissertation für das literarisch-intellektuelle Frankreich nach 1945 interessierte?

Möglich, daß die entsprechende Anfrage: »Könnte man nicht bei Ihnen, bei wem sonst schon« als Reverenz schmeichelhaft war. Doch das Interesse war ehrlich und blieb es auch über die Anfängerzeit hinaus für Jahrzehnte: Mitarbeit bei Feuilletons, wo nicht auf Übersetzungen gewartet werden mußte, bis man über Bücher schreiben konnte – so in der *Weltwoche* oder in der *Neuen Zürcher Zeitung*. Innerhalb der deutschsprachigen Feuilletons nahmen damals schweizerische Kulturressorts einen singulären Platz ein, was heute leider nicht mehr der Fall ist.

Nun war Max Rychner hellhörig. Paul Valéry war ein Hauptthema, und zwar auch mit den Ergänzungen zum *Monsieur Teste,* die Rychner nicht übersetzt hatte. Und André Gide, der mich irritiert hatte mit seiner Rede, in der er sich in Sachen Kultur »zur kleinen Zahl« bekannte: »le petit nombre«.

Ich machte mich an die Arbeit. Das bedeutete, nicht nur über Hermann Broch oder Literaturwissenschafter wie Fritz Martini oder Erich Heller zu schreiben, sondern über Virginia Woolf, als sie noch kaum übersetzt war, über Gertrude Stein oder eben über Franzosen. Zum Beispiel über Albert Camus, über Paul Léautaud und sein *Journal littéraire*, das Band um Band zunahm, oder über Simone Weil; und über sie nur schon, um aus *Oppression et liberté* den Satz zu zitieren: »Nichts auf der Welt kann uns daran hindern, luzid zu sein.«

Ich war Mitarbeiter von Rychner, und die Welt tat gut

daran, davon Kenntnis zu nehmen. Da wußte ich, daß in einer bestimmten Wochenendausgabe ein Artikel von mir drin war. Gern hätte ich diese Nummer gekauft – aber eben. Ich war Hauslehrer, ich wohnte nicht schlecht, ich hatte zu essen, nur Kleingeld hatte ich wieder einmal nicht – nicht so viel, um die gar nicht so teure Wochenendausgabe der *Tat* zu kaufen. Trotzdem begab ich mich an den Bahnhof und schaute zu, wie der *Tat*-Verkäufer meinen Artikel ans Publikum brachte, ohne ihn eigens auszurufen. Er sah mich mißtrauisch an, da ich mich verdächtig nah um Zeitungstasche und Kässelchen herumtrieb. Da kam einer, kaufte die *Tat,* sah die Zeitung durch und warf den zweiten Teil in den Abfallkorb. Der zweite Bund war der Kulturbund. Ich stürzte mich auf den Abfalleimer und holte den Kulturteil hervor: Unleugbar ein Artikel, eigentlich fast ein Essay von Hugo Loetscher; nie mehr habe ich einen Verächter der Literatur so hoch gelobt wie damals.

Ja, ich war stolz und zugleich geduckt, denn Rychner hatte zwar den Aufsatz gebracht, aber er hatte auch einen Brief geschrieben: »Ich habe gelesen und werde Ihren Aufsatz gern bringen. Den ersten Abschnitt strich ich aus: Ich bin für in medias res und nicht für umständliches Anpirschen.« – Ich habe mir diese Bemerkung zu Herzen genommen. Später las ich bei einem der besten englischen Stilisten, Samuel Johnson, daß man den ersten Abschnitt grundsätzlich streichen solle. Der erste Abschnitt dient gewöhnlich einem zweitrangigen Orchester zum Einheizen und Aufwärmen, der Star des Abends und des Artikels tritt im zweiten Abschnitt auf. Also streichen.

Und aus dem gleichen Brief erfuhr ich auch: »Außerdem

sind generalisierende Behauptungen Nationalgeist – Seele – Verhalten meistens falsch.« Eine Bemerkung, die ich nicht minder beherzigte; nie begibt sich einer so sehr ins Gerede, als wenn er allgemeingültig wird; wer für ein Tagesforum schreibt, neigt gern dazu, wesentlich zu sein. Rychner mahnte: »Nicht von allgemeinen Gesichtspunkten (die ›Zeit‹) ausgehen, sondern vom Text.« Als ich, später einmal, die satirische Absicht hatte, eine Rede zu schreiben, die bei jedem Anlaß gehalten werden kann, begann ich mit dem allgemeingültigen Satz: »Gerade in Zeiten wie den unseren« – in was für andern wohl sonst.

Ferner kritisierte Rychner, was einem Studierenden (oder müssen wir sagen: einem Studierten) nicht ungern gefällt: die gelehrte Terminologie. »Die Fremdwörter«, so war hier zu lesen, »sind auf die Waage zu legen. ›Intention‹, wo Absicht gemeint ist – da frage ich, wozu denn eigentlich und ›durchstrukturieren‹ ... ich bitte Sie, warum so häßliches Zeug.« Und er meinte: »Einem schulmeisterlichen Puritanismus à outrance rede ich nicht das Wort, aber es ist so, daß auf seiner Gegenseite wiederum eine Schulmeisterei droht, die noch großartiger daherkommt.« Mich freute an der Bemerkung, daß er, der mir von Fremdwörtern abriet, »à outrance« schrieb und nicht »ums Verrecken willen«.

Eines war mir klargeworden und ist mir klargeblieben: sprachlich nie das Feuilleton als Ableger oder Tummelplatz eines Seminars zu benutzen. Rychner war überrascht, als ich ihm mit einem Zitat von Jean Cocteau recht gab, der Radiguet geraten hatte: »Sois banal.« Ich hatte eine Lektion erhalten, oder wie Rychner formulierte: »Sie waren in Paris. Dort gilt bei Schriftstellern: Sorgfalt im Gedanken, Stil,

Wortschatz, Schreibgut. Dort? Das alles gilt bei uns ebenso.« Nun hatte ich mir diese Bemerkungen selber eingehandelt, wie Rychner richtig festhielt: »Mein kritisches Stimmchen sprach nur, weil Sie es gewünscht haben.«

Aber es blieb nicht beim Stimmchen, dieses konnte sich als recht deutliche Stimme äußern, wenn ich an die weitere Korrespondenz denke: »Sie zitieren zuviel in fremder Sprache – kein Franzose, kein Engländer täte das.« Oder: »Wandeln Sie auf Benns Spuren? (B. ist ein verderbliches Vorbild)«. Und es tönte bei anderer Gelegenheit noch schärfer: »Als Muster geglückten hohen Ausdrucks bei Camus bringen Sie den Satz: ›Dann und wann treibt ein arabischer Hirt auf die Spitzen der Dünen... usw.‹ Das ist scheußlich... ich bitte Sie bei allen Heiligen! Spitzen der Dünen. Haben Sie je Dünen gesehen? (Ich habe Kämme dafür eingesetzt.) Es scheint, daß Sie mit dem erstenbesten (nicht dem besten) Ausdruck zufrieden sind, der Ihnen in die Feder kommt – das ist schade und wird Ihrer Schriftstellerei schaden. Gestatten Sie, daß ich Ihnen das sage, einem Unbegabten gegenüber würde ich schweigen und seine Werke durch die Sekretärin zurückschicken lassen.«

Er schickte meine Werke nicht durch die Sekretärin zurück. Ich sagte mir mit biblischer Gelassenheit: »Wer seinen Sohn liebt, der züchtigt ihn«, und mit christlicher Ergebenheit hielt ich die andere Wange für den nächsten Aufsatz hin. Hatte Rychner nicht in einem Brief geschrieben, daß jede Kritik in der Selbstkritik gipfelt, sollte dies nicht auch auf ihn zutreffen? Und war nicht der Satz von Hofmannsthal: »Ich achte so gerne« in einem Gespräch gefallen? Wie selten ein solcher Dialog kritischer Achtung zwischen Generationen ist, sollte mir erst später bewußt werden.

Jedenfalls schrieb er mir in einem nächsten Brief: »Mühe haben Sie sich gegeben«, und er fügte ein paar Zeilen weiter unten bei: »Nur sollten Sie mit der Zeit noch Deutsch lernen.« Aber in diesem Brief fand sich auch ein Satz, der für unsere Auseinandersetzungen in seinem Redaktionsbüro stellvertretend war: »*Molloy* habe ich zu lesen versucht, finde ihn aber kotzenswert (wie Pallenberg sagte).«

Samuel Beckett war für mich als Dramatiker wie als Romancier ein Autor meiner Zeit; in den Gesprächen mit Rychner fand auch Kafka keine große Gnade. Es war oft ein Dreierdisput, wenn Erwin Jaeckle, der Chefredaktor, daran teilnahm. Wie konnten sich da ein Jean Genet, die Schriftsteller des »engagement« und der »absurdité« und all die Surrealisten behaupten?

Sosehr wir uns im Bekenntnis zu einer europäischen Literatur fanden, mein Europa hatte eine Tradition und eine Gegenwart, die für Rychner kaum zählten. Aber gleichzeitig war er es, der einen auf Autoren aufmerksam machte. Er war der Pate eines jungen Anwalts, der für Ludwig Hohl den Prozeß führte, damit der Zürcher Artemis-Verlag entgegen seiner Absicht den zweiten Band *Notizen* herausbringen mußte. Auf einen Tip von Rychner hin verfaßte ich bei ihm über diese Publikation eine Rezension und war einer der ersten, die über Hohl schrieben – nicht weil ich ein Tausendsassa war, sondern weil ich das Vertrauen eines Mannes von Rang gewonnen hatte.

Es sind nicht mehr als sechs Briefe, die ich von Rychner besitze, vielleicht sind es zwei oder drei mehr, die er verfaßte und die nicht ihren Weg in die kleine Ewigkeit eines Ordners gefunden haben. Briefe, die ein Feuilletonchef einem jungen Literaten schrieb. Man stelle sich vor, ein heutiger Literaturredaktor setzt sich hin und kommentiert auf dem Korrespondenzweg die Arbeit eines jungen Mitarbeiters.

Diese Briefe waren ein hervorragender Intensivkurs, begleitet von Gesprächen; sie prägten literarisches Verhalten und sprachliches Bewußtsein.

Einmal deshalb, weil ich ein Beispiel dafür erlebte, daß es nicht entscheidend ist, ob man Ansichten teilt oder nicht, sondern auf welchem Niveau die Auseinandersetzung stattfindet. Dieses Niveau war geprägt von dem, was man traditionellerweise Bildung nennt. Und diese umfaßte nicht nur die literarische Kultur der eigenen Sprache, so daß die Konversation nie germanistisch-chauvinistisch blieb. Zudem kam in dieser Konversation zum Ausdruck, daß die Literatur nicht erst mit uns begonnen hat, sondern daß es ein Erbe gibt. Was nun wiederum nicht hieß, daß dieses einfach tradiert wird, sondern daß es neu und mit eigenen Augen zur Kenntnis genommen werden soll, so daß divergierende, nein, das Wort hätte Rychner gestrichen, so daß voneinander abweichende Meinungen möglich sind.

Aus einem bücherfreien kleinbürgerlichen Milieu stammend, war ich in den Anfängen genötigt, immer ein Buch mehr gelesen zu haben. Deshalb konnte ich 1968 auch nicht die Bibliothek meines Vaters verbrennen; er hatte keine. So war Bildung ein Begriff, an dem ich auch festhielt, als es ideologisch chic war, sich dafür zu entschuldigen, ein Buch gelesen zu haben. Nun war es immer leichter, aus dem

Bauch heraus zu denken, als sich der Lust oder der Anstrengung einer Lektüre zu unterziehen.

Ein klassisches Gegenbeispiel zu Rychner erlebte ich vor einigen Jahren in Paris. Als ich zu einem Gespräch von France Culture eingeladen wurde, warnte mich ein Freund. Er hatte dort mit jemandem zu tun gehabt, der mit ihm über sein Buch diskutierte; in einem bestimmten Moment sei in ihm der Verdacht hochgekommen, daß sein Gegenüber das Buch gar nicht gelesen hatte. Und er äußerte den Verdacht, worauf er die Antwort erhielt: »Je ne me laisse pas influencer.« Was, Rychners Förderung nachkommend, übersetzt sein soll: »Ich lasse mich nicht beeinflussen.«

Ich ließ mich beeinflussen. Von einem Mann, der einen Anspruch stellte und diesen Anspruch selber erfüllte. Und dies in einem literarischen Genre, das bei uns nicht mit jener Selbstverständlichkeit der Literatur zugezählt wird, wie es ihm geziemte, im Essay.

Die Mitarbeit bei der *Tat* beschränkte sich auf die Jahre 1954 bis 1956. Das hatte nicht zuletzt damit zu tun, daß ich bei der Zeitschrift *du* mein eigener Redaktor wurde. Es war für mich selbstverständlich, daß ich in den sechziger Jahren Rychner meine ersten literarischen Werke zustellte – *Abwässer – Ein Gutachten,* von denen ich annahm, daß sie nicht nach seinem Geschmack waren; sie rochen ihm wohl zu sehr, was für ihn kein Grund war, als Jurymitglied der Veillon-Stiftung gegen die Verleihung des Literaturpreises zu sein. Und dann meinen zweiten Roman, *Die Kranzflechterin.* Zu ihr schrieb er mir einen Brief: »Ich wollte Ihnen mit dem Glockenschlag großer Anerkennung … das Jahr ausläuten.« Dieser Silvester-Brief war um so wichtiger, als das Buch bei manchen Kritikern nicht große Gnade fand, dafür beim Publikum; es wurde dank der Figur, die Totenkränze flicht und meint, jeder solle zu seinem Kranz kommen, mein »Frauenbuch«.

Den Brief lese ich heute nicht ohne gewisse Melancholie. Am Schluß schreibt Rychner: »Noch vieles ließe sich sagen; wir wollen es wieder mündlich tun wie einst.« Zu diesem Gespräch kam es nicht mehr. Ein halbes Jahr später starb er.

Aber ich behielt im Ohr, was er bei anderer Gelegenheit festgehalten hatte: »Lassen Sie sich nicht anfechten. Der Weg ist dornig, aber das ist doch ein Zeichen dafür, daß er ansteigt. Billig und mühelos kann man's nicht haben.« Und ebenso, was er einmal einer kritischen Bemerkung beifügte: »Nehmen Sie diese Glosse so freundlich entgegen, wie sie gemeint ist. Es geht um Ihr Heil.« Und mein Heil konnte mir nicht gleichgültig sein.

Konrad Farner – ungewöhnliche Stichwörter zu einem ungewöhnlichen Marxisten

Flaneur

Ein junger Mann, noch Schüler an der Kantonsschule, eine perfekte großbürgerliche Erscheinung. Im Sommer pflegt er abends am Luzerner Quai nur im Smoking zu promenieren. Ein Snob, der sich nicht in den Kursaal begibt, wo »alle« hingehen, sondern in die Bar des Hotels »National«. Er hält sich mit sechzehn eine Mätresse; entsprechend dem Taschengeld ist es eine Schauspielerin vom Stadttheater, etwas Schmiere, aber es geht ja nicht um Kunst, sondern um »standing«. Ein junger Mann, der in erster Linie Sohn ist. Zu der Zeit kleiden sich die Söhne wie die Väter und noch nicht die Väter wie die Söhne. Der Vater ist ein renommierter Bergstraßeningenieur. Deshalb hatte er sich in Luzern niedergelassen, ein Technologe, wie ihn das 19. Jahrhundert liebte, Karriere und Geld; er besitzt, woran er glaubt.

Ein junger Mann, der weiß, was man liest. Auch Autoren sind eine Frage des »standing«. Ein Nietzscheaner, der natürlich Schopenhauer verehrt, tragisches Empfinden mit finanziellem Rückhalt. Rilke ist ein Autor, auch Hofmannsthal, die Gidesche Gebärde nicht unbekannt, überhaupt die Symbolisten. Etwas Fin de siècle, obwohl man sich mitten im Ersten Weltkrieg befindet; aber in der innerschweizerischen Metropole Luzern dauert das 19. Jahrhundert etwas länger.

Ein junger Mann, Konrad Farner, der nach dem Tag der Maturität seine Leute nicht mehr grüßt, die Koffer packt und nach Deutschland zum Studieren fährt, gut ausgestattet mit väterlichem Geld. Er nimmt seinen Smoking mit. Der wird sich als nützlich erweisen, wenn Farner während des Studiums als Kellner arbeiten muß. In einem der berüchtigten und teuersten Lokale Frankfurts selbstverständlich, so ohne weiteres läßt sich der Snob nicht unterkriegen.

Aktivist

Der Erste Weltkrieg hat stattgefunden, auch für einen Schweizer wie Konrad Farner, und er fand gleich zweimal statt: privat und intellektuell.

Privat: Das väterliche Vermögen geht vor die Hunde. Der Erzeuger hat sich verspekuliert. Der Student ist gezwungen, sich im Deutschland der Nachkriegszeit selber durchzubringen. Als Kellner etwa, als Blumenarrangeur oder beim Theater; als Regieassistent oder gar als Regisseur, der in Darmstadt unter Hartung Strindbergs *Totentanz* inszeniert. Der Werkstudent genießt den Broterwerb. Die bürgerliche Sicherheit hat aufgehört; im Persönlichen bestätigt sich, was in der Epoche geschehen ist.

Aber der Krieg hat auch intellektuell stattgefunden: Die Schlacht von Verdun wird zum politischen Bildungserlebnis. Den Materialschlachten kam keine tragische Philosophie mehr bei. Romain Rolland wird zum Favoriten. Henri Barbusse' Roman *Le feu* zu einer entscheidenden Lektüre. Von den Antikriegsautoren führt der Schritt zu Gandhi, dem Mann der Gewaltlosigkeit. Aber was kann Gewaltlosigkeit ausrichten? So führt der Weg weiter zu Lenin und von Lenin zu Marx. Intellektuell und theoretisch nähert sich Farner dem Marxismus, mit aller Konsequenz.

Nie wieder Krieg, dafür Revolution. Und Lenin hat sich daran gemacht, die Revolution in Radikalität zu realisieren. 1923 ist Farner Mitglied der Kommunistischen Partei der Schweiz. Es sind die verrückten zwanziger Jahre, wie sie in Frankfurt, München und Köln verrückt spielen. Studieren heißt nicht nur Vorlesungen besuchen. An den Universitäten findet die Auseinandersetzung mit den Georgianern statt. Auch Farner beteiligt sich daran, er, der vom Essayisten Gundolf beeindruckt ist, aber es geht darum, gegen die elitäre Auffassung der Georgianer zu kämpfen.

Studieren heißt sich studentischen Gruppierungen anschließen. In München ist Farner Mitglied der »Pazifistischen Studentengruppe«. Hier gilt der Kampf den Nationalisten und Nationalsozialisten, die sich mit dem Hitlerputsch auf die historische Warteliste eintragen. Wegen politischer Tätigkeit wird Farner 1923 aus dem Freistaat Bayern ausgewiesen.

Studieren und agieren, an der großen Revolution teilnehmen. 1924 reist Farner heimlich nach Rußland, illegal, aber illegal für den Westen natürlich.

Agieren heißt in Florenz jeden Morgen ins Kupferstichkabinett der Uffizien gehen, sich aber im Auftrag der Komintern hier aufhalten, um mit italienischen Genossen Kontakt aufzunehmen. Farner steht unter Polizeiaufsicht.

Studieren heißt aber auch Fachkenntnisse erwerben und ein Studium beenden. Er sitzt in Frankfurt zu Füßen des Philosophen Max Scheler, er schreibt bei A. E. Brinckmann in Köln eine Doktorarbeit – »Zur Graphik der Donauschule«.

Die Bildwerdung

»Warum und zu welchem Ende studiert ein marxistischer Student Kunstgeschichte?«

Der siebzigjährige Farner hebt erstaunt den Kopf: Seit mehr als fünfzig Jahren beschäftige er sich mit Kunst, als Historiker, Kritiker, Herausgeber, Bibliograph – und nun diese Frage, ja wozu eigentlich?

Er hörte Hugo Kehrer und August von Mayer in München. Kehrer war ein bedeutender Hispanist. Das ist der erste Kontakt mit Spanien. Über die Manieristen lernt er es kennen. Gut zehn Jahre später ist es das Land, wo der Faschismus militärisch geprobt wird. Spanien, das Land, das jenen Maler hervorgebracht hat, dem Farner einen entscheidenden Aufsatz widmen wird, entscheidend für den Autor und entscheidend für die Goya-Sicht.

Nachdem Farner 1926 in die Schweiz zurückgekehrt ist, arbeitet er als Grafikexperte für Auktionshäuser. Zeitweilig ist er auch in Basel als Buchantiquar tätig. Als Spezialist für Porträtgrafik wird er zeit seines Lebens konsultiert werden.

Kunst und Marxismus, die Verbindung wird immer enger werden, analysierend, theoretisch, darstellend.

In die Studentenzeit fällt die erste Auseinandersetzung mit der modernen zeitgenössischen Kunst. Farner ist einer der ersten, die die moderne Kunst bibliographisch erfassen. Nach dem Zweiten Weltkrieg wird er als erster Marxist eine Bilanz der abstrakten Kunst ziehen, er wird sie ideologisch und geistesgeschichtlich lokalisieren: als Gnosis, als die Ästhetik nach dem Tode Gottes; der Aufstand der Abstrakt-Konkreten ist eine Revolution der Kunst, ohne daß es zur Revolution der Gesellschaft kommt. Seine Auseinandersetzung ist in gleichem Maße innigste Anteilnahme an dieser Kunst wie fundierteste Relativierung.

Am umfassendsten und richtungweisend wendet Farner die marxistische Methode und Problematik im Hinblick auf die Kunst bei einer Figur an, die völlig in Vergessenheit geraten war: Man wollte eine Mappe grotesker Zeichnungen von Gustave Doré herausgeben; Farner sollte ein Vorwort von zwei, drei Seiten schreiben. Es wurde daraus ein zweibändiges Werk, ein Standardwerk. »Der industrialisierte Romantiker« – der Untertitel gibt bereits die Spannweite.

Zunächst faszinierte ihn einmal die Tatsache, daß dieser Mann, der Millionen verdiente und zu den am höchsten geschätzten Künstlern gehörte, in keiner Kunstgeschichte mehr vorkam. Wie war ein solches Vergessen möglich? Das war zugleich die Frage nach dem Wert der Kunst und ihrem Stellenwert in einer bestimmten Epoche – im Falle von Doré in jener Zeit, als sich das Proletariat zum Bewußtsein heranzubilden begann.

Darüber hinaus aber faszinierte ihn die Gestalt dieses Künstlers, er entdeckte Verwandtes: den Flaneur, den großen Musikliebhaber, den Gesellschaftslöwen, die Aufgeschlossenheit. Ein zwiespältiger Mensch, und Farner wird der Zwiespältigkeit ein ganzes Kapitel widmen. Das Thema der Ambivalenz ist da, ohne das sein Humanismus nicht zu verstehen ist.

Aber Kunst, ihre Darstellung oder Wertung, ist bei Farner nicht nur ein Gebiet der Geisteswissenschaft, dem zu seinen gesellschaftlichen Voraussetzungen und produktionsbedingten Umständen verholfen werden muß – er hat sich dieser Aufgabe unterzogen. Aber die Frage, weshalb er sich mit Kunst beschäftigte, ist bei ihm grundsätzlicher und ausgreifender zu verstehen. Wenn sich das Materielle und das Geistige verschwistern und sich nicht mehr trennen lassen, wie das für einen Marxisten selbstverständlich ist, dann wird die Frage nach der Kunst zur Frage nach dem Gesicht einer Gesellschaft: Es ist die Frage nach der Physiognomie, nach ihrer Bedeutung und nach ihrer Entstehung. Das Ästhetische ist grundsätzlich zu verstehen, nicht als Problem des Schönen, sondern als die Frage nach den Erscheinungsformen, die nach der Visualisierung einer bestimmten Gesellschaft in einer bestimmten historischen Situation:

Zu was für einem Gesicht kommt eine Epoche, wie will sie sich sehen und wie nicht...

Daraus folgt mit aller Logik sein Interesse an der Fotografie. An der reinen Fotografie, wenn es um eine »Weltausstellung der Fotografie« geht, oder an der Fotomontage, wie sie ein John Heartfield schuf. Die Fotografie oder die Montage als eine spezifische Visualisierung unseres Jahrhunderts.

Zu einem Gesicht kommen und das Gesicht zeigen – ist es ein Zufall, daß er Spezialist für Porträtgrafik wurde, ist dieses Interesse von seiner Leidenschaft für alles Biographische zu trennen?

Aber die Visualisierung, das Bildwerden, äußert sich auch in anderer Hinsicht, stilistisch und thematisch.

Stilistisch: Für den schreibenden Farner ist die Metapher wichtig, er kultiviert ein bildnerisches Schreiben, nicht als Systematiker tut er sich kund, sondern als Essayist; hier vollzieht sich in der Sprache, was er in der bildenden Kunst untersucht.

Dies ist zugleich Ausdruck für die Sinnlichkeit seines Denkens. Sein Marxismus hat Fleisch, damit Sinne und Sinnlichkeit; so kennt Farner auch die Verlockung des Fleisches, wenn er schreibt, die Gefahren, zu denen das bildnerische Schreiben verführt.

Die Bildwerdung bestimmt aber auch seinen Zugang zum Dialog mit dem Christentum, das behauptet, das Wort sei Fleisch geworden, das sich aber damit zufriedengab, es beim Predigen des Wortes zu belassen.

Der fleischgewordene Logos, die bildgewordene Gesellschaft.

Die Frage also »Warum und zu welchem Ende Kunst?« beantwortet sich nicht von einem Ausgangspunkt her, sondern von einer Lebensanlage aus und von deren Bilanz.

Der Schutzengel »Zufall« namens Gabriel

Als Kind weilte Farner in den Ferien auf einem Bauernhof. Da wurde er, als er am Brunnen Wasser trinken wollte, von einer Wespe gestochen, innen am Kehlkopf. Eine Schwellung, der nur operativ beizukommen ist, ansonsten führt sie zum Erstickungstod. Oder eben: Der Betroffene nimmt sofort und kontinuierlich etwas Breiartig-Warmes zu sich. Genau das konnte der Knabe tun. Ausgerechnet an dem Tag waren auf dem Bauernhof Kartoffeln gekocht worden, das kam einmal pro Woche vor, auch an jenem Tag, als die Wespe ihn angriff. Völlig unbewußt rettete er sich.

Ein Zufall, für den Farner einen zärtlicheren Namen hat: »Schutzengel«; aber es versteht sich, es ist ein marxistischer Schutzengel, der die Kommunisten nicht vergißt. So erzählt Farner:

> »Als er in den zwanziger Jahren einmal nach Basel an ein illegales politisches Treffen fahren mußte, reiste er erster Klasse. Denn die Polizei pflegt nur in der dritten Klasse Kommunisten zu verhaften. Das war eine taktische Überlegung, genau wie er mit einem Gocks auf dem Kopf und einer schwarzen Mappe unterm Arm reiste.«

Das war ausgedacht, aber dann spielte eben doch der Zufall mit:

»Zufällig geht er zunächst zu einer Freundin; als er dann zum Versammlungslokal kommt, hat die Polizei bereits seine Genossen abgeführt. Er will in ein Hotel, zufällig trifft er just vor dem Hotel einen Freund, der ihn nach Hause zum Übernachten einlädt. Am andern Morgen erfährt er, daß die Polizei in den Hotels Verhaftungen vorgenommen hat.«

Der Zufall war ein Schutzengel. Aber dieser Schutzengel ist kein anonymes Wesen, man kann ihn anschauen, er hat eine Gestalt und eine Katalognummer.

Es ist die Plastik »Gabriel und der Knabe« von Ignaz Günther, einem Künstler des süddeutschen Barock. Es ist Farners Lieblingsfigur. Wenn er nach München kommt, stattet er jedesmal Gabriel und dem Knaben einen Besuch ab. Er liebt die Statue, weil sie auf seltene Weise zwei Dinge vereint: Sie ist populär und kultiviert.

Es versteht sich, daß Farner durch Zufall zu einem Bild dieser Plastik kam. Schon lange hatte er eine größere farbige Abbildung gesucht, doch ohne Erfolg; auf dem Viktualienmarkt blättert er zufällig in alten Zeitschriften, da entdeckt er die Plastik von Günther. Das Bild steht in Griffnähe neben seinem Arbeitstisch.

Der Zufallsengel Gabriel – man darf nicht abergläubisch sein, denn das bringt Unglück.

Nicht diskursiv soll Farner dargestellt werden. Nicht auf eine Linie gebracht, was nur dialektisch erfaßbar ist. Aber man könnte sich auch nicht mit einer Dialektik begnügen, die auf zwei Positionen fixiert ist. Es soll immer wieder von neuen Stichwörtern ausgegangen werden.

Dazu gehören auch die Faits divers.

Farner, der leidenschaftliche Sammler. Er sammelt Reproduktionen aus der ganzen Kunstgeschichte; seine Sammlung umfaßt an die fünfzig- bis sechzigtausend Stück.

Farner, der Büchernarr. Wer ihn in seinem Thalwiler Heim besucht, dem wird er sagen, er habe Angst, daß einmal der Boden unter dem Gewicht seiner Bibliothek einstürzt; es wäre der Sturz von vierzehntausend Bänden.

Und dann hat sich Farner sein Leben zuweilen auch als Innenarchitekt verdient, als Berater für Neureiche, die sich einrichten wollten. Warum sollte er dem nachrückenden Bürgertum nicht ein Mobiliar aus dem »Dixhuitième« empfehlen?

Doch kann er auch als Auskunftsbüro für Studenten und Intellektuelle dienen. Ein prominenter Schriftsteller ruft ihn spät in der Nacht an, um zu fragen: »Was ist das eigentlich: Dialektik?«

Er liebt Musik, dieser Farner. Die späte Kammermusik von Schubert. Er hat immer eine Notiz bei sich, um das Streichquintett bei sich zu haben: C-Dur, opus 163 – »das Maximum an Musik«, wie er sich äußert in gymnasiastenhaftem Superlativ.

Zu seinen Lieblingsautoren gehört Johann Peter Hebel.

Die Vorliebe mag er sich von seiner Mutter her erklären, die aus dem Fricktal stammt. Sie war neben dem Technokraten von einem Vater die Romantikerin, die Chopin und Heine liebte.

Unter den Romanen wird er Tolstois *Krieg und Frieden* nennen. Und sonst: ganz sicher Goethe. Der *West-östliche Divan*, von dem er große Partien auswendig kann.

Faits divers... Faits divers ließen sich in diesem Zusammenhang so übersetzen: Auch der säkularisierte Liebgott sitzt im Detail.

Patriot

»Der Weg der bürgerlichen Ideologie in der Schweiz des 19. Jahrhunderts«, so lautet die Dissertation, die Farner nach seinem zweiten Studium an der Basler Universität vorlegt. Aber der Historiker Werner Kaegi ist während des Zweiten Weltkriegs Mitglied der Zensurbehörde; er kann nicht »als Dekan annehmen, was er als Zensor beschlagnahmen müßte«.

An die Stelle dieser Doktorarbeit tritt eine andere, die der Staatswissenschaftler Salin ohne Bedenken annimmt: »Der christliche Eigentumsbegriff bei Thomas von Aquin«. Das christliche Eigentum ist weniger verfänglich als das bürgerliche.

In jenen ersten Kriegsjahren wohnt Farner in der Nähe von Basel; zwar ist er längst aus der Kommunistischen Partei ausgeschlossen worden, aber da er Kommunist geblieben ist, steht er auf der schwarzen Liste der Bundespolizei. An der Hintertür des Hauses, in dem er lebt, hängt ein Säcklein mit Nahrungsmitteln, als Wegzehrung für den Fall, daß an der Vordertür die Bundespolizei vorspricht – dieses Säcklein ist eine marxistische Variante für den Notvorrat, zu dem damals alle Schweizer verpflichtet waren.

Die Schweiz – sie wird nach dem Zweiten Weltkrieg für Farner wiederum aktuelles Arbeitsthema. Das rote Zürich ruft den roten Farner, damit er für die Jahrhundertfeier der Schweiz eine Ausstellung organisiert. Farner weitet das Thema aus: Er setzt das Jahr 1848 zwischen 1748 und 1948. Was als historische Schau gedacht war, wird zu einer aktuellen Auseinandersetzung. Im Gemeinderat kommt es zur bürgerlichen Intervention. Aber ein Gutachten von Jean-R. von Salis stützt Farner, auch das Publikum.

Kein Schweizer ohne schweizerischen Gedenktag

Als Zürich seine Zugehörigkeit zur Eidgenossenschaft feiert, hält Farner vor Arbeitern und in Jugendorganisationen einen Vortrag über die Geschichte Zürichs. Ein Kapitel wohlfundierter und kenntnisreicher marxistischer Geschichtsschreibung. Der Vortrag erscheint im sozialistischen Literaturvertrieb in Zürich. Die Restexemplare werden 1956 von randalierenden Faschisten öffentlich verbrannt. Als erweiterter Aufsatz erscheint der Vortrag dann unter dem Titel »Zürichs Geschichte. Chronik einer Manteldemokratie«.

Patriotische Anlässe, aber keine patriotisch orthodoxen.

1956 ist für Farner das Jahr der Verfemung und Verketzerung. Ausgerechnet der unorthodoxeste Marxist der Schweiz wird zur Inkarnation des Teufels »Kommunist«. Nach dem Einmarsch der Russen in Ungarn rächen sich die »bien-pensants« an Farner, der in Stellvertretung geschlagen wird, was um so leichter möglich ist, als er sich nicht wehren kann. Er ist in seiner Alltagsexistenz buchstäblich bedroht. Thalwil, animiert und beklatscht, feiert sein Pogrom. Eine Tafel wird aufgestellt: »Hier wohnt ein Kommunist.« Es findet ein Kapitel Vulgärfaschismus statt, und der kleine Mann fühlt sich stark.

Würde der Faschismus in der Schweiz ausbrechen, dann müßte man sich nicht erst vor der Polizei fürchten, sondern schon vor dem Milchmann; in diesem Land geschähe nichts, was nicht breit im Volk verankert ist.

1968 spricht Farner neben Friedrich Dürrenmatt in Basel, nachdem russische Truppen in der Tschechoslowakei einmarschiert sind. Er protestiert, aus zwei Gründen. Einmal, weil jedes Land und jede Nation ihre eigene Revolution durchführen müssen, aber gleichzeitig ist Farner überzeugt, daß das tschechische Experiment zum Tode verurteilt ist; man hätte indessen die Tschechoslowakei diese Erfahrung machen lassen müssen, weil sie beispielhaft gewesen wäre. Diese Protestrede hat Folgen. Der Aufbau-Verlag in Berlin plant für die DDR eine umfangreiche Essaysammlung von Farner; aber das ausgedruckte Buch kommt nicht auf den Markt. Seither wird Farner nicht mehr in den sozialistischen Ländern publiziert.

1970 erhält der 67jährige Farner einen Lehrauftrag an der Universität Zürich. Im gleichen Jahr verweigert ihm der Regierungsrat eine Ehrengabe für sein schriftstellerisches

Schaffen; er nutzt seinen Lehrauftrag für ein Semester »Kunst und Gesellschaft«.

Die Schweiz – der größte Schweizer für Farner ist Pestalozzi, der Mann, der begriff, daß Politik und Erziehung aufs engste zusammengehören, der Pädagoge, der die Erziehung integral verstand.

Die Schweiz – es gibt noch den Urnersee. Diesen See mit Föhnstimmung liebt Farner: »Dann bin ich Patriot, aber nur dann.«

Gegensatz und Gegensetzung

Während des Übergangs der vierziger in die fünfziger Jahre stehen sich bei einer Tagung der protestantischen Synode des Kantons Zürich geistig zwei Farners gegenüber. Der eine Farner erreicht es, daß dem andern Farner in Zukunft untersagt wird, in kirchlichen Kreisen oder Organisationen Vorträge zu halten. Denn Konrad Farner hatte in einem Pfarrkapitel über »Weltanschauung und Geschichtsauffassung des Marxismus« gesprochen. Dagegen verwahrte sich Oskar Farner, der damalige Präsident der Synode.

Beide Farners stammen aus der gleichen Familie. Einer alten Zürcher Familie, die Pastorentradition kennt. Unter den Verwandten gibt es einen bekannten Zwingli-Forscher, Oskar Farner. Auch Konrad Farner wird über Zwingli publizieren, mit großer Bewunderung für den Reformator, aber nicht so, wie der Bibelunterricht es gewohnt ist. Dann wird dieser Konrad Farner mit fast siebzig noch Beirat des Katholischen Missionsrates der Schweiz und zählt zu seinen

Freunden unzählige Jesuiten, Dominikaner und auch Kapuziner.

Sich gegen die Familie absetzen heißt, sich auch in Zukunft vor Orthodoxien hüten, denn die Familie ist die kleinste orthodoxe Gruppierung.

Bereits als Student ist Farner Mitglied der Kommunistischen Partei geworden. 1931 übernimmt er das Präsidium der Luzerner Sektion. Aber nicht lange. Schon bald wird er ausgeschlossen, sitzt in Haft wegen illegaler politischer Tätigkeit.

Sicher, man holt ihn wieder, als nach dem Krieg in der Schweiz die Partei der Arbeit gegründet wird. Er tritt aus dieser Partei 1969 aus mit einem offenen Brief, in dem er seinen Rücktritt begründet. Ohne Streit und ohne Vorfall. Er tritt nicht wie damals Ernst Fischer in Österreich oder Roger Garaudy in Frankreich aus der Kommunistischen Partei aus, um einen Schritt nach rechts zu machen. Im Gegenteil, er tritt aus, Richtung links. Zu Mao hin.

Er trägt als Unorthodoxer das Abelszeichen auf sich.

Als Marxist ist er Rationalist, auch wenn er weiß, wie rasch der Rationalismus sich verstrickt und aus welchen Quellen er zuweilen schöpfen muß. Aber Farner ist ein Intellektueller, und im entscheidenden Moment wird er Ketzer werden müssen, wenn Häresie darin besteht, daß Intellekt und Gewissen vor den Parteibeschluß gestellt werden.

Sich absetzen, sich dagegensetzen, das heißt, sich immer ein neues Feld der Freiheit erarbeiten und abstecken.

Als in den dreißiger Jahren den Marxisten und damit Farner klar war, daß nicht die Marxisten allein die Weltgeschichte bestimmen würden, suchte er Kontakt zu Nichtmarxisten. Er tut es auf bezeichnend intellektuelle Art. Er beginnt ein Zweitstudium. Er möchte wissen, wie diejenigen denken, die nicht so denken wie er und die Marxisten.

Er steckt sein Studium in Basel mit drei Figuren ab: mit Walter Muschg, dem Germanisten, mit Edgar Salin, dem Nationalökonomen, und mit dem Theologen Karl Barth. Jeder ist für sich eine bedeutende Persönlichkeit, auch wenn sie einander spinnefeind sind; bei allen dreien geht Farner in die Vorlesung, von jedem profitiert er, aber er profitiert nicht zuletzt davon, daß er sie alle drei nebeneinander hört.

Positionen gegeneinandersetzen, das gehört zu seinem Denken.

Wenn Farner in seinem Thalwiler Heim grafische Porträts aufhängt, ordnet er sie mit Vorliebe per Zweiergruppe: Er setzt der Revolutionärin, der Girondistin Madame Roland, die französische Königin Marie-Antoinette entgegen. Und den letzten Gouverneur von Paris, Comte de Brissac, konfrontiert er mit Robespierre, Bonaparte mit Suwarow. Sie sollen sich gegenseitig anschauen, wenigstens an der Wand, wenn sie sich sonst schon in der Geschichte nie so persönlich nahegekommen sind.

Gegensetzungen und Gegensatz, Position gegen Position stellen, das macht Farner auch mit denen, die man nicht an seinen Wänden findet.

»Lebt als freier Wissenschaftler in Thalwil bei Zürich. Marxist, Liebender, Revolutionär«, so kann man in einem biographisch-bibliographischen Hinweis auf der Rückseite einer Farner-Publikation lesen.

Liebender – im gleichen Atemzug wie Marxist und Revolutionär.

Das Gartenzimmer seines Thalwiler Heims ist den Frauen gewidmet, literarisch jedenfalls. Hier stehen Hunderte von Frauenbiographien, von den berühmten wie Kleopatra, Christine von Schweden, Malvida von Meysenburg oder Clara Zetkin etliche Bände. Nun ist Farner in Biographien verliebt. Bei Frauenbiographien erhält diese Liebe etwas Donjuaneskes – die Bibliothekswand in seinem Gartensaal ist eine intellektuelle Registerarie: »in Spagna mille tre.«

Immer wieder haben die Frauen Farner das Leben ermöglicht, im doppelten Sinne, denn dieser Homme de lettres ist ein Homme à femmes. 1941 heiratete er eine junge Witwe. Martha Katherina, gebürtige Gemsch vom Maihof. Eine Weberin. Nicht eine Kunstgewerblerin; sie hat immer nur Stoffe gewoben. In den dreißiger Jahren half sie den Bergbauernfrauen zu einem Nebenverdienst im Winter. Sie holte alte Webstühle hervor und brachte diesen Frauen das Weben bei. Es gab dann aber Jahre, da waren sie selber und ihre Familie auf ihren Webstuhl angewiesen; alles war nicht selbstverständlich nach sorgloser Jugendzeit.

Martha Katherina wurde nicht nur die Geliebte, die Ehefrau und Mutter, die ihrem Mann zwei Kinder gebar. Sie wurde Kampfgefährtin. Sie brachte jene unbeirrbare Widerstandskraft auf, die man als Mann bei Frauen als selbstverständlich hinzunehmen gewohnt ist.

Vor einigen Jahren verschickten die Farners eine bescheidene Publikation, »Kleine Gabe an Freunde«. Sie enthält vier Aufsätze, kavalierhaft beginnt sie mit einem Aufsatz von Martha Katherina Farner über Briefe von Rosa Luxemburg, dann folgen zwei Aufsätze von Konrad Farner. Einer über Käthe Kollwitz (»die vehemente Lebensbejaherin«) und über Germaine Richier (»eine der eigenartigsten, wundersamsten Frauen unserer Zeit und zugleich die vielleicht bedeutendste Bildhauerin«). Den vierten Beitrag haben beide zusammen geschrieben, einen Geburtstagsbrief an Anna Seghers, einen Dank für die »Raumnüchternheit«, die ihr Werk auszeichne.

Martha Katherina zitiert in ihrem Aufsatz über Rosa Luxemburg die Stelle aus einem Brief, der im Gefängnis an eine andere Frau, an diejenige von Liebknecht, geschrieben wurde:

»... Innerlich fühl ich mich in so einem Stückchen Garten wie hier oder im Feld unter Hummeln und Gras viel mehr in meiner Heimat als auf dem Parteitag. – Ihnen kann ich das wohl sagen: Sie werden nicht gleich Verrat am Sozialismus wittern.«

Der Marxist und das Böse

»Die Marxisten haben allzusehr den Menschen nur als Gattungswesen und als gesellschaftliches Wesen gesehen und zuwenig als Individuum, als Persönlichkeit gewürdigt – dieses leere Feld, seit Marxens Lebzeiten, also seit achtzig Jahren, weder gepflügt noch besät, sondern voller Disteln und Steine, bedeutet tatsächlich eine immense Gefährdung des Sozialismus, weil es konkreter Teil ist der Enthumanisierung der Gegenwart, weil es, statt eine Alternative zu den Schrecknissen der bürgerlichen Welt zu sein, ebenfalls Schrecknis ermöglicht: Beide Seiten verurteilen Schriftsteller zu Zuchthaus, Gefängnis und Arbeitslager, es existiert nicht nur Auschwitz, sondern auch Workuta, nicht nur den Prozeß Rosenberg gibt es, sondern auch den Prozeß Rajk. – So ist denn das ›Problem des Bösen‹ nicht nur für die Christen ein Stein des Anstoßes geblieben, nein, bei den Marxisten ist es zum großen Ärgernis geworden, weil sie das Vakuum der durch die säkularisierte Welt aufgehobenen ›Erbsünde‹ nicht auszufüllen vermögen und erst noch ihre oft aufdringlich verkündete Theorie des Humanismus in krassen Gegensatz bringen zur Praxis ihrer Polizei- und Parteiapparate«,

liest man 1966 in dem Aufsatz »Der gefährdete Sozialismus«.

Das Problem des Bösen? So formulierte es ein orthodoxer Marxist nicht. Aber das ändert nichts daran, daß er es kennt.

Wie stellte sich das Problem 1939, als die Sowjetunion mit Hitler paktierte? Das war politisch richtig, aber moralisch falsch.

Träumt denn keiner vom Guten?

»Kein Geringerer als Marxens bester Schüler, Lenin, hat [die] völlig neue Situation gekennzeichnet im lapidaren Satz: ›Der Kommunist muß träumen können.‹ Kein Geringerer als Lenins bester Schüler, Stalin, setzte diesen Satz in Wirklichkeit«, liest man im Aufsatz »Das alte und das neue Athen« aus dem Jahr 1955.

Politisch richtig und moralisch falsch – so mußte man bei Ungarn argumentieren, so mußte man beim Einmarsch der russischen Truppen in der Tschechoslowakei operieren. Kann man aber eine solche Arbeitsteilung vornehmen?

Von dieser Frage ausgehend, macht sich Farner an die große Revision.

An die Revision der Sozialisten:

»Wenn die Zielsetzung des Marxismus eine neue Gesellschaft ist mit einem neuen Menschen, so haben die revisionistischen Sozialisten weder eine neue Gesellschaft noch einen neuen Menschen geschaffen. Im Gegenteil, sie haben die alte, bürgerliche Gesellschaft und den alten egoistischen Menschen nicht nur nicht verändert, sondern verfestigt. Das Besserleben hat das Bessersein verdrängt.«

Er macht sich aber auch an die Revision des Kommunismus:

»Wenn die Zielsetzung des Marxismus eine strukturell neue Gesellschaft mit einem neuen Menschen ist, so wurde in der Sowjetunion und in den sozialistischen Ländern Europas zwar eine neue Gesellschaft geschaffen, aber es ist nicht im umfänglichen und grundsätzlichen Sinn ein neuer Mensch entstanden. So wird diese neue Gesellschaft voraussichtlich wieder in die alte, wenn auch materiell-strukturell veränderte Gesellschaft zurückfallen müssen.«

Und zuletzt wendet sich Farner auch gegen den Revisionismus des Christentums:

»Allzu lange und allzu stark hat die Kirche die Bedrückten und Ausgebeuteten immer wieder auf das Jenseits vertröstet, die Reichen und Ausbeuter aber gutgeheißen, wenn nicht gesegnet. Allzu lange haben die Christen ihre reale Zukunft verleugnet, indem sie nur eine abstrakte, idealisierte Zukunft im Jenseits erwarteten.«

Also macht sich Farner an die Revision des dreifachen Revisionismus. Dabei geht sein Blick nach China zu Mao.

Eine solch totale Revision aber geht nicht ohne die Revision des eigenen Standpunktes.

Ambivalenz

Als Marxist ist Farner Dialektiker. Setzen und Gegensetzen, den Widerspruch aufspüren, bewußtmachen, ihn ausschalten und neue Widersprüche entdecken. Aber nicht nur den persönlichen Widerspruch, sondern den der Epoche sehen und darstellen – die Zwiespältigkeit eines Doré, er widmet ihr ein Kapitel, die Ambivalenz eines Goya, er stellt sie unter den bezeichnenden Titel »Richter und Gerichteter«:

»Neu ist allenfalls die Akzentsetzung im Sinne des dialogischen, ambivalenten und zuletzt umfassenden engagierten und gleichzeitig ausgesetzten Menschen, der um seine Randsituation weiß.«

Mit aller kriminalistischen Phantasie spürt Farner dem Zwiespältigen nach, all dem, was Spannung ist und Spannung schafft. Einem Goya, der in gleicher Weise Maler des Hofes wie des Volkes sein kann. Oder einem Berner Künstler wie Bernhard Luginbühl:

> »Er ist für das Beständige in Mensch und Landschaft und postuliert fortwährend das absehbare Ende seiner Eisenfiguren auf dem Schrotthaufen. Er ist der Sichgleichbleibende und findet sich in steter Improvisation ... Luginbühl wäre demnach doch ein umfänglicher Dialektiker.«

Ein umfänglicher Dialektiker wie Farner selber.

Nicht eine Spannung mit zwei Polen, sondern ein Spannungsfeld.

Nicht Zweigesichtigkeit, sondern ein Januskopf mit mehr Gesichtern als Windrichtungen.

Nicht Ambivalenz, sondern Polyvalenz.

Dialektik ist in diesem Sinne nicht nur das Registrieren von Widerspruch, sondern auch das Schaffen von Widerspruch, aktive Dialektik.

Aktive Dialektik aber heißt nicht nur den andern Stand in die eigene Maschinerie tun.

Oder wie man angesichts eines Marxisten sagen könnte, der den Dialog mit dem Christentum sucht:

Als eigener »advocatus diaboli« sich der eigenen Seligsprechung unentwegt in den Weg stellen.

Ludwig Hohl und die voreiligen Herbergen

Das ist nicht einfach ein Buch, das ist eine Edition: ein Hardcover-Band und ein laminierter Anmerkungsband in einem Schuber, zusammen mehr als siebenhundert Seiten. Der Titel, oder genauer die Titel, weisen bereits auf ein Problem: »Von den hereinbrechenden Rändern. Nachnotizen.«

Schon 1952 war eine Broschüre *Von den hereinbrechenden Rändern* erschienen, ein Privatdruck von zwanzig Seiten, zu dem der Autor später nicht mehr stehen mochte. Heinz Weder hat 1963 in *Wirklichkeiten* (Tschudy-Verlag, Sankt Gallen) Teile aus dem Manuskript *Von den hereinbrechenden Rändern* aufgenommen und ebenso vier Jahre später Helmut Heissenbüttel in *Daß fast alles anders ist* (Walter-Verlag, Olten), eine Auswahl, die inzwischen auch in der Bibliothek Suhrkamp greifbar ist.

Solche Veröffentlichungspraktiken (oder Zerstückelungen) hängen mit den Publikationsmöglichkeiten von Hohl zusammen, aber auch mit seinem ständigen Umkomponieren. An dieser Werkpräsentation änderte sich vorerst auch nichts, als Hohl zu einem Suhrkamp-Autor avanciert war. Sein Hauptwerk wurde portionenweise, gleichsam zum literarischen Einführungspreis, vorgestellt: 1972 kam *Vom Erreichbaren und vom Unerreichbaren* heraus und 1977 *Varia*, ein Jahr später *Vom Arbeiten. Bild* und 1980 *Das*

Wort faßt nicht jeden. Alle diese Publikationen enthielten Kapitel beziehungsweise »Bücher« aus den *Notizen,* die 1981 erstmals gesamthaft, das heißt die beiden Bände in einem, als Taschenbuch erschienen.

Was dann unter dem Titel *Von den hereinbrechenden Rändern* herauskam, ist nur zum Teil neu, zumal Passagen daraus auch in Zeitungen und Zeitschriften veröffentlicht worden waren. Bis in die letzten Jahre hat Hohl an diesem Buch gearbeitet. So lagen nach seinem Tod zwei Fassungen vor, eine aus den Jahren 1955–1957 und die andere von 1962–1973; diese Grundmanuskripte dienten Johannes Beringer und Hugo Sarbach als Basis für ihre Edition aus dem Nachlaß.

Das Wort »Nachlaß« hat bei Hohl einen eigenen Klang. Man hätte annehmen dürfen, daß angesichts der Publikationsschwierigkeiten sich im Nachlaß Werke fänden, die nur auf ihren Verleger warteten. Aber das scheint nicht oder nur sehr bedingt der Fall zu sein. Die Vermutung bestätigt sich, daß Hohl, unter welchen Umständen auch immer, in Privatdrucken und in kleinen Auflagen, das Wichtigste veröffentlichen konnte. So sind postum kaum Überraschungen zu erwarten, wie der vorliegende Band zeigt.

Nun ist Hohl schon früh zu einer Legende geworden, zu einem Schriftsteller, den es stets von neuem zu entdecken gilt. Und in der Tat, als Hohl 1978, schon vierundsiebzigjährig, den Robert-Walser-Centenar-Preis erhielt, kam diese Auszeichnung wieder einmal einer Entdeckung gleich, und ein breiteres – wenn auch kaum ein breites – Publikum erfuhr 1981 zum erstenmal von ihm dank des Films von Alexander J. Seiler. Was für eine Geschichte die Rezeption dieses Œuvres hat, kann man in dem Materialienband über den Autor (Suhrkamp 1981) nachlesen. Es war schon längst Ehrenwettstreit unter den schweizerischen Schriftstellern und Intellektuellen geworden, sich zu den frühen Hohl-Lesern zählen zu dürfen. In der Hinsicht ist allerdings Adolf Muschg nicht zu schlagen, der, wie er erzählt, schon als Achtjähriger auf Hohl gestoßen war.

Die Legende nährte sich nicht zuletzt von der Radikalität, mit der dieser Schriftsteller eine ausschließliche Schriftstellerexistenz führte. Symbolisch für eine solche Kompromißlosigkeit wurde der Keller, den Hohl in Genf bewohnte und wo er an Wäscheleinen seine Manuskriptseiten aufhängte. Die Person hatte sich in einem Maße in den Vordergrund gestellt, daß sie eine kritische Auseinandersetzung mit dem Werk bis heute erschwert und verstellt.

Die Notizen

Man fühlt sich veranlaßt, gleich vom »Werk« zu reden und nicht einfach von diesem oder jenem der (wenigen) Titel, auch wenn die Erzählungen für sich genommen werden können. Nun wird man dieses Werk kaum als etwas Geschlossenes nehmen, aber doch als etwas Zusammenhängendes; nicht zufällig notierte sich Hohl einmal die Heraklitsche Formel von der »unsichtbaren Harmonie«. Damit ist in seinem Fall mehr als eine Summe von Fragmenten gemeint oder die Sammlung von Aphorismen: Was zusammenhält, ist ein kontinuierlicher Reflexionsprozeß.

So erstaunt auch nicht der zweifarbige Doppeltitel *Von*

den hereinbrechenden Rändern. Nachnotizen. Demnach könnte man diese Aufzeichnungen als Ergänzung oder Nachtrag zum Band *Notizen* nehmen, wie man auch *Nuancen und Details* als »Vor-Notizen« bezeichnet hat. Nun sind *Notizen* aber nicht nur der Titel eines Opus magnum, sondern eine persönliche Literaturgattung: Notiertes, zu dem ebenso der Gedankenblitz wie das Zitat, Randstriche zu Lektüren wie Maximen, Porträts und Beobachtungen gehören, philosophische Exkurse wie Autobiographisches oder Erzählendes, und es sind gerade die Verschiedenartigkeiten und deren Gleichzeitigkeit, was die Notate charakterisiert.

Welche Querverbindungen zwischen den Nachnotizen und den andern Werken bestehen, darüber informiert ausführlich der Anmerkungsband. Johannes Beringer gibt mit Akribie Auskunft zu fast all den durchnumerierten Nachnotizen, was Personen, zitierte Werke oder historische Umstände betrifft.

Bei einem Schreiben, das sich als ständigen Reflexionsprozeß versteht, kommt es unweigerlich zu Rückgriffen und Wiederaufnahmen, zu dem, was Hohl selber »Variante« nennt. Wenn man aber schon in den *Notizen* gelesen hat: »Von Schriften, die irgendeinen Wert haben, hatte er fast nichts gelesen. Aber dafür hatte er dieses Wenige, damit ihm doch eine gewisse Harmonie nicht fehle, auch nicht verstanden«, und wenn man nun in den *Nachnotizen* liest: »Der Mann hatte zwar nicht viel gelesen; aber das Wenige, was er doch las, das hat er, damit doch Harmonie bestehe, auch nicht verstanden«, dann bringt die zweite Version kaum Gewinn; sie ist nicht Abwandlung oder Weiterführung, sondern lediglich redaktionelle Überarbeitung. Gleiches ließe sich von einer ganzen Reihe anderer Eintragungen sagen.

Einem Schreibverhalten, das sich als Reflexionsprozeß versteht, entspricht die Bemerkung in den *Nachnotizen:* »Der Fehler, in den man immer wieder fällt, besteht darin, das Leben als etwas Definitives zu betrachten.« Man erinnert sich an entsprechende Sätze in den *Notizen:* »Soviel ist mir nun klar geworden: daß ich nie die Vollendung meines Werkes erreichen werde; um so mehr muß ich mich um Definitives bemühen.« Und worum es sich zu bemühen gilt, ist »die letzte, die höchste erreichbare, gegenwärtige Formulierung allein«.

Mit dieser Absichtserklärung eines hohen Anspruchs steckt Hohl seine Dialektik ab zwischen dem unerreichbar Ganzen und der erreichbaren Formulierung. Das ist aber zugleich auch ein fataler Konflikt, wie sein Spätwerk zeigt, und von einem solchen ist angesichts der *Nachnotizen* zu reden, die zwischen 1937 und 1951 entstanden sind.

Unter den Großen und Größten

Was einem in den *Nachnotizen* bald auffällt, ist der Wortschatz des »Definitiven«, wenn Hohl von den »wahren Schriften« schreibt, dem »wirklich Revolutionären«, vom »echten Alpinisten«, von »der höchsten wahren Poesie«, von der »richtigen Frau« und dem »richtigen Schweizer«.

Zu diesem Wortschatz des »Eigentlichen« kommt die Vorliebe für Hierarchie, die von »tief« bis »hoch« reichte. Nur schon was die eigene Zeit betrifft, die er eine »untiefe«

nennt. Oder im Hinblick auf die Kunst: »Das zweithöchste Lob der Kunst ist Dichtheit.« Mit der Vorliebe für Hierarchie paart sich die für den Superlativ. »Ein wunderbarer Satz, der tiefste, den ich über Stendhal gelesen habe«, heißt es da. Oder »Lichtenberg ist der neben (dem späten) Goethe größte deutsche Prosaist«. Angesichts solcher Apodiktik wird man verlegen, wenn einem zur klassischen deutschen Prosa auch noch ein Lessing oder Kleist oder ein Heine einfallen sollte. Hinter diesem Erstellen von Hierarchien und der Ausrichtung auf Superlative steht die Suche nach dem Satz, der alles auf einen Nenner bringt oder alles enthält. »Ich habe bei den meisten Schriftstellern einen zentralen Satz gefunden – der freilich bisweilen in mehreren Varianten vorkommt.« Und von solchen zentralen Sätzen heißt es auch »schwerst verständliche Sätze (es sind meistens zugleich die größten Sätze ihrer Urheber)«, und dann die Momente, da der Suchende fündig wird: »Das tiefste Wort aber von Goethe – wenn ich eines als ›das tiefste‹ bezeichnen müßte: ›Die Weisheit ist nur in der Wahrheit.‹ Da gehe der Professor hin und erkläre. Aber dies ist es: ›Alles Lebendige strebt nach dem Gericht.‹«

Nicht nur der Professor gehe hin und erkläre, sondern auch Hohl selber. Was, wenn einem noch ein anderer Satz von Goethe in den Sinn kommt? Oder wenn man zögert, angesichts dieses Œuvres von einem »tiefsten Satz« zu sprechen, schon deswegen, weil man befürchtet, mit einer solchen Entscheidung einer Entwicklung nicht gerecht zu werden, aber auch, weil man es fragwürdig findet, literarische Werke auf zentrale Sätze hin zu fixieren?

Man bewegt sich bei dieser Lektüre aufs erste nur unter

den Großen und Größten. Das ist beeindruckend, auch wenn dieser betont exklusive Umgang einen allmählich einschüchtert und man sich dabei ertappt, heimlich von Zwergen zu träumen.

Der Alpenstil

Der Begriff der »Größe« spielt auch hinein, wenn Hohl vom »schweizerischen Stil« spricht: »Es bleibt ein unverdaulicher Rest bei den großen Schweizern; das ist charakteristisch für sie. Von einem Hölderlin kann alles aufgenommen werden – abgesehen davon, daß er größer ist, als ein Schweizer je war...«

Man weiß nicht recht, was ein solcher Größenvergleich soll. Kann man einen Gottfried Keller nicht als einen großen Erzähler bezeichnen, ohne daß deswegen Hölderlin ein kleiner Lyriker zu werden braucht? Nun teilt Hohl bei anderer Gelegenheit, zur eigenen Überraschung andere Zensuren aus: »Zum erstenmal Gotthelf gelesen. Ich fand das Gelesene zu einem Teil, zu meinem Erstaunen, sehr gut: kraftvoll.«

In der gleichen Aussage über den »schweizerischen Stil« schreibt Hohl des weiteren: »Bei den großen Schweizern ist ein Teil mineralisch. Sie besitzen eine versteinerte Kruste, damit teilweise an Krebse, Austern erinnernd.« Und diese Verkrustung erklärt sich Hohl auch so, daß die Autoren den Alpen ihren Tribut zollen: »...denn um der schauerlichen Alpen Einfluß handelt es sich da sehr wahrscheinlich, wenigstens zu einem Teil.«

Aber leistet nicht auch Hohl selber diesen »schauerlichen, unmenschlichen, ungeistigen Alpen« seinen Tribut – nicht nur in diesem Fall demonstrierend, wie sehr seine Radikalität von Ambivalenz geprägt ist. Hat er nicht die Alpen zum bevorzugten Schauplatz seiner Erzählungen gemacht, in *Drei alte Weiber in einem Bergdorf* wie in *Bergfahrt*? Hat er nicht das Bergsteigen zu einem symbolischen Existential erklärt und es als Parabel benutzt?

Die schweizerische Literatur hat zwar nicht auf den Alpen begonnen, aber mit deren Thematisierung, und das Gebirge hat seither mit Wildheu und Firnelicht seinen Einfluß ausgeübt, ob man nun den Alpenkranz als majestätisch empfindet oder wie Niklaus Meienberg als Brett vor dem Kopf. Hohl stellt sich in eine Tradition, die bis heute anhält, wenn man daran denkt, daß Emil Zopfi, der zunächst über Computer schrieb, mit seinem jüngsten Werk, *Die Wand der Sila,* einen Bergsteigerroman verfaßte.

Ja, wo andere Völker noch zu den Sternen greifen, fangen die Schweizer an zu klettern. Nun kann der Umgang mit den Alpen stilistisch sagenhaften Einfluß ausüben. In der zitierten Passage über den »schweizerischen Stil« macht sich Hohl lustig über die Schriftsteller, wenn sie Dinge schreiben wie »die lichtglänzende Sonne hoch über dem Gewölk«.

Aber was, wenn man liest: »Der andere [Bergsteiger] schaute unaufhörlich hinauf, schaute forschend hinauf, zu den Gipfeln einiger der Berge, wie sie ringsum in ungewöhnlich machtvoller, strahlender Anwesenheit standen.« Oder: »Dabei machte er eine hilflose Bewegung mit der Hand gegen das unermeßliche, unüberblickbare Getürme der Bergflanke.« Oder was, wenn einer am Morgen vor die

Berghütte tritt: »Nun trat er in diese Welt hinaus, wo das Nacht- und das Morgengewoge gegeneinander kämpften.«

Müßte sich der Kritiker Hohl bei solchen Sätzen nicht über den Erzähler Hohl lustig machen? Alle diese Sätze stammen aus der hochgefeierten Erzählung *Bergfahrt,* und daß diese Gespreiztheiten nicht ein Einzelfall, sondern bewußter Stilwille sind, illustriert der Erzählband *Nächtlicher Weg,* den Hohl für die Suhrkamp-Ausgabe von 1971 überarbeitet hat. Darin findet sich ein Prosastück, »Landschaften«: Jemand (autobiographisch?) erinnert sich in Holland an die heimatlichen Berge:

> »Der Tag der Berge: Die See blau in der Tiefe, die Wälder und Wiesen in unnennbarer Ruhe über die Hügel hingebreitet, die Felsen wie Kerzen in der Landschaft stehend, andere wie bleiche Altäre, die nur der Himmel überdeckt und an die sich die Länder hinanschwingen.«

Das ist Prosaschönschreiberei. Man spürt, wie der Autor sich einen Ruck gab, um gewählt zu formulieren. Gehobenes und Erlesenes als Stilprinzip, mit diesen Manieren konnte Hohl auch zum Vorfahren heutiger Prosalogen werden, die gewöhnlich klein, aber immer fein, Belanglosem zu gediegener Bedeutung verhelfen, indem sie die Worte dafür lange aussuchen.

Hohl erklärt den Hang zu solchem Manierismus damit, daß der schweizerische Schriftsteller Mundart redet und hochdeutsch schreibt, weshalb er dazu neige, beim geschriebenen Wort zu kompensieren. So Richtiges die Bemerkung enthält, Hohl selber hatte sich stets geweigert, Mundart zu reden, und hatte sich in Genf, in einer französisch sprechenden Umgebung, niedergelassen, um unbekümmerter sein Hochdeutsch im Alltag pflegen zu können. Doch das tägliche Hochdeutsch hat ihn auch nicht vor dem Manierismus gerettet. Und zwar deshalb nicht, weil dieser Manierismus nicht aus der schweizerischen Sprachsituation heraus zu verstehen ist, sondern aus einer literarischen Attitüde.

Die Kunst der Polemik

»Aber nicht nur bei den großen Schweizern – ich habe die ungefähr größten der letzten Zeit genannt –, sondern im Stil von fast allen, sobald sie die kuhmistartige Dialektsprache verlassen haben, findet man dasselbe. Sobald sie ›gehoben‹ reden wollen. Ich denke da insbesondere an Stellen des langen Briefes eines sogenannten Treuhänders, den ich eben erhalten habe …: leere, schallende, in solchem Ausmaß unbedachte (ungedachte) Ausdrücke, wie sie in gleicher Häufigkeit wohl anderswo schwer zu finden wären.«

Es handelt sich um einen Brief, in dem ein Treuhänder dem damals dreiunddreißigjährigen Hohl mitteilt, daß seine Eltern nicht mehr länger gewillt seien, ihn weiter finanziell zu unterstützen für Hohl, der oft nicht über die Mittel verfügte, Papier zu kaufen, ohne Zweifel eine niederschmetternde Nachricht.

Es bleibt aber fraglich, ob der entsprechende Brief eines deutschen oder französischen Treuhänders so viel durchdachter gewesen wäre und stilistisch nicht ebenso schal und leer. Jedenfalls benutzt Hohl den Brief als Anlaß, um darüber nachzudenken, wie ein Schweizer schreibt, wenn er den »kuhmistartigen Dialekt« verläßt. Er vermischte ein persönliches und ein allgemeines Problem und holte zu einer polemischen Attacke aus.

»Die echte Polemik ist nicht Streit, sondern eine Kunstgattung«, heißt es einmal. Schon in den *Notizen* war Hohl verschiedentlich auf das Wesen dieser literarischen Gattung, die er nicht nur mochte, sondern auch beherrschte, zu reden gekommen.

Doch wenn man liest: »Die wirklichen Schweizer sind hart, eingebildet und bösartig«, bleibt das so nichtssagend, wie wenn ein Autor behauptet, die wirklichen Schweizer seien weich, bescheiden und gutmütig. Nur noch pöbelhaft wirkt: »Da tritt ein Knochen, dort ein Fettknollen hervor (Beschreibung helvetischer Weiber).« In solchen Momenten vergißt Hohl einmal mehr die eigenen Ratschläge: »Die Polemik, die echte, die hohe, muß mit Scham erklärt werden, Scham und sehr großer Liebe.«

In einem Frühwerk wie *Nuancen und Details* oder auch in den *Notizen* wird man zwar freche, unbekümmerte und provokative Urteile antreffen, aber kaum gehässige Töne wie in diesen *Nachnotizen,* wo das Ungedachte und Unbedachte zunimmt mit einer Aggression, die zuweilen nur noch im Leeren rotiert. Das hat wohl damit zu tun, daß sich Hohl immer mehr im literarischen und intellektuellen Leben isolierte, mit seiner Verbitterung der Nichtanerkennung und Vereinsamung und dem entwürdigenden und aufreibenden Existenzkampf.

Zugleich aber erlebt Hohl die Gefahren eines jeden Polemikers, der die Polemik nicht als eine Gattung neben anderen betrachtet, sondern aus ihr die einzige und bevorzugte Ausdrucksweise macht. Sich über etwas zu empören und dem zornig Ausdruck zu geben ist etwas anderes, als schon mit heiligem Zorn zu erwachen und sich nach einem Anlaß dafür umzuschauen. An nichts scheitert der heilige Zorn so rasch wie an der Privatheit des Ärgers, der ihn ausgelöst hat.

Gegen das Heimattümliche

Hohls Attacken gegen den »kuhmistartigen Dialekt« sind zuweilen nur noch grotesk: »Die deutschschweizerischen Dialekte verdienen den Namen einer Sprache nicht; sie sind ein Mittelding zwischen menschlicher Sprache und der Ausdrucksform des Tieres.«

Solch puerile Verdammnis muß man wohl aus der Zeit heraus verstehen, aus jenen dreißiger und vierziger Jahren, als im Namen der geistigen Landesverteidigung eine patriotische Literatur gefordert wurde, so daß Hohl in den berechtigten Stoßseufzer ausbrach: »Wenn man den Schweizern klarmachen könnte, daß Literatur und Heimatschutz nicht identisch sind, so wäre schon sehr viel geleistet.« Er lehnt sich gegen das Heimattümelnde von Blut und Boden auf und erkennt: »Heimatliebe ist wahrscheinlich eine tiefstehende Form der Schöpfkraft.«

Man denkt in diesem Zusammenhang an einen Zeitgenossen von Hohl, an Adrien Turel, mit dem ihn ebenso vieles verbindet wie trennt. Beide sind Rückkehrer, Hohl aus

Holland und Turel aus Deutschland, »revenants«, wie Turel zu sagen pflegte, indem er mit dem französischen Wort für »Rückkehrer« spielte, das zugleich »Gespenst« heißt. Beide Autoren pflegten einen essayistischen Denkstil und hoben die strenge Trennung von Philosophie und Literatur auf. Den Titel *Bilanz eines erfolglosen Lebens,* den Turel über seine Autobiographie stellte, hätte Hohl mit gleichem Stolz für sich in Anspruch nehmen können. Beiden war bewußt, wie quer sie zu ihrer Gesellschaft und Zeit standen. Die Turelsche Formulierung »Dein Werk soll deine Heimat sein« findet bei Hohl eine Entsprechung: »Alle großen geistigen Leistungen sind aus der Heimatlosigkeit entstanden.«

Mit seiner Auflehnung gegen eine Literatur, die sich als patriotisch verstand und pädagogisch-didaktisch rechtfertigte, bezog er eine unzeitgemäße und unpopuläre Position. Da er die Literatur zum Thema der Literatur machte wie kein anderer, wurde er in der Schweiz entscheidend bei der Heranbildung eines literarischen Bewußtseins.

Die Kollegen-Literatur

Sosehr ihm sein Schreiben übers Schreiben Rang verleiht, er manövriert sich sogleich in Fragwürdigkeiten hinein: »Es gibt zwei Arten von Literatur: die eine ist bestimmt für Schriftsteller; die andere für die Mehrzahl der Menschen. Schöpferisch ist nur die erste.«

Daß es ihm selber bei einer solchen Aufteilung nicht ganz geheuer ist, wird ihm bei anderer Gelegenheit bewußt, etwa bei Joseph Conrad: »Er ist der einzige Autor, oder doch einer der ganz wenigen Autoren unserer Zeit, die von der Menge gelesen werden können und zugleich den höchsten Ansprüchen genügen. (Oder können vielleicht Proust, Gide, Valéry, Kafka, Karl Kraus von der Menge gelesen werden?)« Was für ein Pech jedenfalls für jeden, der höchste Ansprüche stellt, aber leider nicht Schriftsteller ist – ganz abgesehen davon: Ab wie vielen Lesern beginnt die Menge?

Wenn Hohl etwas geworden ist, dann ein Schriftsteller für Schriftsteller. Die Frage bleibt nur: War dies von Anfang an gemeint, oder ist, was sich als Programm ausgibt, eine nachträgliche Ideologisierung?

Auf alle Fälle berufen sich heute Schriftsteller nicht ungern auf die Schriftsteller für Schriftsteller, und es sind nicht zuletzt jene Autoren, die für eine »minoritäre Literatur« eintreten, die für ihr exklusives Gebaren die Formel der »Verweigerung« prägten und es als Ausweis nehmen, schwierig zu schreiben, wenn nicht überhaupt gleich unlesbar, die für den einen kleinen Kreis publizieren und Kollegen-Literatur kultivieren.

Überraschend jedoch, daß auch Autoren Hohl vorbehaltlos zitieren, die für eine Demokratisierung der Kultur eintreten, Schriftsteller, die sich selber als links deklarieren und die gegen die elitäre Auffassung von Literatur, wie Hohl sie vertritt, ankämpfen müßten. Daß dies nicht der Fall ist, hat wohl damit zu tun, daß sie Hohl gar nicht in erster Linie ernst nehmen für das, was er schreibt, sondern als Figur, und diese, soweit sie ein Opfer der Gesellschaft ist.

Nun ist Hohl in der Tat ein unerbittlicher Kritiker der Merkantildemokratie. Die Schweiz verkörpert für ihn geradezu den Idealfall eines solchen Nützlichkeitsdenkens.

Um dieser Gesellschaft zu entfliehen, propagiert er, nicht nur für sich, sondern auch für eine spätere Generation, die »höhere Emigration«:

> »Wie wohl ist dem, der über die schweizerische Grenze reist! Aber in der guten Richtung natürlich. Und all das ewig Kalte, das doch immer Fremde, tiefst innerlich Fremde, die Öde, in der er, wie auch äußeres Arrangement sich finde oder nicht finde, doch immer ein Bedrohter, Ausgesetzter ist, im Rücken läßt! Die Schweiz nämlich.«

Hohl selber war, noch nicht zwanzigjährig, nach Frankreich durchgebrannt und hatte sich später in Holland niedergelassen, wo er völlig gebannt feststellte, wie sehr diese Holländer, zu denen er freiwillig geflohen war, den Schweizern zu Hause glichen: »Es gibt keinen, der mein spezielles Leiden an der Schweiz im mindesten kennt; aber, was ärger ist, auch nur ganz wenige, die es zu kennen vermöchten.«

Er stand in Opposition zu einer Gesellschaft, in der es für ihn als Schriftsteller nur ein klägliches Auskommen gab. Doch erinnert seine Opposition oft an den klassisch-traditionellen Gegensatz zwischen Bourgeoisie und Künstlertum: der Bürger, der die Kunst als etwas Unnützes betrachtet, und der Künstler, der beweist, wie notwendig das Unnütze ist. So verteidigt Hohl sein Schreiben als »Arbeit«, und er kann sogar, recht helvetisch, von »sauberer Arbeit« reden. Nun kann er aber auch den Spieß umdrehen und die Arbeit der andern als minderwertiges Schaffen abtun:

»›... von Natur träger als der Mann, wie die Frau nun einmal ist‹: Ein Gegenbeweis, den man mir gebracht hat, war nur ein neuer Beitrag zum Beweis. Man redet nämlich von den Weibern in Italien, welche Arbeiten verrichten, Tragen, Sägen, Kochen, Reinigen – alles, während die Männer den ganzen Tag faulenzen. – Ein Beweis mehr für die Faulheit der Weiber.«

Das Schreiben wird nicht als eine Arbeit neben andern gesehen, sondern als das wahre Arbeiten. Die Alternative »leiden oder arbeiten« gilt vielleicht aber auch dann, wenn jemand als Arbeit etwas anderes verrichtet als schreiben. Die Spießigkeit beginnt nicht schon damit, daß einer einem Brotberuf nachgeht, ganz abgesehen davon, daß man den wahren Arbeiter, den Schriftsteller, erst fördern kann, wenn einige einen Brotberuf ausüben.

Auf jeden Fall ist Hohl als Gesellschaftskritiker nicht ein Intellektueller, der nach Bedingungen dieser Gesellschaft fragt. Er macht sich nicht Gedanken, wieso die Menge nichts von Literatur wissen will, ob es dafür soziale oder gar wirtschaftliche Gründe gibt, und ihm kommt es schon gar nicht in den Sinn, daß man einen solchen Zustand ändern könnte.

Wenn Hohl sich so sehr als Opfer dieser Gesellschaft sieht, ist die Frage erlaubt, ob er als Opfer nicht auch opferte – ob er nämlich nicht die opfert, die er die Menge nennt.

Als Gegenfigur, als Verkörperung des Krämergeistes, hat Hohl den »Apotheker« erfunden und Frau Meier als Vertreterin des Biedersinns und der kleinbürgerlichen Häuslichkeit.

> »Sie hat einen Tisch, damit er diene. Sie läßt ihn mit Lack überziehen – damit er schöner ist. Sie legt ein Tuch darauf – um die Schönheit zu schonen. Ein Linoleum darauf – um das Plateau zu schonen. Ein Papier darauf – um das Linoleum zu schonen. Nun kann der Tisch dienen, aber höchstenfalls in dem Maße, wie der anfangs auch gekonnt hätte.«

So gnadenlos brillant er Frau Meier charakterisiert, er kann sich manchmal durchaus im Geschmack mit Frau Meier treffen, dann zum Beispiel, wenn er wie sie nicht Heraklit oder Spinoza liest, sondern Pearl S. Buck:

> »Heute *The Good Earth* zu Ende gelesen; ich ging an das Buch mit all dem Mißtrauen heran, das ich gegenüber Büchern mit großer Auflage (in ihrer Zeit) habe (und gar einen ›best-seller‹, was, wenn ich nicht irre, dieses Buch doch war!), außerdem gegen schreibende Weiber habe (die entweder sentimental sind, gestaltlos, oder dann sich ins ›Erhabene‹ übersteigern): das stärkste, was ich an Epischem seit sehr langer Zeit gelesen habe, vielleicht seit Proust.«

Nun ist Hohl nicht nur gegenüber »schreibenden Weibern« skeptisch, sondern gegenüber Frauen allgemein:

»Stimmung ist dasjenige, was in dem Maße, wie der Geist größer wird, zu existieren aufhört und nicht mehr existiert vor voller Geistesgröße... Die Frauen haben immer ›Stimmungen‹. ›Stimmung‹ ist eine Ausflucht. Nur nicht denken!«

Glücklicherweise findet sich in den *Nachnotizen* eine eindrückliche Schilderung von einem Besuch am Grab eines »schreibenden Weibes« wie Katherine Mansfield, und an anderer Stelle konzedierte Hohl Frauen Sinn für humanitäre Verantwortung.

Aber das hindert ihn nicht an einer Grundsätzlichkeit wie der:

»So eine richtige Frau hat weder Ironie noch Humor noch Geist, ist folglich genötigt (vorausgesetzt, daß sie eine gewisse Vitalität besitze), mit jedermann früher oder später Streit zu machen.«

Diese Sätze zeugen nicht davon, daß in ihnen »der Geist größer« ist. Und was, wenn eine Frau doch Sinn für Ironie und Humor hat und sogar so viel Geist besitzt, daß sie in den Tagebüchern von Robert Musil liest und dort eine Eintragung findet, die sie mit Hohlscher Apodiktik Hohl vorhält: »Schweizerischer Aphoristiker. Jetzt weiß ich mindestens, was ein Hohlkopf ist.«

Was einem beim Hohlschen Reflexionsprozeß auffällt, ist seine »Zeitlosigkeit«.

Die *Notizen* und *Nachnotizen* stammen aus einem Vierteljahrhundert; aber sie sind weitgehend austauschbar; was in den dreißiger Jahren notiert wurde, hätte auch in den Fünfzigern zu Papier gebracht werden können. Was sich als Variante ausgibt, ist oft nur ein Treten an Ort; so läßt sich in diesem Werk kaum Entwicklung feststellen. Zeitlos sind die *Notizen* auch, was die Zeitgeschichte betrifft. Es sind immerhin die Jahrzehnte des triumphierenden Faschismus und des Zweiten Weltkriegs, der europäischen Machtverschiebung und der Nachkriegszeit mit ihren Erwartungen und Enttäuschungen. Davon ist aber in den *Notizen* und *Nachnotizen* wenig zu spüren. Oder wenn, dann so: »Über das Laster Ski möcht ich meine Meinung nicht zurückhalten (was jetzt die Zeitungen vor allem füllt, sind Bombardement und Ski)«, und dann schimpft Hohl ausführlich über das Laster Skifahren.

Man muß daneben nur das erste Tagebuch von Max Frisch lesen, um zu erfahren, wie ein Schriftsteller seine Zeitgenossenschaft lebte, ohne deswegen schon Verrat an der Literatur üben zu müssen.

In seinen *Nachnotizen* zitiert Hohl einen Brief seines Zürcher Schriftstellerkollegen R. J. Humm: »Den meisten muß man den Geist betonen. Ihnen muß man das Leben vorhalten.« Hohl antwortet: »Ich meine nicht, daß Literatur Beziehung zum Leben ist. Was Sie da geben, ist die Definition des Journalismus. Literatur ist selber Leben.« Er spricht von der »Absolutheit der Kunst«. Indem er für die Eigengesetzlichkeit der Literatur eintritt, kann er nuanciert darlegen, wie sich der Politiker und der Künstler in Absicht und Wirkung unterscheiden. Aber Hohl notiert auch:

> »Man hat sehr großes Politisches zu erledigen. Daher kann man meine Schriften jetzt nicht lesen. Aber wenn die Hauptmasse des Politischen erledigt sein wird – wohl in sehr wenigen Jahren –, wenn man sich wieder zu besinnen anfangen wird (›wo, wer sind wir nun?‹), dann – das scheint mir anzunehmen erlaubt – wird man wohl meine Schriften lesen.«

Was aber, wenn die Hauptmasse des Politischen sich nie ein für allemal erledigen läßt? Hohl strebt das »reine Denken« an. Das Politische hingegen gehört bei seinem Puritanismus zur schmutzigen Welt. »Was ich habe, ist zu wenig für diese schmutzige Welt«, stellt er mit geradezu altjüngferlichem Seufzer fest. Und atmet auf, wenn er ein »reines Buch« liest wie *Der Arzt Gion* von Hans Carossa. Und man meint den Pastorensohn zu hören, wenn er ausruft: »Ihr sollt rein sein, wie euer himmlischer Vater rein ist, zum Beispiel Montaigne, Bach, Gide.«

Aber es gibt nun einmal diese schmutzige Welt, und in einer solchen Welt haben wir uns zu bewegen und zu bewähren, und vieles ist nur deswegen rein, weil es sich gewaschen hat. »Aber das Leben selbst ist eine Tortur.« Es ist fraglich, ob man der Tortur entgeht, indem man sich dem Leben entzieht. »Leben ist dasjenige, was nur in Verdünnung vorhanden ist«, heißt es an anderer Stelle. Aber gibt es nicht auch einen Geist, der nur verdünntes Leben bietet?

Was Hohl anstrebt, ist Konzentrat und Essenz. Und in seiner Angst, allzu Verdünntes zu bieten, beginnt er die kräftige Brühe mit dem Bouillonwürfel zu verwechseln.

Nun unterscheidet Hohl zwischen dem »Wirklichen« und dem »Realen«. Mit dem »Realen« ist eine »höhere Realität« gemeint, wobei die Trennung nicht ganz so klar ist, wie man es sich wünschen möchte. Die Beziehung zwischen dem »Wirklichen« und dem »Realen« sähe anders aus, wenn Hohl auch in seinem Denken mehr Zeitgenossenschaft üben würde – spätestens seit Marx wissen wir, daß Geist und Ökonomie miteinander zu tun haben, und seit Freud trennen wir nicht mehr so einfach zwischen Oberfläche und Tiefe, und dementsprechend ist unser Alltag bedeutungsgeladen.

Das »reine Denken« abstrahiert von der konkreten Situation, daß sogar die Kommunikation fraglich wird. Da kann Hohl mit Teilnahme davon berichten, wie Kinder mißhandelt werden und machtlos sind. Und im nächsten Moment erklärt er: »Sanktionierung ist ein Amortisierungsverfahren gegenüber den Dingen.« Man fragt sich, was selbst ein begabtes Kind mit einer solchen Antwort anfängt.

Die Ausrichtung auf Wesentliches führt zu Apodiktischem, dessen Absolutheit Hohl immer wieder gleich selber korrigiert; so wird er meist nicht dort spannend, wo er ein Urteil abgibt, sondern dort, wo er sich selber ins Wort fällt. Wenn er anläßlich des »schweizerischen Stils« vom »Mineralischen« spricht und von der »Verkrustung«, fügt er gleich bei: »Walser ist nicht schweizerisch.« Nun könnte man durchaus Walser (*Robert* Walser) auf Schweizerisches hin untersuchen, sofern eine solche Fragestellung opportun wäre. Wieviel mehr bietet Hohl, wenn er nicht allgemein bleibt: »Er [Walser] hatte soviel Phantasie, daß er sich sogar in die Nüchternheit hineinphantasierte – und die nüchternen an Nüchternheit übertraf.«

Es sind immer wieder die Details und die Nuancen, mit denen Hohl überzeugt und einnimmt. Da erweist er sich als genialer Beobachter: »Gradunterschiede sind wahrscheinlich wichtigere Unterschiede als Unterschiede des ›Wesens‹«, heißt es. Oder: »Denn der Geist ist vor allem – oder überhaupt nur – in den Nuancen«, ein Gedanke, der auch so formuliert wird:

> »Immer dringlicher ist nur im Laufe der Jahre meine Überzeugung geworden, daß es kaum etwas Gefährlicheres für den Künstler geben kann, als nach dem Großen zu trachten. Er halte sich allein ans Einzelne; beim Satz, beim Detail ist das ganze Problem…«

Trotz dieser Eigenwarnung ist aber Hohl auf das Große aus, bis zum elitären Gestus. Diese Inkonsequenz überrascht um so mehr, als sie sich in einem Buch manifestiert, das den Titel *Von den hereinbrechenden Rändern* trägt und in dem man lesen kann: »Nicht vom Zentrum aus geschieht die Entwicklung, die Ränder brechen herein.« Mit einer solchen Feststellung verrät Hohl einen Spürsinn, der Zukunft entdeckt und ein Terrain erschließt, auf dem wir heute entscheidende Erfahrungen machen. Den *Hereinbrechenden Rändern* entsprechen stilistisch auch *Notizen*, Notizen, die das Notizenhafte bewahren gemäß der Devise, daß »Zeichnen das Elementarste ist« – beiläufige Notate wie »Die Bücher sollten nicht lange dauern, sondern wie die Blumen nach einiger Zeit verwelken, verlöschen« oder »Es geschieht niemals ein Wunder, ›Wunder‹ ist eine Kategorie des Erkennens« oder »Die zärtlichen Gelenke der Sprache, die Konjunktionen«.

Doch gleichzeitig hält Hohl Ausschau nach einem Zentrum, sei es in Form zentraler Sätze oder Wesensbestimmungen; dann stellt er seine Hierarchien auf und läßt die Superlative zum Zug kommen. Seiner zukunftsträchtigen Erkenntnis steht dann ein rückwärtsgewandtes Grundverhalten im Weg. Schon seine Schreibtechnik möchte er ewiggültig: »Ich will nicht auf eine Platte schreiben, die dann nachher gestählt wird. Ich will direkt auf eine Stahlplatte schreiben.« Mit dieser Absolutheit stellt sich auch schon das schiefe Bild ein. Und das passiert immer dann, wenn Hohl sich um »Definitives« bemüht. Sobald er für seine Erzählungen nicht Papier, sondern Stahlplatten benutzt, fangen die Manierismen an. Das ist nicht der Fall, wenn er in den *Notizen* oder *Nachnotizen* beiläufig berichtet. Das erlaubt den Gedanken, daß man von Hohl nicht so sehr aus seinem kaum existierenden Nachlaß Interessantes zu erwarten hat, dafür um so mehr von der Publikation seiner Briefe, in denen er erzählt, ohne die Pose des Erzählers einzunehmen.

Der gleiche Hohl aber, der sich um Stahlplatten-Definitives bemüht, lobt den Weg und achtet ihn höher als das Ziel. Zu jedem Weg aber gehört das Verschnaufen, und da lauert die Gefahr, daß man den Zwischenhalt für das Ziel hält. Hohl, der im Namen der »unvoreiligen Versöhnung«

den Kampf gegen die »unbedachten Worte« führt, erliegt selber immer wieder voreiligen Herbergen.

So führt Hohl vor, wie die Tugend, sich auf Wesentliches auszurichten, umschlagen kann: daß es ein Laster ist, nur wesentlich sein zu wollen.

Max Frisch – erschwerte Verehrung

HUGO LOETSCHER Ich könnte mir denken, daß Ihnen, Herr Frisch, für eine Gedenkstunde zu Ihrem zehnten Todestag ein anderer Gesprächspartner lieber wäre.

MAX FRISCH Man kann sich seine Leser nicht aussuchen. Nicht seine Feinde. Seine Kritiker schon gar nicht.

HL Ich kann mir gut vorstellen, wie ich Sie einmal ... sagen wir, verärgert habe. Das muß in den frühen Sechzigern gewesen sein, Studio Basel und der Sender Freies Berlin pflegten eine Gemeinschaftsproduktion: literarisches Rätselraten. Vier Personen als Teilnehmer. Jeder präsentierte einen anonym gehaltenen Text, deren Autorschaft die andern zu erraten hatten. Ich, ein junger Literat, ließ eine Passage wie diese lesen:

> »Er trank die Tage wie sonnigen Wein, der ein Gekringel roten Leuchtens auf den steinernen Tisch spielt, ein Glas voll Wunder. Er summte und pfiff, er stieg in weglose Höhen wie eine Ziege, von wechselnden Anblicken weiter und weiter verführt wie jene von lockenden Kräutern; er malte, zeichnete, trunken von Welt, sang vor sich hin in das Getöse der Bäche, in das Gerausch der Wälder, in das Rascheln des gefallenen Laubes, in die abendliche Einsamkeit über den herbstlichen Tälern.«

Die meisten tippten bei diesem und ähnlichen Zitaten auf Werner Bergengruen, Ernst Wiechert, Edzard Schaper – auf Baltisches, denn es war da, glaub ich, auch von einem Gutsherrn die Rede.

MF Nennen Sie ruhig Hans Carossa. Sein *Rumänisches Tagebuch*. Ich habe ihn für dieses Werk bewundert, damals 1933/34. Sie kommen sich wohl als Avantgardist vor, wenn Sie mir vor Augen halten, wie zehn Jahre nach meinem Tod die Anfänge aus meinen dreißiger Jahren hervorgeholt werden.

HL Was Überraschungen bietet, denkt man an Ihre ersten Reiseberichte, die vor kurzem zusammen mit den Briefen an die Mutter herauskamen.

MF Ich fuhr damals für die *Neue Zürcher Zeitung* als Berichterstatter zu den Eishockey-Weltmeisterschaften nach Prag. Entscheidend war im Anschluß die Reise durch den Balkan:

> »Denn Briefe bleiben wohl höchstens die Deutung einer Schönheit. Nie diese Schönheit selbst. Nie solches Leuchten eines Südlandhimmels, wenn er wolkenleer ist. Zum Hinaufjauchzen.«

HL Der Journalismus als Probebühne für Literatur.

MF Dafür dürfte jemand wie Sie Verständnis aufbringen.

HL Mit aller Gefahr, per Schön-(oder Schöner-)Schreiben sich das Entree in die Literatur zu erhoffen. Eine Versuchung, der man nicht leicht entkommt, wenn ich an Späteres denke. Jedenfalls: persönliche Erfahrung, die sich in einem literarischen Werk niederschlägt. Ein erstes Beispiel dafür: *Jürg Reinhart*.

MF Ich habe diese »sommerliche Schicksalsfahrt«, wie ich das Buch nannte, überarbeitet. Mehrfach.

HL Das Buch blieb greifbar. Im Gegensatz zu Ihrem Berg-Roman *Antwort aus der Stille*. Klettern als Schicksalsbewältigung. Zeitgerechter Heimatstil der dreißiger Jahre. Ich wäre anläßlich eines Rätselratens nie bei einer Stelle wie der folgenden auf Sie gekommen: ein Bergsteiger, der beim Erklimmen der Nordwand abstürzt, drei Tage liegenbleibt und ohne Hilfe sich rettet:

> »Gerettet sein! – er kann es noch kaum begreifen, daß es wirklich nicht der Tod sein wird, was aus dem Dunkeln über ihn kommt, sondern nur ein warmer Schlaf! Er weiß bloß, wie dankbar er sein will für alles, was nach diesem Schlaf kommen mag! Wie dankbar, auch wenn sie ihm den rechten Arm abgenommen haben, vielleicht auch noch den einen Fuß, wie dankbar für alles, was ihm noch bleibt, und die linke Hand ist ihm ja geblieben, sie kann den Ring tragen, und auch arbeiten kann man mit der linken Hand, wenn man es lernt, arbeiten wie die andern Menschen, und sogar ein ganzer Vater sein, ein wirklicher Lehrer ...«

Der Roman wurde nicht in die *Gesammelten Werke* in zeitlicher Abfolge aufgenommen. Hans Mayer, der Herausgeber, erzählte, wie harzig die Verhandlungen waren, auch frühere Texte, aus den dreißiger Jahren, zu berücksichtigen.

MF Ich hatte Hans Mayer 1948 beim »Congrès mondial

des intellectuels pour la paix« im einstigen Breslau kennengelernt, als er noch Dozent in der damaligen Sowjetzone war. Sie finden in seiner Edition Texte, die mir keineswegs schmeicheln. Wenn ich an das denke, was ich 1938 übers Zürcher Schauspielhaus schrieb, dieses Refugium deutscher Emigranten, eine Bühne des Antifaschismus:

> »Wir denken uns eine Bühne deutscher Sprache, die schweizerisch ist. Wir wollen keine Werbetrommel und kein Festspielhaus; wir wollen keinen vaterländischen Weihrauch, der uns mit dem Gefühl entläßt, daß wir eigentlich ein Völklein sind, das sich gar nicht mehr bessern muß. Aber ebensowenig wollen wir jenen unfruchtbaren Ungeist, der sich nur an den Mängeln weidet, jene Wollust eidgenössischer Selbstzerfleischung, die in unserem Lande stets nur die Schwächen sieht und ausspricht, die nun einmal jede verwirklichte Idee hat... Wir wollen eine männlichere und fruchtbarere Haltung, die uns die Gefahren nicht verschweigt, aber die zugleich an die gesunden Kräfte rührt, die in unserem Volke sind.«

HL Immerhin in einem Aufsatz, der fragte: »Ist Kultur eine Privatsache?« Sie stellten bereits die Fragen des späteren Frisch nach der Beziehung von Literatur und Öffentlichkeit.

MF Zwanzig Jahre später werden es meine Gegner sein, die von der Wollust der Selbstzerfleischung reden, nur daß sie damit auf mich zielen. Es gab den Moment, da ich meine frühen Manuskripte verbrannte.

HL Als Uwe Johnson, Ihr damaliger Lektor beim Suhrkamp Verlag, Stichworte aus Ihren Publikationen zusammenstellte, wählte er auch eine Passage wie diese:

»Was man damals wie heute einen rechten Schweizer nannte: – es gibt einfach Dinge, die ein rechter Schweizer nicht tut, sein Haar kann dabei blond oder schwarz sein, das sind nicht seine Merkmale, Spitzkopf, Rundkopf usw. Der rechte Schweizer kann ganz verschieden aussehen. Er muß nicht Turner sein, Schützenkönig, Schwinger usw., doch etwas Gesundes gehört zu ihm, etwas Männerhaftes. Der rechte Schweizer kann auch ein dicker Wirt sein; das Gesunde in der Denkart ... Der rechte Schweizer kann Bankier sein, das muß er aber nicht, auch als Hauswart kann man ein rechter Schweizer sein, als Lehrer. Wer nicht wissen sollte, was ein rechter Schweizer ist, lernt es spätestens beim Militär ... Der rechte Schweizer läßt sich nicht auf Utopien ein, weswegen er sich für realistisch hält ... Das Gesunde in der Denkart: Eine gewisse Bedächtigkeit, alles schnellere Denken wirkt sofort unglaubwürdig. Er steht auf dem Boden der Tatsachen, hemdärmelig und ohne Leichtigkeit. Da der rechte Schweizer eben sagt, was er denkt, schimpft er viel und meistens im Einverständnis mit andern, daher fühlt er sich frei.«

Aus dem *Dienstbüchlein*. Zu den Erinnerungen, denen man bei Johnsons Auswahl begegnet, gehört auch eine an die schweizerische Landesausstellung 1939.

»Ein einig Volk von Brüdern, das in Frieden lebt und in einem schönen Land und tüchtig und in Demokratie wie nirgends auf der Welt, vielsprachig und schlicht zwischen Alphorn und Maschinen-Industrie... immun gegen alles Unschweizerische. Selbstvertrauen aus Folklore. Was mir damals nicht auffiel: der dezente Geruch von Blut und Boden – helvetisch...«

Ein kritischer Rückblick. Das war 1974. 1954, zwanzig Jahre zuvor, hatte es noch geheißen:

»Die letzte schweizerische Manifestation war die Landesausstellung 1939. Sie war großartig und ist gerade darum nicht wiederholbar ... 1939 erkannte sich die Schweiz dank der Landesausstellung als Nation wie nie mehr seit 1848.«

Was in der Zusammenstellung von Johnson beim Stichwort »Kanonier Frisch« unerwähnt bleibt, ist das Werk, gegen das sich dieses Dienstbüchlein wendet, nämlich *Blätter aus dem Brotsack,* vierunddreißig Jahre früher veröffentlicht. Diese Notizen aus der Militärzeit, dem sogenannten Aktiv- und Grenzdienst, enden mit einem Satz, in dem der Zweite Weltkrieg als »Segen einer Gefährdung« bezeichnet wird:

»Schroffer, rücksichtsloser, schmerzlicher, aber auch klarer und gültiger, großzügiger, mutiger fallen die menschlichen Entscheidungen unter dem Segen einer großen bewußten Gefährdung, die alles überragt, stündlich.«

MF Würde es Ihnen etwas ausmachen, »Schweiz ohne Armee« zu erwähnen? Auch wenn es nur ein Palaver war, an

Wirkung und Verunglimpfung fehlte es nicht. Als 1989 über eine »Schweiz ohne Armee« abgestimmt wurde. Einen Literaturpreis münzte ich um in Abstimmungsplakate. Man kann auch in dieser Richtung einen Bogen schlagen, und nicht nur rückwärts.

HL Überraschend, wie manches aus der Vorkriegszeit und ihrem ungebrochenen Patriotismus bei Ihnen nachwirkte. Und das auch, nachdem Sie im Theater eine Öffnung vollzogen mit dem Geisel-Drama *Nun singen sie wieder* oder mit *Als der Krieg zu Ende war*. Da waren Sätze wie »das Atom ist spaltbar« auf der Bühne des Schauspielhauses zu hören, wo während der Kriegsjahre von Schweizer Autoren Stücke aufgeführt wurden wie *Romanze in Plüsch* (Cäsar von Arx), *Maikäfer Komödie* (J. V. Widmann) oder *Neues aus der sechsten Etage* (Alfred Gehri). Als Sie sich 1964 an dem Mahnruf »achtung: schweiz« beteiligten, schwebte Ihnen eine moderne Version der Landesausstellung vor.

MF Ich bin neugierig, was Sie jetzt zitieren.

HL Etwas, das sich durchaus heutig lesen läßt.

> »Das Verhältnis des Schweizers zur Idee, ja, das wäre ein Kapitel für sich. Der Schweizer hat Schwierigkeiten mit der Idee; genauer: Schwierigkeiten beim Schritt von der Idee zur Ausführung. Dabei ist die Schweiz nichts anderes als eine Idee, die einmal realisiert worden ist. Man ist nicht realistisch, indem man keine Ideen hat.«

Verständlich, daß man sich bei dem, was Sie ein »Gespräch über unsere Lage« nannten, nicht nur für die Kritik, sondern auch für Ihren »Vorschlag zur Tat« interessiert. Nichts Geringeres sollte verwirklicht werden als »die schweizerische Stadt unseres Jahrhunderts«. Aber wie sieht diese Stadt aus? Es soll eine Stadt gegründet werden für 10 000 bis 15 000 Einwohner. Als Modell dient eine Kleinstadt mit Parkkellern, Parktürmen, Parkplätzen für 20 000 Wagen: »Wir bauen eine moderne Kaserne für Rekrutenschulen und Wiederholungskurse ... Musterschlachthaus, Musterbäckerei, Mustergaragen, Musterbäder, Musterschulen.« Erstaunlich nur, von einer kulturellen Einrichtung wie etwa einer Bibliothek oder einem Theater ist nicht die Rede – was geplant ist, ist eine Modellstadt der funktionstüchtigen Biederkeit.

MF Es ging um die Manifestation einer schweizerischen Lebensform, um die Frage des Stils.

HL Ich möchte die Anfänge nicht missen. Nicht aus Lust am Dekuvrieren. Nicht einfach, um einen andern Frisch zu zeigen als den, der uns gängigerweise einfällt. Oder, um den luziden Frisch zu zitieren:

> »Ich halte es für ein eigentliches Unglück: das Verbinden von Wunden, die noch voll Eiter sind – und sie sind voll Eiter –, das Vergessen der Dinge, die nicht durchschaut, nicht begriffen, nicht überwunden und daher nicht vergangen sind.«

MF Aufsätze, Reden aus über vier Jahrzehnten, das hat – postum – eine Publikation ergeben: *Schweiz als Heimat?*

HL Wären hier nicht auch frühere Texte denkbar und unerläßlich gewesen? Eine Frage, die auch an die Anthologie *Schweiz als Heimat* aus dem Jahr 1990 gerichtet werden könnte: Texte aus den dreißiger Jahren mit zu berücksichtigen. Um den Weg ganz abzustecken: die Entwicklung vom patriotisch gesinnten Jungautor bürgerlichen Credos zum kritischen Zeitgenossen einer Gelddemokratie. Gewichtige Kritiker-Interpretationen würden anders ausfallen, wenn sie nicht *J'adore ce qui me brûle oder Die Schwierigen* aus dem Jahr 1943 als erstes Werk betrachten, wenn man mit einbezieht, was vor 1939 und während des Kriegs publiziert wurde. Nicht als bloß privat-persönlicher Bewußtseinsprozeß, sondern damit würde die historische Spannweite einer nationalen Problematik abgesteckt – ein repräsentativer Prozeß und noch repräsentativ in seinen Widersprüchen. Insofern haben Sie mit dem Weg, den Sie durchlaufen haben, zugleich die Richtung für andere gewiesen – für uns, für die Generationen nach Ihnen.

MF Also doch ein schweizerischer Autor, oder sagen wir: von der Schweiz vereinnahmt?

HL Die Schweiz als Anlaß, als ergiebiger Anlaß. Ein Autor, der einmal meinte, die Schweiz sei für ihn kein Thema mehr, und der seinen Wohnsitz nach Rom verlegte. Der gleiche Frisch, der nach seiner Rückkehr in die Schweiz wie kaum ein zweiter Schriftsteller zu einem unerbittlichen Kritiker seines Landes wird. Und der den jüngeren Kollegen vorhält, die Schweiz sei für sie kein Thema. Die politisch-intellektuelle Auseinandersetzung ist ohne Sie nicht zu denken, ob Sie eine Festrede am Nationalfeiertag halten oder ob Sie sich an junge Lehrer wenden, ob Sie sich zum Zürcher Debakel äußern oder zur Rückkehr des kalten Krieges, die Schweiz als »quantité négligeable« und gleichzeitig Anlaß zu intellektuellem Leiden – Spannweite und Ambivalenz.

MF Falls erlaubt ist, daß ich mich selber zitiere:

»Es geht bei uns stets nur darum, zu bewahren, auszubessern, zu perfektionieren ... Ich möchte die Angst vor der Zukunft geradezu als Grundgefühl des Schweizer Zeitgenossen bezeichnen. Ist Ihnen nie aufgefallen, daß das Wort ›Utopie‹ bei uns ausschließlich im negativen Sinn verwendet wird ... Wer einen Plan hat, vermittelt mit der Gegnerschaft, ehe er ihn vorlegt.«

HL Und für mich ein Land, das das Glück hat, einen Autor zu haben, der über seine Mythen schreibt wie Sie in Ihrem *Wilhelm Tell für die Schule.* Schullektüre nicht aus patriotischen Gründen, sondern aus stilistischen – die Szene, wie der Habsburger Gessler (Grisler) Kenntnis nimmt von der Innerschweiz.

»So ritt er tagelang, ohne jemand anzusprechen. Er sah ihre Hütten zwischen den Felsen; es dünkte ihn aberwitzig, daß Menschen in einer solchen Gegend wohnten, und sie taten ihm leid. Wenn er die sturen Felsen sah und das Geröll, überall Hänge von Geröll, verstand er, daß sie mürrisch waren, obschon er, Ritter Konrad oder Grisler, ihnen nichts zuleide getan hatte. Er lobte ihr Vieh. Im Durchschnitt waren sie klein und kräftig. In den ersten Tagen meinte er, alle hätten Kröpfe. Sie hatten diese kurzen und dicken Hälse, diese kurzen und stämmigen Nacken, wenig Hinterkopf, eine niedrige und kantige

Stirn, darunter zwei Augen mit einem stechenden Blick. Eigentlich blickten sie einen nicht an, sie musterten. Sie hatten ein hartes Leben, aber sie waren stolz darauf. Sie waren Christen. Die Männer trugen das Heu auf dem Kopf, ganze Wolken von Heu, dann sah man nur ihre Beine, krumm vor Kraft der Waden. Sie wußten, wie man Käse macht, und brauchten sich von der Welt nicht belehren zu lassen.«

MF Machen Sie mich nicht zum Schweizer.

HL *Öffentlichkeit als Partner* geht über das Helvetische hinaus. Man soll sich kein Bildnis machen, das ist aktuellste Antiideologie in einer totalitären Zeit, ist Warnung vor allem Endgültig-Fixierten. Aber die moralische Warnung »kein Bildnis machen« kann in Konflikt kommen mit dem ästhetischen Bedürfnis nach Bildhaftigkeit und dem künstlerischen Recht aufs Bild. Meine erste Begegnung mit Ihnen war eine poetische:

»Draußen war es ein unsäglicher Abend. Ich ging. Ich ging in der Richtung einer Sehnsucht, die weiter nicht nennenswert ist, da sie doch, wir wissen es und lächeln, alljährlich wiederkommt, eine Sache der Jahreszeit. Ein märzliches Heimweh nach neuen Menschen, denen man selber noch einmal neu wäre, so, daß es sich auf wohlige Weise lohnte zu reden, zu denken über viele Dinge, ja, sich zu begeistern, Heimweh nach ersten langen Gesprächen mit einer fremden Frau. Oh, so hinauszuwandern in eine Nacht, um keine Grenzen bekümmert. Wir werden schon keine, die in uns liegt, je überspringen. Natürlich traf ich niemanden. Ich schlenderte. Oder es konnte auch sein, daß ich stehenblieb, etwa vor einem Schaufenster. Frauen anzusprechen ist eine besondere Gabe; man hat sie oder hat sie nicht. Schön fand ich es dennoch, draußen der abendliche Perlmuttersee, das Spröde der Luft, das Laue eines solchen Abends im März, das sonderbar Offene und Blaue, das Laute eines klimpernden Klaviers, das sich unter der gläsernen Glocke einer himmlischen Stille verfing, lächerlich, ergreifend lächerlich, oder feierlich, zum Weinen feierlich und geschmacklos, schlagerhaft, selig. Dennoch schlendere ich weiter, traurig an Gärten vorbei, die ich nicht haben wollte. Eine Köchin führte den Hund ihrer Herrschaft spazieren, der schnupperte an allen Ecken, und da und dort lag noch ein letzter Schattenschnee, ein Häuflein von verstaubtem Winter. Die Vögel piepsten aus der Dämmerung. Und die Köchin entschwand in ein Gartentor. Später stapfte ich durch den Wald. Später war auch der Mond aufgegangen, wie ein Gong aus Messing hing er über dem Schilf eines unerwarteten und nie gekannten Riedes, über dem Quaken der Frösche, und ich war, so wollte mir scheinen, durchaus nicht lange gegangen, als ich unversehens vor der Chinesischen Mauer stand. ›Bin‹, sagte ich, ›das ist doch sonderbar – das muß eine Täuschung sein.‹ Bin lächelte.«

Bin oder die Reise nach Peking – diese Prosa erlebte ich, damals ein Gymnasiast, als dichterische Offenbarung. Das beeindruckte mehr als das Soldatische der *Blätter aus dem Brotsack*. Allerdings, die beiden Bücher hingen mehr (oder auf andere Weise) miteinander zusammen, als wir in den ersten Nachkriegsjahren ahnten. Einerseits das patriotische Bekenntnis und damit unweigerlich helvetische Einengung und andererseits der Ausbruch, der poetische Weggang, wenn man will, das »Evasive«. Das eine als Korrektur des andern. Mit der fatalen Folge, Poesie oder Literatur als Kompensation zu verstehen. Es gäbe für die Fotografie eine Parallele. Gotthard Schuh, der als Reporter über den Aufstieg des Nationalsozialismus in Deutschland und Österreich berichtete, brach 1940 nach Bali auf und publizierte während des Krieges seinen Bildband *Insel der Götter*. Was uns bei *Bin* einnahm, wiederholte sich beim *Tagebuch mit Marion*. Ihm und seinen Puppen begegneten wir erneut im *Tagebuch 1946–1949*. Das war nicht einfach ein Buch mehr, sondern ein Aufbruch, literarisch wie intellektuell. Das verhielt sich mit dem zweiten Tagebuch anders.

MF Sie haben sich ziemlich höhnisch geäußert.

HL Nicht nur. Zugegeben, mich irritierte, wie privat Sie die Altersthematik angingen. Ich frotzelte: Als der liebe Gott sich überlegte, wie er Frisch ärgern könnte, erfand er das Alter. Im Vergleich dazu *Vieillesse* von Simone de Beauvoir; wie souverän hier eine Frau übers Altern schreibt. Aber ich habe auch meine Bewunderung für andere Stellen im zweiten Tagebuch ausgedrückt – ein paar Seiten über ein Boccia-Spiel und damit indirekt eine ganze Ehekrise skizziert, der Selbstmörder-Club, die bravourösen Einfallsvariationen zu den Fragebogen, die später eine eigene Publikation ergaben, *Fragebogen* (1998):

»Wissen Sie in der Regel, was Sie hoffen?
Wem gönnen Sie manchmal Ihren eigenen Tod?
Haben Sie Humor, wenn Sie allein sind?«

Und außerdem...

*

Nein, so geht es nicht. Aus Anlaß des zehnten Todestages war vom Südwestfunk Baden-Baden eine literarische Revue vorgesehen: Max Frisch tritt zu einem fiktiven Interview an. Als Gesprächspartner der Schweizer Schriftsteller Hugo Loetscher. Hinzugezogen werden Zeugen wie Peter Bichsel und Volker Schlöndorff. Geboten werden soll der Werdegang vom konservativen Jungautor zum Schriftsteller, der wie kaum ein zweiter seiner Generation Literatur zu einer öffentlichen Angelegenheit machte. Eine Zeitgenossenschaft, die zunächst sein Verhältnis zur Schweiz bestimmte, aber als moralische Verantwortung über diese hinausgeht. Das sollten Zitate aus seinem Werk bestätigen, ob Prosa oder Theater, ob Essay oder Rede. Ein Collagen-Porträt, das Loetschers Erinnerungen prägen, solche der Begegnung und solche der Lektüre.

Aber es sind gerade die persönlichen Erinnerungen, die mehr als Verlegenheit hervorriefen, so daß ich das Vorhaben aufgab – weg von der Revue zum Einzelauftritt, statt einem Drehbuch ein Aufsatz. Was sollen da zum Beispiel Erinnerungen an die Ingeborg-Bachmann-Episoden. Aber sie schieben sich gleich in den Vordergrund. Sie haben nun einmal mein Frisch-Bild mit geprägt. Frisch hätte darauf sicher geantwortet: Unsere Briefe sind gut untergebracht.

Sie werden im Jahr 2011 und 2016 entsiegelt – wollen wir nicht abwarten? Übrigens: Kennen Sie ihr Gedicht »Alle Tage«? Und er zitiert daraus:

»... die Auszeichnung der armselige Stern
der Hoffnung über dem Herzen...
Er wird verliehen
für die Flucht vor den Fahnen,
für die Tapferkeit vor dem Freund,
für den Verrat unwürdiger Geheimnisse
und die Nichtachtung
jeglichen Befehls.«

Unvermeidlich die Erinnerung. Ich war damals Juniorredaktor bei der Zeitschrift *du*. Ich betreute die literarische Beilage *Das Wort*. Darin wollte ich die Frankfurter Poetik-Vorlesungen von Ingeborg Bachmann veröffentlichen. Das war nur per Auszug möglich. So traf ich die Bachmann im Café Odeon. Während wir uns über Streichungen und Präsentation unterhielten, kam Frisch herein. Wir kamen uns ertappt vor, wußten aber nicht, warum. Zudem habe ich die Sache verschlimmert. Die Bachmann äußerte sich distanziert, wenn nicht abfällig, über Zürich. Ich machte das Angebot, sie an einem Abend durch Zürich zu führen. Sie war angetan, gar begeistert von dieser Stadt. Sie schwärmte bei Frisch, der von Zürich eine andere Meinung hatte. Die Bachmann versprach und hielt Gegenrecht, mir eines Tages »ihr Rom« zu zeigen. Neben den »Botteghe oscure« ein gemeinsamer Lieblingsplatz, der Campo dei fiori. Bachmann kannte ein Lokal an der Via Appia, wo die Hühner über die

Tische hüpften, sehr teuer und volksnah-chic. Frisch lehnte ab mitzukommen. Gegen Mitternacht im Café Rosato an der Via Veneto, einem Lieblingslokal der Bachmann. Wir blödelten mit Bildung – beide hatten wir Philosophie studiert, so mußten Wittgenstein oder Heidegger terminologisch herhalten –, als gegen Mitternacht plötzlich Frisch hereintrat: »Ach, hier seid ihr.« Er setzte sich nicht dazu: Er wolle nicht stören. Wir fühlten uns wieder ertappt.

Andererseits verbindet sich mit dieser Romreise eine der schönsten Erinnerungen. Frisch lud mich ein, mit ihm im Wagen nach Zürich zurückzukehren. Er arbeitete gerade an *Mein Name sei Gantenbein*. Er schilderte, wie sich sein Protagonist blind stellt, um besser beobachten zu können, und er unterstrich das Erzählte mimisch, eine Episode, die mir nicht sehr geeignet schien, um am Steuer eines Sportwagens auf der »Autostrada del sole« vorgetragen zu werden.

Doch dann der Zwischenhalt in Siena. Ein Frisch, wie ich ihn noch nie erlebt hatte. Auf der Piazza Jacopo della Quercia. Die Kathedrale Santa Maria Assunta und das Mauerviereck des nicht vollendeten neuen Doms. Ein »non finito« neben einem perfekten Sakralbau der Gotik. Das »non finito« als Thema für das fragmentarische Schreiben. Wie Innen- und Außenraum sich hier nicht trennen lassen, der Schriftsteller und der Architekt trafen sich in Schilderung und Reflexion. Das Tagebuch war ein Bau aus steinernen Elementen; andererseits lasen sich Säulen, Architrav und Ornament wie die auf einem Fundament errichteten Notizen eines Steinmetzen.

Und dann die Rückkehr in die Schweiz. Mit einem Auto, das eine sogenannte Zollnummer hatte, die Versicherung war abgelaufen. Wir krochen in Chiasso an der Zollstation um den Wagen; das neuformatige Nummernschild hatte die Löcher an einem andern Ort als das bisherige. Frisch schien mir nie zu verzeihen, daß ich Zeuge dieser Szene gewesen war.

Wäre es nicht besser gewesen, man hätte sich nicht gekannt? Aber vielleicht sagen das Leute auch von mir: Ich würde Loetscher anders lesen, wenn ich ihn nicht gekannt hätte. Oder gar: Hätte ich ihn nicht gekannt, würde ich ihn lesen. Das hatte mich auf den Gedanken gebracht, Geburts- und Taufnamen dem Werk und seinem Autor zu überlassen und sich für das Privatleben ein Pseudonym zuzulegen.

Die Begegnungen waren unvermeidlich. Gar nicht so oft, obwohl wir beide aus Zürich stammten.

Da trafen wir uns in New York bei Rolf Kieser und Tamara Evans, Germanistikdozenten an der CUNY (City University New York), beste Betreuer deutschschweizerischer Kultur. Es war *Montauk*-Zeit. Ein Buch, dem gegenüber ich ziemliche Reserven hatte. Doch nicht darum ging es. Ich hatte damals an der CUNY den neu geschaffenen Lehrstuhl »Swiss chaire« inne; noch war nicht ganz klar, wie sich dieser Dozentenauftrag anlassen sollte. Bei besagtem Nachtessen mahnte Frisch, man dürfe sich nicht dazu hergeben, Staatsschriftsteller zu werden. Staatsschriftsteller, weil die Pro Helvetia für das Gehalt aufkam? Wenn man nach diesem Kriterium alle Autoren und Autorinnen, die je ein Werkjahr von der schweizerischen Kulturstiftung Pro Helvetia erhielten, auflistet, besteht die Schweizer Literatur mehrheitlich aus Staatsschriftstellern. Frisch fuhr eine Woche später nach Paris, wo ihn Mitterrand empfangen sollte – ein Besuch und eine Reise, die die Pro Helvetia organisiert und finanziert hatte. Also wenn schon, dann waren wir Staatsschriftsteller unter uns, wenn vielleicht auch von verschiedenem Gütesiegel.

Aber ich habe wohl Frisch trotz aller Begegnungen persönlich nie richtig kennengelernt. So bildeten sich Vorstellungen, denen Vertrautere nie zustimmen würden, die gerade den humorvollen Umgang mit ihm lobten. Allerdings stand ich nicht allein da mit meiner Ansicht, daß seine Ironie ohne Selbstironie auskam und oft etwas Verbissenes hatte. Um so mehr beeindruckte mich, was Peter von Matt von einem Treffen einige Monate nach Frischs Tod in Berzona, einem Wohnsitz von Frisch, erzählte: wie eine Schar befreundeter Männer und Frauen die Asche des Verstorbenen in den Kamin streuten. In seiner Erinnerung ist auch zu lesen:

> »Vom Bett aus konzipierte er die Abschiedsfeier in der Zürcher Kirche zu Sankt Peter. Er setzte durch, daß der Sarg, gegen die Reglemente, dort aufgestellt werden durfte, zeichnete mit seinen Filzstiften die Einrichtung des Chorraums, seine letzte Bühne, und markierte die Positionen des Sarges und des Rednerpults – ein Mann der Übersicht und der frühzeitigen Regelung aller Eventualitäten. Und dennoch blieb eines Tages eine Urne übrig, und was geschieht mit einer solchen Urne? Es war am 22. Juni 1991, einige Monate nach dem Tod.«

Das kontrastierte mit meinen Informationen. Frisch hatte sich für seine Abdankung den repräsentativsten Ort vorgesehen, das Großmünster in Zürich, die klassische Kirche der Reformation. Der verantwortliche Pastor fühlte sich geehrt, Frisch empfangen zu dürfen, wenn auch erst als Toten. Doch Frisch stellte die Bedingung, daß an der Zeremonie kein Vertreter der Kirche teilnimmt. Dazu konnte der Pastor seine Einwilligung nicht erteilen, da das Großmünster »keine Mehrzweckhalle ist«. Frisch machte sich auf die Suche nach der nächsten Kirche. Sankt Peter, ein nicht minder ehrwürdiger Ort des protestantischen Zürich. Frisch hielt auf einer Skizze fest, wo das Kanzelpult und wo der Sarg hinkommen sollten. Allerdings durfte kein Sarg mit einem Toten in der Kirche aufgebahrt werden; das war nicht gegen Frisch gerichtet, der Erlaß stammte aus der Pestzeit. Doch dem Ausnahmegesuch von Frisch wurde stattgegeben. Seine Inszenierung betraf auch die Redner. Und dank ihnen, dank Michel Seigner und Peter Bichsel, ein denkwürdiger Anlaß von verhaltener Würde.

Warum immer noch etwas mehr wissen? Oder ist es ein Mehr-wissen-Wollen? Komplettiert man die Wahrheit, oder macht man sie kleiner oder gar kleinlich? In meinem ersten Roman ist vom »Abwasserblick« die Rede. Sollte mich mein Protagonist, der Abwässer-Inspektor, verdorben haben?

Warum sich nicht einfach ans Literarische halten? Ohne irgendwelche privaten Flausen oder Reminiszenzen seine Bewunderung für das Nachwort zu *Don Juan oder die Liebe zur Geometrie* ausdrücken:

> »Don Juan, wie jede Gestalt, hat einen Kreis von Geistesverwandten, und wenn sie ihm noch so ferne stehen, Ikarus oder Faust sind ihm verwandter als Casanova –

weshalb der Schauspieler sich keinerlei Sorgen zu machen braucht, wie er verführerisch wirke auf die Damen im Parkett. Sein Ruhm als Verführer (der ihn als Ruhm begleitet, ohne daß er sich selbst mit diesem Ruhm identifiziert) ist ein Mißverständnis seitens der Damen. Don Juan ist ein Intellektueller, wenn auch von gutem Wuchs und ohne alles Brillenhafte. Was ihn unwiderstehlich macht für die Damen von Sevilla, ist durchaus seine Geistigkeit, sein Anspruch auf eine männliche Geistigkeit, die ein Affront ist, indem sie ganz andere Ziele kennt als die Frau und die Frau von vornherein als Episode einsetzt – mit dem bekannten Ergebnis freilich, daß die Episode schließlich sein ganzes Leben verschlingt.«

Man kann kritische Bedenken anbringen und dennoch würdigen. Wenn mich die Macho-Sprache von Frisch nervt, wenn er von »mannhaften Männern« redet, von einem »männlichen Humanismus« oder von der »männlichen Tat«, da folge ich nicht unwillig den Bemerkungen von Karin Struck:

»... in den Büchern von Max Frisch wimmelt es von Verallgemeinerungssätzen über *die* Frauen, als wüßte dieser Schriftsteller, wer *die* Frauen sind. Im *Tagebuch 1966–1971* zum Beispiel, anläßlich einer Baustellen-Besichtigung mit Brecht: ›Ruth Berlau war dabei, als Frau bald gelangweilt‹; über *Stiller:* ›er ist wohl sehr feminin – er hat das Gefühl, keinen Willen zu besitzen. Er will nicht er selbst sein.‹ Im *Homo Faber* sind die Indios ›ein weibisches Volk‹.«

Und stimme der Anerkennung zu:

> »In Stücken und Romanen versucht Max Frisch, das andere Geschlecht und das eigene ausforschend unter Kunstzwang, über solcherart Sätze hinauszugelangen; aber er kommt von ihnen nicht weg – und trotzdem gelingen ihm seltsam faszinierende Frauenporträts.«

Gibt Frisch nicht selber ein grandioses Beispiel für eine erschwerte Verehrung? Da gesteht in *Blaubart* der Angeklagte:

> »Schließlich sind wir seit dreißig Jahren befreundet, obschon wir einander nichts zu sagen haben.«

Angespielt wird auf einen Herrn Neuenburger, ein Name, der auf Neuenburg verweist, den Wohnort von Friedrich Dürrenmatt. Frisch parodierte »leicht erkennbar« Dürrenmatt, »weitgehend wörtlich aus einem im *Playboy* erschienenen nicht autorisierten Interview«, wie Peter Rüedi, der Biograph von Dürrenmatt, schreibt. In diesem Interview hatte es sich Dürrenmatt nicht nehmen lassen, sich über Frisch lustig zu machen. Zwei Monate nach dem Tod von Lotti Dürrenmatt kam es im Hause Dürrenmatts zu einer Begegnung der beiden Autoren:

> »Dürrenmatt war bedrückt, er weinte, allein, Frisch konnte sich, selbst oft genug verletzt, der Sticheleien nicht enthalten, Dürrenmatt konterte, das Ganze endete in einem Debakel.«

Doch einer der großartigsten Texte über Dürrenmatt stammt von Frisch, von subtiler Ironie, ebenso Anerkennung wie Abgrenzung betreffend:

»Dürrenmatt imponiert mir, und ich bin gerne in Neuenburg; es schmeichelt, glaub ich, meiner Eitelkeit, daß er mir imponieren will... Dürrenmatt ist ein Erzähler von Geblüt, er braucht Zuhörer, die gewillt oder gezwungen sind, sich unterrichten zu lassen... Dürrenmatt hat Kraft. Er ist eine Kraft... Wenn ihm nichts einfällt, dann ist Dürrenmatt überhaupt nicht da.«

Achtung und Respekt, wie sie auch im Briefwechsel der beiden zum Ausdruck kommen, selbst wenn die Korrespondenz damit endet, daß Dürrenmatt bilanziert:

»Wir haben uns beide wacker auseinander befreundet... Als einer, der so entschlossen wie Du seinen Fall zur Welt macht, bist Du mir, der ebenso hartnäckig die Welt zu seinem Fall macht, stets als Korrektur meines Schreibens vorgekommen.«

Weg mit dem Autor und her mit den Büchern, lesen, als hätte man vom Autor keine Ahnung.

Und somit die Lektüre von *Stiller*. Kein schlechter Anlaß, um sich auf das Identitätsproblem einzulassen, den Roman mit Romanen amerikanischer Autoren zu vergleichen, zum Beispiel mit Saul Bellow, Richard Wright oder James Baldwin. Warum packten mich deren Konflikte mehr als die von Stiller? Etwa deswegen, weil ihre Leiden sich in zwingenderem Maße aus gesellschaftlichen Bedingtheiten ergeben und weniger aus persönlicher Befindlichkeit: amerikanische Identität für einen Juden wie Saul Bellow, für den »black boy« Richard Wright, der in Afrika seine Wurzeln sucht und sich dort als schwarzen Amerikaner entdeckt, oder für James Baldwin mit seinem Doppelkonflikt als Schwarzer und Homosexueller. Warum wirkt ein Stiller daneben – trotz seiner weltläufigen Paraphrasen – kleinbürgerlich? Oder sollte die Stärke (und der Erfolg) des Buches gerade im Entwurf kleinbürgerlicher Mentalität liegen?

Oder sich erneut mit *Andorra* beschäftigen. Sich erinnern, mit welcher Zurückhaltung man die Uraufführung erlebte, aber kaum wagte, sich angesichts der Euphorie kritisch zu äußern. Irgendwie schien einem die Geschichte mit dem Juden, der keiner ist, nicht aufzugehen. Erst später wurde einem klar, woraus sich das intellektuelle Unwohlsein ergab.

Nein, ohne Widersprüchlichkeiten geht es nicht, auch dann nicht, wenn ich mich ausschließlich an literarische Texte halte. Aber Widersprüche, die sich nicht aus privater Erfahrung einstellen, sondern vom Werk her.

Bei der Vorbereitung einer Mexikoreise im *Stiller* erneut die Schilderung einer mexikanischen Landschaft nachgelesen:

> »Beispielsweise die Wüste von Chihuahua. Ich sehe ihre große Öde voll blühender Farben, wo sonst nichts anderes mehr blüht, Farben des glühenden Mittags, Farben der Dämmerung, Farben der unsäglichen Nacht. Ich liebe die Wüste. Kein Vogel in der Luft. Kein Wasser, das rinnt,

kein Insekt, ringsum nichts als Stille, ringsum nichts als Sand und Sand und wieder Sand, der nicht glatt ist, sondern vom Wind gekämmt und gewellt, in der Sonne wie mattes Gold oder auch wie Knochenmehl, Mulden voll Schatten dazwischen, die bläulich sind wie diese Tinte, ja wie mit Tinte gefüllt, und nie eine Wolke, nie auch nur ein Dunst, nie das Geräusch eines fliehenden Tieres, nur da und dort die vereinzelten Kakteen, senkrecht, etwas wie Orgelpfeifen oder siebenarmige Leuchter, aber haushoch, Pflanzen, aber starr und reglos wie Architektur, nicht eigentlich grün, eher bräunlich wie Bernstein, solange die Sonne scheint, und schwarz wie Scherenschnitte vor blauer Nacht – all dies sehe ich mit offenen Augen, wenn ich es auch nie werde schildern können, traumlos und wach und wie jedesmal, wenn ich es sehe, betroffen von der Unwahrscheinlichkeit unseres Daseins. Wieviel Wüsten es gibt auf diesem Gestirn…«

Noch voll Bewunderung, als Ergänzung dazu Notizen in seinem *Orchideen und Aasgeier. Ein Reisealbum aus Mexico* gelesen und darin auf die Eintragung gestoßen:

»Es soll Ehen geben, unselige, wo jeder Teil nur verliert, was er an Segnungen hatte, und jeder Partner kann vom andern nur das Miese übernehmen – Indianer und Spanier scheinen mir eine solche Ehe zu sein.«

Unselig die Ehe zwischen Spaniern und Indianern? Dies in einem Land, das sich gegen die Diskriminierung der Rassenmischung wehren mußte? Und was, wenn jeder vom andern nicht nur miese Eigenschaften übernommen hat? Der spanische Vater und die indianische Mutter, diese »unselige Ehe«, sie ist die Voraussetzung für die »schmerzvolle Geburt eines mestizischen Volkes, wie es die Mexikaner heute sind«, so auf einer Tafel am Platz der drei Kulturen in Mexiko-Stadt zu lesen. Verstellt da die (private) Ehethematik den Blick für die Leistungen der Kulturgeschichte?

Zurück zur Landschaftsdarstellung. Zur Wüste Chihuahua im *Stiller* und von dort zur Wüste Tamaulipas im *Homo Faber,* von einer direkten Landschaftsdarstellung zu einer reflektierten.

»Ich habe mich schon gefragt, was die Leute eigentlich meinen, wenn sie von Erlebnis reden. Ich bin Techniker und gewohnt, die Dinge zu sehen, wie sie sind. Ich sehe alles, wovon sie reden, sehr genau; ich bin ja nicht blind. Ich sehe den Mond über der Wüste von Tamaulipas – klarer als je, mag sein, aber eine errechenbare Masse, die um unseren Planeten kreist, eine Sache der Gravitation, interessant, aber wieso ein Erlebnis? Ich sehe die gezackten Felsen; schwarz vor dem Schein des Mondes; sie sehen aus, mag sein, wie die gezackten Rücken von urweltlichen Tieren, aber ich weiß: es sind Felsen, Gestein, wahrscheinlich vulkanisch, das müßte man nachsehen und feststellen... Wozu soll ich mich fürchten? Es gibt keine urweltlichen Tiere mehr. Wozu sollte ich sie mir einbilden? Ich sehe auch keine versteinerten Engel, es tut mir leid; auch keine Dämonen; ich sehe, was ich sehe: die üblichen Formen der Erosion, dazu meinen langen Schatten auf dem Sand, aber keine Gespenster. Wozu weibisch werden? Ich sehe auch keine Sintflut, sondern Sand, vom Mond beschienen, vom Wind gewellt wie Wasser, was mich nicht überrascht, ich finde es nicht fantastisch, sondern erklärlich. Ich weiß nicht, wie verdammte Seelen aussehen; vielleicht wie schwarze Agaven in der nächtlichen Wüste. Was ich sehe, das sind Agaven, eine Pflanze, die ein einziges Mal blüht und dann abstirbt.«

Mit der Darstellung eines solchen Reflektierens gelingt Frisch eine anschaulich-überzeugende Charakterisierung seines Protagonisten: der Techniker in seinem Verhältnis zur Natur. Diese Prosakunst kontrastiert aber mit dem Plot des Romans, der in einen Inzest mündet und dessen Ende melodramatisch wirkt. Es leuchtet ein, daß Frisch das Credo des Homo faber, die absolute Machbarkeit, in seiner Fragwürdigkeit zum Thema wählt; aber dafür setzt er eine Schicksalhaftigkeit ein, die als erzählerisches Konstrukt aus einer anderen Weltkonzeption zu stammen scheint; man möchte ihn an Brecht verweisen, gemäß dem das Schicksal eine Anschrift hat. Dem entspräche, was Frisch den Chor in *Biedermann und die Brandstifter* sagen läßt:

»Nimmer verdient,/Schicksal zu heißen, bloß weil er geschehen:/Der Blödsinn,/Der nimmerzulöschende einst.«

»Sommerliche Schicksalsfahrt« hat Frisch seinen ersten Roman, *Jürg Reinhart,* genannt, und schicksalsträchtig ist auch das Buch, das er nicht in die *Gesammelten Werke* aufgenommen hat, *Antwort aus der Stille,* wo man lesen kann:

»... warum soll man nicht sein Glück verlassen, bevor es uns verläßt, warum soll man jede Sehnsucht ersticken? Leben ist Sehnsucht, es könnte sein, daß das Verlorene größer ist denn alles, was man ergriff, und daß man erst wirklich lebt, wenn man den Mut zum Verlieren hat, wenn man alles abwirft, seinen Namen und sein Bürgertum und alles, nur sein Schicksal nicht, und wenn man lebt, als lebe man immer seinen letzten Tag...«

In *Der Mensch erscheint im Holozän* ist der Protagonist ein alter Mann, der sich in ein abgelegenes Tessiner Tal zurückgezogen hat, und sein Ableben gibt den Stoff ab. So hat die Rezeption mit gutem Grund Beziehung zu vorangegangenen Werken hergestellt, in denen Alter und Tod Grundmotive sind. Der wesentliche Unterschied aber ist der, daß hier der individuelle Verfall der körperlichen und geistigen Kräfte in Parallele gesetzt wird zu einer Naturkatastrophe, die das abgelegene Tessiner Bergtal heimsucht. Schlaganfall und rutschende Hänge nehmen sich wie Entsprechungen aus, sintflutartige Regen, die das Tal abschneiden, scheinen die freiwillig gewählte Isolation zu bestätigen, und alles steht für Untergang. Eine Endsituation, in der sich der Protagonist gegen den zunehmenden Verlust des Gedächtnisses wehrt, indem er Zettel an die Wand heftet, mit denen er so etwas wie menschliches Wissen vor dem Vergessen zu retten versucht, und dies konfrontiert mit dem gedächtnislosen Gestein der Bergwelt. Mit jedem Ende eines Menschen vollzieht sich auch ein Ende der Menschheit, jener Menschheit, die im Holozän erschien, dem jüngsten Abschnitt der Erdgeschichte, mit dem die Jetztzeit beginnt.

Es gibt aber einen ganz anderen Bezug zum Frühwerk. In *Der Mensch erscheint im Holozän* liest man:

»Seine Matterhorn-Geschichte kennt man, Herr Geiser hat sie oft genug erzählt, sogar die Enkelkinder mögen sie nicht mehr hören.«

Schon in *Antwort aus der Stille* erlangte eine Bergsteiger-Episode einen traumatischen Stellenwert. Ein Bogen spannt sich vom Frühwerk zum Spätwerk, von etwas, das verworfen wurde, zu etwas, das vollendet ist.

Dieses Spätwerk ist frei von psychologisierenden Motivationen, kommt ohne reflektierende Erklärungen aus und verzichtet auf die Literatur vorspiegelnden Lyrismen und deren Kitschnähe. Da ist alles reine Darstellung. Und die wird erreicht kraft der Kunst der Andeutung – weder der Todessturz des Bruders bei der Matterhorn-Besteigung noch der Schlaganfall des Protagonisten werden direkt erzählt. Die unterschiedlichsten Stilmittel werden eingesetzt und auch beherrscht, Verfremdung dank der Stimme Dritter durch das Zitieren von Informationszetteln, eine Stakkato-Prosa, bei der der einzelne Satz bereits einen Abschnitt ergibt, neben solchem Springen nicht minder die ausholende Schilderung wie die der Bergbesteigung oder ein Finale von geradezu perfider Lieblichkeit, die Unbekümmertheit von Welt und Umwelt, die vom Geschick des einzelnen, von seinem Tod, nicht weiter Notiz nimmt.

»Das Dorf steht unversehrt. Über den Bergen, hoch im blauen Himmel, zieht sich die weiße Spur der Verkehrsflugzeuge, die nicht zu hören sind. Duft von Lavendel und die Bienen, tagsüber wird es fast heiß, Sommer wie eh und je. Wo das Gemäuer besonnt ist, wimmelt es von Eidechsen, sie sonnen sich auf dem steinernen Fenstersims oder huschen lautlos an der Hausmauer hinauf und hinunter. Sie werden nie größer als Eidechsen. Manchmal ist eine Motorsäge zu hören, das schrille Kreischen, wenn die Säge sich in einen Stamm frißt, und kurz darauf, nachdem man irgendwo im Gehölz ein plötzliches Rauschen und den dumpfen Aufschlag eines gefällten Stammes gehört hat, wieder das Geknatter im Leerlauf. Viele Kastanien haben den Krebs. Die Feigen werden nicht reif, aber die Trauben. Wenn sie reif sind, knallen die Kastanien auf den Boden, so daß man erschrickt. Alles in allem ein stilles Tal.«

Endlich beim Text und weg vom Autor. Wie heißt er schon wieder? Frisch? Max Frisch? Ist das der, der bei einer Preisverleihung sagte, die erste Station der Emigration sei die Ironie? Wie sieht das aus, was in der Emigration der Ironie entstand? Und was, wenn einer aus der Ironie zurückkehrt? Kam er zurück? Geht es von dort aus weiter? Und wie?

Maurice Chappaz und sein Judas-Evangelium

Wenn die Literatur die Welt noch einmal erfindet, hat Maurice Chappaz mit einer eigenen Geographie dazu beigetragen, indem er sein Wallis noch einmal erfand.

Er porträtierte das Wallis und seine Einwohner: *Die Walliser. Dichtung und Wahrheit.* Mit »inneren Bildnissen« und einem »Bilderbogen«, mit der »schönsten (und vielleicht perfidesten) Liebesgeschichte« als Beispiel für ein »inneres Bildnis«, und unter den Bilderbogen heißt einer: »Von den Säufern zu mir.«

Oder das Wallis und das Lötschental. *Le Lötschental secret* gelangte in der deutschen Übersetzung zur *Wilden Würde einer verlorenen Talschaft*. Kommentare zu historischen Fotografien von Albert Nyfeler, die Begegnung eines Malers mit der Ethnologie und dem Geheimnis der Masken: »Verstorbene träumen die Lebenden.«

Oder das Wallis der Stauseen. Zwei Jahre hat Chappaz als Hilfsgeometer am Bau des Staudamms von Grande Dixence gearbeitet. In seinem »Gesang von Grande Dixence« entwirft er das Bild eines »gigantischen Grabgewölbes« und spekuliert: »Vielleicht müßte man Staudämme bauen wie Fra Angelico malte.«

Wallis – das ist Erde. Fruchtbare Erde. Wie in Veyras-sur-Sierre zum Beispiel. Chappaz legte einen Gemüsegarten an, schlug Rebstöcke in den Boden. Er wurde ein Weinbauer, der eines Tages das »Hohelied der welschen Rebsorten« anstimmte. An all das mag heute das Etikett auf einer Weinflasche erinnern, neben seinem Namen der seiner ersten Frau, der Schriftstellerin Corinna Bille.

Erde – das ist auch die Frau. Sein erstes Buch trug den Titel *La merveille de la femme* (Das Wunder Frau). In einer seiner autobiographischen Bilanzen, *Le garçon qui croyait au Paradies* (Der Junge, der ans Paradies glaubte), erzählt er, wie er Corinna Bille kennenlernte, und er gesteht: »Es gibt zwischen Erde und Frau eine Beziehung; das eine entflammt sich am andern dank der Schönheit, eine ständige Liebe trotz ihren Widersprüchen, ihren Ungerechtigkeiten, fleischlich und geistig zugleich.«

Drei Arten von Körpern unterscheidet er: Erde, Frau und Nacht.

Die Erde, soweit sie Walliser Boden ist, kam zu einer persönlichen Landkarte.

Saint-Maurice. Wo Chappaz seine Jugend verbrachte. Das Kollegium Frères de Marie und das Kollegium der Abbaye de Saint-Maurice. Die Freunde aus den Gymnasialjahren wie der spätere Schriftsteller Georges Borgeaud.

Auf dieser Karte auch Finges, wo Chappaz mit seiner Familie lebte, Corinna und drei Kindern.

Und am Fuß des Großen Sankt Bernhard Le Châble, das er als Kind kennen- und liebenlernte, wo er anläßlich der Hochzeit mit Corinna sieben Pappeln pflanzte, wohin er sich nach ihrem Tod zurückzog und wo er heute mit seiner jetzigen Frau, Michène, lebt. Hier teilt er die einstige Sommerresidenz der Äbte von Saint-Maurice mit der Commune; somit zwei Gärten, der streng klassizistisch französische der Gemeinde und der wilde von Chappaz, wo es wächst, wie es der Natur gefällt.

Und Vallon de Réchy, ein Chalet auf der Alp, ohne Elektrizität und ohne Telefon, wohin Chappaz sich im Sommer zurückzieht und von wo er bei Wintereinbruch ins Tal zurückkehrt, im Rucksack nicht einen Käse, sondern ein Manuskript.

Und Haut-Rhône, wofür er ein Prosa-Testament verfaßte: »Gewisse Kindheitserinnerungen, denen der Bohémiens verwandt, hielten mich auf der Hut und verführten mich, unablässig unter den Landstrichen der Haute Rhône dem Geheimnis des verlorenen Paradieses nachzuspüren.«

Eine Erde, die zu verteidigen er sich anschickte:

Gegen einen Waffenplatz für Tanks in Finges. Gegen die Erweiterung des Militärflughafens in Sitten. Gegen die Errichtung eines unterirdischen Aufzugs bei Collégiale de Valère. Gegen eine Schießanlage in Finges. Gegen die »Zuhälter vom Ewigen Schnee«, die Bodenspekulanten und Immobilienritter. Womit er sich Schmähungen aller Art einheimste: »Sein Talent ist nichts anderes als diffamierende Provokation«, oder: »Die Berge haben mit ihm ein Stinktier geboren.«

Er verteidigt diese seine Erde mit der Feder, dem schwächsten und zugleich mächtigsten Werkzeug, wie er festhält. Aber er verteidigt nicht nur als Schriftsteller und engagierter Journalist. Wenn die Kommune in Le Châble auf einem Grundstück, das Chappaz gehört, einen Parkplatz einrichten möchte, wird er darauf ein Dickicht von Bäumen pflanzen, weil nach den eidgenössischen Schutzbestimmungen ein Wald nicht ohne weiteres für einen Parkplatz enteignet werden kann.

Ein Wallis, in dem er als junger Bergler, des Wanderwahnsinns verdächtig, herumvagabundierte, unzählige Male die Pässe ins benachbarte Italien überquerte, ein Wallis, das er als Paradies und Asyl erlebte. Ein Wallis mit eindeutigen Grenzen, mit Grenzen aber, die überschritten wurden, je nach biographischen Umständen.

Zum Beispiel Lausanne. Die Maternité für die Geburt. Die Kaserne für die Rekrutenschule. Die Universität für ein paar Semester Jurisprudenz. Die Universität Genf für eine Schnupperlehre in Literatur.

Paris für Lesungen. Der Midi Frankreichs, um dorthin zu Fuß zu wandern.

Als Reiseziel Rußland, die Transsibirische. Oder China, eingeladen vom chinesischen Schriftstellerverband. Tibet, das für ihn eine fernöstliche Antwort auf Walliser Fragen bereithält: Wenn es eine Wiedergeburt gibt, möchte Chappaz in Tibet auf die Welt kommen.

Oder auf der Suche nach andern Hügeln und andern Bergen – sei es der Berg Athos (»Ursprung und Ziel unserer Religion«), oder seien es die Bergketten im Jura, was sich in Büchern wie *Tendres Campagnes* (Zarte Landschaften) oder *La Haute Route du Jura* niederschlägt.

Grenzen überschreiten kraft der Korrespondenz, ein Briefwechsel mit dem jungen Schriftsteller Jean-Marc Lovay, der aus der technisierten Konsumgesellschaft mit Hippieträumen in den Fernen Osten aufbricht: *Briefe aus aller Welt*. Auf die Briefe aus Indien, Iran oder Afghanistan antwortet Chappaz aus dem Paris von 1968 oder aus Lappland. *La tentation de l'orient,* die Versuchung des Orients, ist der Lockruf des Buddhismus: »Werdet weiße Asiaten«, rät Chappaz, und er beschließt die Korrespondenz mit einem Gedicht:

»Wir haben unser Dorf beerdigt,
wir stimmen kein Loblied des Verblichenen an.
Wo sind die Bauern?...
Nach den Bauern ist es nicht die Stadt, die kommt,
es sind die Engel.«

Die Grenzen überschreiten dank der Poesie, dank ihrer Metaphern und ihrer Metamorphose der Realität.

Wenn Chappaz die Literatur der französischen Schweiz als »eine des inneren Monologs, des Bekenntnishaften, des intimen Tagebuchs oder des lyrischen Romans« charakterisiert, müßte er die geniale Unbekümmertheit seines Barock hinzufügen.

Dieses Wallis liegt im Süden der Schweiz, zwischen den Berner und den Walliser Alpen, praktisch das gesamte Einzugsgebiet der Rhone umfassend; der Weltentwurf von Chappaz übersteigt alle Viertausender, erlangt Dimensionen, wie sie kein Kartograph, sondern nur der Dichter festlegt, demnach gibt es auch ein Valais »Au gosier de grive«, ein Wallis, wie es die Drossel besingt:

»Das Wallis gleicht dem heiligen Rußland.
Das Wallis gleicht der Bibel. Der Provence. Spanien.
Das Wallis ist ein indisches Hochtal.«

Angesichts dieser Gleichsetzungen fragt sich der Dichter:

»Woher diese Gesichter? Überall die Zeichen
eines verheißenen Landes.
Warum erkennt sie mein Herz?«

Das Herz, das diese Zeichen sieht, ist ein erfinderisches Herz: eines, das nicht nur das sichtbare Wallis sieht, sondern auch das unsichtbare, ein Herz, das weder Grenzen noch Epochen respektiert.

So kann es nicht überraschen, daß das Wallis und Judäa einen gemeinsamen Schauplatz bilden, eine bisher unbekannte Arena. Ein Ort, wo das Match Wallis–Judäa stattfindet. Ein Match, zu dem Gott und der Teufel antreten, das der Teufel allerdings verliert, obgleich er zu seinen wichtigsten Helfershelfern Walliser Hoteliers zählen darf.

Und in Wallis-Judäa spielt auch sein jüngstes Buch *L'évangile selon Judas,* das Evangelium nach Judas. Das erste Buch übrigens, das von ihm in einem französischen Verlag, bei Gallimard (in Paris), erschien. Einmal mehr mischt sich Profanes und Heiliges. Ein Prosawerk, das keinem gängigen Genre zuzuordnen ist. Erzählung, deren Chronologie der Anachronismus bestimmt. Eine Linearität mit unentwegten Abweichungen und Ausbrüchen. Eine Prosa, durchsetzt von lyrischen Bildern, wo »auf den Dächern die Ziegel applaudieren« und von der »Versammlung der Berge« die Rede ist und wo es mit frommer Ironie am Schluß heißen kann: »Eine so wunderbare Apokalypse habe ich nie gekannt.«

Judas, mit dieser Figur eröffnete Chappaz einst die Gedichtsammlung *Office des morts* (Die Totenmesse):

»Das Leben gab mir einen Judas Kuß:
einerseits hat seine Kürze
die Bitterkeit vom Heiltrank,
doch anderseits hält seine Schönheit,
weil besser als Brot,
sich nur dank des Verrats.«

Der Judas-Kuß – man darf an den Film *Jesus Christ Superstar* erinnern. Die Konfrontation von Christus und Judas. Christus wartet nicht auf den Kuß, er geht auf den zögernden Judas zu und bietet ihm seine Wange – denn ohne diesen Kuß wird er seine Mission nicht erfüllen können.

Judas' Rolle (oder Auftrag) bleibt ein großes Ärgernis der Theologie. Gibt es eine Erlösung der Menschheit nur dank des Verrats? Ein Sieg des Guten nur mit Hilfe des Bösen? War Judas für die Vermittlerrolle eines Kollaborateurs auserwählt und vorherbestimmt? War Judas ein Thema, das in der Luft lag? Im gleichen Jahr, als Chappaz ein Kapitel aus dem *Evangile selon Judas* publizierte, erschien von Jacques Chessex, ebenfalls einem Autor der französischen Schweiz, *Le Judas transparent.*

Chappaz erklärt sein Interesse am Judas-Stoff so: »Eine der Gegebenheiten, die mich stets beunruhigte und quälte und die mich im Alter erst recht beschäftigt, ist die Vorherbestimmung.« Dementsprechend wird man in seinem Evangelium lesen: »Judas ist ein Doppelagent. Bezahlt vom Teufel und subventioniert von der Vorsehung.«

Vorsehung und Vorherbestimmung – bestes calvinistisches Erbe. Ein protestantisches Fragen, auf das Chappaz eine katholische Antwort sucht, allerdings als Rebell: »Ich bin im Katholizismus erzogen worden. In einer Religion, in der das Mysterium von Gut und Bös scharf getrennt wird – darüber fing ich an nachzudenken.« Das Ergebnis dieses Nachdenkens ist die Entdeckung religiöser Ambivalenz, die nicht eine rasche und einfache Trennung von Gut und Bös erlaubt.

Für den Entstehungsprozeß vom *Evangelium nach Judas* zitiert Chappaz ein Buch, das er nie geschrieben hat, »Les chrétiens perdus«. »Verlorene Christen« basiert auf Erlebnissen in Russland und China, auf Begegnungen mit Menschen, die unter einem a- und antireligiösen Regime an ihrem christlichen Glauben festhalten.

So interessant diese Ausführungen sind, was uns beim Lesen sogleich fesselt, ist der Grundeinfall, der Ausgangspunkt für Erzählung und Reflexion: der bethlehemitische Kindermord. Alle Kinder unter zwei Jahren werden getötet, außer einem Jungen, der dem Morden durch Zufall entgeht, und dieser Junge ist Judas. Ein Judas, der Jesus auf seinem Lebensweg begleiten wird, sein Schicksal teilend.

Der bethlehemitische Kindermord – war er nicht auch für Albert Camus eine moralische Herausforderung: die Geburt des Erlösers begrüßen und die Ermordung Unschuldiger akzeptieren müssen? Der bethlehemitische Kindermord und die Schicksalsgemeinschaft der Leben Jesus' und Judas' haben ihren Schauplatz im Wallis-Judäa. Einem solch biblischen Geschehen inmitten von Walliser Kulissen liegt nicht einfach eine stilistische Entscheidung zugrunde, ein bißchen à la mode. Die Simultaneität von Geschichte und Aktualität, die Allgegenwart unterschiedlichster Schauplätze, das Ineinandergehen von Narrativem und Reflektiertem entsprechen einem künstlerisch-intellektuellen Konzept. Chappaz erzählt nicht einfach eine Variation der Judasgeschichte. Er erzählt vom »Judas in uns«. Das Evangelium, nach Judas verfaßt, wird zu einem Kapitel unseres Gewissens. Als Leser werden wir zum Mitwisser und Mittäter: »Judäa findet von Zeit zu Zeit an der Rhone statt... Judäa emigrierte in alle Länder der Welt.«

Eine Bemerkung, die einmal mehr die Absicht dieses Schriftstellers illustriert, Horizonte zu öffnen. Aber welche Perspektiven er auch immer aufreißt, seine Weltöffnung geht nie auf Kosten von Herkunft und Ausgangspunkt.

Wenn Chappaz das Hohelied der Rhone anstimmt, des Flusses seiner Heimat, wird er zugleich die andern großen Flüsse der Schweiz besingen, die Reuß, die Aare, den Rhein, den Inn. Er holt aus zu »Von Flüssen ein Auftrag«. Das Langgedicht »Vocation des fleuves«, in den vier Landessprachen publiziert, wird zu einem Bekenntnis zur Schweiz:

»Ich schreibe wie ein Schüler.
Ursprünge vertiefen eine Berufung suchen
Das Glück eines kleinen Landes heißt menschlich sein
Zwischen Eisberg und Wolkenkratzer.«

Im Motto liest man:

»Dennoch und trotzdem;
Wie Paul Celan an die deutsche Sprache,
glaube ich an die Schweiz.«

Chappaz, ein militanter Gläubiger seiner Herkunft, die ihn zu Werken unterschiedlichster Genres inspirierte, sieht das Persönliche und Regionale stets in Beziehung zu Allgemeinerem und Überregionalem. Das gibt seinem Denken und Schreiben die vitale Spannung. Man könnte das Katholische als Movens mit in Betracht ziehen, wenn man für einmal den Katholizismus nicht primär als Glaubensbekenntnis versteht, sondern im ursprünglich etymologischen Sinn als »katholos«, »weltumspannend«.

In der Einleitung zu *Pages choisies* zollte Etiemble Anerkennung: »Chappaz schreibt ein Französisch, das ebenso universell ist wie regional geprägt, und dies so subtil, daß es sich ganz natürlich ausnimmt.« Dieser »planetarische Walliser« kennt in einem seiner Gedichte einen Heiligen, der mehrere Sprachen spricht: »todo, nada,/nitchévo.«

Keine Kirchturmliteratur, da die Kirche nicht im Dorf bleibt. Schon insofern unterscheidet er sich von den Schriftstellern, die ihren helvetischen Herkunftsort noch so gern zum »Zentrum der Welt« erklären. Dank dem offenen Werk von Chappaz erlangt die Literatur eine neue Geographie, welche unsere Welt größer und reicher macht. Ein Autor, dank dessen die Region lebt, indem er anhaltend von ihr Abschied nimmt. Oder wie man angesichts seiner christlichen Spiritualität sagen könnte: Nur der gewinnt sich, der sich verliert.

Die Teufels-Musen von Jacques Chessex

Cuenca, von Madrid aus nicht mehr so mühsam erreichbar wie einst, ein Städtchen, das dank einer Kathedrale und Häusern, die, auf Felsen abgestützt, über die Schlucht hängen, eine Touristenattraktion geworden ist. Seit 1966 besitzt Cuenca ein Museum, das man hier abseits des üblichen Kulturbetriebs kaum erwarten würde, das Museo de arte abstracto español. Und nachdem Antonio Pérez, der von hier stammt, eine Stiftung gründete, deren Sammlung ebenfalls in Cuenca zu sehen ist, erlangte Cuenca als Kunstort Mittelspaniens eine unbestrittene Bedeutung.

Insofern kann es nicht überraschen, daß man Bilder von Tapies oder Sempere, Plastiken von Chillida oder Serrano sieht, Werke der Künstlergruppen El Paso oder Dau al set. Aber daß man auf Bilder von Jacques Chessex stieß, hatte man nicht erwartet.

So rätselhaft waren die Umstände nicht, die dazu führten, daß Chessex in der Stiftung Fundación Pérez ausstellte. Es gibt ein spanisch-welsches Kulturverhältnis, für welches ebenso die jahrzehntelange Beziehung zwischen Pérez und dem welschen Künstler Le Coultre steht wie die Freundschaft des spanischen Malers Antonio Saura mit Jacques Chessex. Diese fand Ausdruck in einer kostbaren und wenig bekannten Publikation: *La Muerte y la Nada.* Bilder von Antonio Saura mit Begleittexten von Chessex zu »der Tod und das Nichts« – da sieht sich der Puritaner mit Vorstellungen konfrontiert, die er für zu Hause kaum zu denken wagt: »Der Erotismus zeugt hier von religiöser und katholischer Inspiration.« Er entdeckt »Heilige Jungfrauen der Bordelle und Engel als Exhibitionisten oder Sodomiten, welche die Ordnung und Grundsätze von Jahrhunderten durcheinanderbringen und erschüttern«, und er wird vertraut mit der »spanischen Passion«: »Penser la mort.«

Nein, ungewöhnlich ist es nicht, daß Chessex sich mit Kunst befaßt. In der Einleitung zu *Figures de la métamorphose,* einer Sammlung von Aufsätzen zu Künstlern wie Goya oder Sarto, zu Cézanne oder Vallotton, schreibt er:

> »Seit meiner Kindheit bin ich für Malerei empfänglich und habe ich sie geliebt, ich weiß, daß ein Teil von mir zu sehr auf sie ausgerichtet ist, als daß ich anläßlich so vieler Lebensstationen ihre Wirkung auf mich leugnen könnte – sei es irgendeine Ausstellung, ein Museumsbesuch oder eine alltägliche Konfrontation – das Vergnügen und die Unruhe, die ich spüre, wenn ich angesichts dieser Zeichnung oder jenes Bildes zu meiner Leidenschaft zurückfinde.«

Die Überraschung in Cuenca war das künstlerische Outing, nämlich, daß sich Chessex als Maler präsentierte, er, der, wie wir nun wissen, schon immer malte, der einst daran dachte, vom Gymnasium in eine Kunstschule zu wechseln, der aber sein Malen als Geheimnis bewahrte und der es nun hier, in Cuenca, in Spanien, mit einer Ausstellung, »Minotauro«, lüftete, im Katalog von François Nourissier begrüßt: »Die Aufgabe des Minotaurus ist offensichtlich, er dient Chessex als Selbstbildnis. Für den Maskenball seiner Träume.«

In der Tat, diese Malerei kann als Bekenntnis verstanden werden, sie ist mehr als bloße Nebenbeschäftigung, dazu ist sie zu aussagekräftig. Was in den Bildern zur Darstellung kommt, steht auch für das geschriebene Wort des Autors.

Es sind erstaunliche Minotauren, die hier auftreten. Da trifft man mit Nietzsche auf einen philosophischen Minotaurus, mit Stalin auf einen politischen, und so verschieden schauen die beiden gar nicht drein. Aber es sind vor allem »galante« Minotauren, die das Feld beherrschen, und nicht nur dies, da gesellt sich auch ein weiblicher Minotaurus dazu, eine Minotaura.

Betrachtet man diese Figuren ohne Legenden-Etikett, würde einem nicht von vornherein der Name Minotaurus einfallen. Das griechische Mythenwesen Minotaurus, von einem Stier gezeugt und von einer Frau geboren, behält bei Pablo Picasso den Stierkopf und bei Friedrich Dürrenmatt den Stierleib. Sicher, auch bei Chessex tritt er als Stier auf, penisbewehrt bereit zum Kampf in der Arena. Doch gewöhnlich nähert er sich in Menschengestalt, die in Erinnerung an ihre Stierzeugung vom Stier Hörner trägt. Das vermenschlicht ihn in dem Maß, wie es ihn verteufelt. Diese Minotauren geben sich wie Teufel und Teufelchen. Sollte der Künstler gar nicht antike Mythologie ins Bild bringen wollen, sondern diese als Anlaß (und Vorwand) benutzen, um seinen christlich-protestantischen Phantasien mit Hilfe von Bildung zu einer Walpurgisnacht zu verhelfen? Das Animalische feiern, aber es gleich verteufeln?

Unter den Minotauren von Chessex geht es teuflisch frivol zu. Eine Minotaurin lockt, gleichsam programmatisch, unbekümmert lasziv mit ihrem Geschlecht. Kaum ein Minotaurus, der nicht von nackten Frauen umgeben ist. Eine Frivolität, die beim Autor Bedenken auszulösen scheint. Der geile Minotaurus, auf Fleischeslust aus, hat sein Fleisch verloren und befummelt als Skelett die Frauen. Und er wird ans Kreuz geschlagen. Die Orgie in Knossos endet auf Golgatha.

Ein Minotaurus aber sucht das Dorf Ropraz auf und trifft sich dort mit einer Katze. Und dies im Haus des Dichters. In einem Haus, das nicht vermuten ließe, daß sich hier zumindest in Phantasien Orgien abspielen. Ein Haus, das Chessex mit dem Geld erwarb, das 1973 ihm, als erstem und einzigem Schweizer, der Prix Goncourt für *L'ogre* einbrachte.

Der Kauf war eine Entscheidung für Landschaft, von einem, der an einem See aufgewachsen war und der als junger Schriftsteller die Zeitschrift *Les amis du lac* mitbegründet hatte. Es kam der Moment, da er den Genfer See mit seinem verführerischen Horizont und seiner »ermüdenden Schönheit« ließ und (Terrain) Boden unter den Füßen suchte. Eine friedliche Landschaft, mit einem Schloß, in dem einst Voltaire gelebt hatte; sie inspirierte Chessex zu einem Buch von großer innerer Ruhe, *Le rêve de Voltaire*.

Noch immer geht der Blick in die weite Hochebene des Haut Jorat, auch wenn inzwischen manches Grün Überbauungen geopfert wurde. Es ist ein Terrassenblick, auf der Sonnenseite, wo die Arbeitsplätze liegen. Ein Plural von Arbeitsplätzen. Denn Chessex wechselt im Lauf des Tages seine Arbeitstische, indem er dem Lauf der Sonne folgt. Als Frühaufsteher begrüßt er den Tag mit einem lyrischen Morgengesang. Es ist der Moment vor dem alltäglichen Sündenfall – le lever du poète, und die Teufelchen, noch matinal befangen, wissen nicht, sollen sie dazu Couperin spielen, le lever du roi, oder sich die Ohren zuhalten wegen eines klösterlichen Chorals, der zum Lob des jungen Tages angestimmt wird.

Morgen für Morgen wachsen die Stapel von Manuskriptblättern, ohne Elaborieren und weiteres Feilen, spontan das Niederschreiben, dem momentanen Einfall ausgeliefert. Datum und Uhrzeit festgehalten: 4 avril 7.45 und 7.47. Keine Retouchen. Versnotizen. Chessex, der mit Lyrik angefangen hat, ist ihr treu geblieben. Aber er würde ja auch nie ohne Notizblock ausgehen. Jeden Augenblick bereit festzuhalten, was seine Wahrheit komplettieren könnte, die er nie als endgültig betrachtet.

Auf der Terrasse, neben einem seiner Arbeitsplätze, der Napf für den Fuchs, der hierher zum etablierten Fressen kommt. Die tägliche Erinnerung an das in Freiheit streunende Tier – ob der Fuchs Chessex' Kindergeschichte kennt vom »Fuchs, der dem Mond ›nein‹ gesagt hat«, oder hat er die Verse seines Fleischgebers gelesen: »Ich hab von einem Fuchs den Schädel gefunden,/ ich hab seine traurige Musik gehört.«

Der Fuchs kommt aus den Wäldern von jenseits der Straße, dort liegt auch ein Friedhof. Das Haus hat im Rükken den Tod, wie alle Protagonisten, die Chessex schuf, den Tod im Rücken haben. Hat sich Chessex nicht gefragt, »wo geh'n die Vögel zum Sterben hin«, und hat er nicht vom

»Tod eines Gerechten« erzählt? Wenn er seinen Heimatkanton porträtiert, wird er nicht nur über das Leben der Waadtländer schreiben, sondern auch über ihr Sterben. Und er wird die Sammlung seiner Geschichten beschließen, indem er, den »eigenen Tod sehend«, vom Freitod seines Vaters erzählt: »Dieser Tod machte aus mir, was ich bin. Er hat mir das Land enthüllt, er machte mich zum Waadtländer.«

Im Rücken der Tod und im Blick das Luzide und dazwischen ein Minotaurus, der eine Katze sucht, sie auch findet, und der alle andern Minotauren zur Orgie einlädt. Eine besondere Art Orgie. Um so verlockender, da es sich um einen Autor handelt, der bekennt:

> »Ich kam als Calvinist auf die Welt. Das weiß Gott nur zu gut. Gierig auf den Speichel und ihm ausgeliefert, kleine Ausschweifungen, brutal hin und her gerissen zwischen unten und oben, und ebenso gewaltsam vereint in meinem Herzen und in meinem Fleisch der himmlische Dreck und die Strahlen der Fäulnis.«

Hat dieser Calvinist, der sich eine »Vorliebe fürs Pamphlet« zugesteht, nicht die Aufsätze über seine schreibenden Kollegen unter den Titel gestellt *Les saintes écritures*? Er eröffnete die »heiligen Schriften«, die Porträtgalerie seiner Kritiken, mit einem Eingeständnis von Verwandtschaft:

> »Verdammte, oder solche, die überzeugt sind, daß sie es sind, Asketen, Unschuldige, drauf bedacht, sich aller Fehler anzuklagen, Pilger, nachdenkliche Einsiedler.

Von Gott Besessene. Einige verrückte Höflinge. Herumirrende, selbst wenn sie darauf beharren, sich irgendwo endgültig niederzulassen, denn die Seele bleibt voll Unruhe, das Herz unbefriedigt, der Geist prometheisch. Sie alle leben in mir mit ihrem Raunen und ihren Plagen.«

Was, wenn man ihn zu unheiligen Schriften verleitet? Zum Ausleben seiner sexuellen Phantasien und nicht nur zu - deren Schilderung? Warum sollte er seinen Figuren nicht vorleben, was er ihnen zumutet – eine Versuchung, der er mehr als einmal erlag. Ist er nicht auf Erlebtes angewiesen, »vom Wirklichen besoffen«? Nicht Auto-Biographie, sondern Auto-Fiction. Wieso schreibt er einen Roman, *Sosie d'un saint* (Doppelgänger eines Heiligen)? Hat er mit seinen Teufelchen nicht solche genug, die noch so gern einen Heiligen spielen, allein schon, weil sie wissen möchten, ob Chessex, wenn er bei einer Frau liegt, an Transzendenz denkt und an Metaphysik, so wie er außerhalb des Bettes über den Erotisme reflektiert.

Auf jeden Fall spielten die als Minotauren verkappten Teufel und Teufelchen Musen. Haben sie einmal den Autor in der Hand, üben sie auch Mitbestimmung aus beim Schicksal der Protagonisten seiner Romane. Bei Pasteur Burg zum Beispiel, dessen Bekenntnis sich gar nicht in die Tradition der welschen Pastorenliteratur fügt, einem Pfarrer, der an der Rigorosität seines Glaubens und an seiner ersten großen Liebe zerbricht. Wie harmlos aber ist dies tragisch-pessimistische Bekenntnis verglichen mit dem von Carabas; allerdings ist in dem Fall den Teufeln ernsthaft Konkurrenz erwachsen mit der Katze des Marquis Carabas;

die fabuliert so unbekümmert-souverän, daß der Autor in einem Kapitel vom »Porträt des Künstlers in barocker Manier« spricht.

Alkoholexzesse, Scheidungen, sexuelle Eskapaden und Cafards. Gnadenlos, wie Chessex mit Gott und sich selber umspringt. *Carabas,* ein Buch, das skandalisierte, nach Yves Velan ein »Decameron Vaudois«. So hatte man sich die im Welschland so gern gepflegte Introspektion nicht vorgestellt, und dies erst noch von einem Lausanner Gymnasiallehrer. Gewissensforschung schon, aber von einem anständigen Gewissen. Jedenfalls tanzten die Minotauren mit zum Takt des öffentlichen Ärgernisses, wenn vielleicht auch enttäuscht, daß sie nicht namentlich erwähnt wurden, redet doch Chessex von Ungeheuern und gesteht: »Ich habe Angst vor meinen Monstren.«

Vielleicht war es gar nicht so unklug, sie zu malen, aber nicht zu zeigen. Präsent waren sie auf alle Fälle. Sie haben nicht nur die Katze von Carabas gefüttert; sie waren auch als Kannibalen-Köche dabei, als ein Vater in *L'ogre* seinen Sohn verspeiste. Und was könnte ihnen Besseres passieren, als dank eines *Judas le transparent* nach der Karwoche Ostern in einem Bordell zu feiern.

Allerdings sind diese Musen hinterhältig mit ihren unpastoralen Verführungen, obgleich sie sich rühmen dürfen, daß sie den Erzähler animierten und ihm zu Erfolg verhalfen. Wie spannend Gewissensbisse und Selbstqual sein können, beweisen die Protagonisten von Chessex. Doch dieser wehrt sich dagegen, daß man ihn seinen Figuren gleichsetzt:

»Man hat immer wieder von meiner Calvinisten-Natur gesprochen und gesagt, ich sei ein Schriftsteller der Gewissensbisse. Das ist falsch. Ich habe Figuren geschaffen, die Schuldgefühlen ausgeliefert sind, aber ich habe nie behauptet, sie hätten damit auch recht. Ich zeigte, wie sie dem Bankrott entgegen gingen. Ich weiß, daß man einen gewissen Calvinismus dazu benutzen kann, um Menschen mit Schuldgefühlen zu beladen.«

Aber hat Chessex nicht auch gesagt:

»Was mich interessiert, ist das, was ich sein könnte. Ich habe oft genug darauf hingewiesen, daß die Protagonisten meiner Bücher Statthalter meiner denkbaren Schicksale sind.«

Wie auch immer, die Teufelchen würden dem und jenem lustvoll zustimmen, solange sie sich ihrer schöpferischen Rolle sicher sind; denn was sich im sündigen Jammertal tut, ist narrativ ergiebiger als himmlisches Frohlocken.

Friedrich Dürrenmatt – labyrinthische Erinnerungen

Die Nachricht

Können Sie heute abend ins Studio kommen?

Wieso?

Sie haben es sicher gehört.

Was denn, was soll ich –

Dürrenmatt ist tot.

Wie bitte, wie?

Heute nacht gestorben.

Dürrenmatt? Aber wir waren noch, ich meine –

Herzversagen. Kam es für Sie unerwartet?

Das ist ein Witz.

Das wäre ein schlechter Witz.

Entschuldigung. – Im Moment mag ich nichts festlegen.

Dürfen wir in einer Stunde nochmals anrufen? Es wäre für die Sendung »Zehn vor zehn«.

Das also war es. Den ganzen Vormittag hatte das Telefon geklingelt. Ich hatte etwas fertig zu schreiben und war nicht an den Apparat gegangen. Das sollte sich nun ändern. Bereits der nächste Anruf. Diesmal eine private Radiostation:

Könnten Sie in einem Statement Ihre beste Erinnerung an Dürrenmatt durchgeben?

Dann eine Wochenzeitung:

Sie waren doch mit Dürrenmatt befreundet? In dem Fall sind wir richtig. 240 Zeilen à vierzig Anschläge.

Danach ein Boulevardblatt:

In einem Satz, was Ihnen Dürrenmatt bedeutete.

Nicht ein Satz und nicht tausend Zeilen. Kann man über jemanden, der einem nahestand, einen Nachruf schreiben? »Wir trauern um einen unserer großen Autoren…«

Erinnerungen ja, aber später.

Ich versuchte mit Frau Dürrenmatt zu telefonieren. Nach endlosem Besetztzeichen endlich eine Verbindung. Die Sekretärin nimmt ab: Frau Dürrenmatt wird zurückrufen.

Dann erneut das Fernsehen am Apparat. Ich sage zu.

Es dauert, bis ich beim Verlag durchkomme. Als ich Daniel Keel am Telefon habe, weiß ich nicht, was ich sagen soll:

Fritz… das ist schwer zu fassen… aber eben, ja…

Ich habe Daniel noch erreicht, bevor er mit seiner Frau Anna nach Neuenburg ins Trauerhaus fährt.

Danach sitze ich im Fauteuil. Ein dumpfes Warten, ohne zu wissen, worauf. Ich rufe G. an. Als ich ihm mitteile, daß

Dürrenmatt gestorben ist, stockt meine Stimme. Ich habe mich auf die Seite derer geschlagen, die eine Nachricht durchgeben, die ich bis dahin nicht wahrhaben wollte.

Über dem Telefon eine Grafik von Dürrenmatt: Zu König Johann von Shakespeare. Ein Geschenk von ihm, als Dank für die Geburtstagsrede zu seinem sechzigsten.

Der Gang zu den Regalen im Arbeitszimmer. Vor den Büchern Dürrenmatts. Ich greife nach einem, beginne zu blättern und stelle den Band zurück. Im Moment genügt die Gewißheit: Die Werke sind da.

Dann klingelt die Hausglocke. Dreimal. Ein verabredetes Zeichen. G. hat gleich nach unserem Telefonat in Rappers-wil den Zug genommen. Einer Freundschaft hat der Tod ein Ende gesetzt. Eine andere behauptet sich gegen ebendiesen Tod.

Erinnerungsfetzen, Anekdotisches, Sprüche, Zitate – ins Leere gesprochen, aber von Ohren aufgenommen. Und bald muß G. zurück. Wir füllen noch einmal die Teetassen.

Ich schlage Daten nach – das Gedicht von Matthias Claudius im Wortlaut notiert.

Und gegen Abend der Anruf von Frau Dürrenmatt. Erneut Verlegenheit:

Du weißt, wie schwierig es ist … Was soll ich sagen … mein Beileid.

Du sprichst heute abend am Fernsehen?

Um zehn vor zehn. So heißt die Sendung. Woher weißt du das?

Von Daniel. Könntest du nicht einen Text von Fritz lesen?

Wie meinst du das?

Einen Text von ihm lesen – einfach nur das.

Die erwarten etwas anderes. Zudem – ich möchte selber festlegen, wie ich mir meinen Nachruf vorstelle. Wann findet die Beerdigung statt?

Es gibt keine.

Wie bitte?

Ich lasse ihn morgen einäschern.

Dann wird man sich gar nicht sehen?

Die Urne bleibt bei mir.

Das ist definitiv? Keine Trauerfeier?

Nein.

Schön – alles Gute.

Der Tod nahm einem Dürrenmatt. Nun wird man um den Abschied von ihm gebracht.

Ich sitze herum. Blättere in Zeitungen. Stelle den Fernsehapparat an. Gehe Kanäle durch und schalte aus.

Ich denke an eine andere Todesnachricht. Als Dürrenmatt nach dem Tod von Lotti anrief, seiner ersten Frau.

Viel zu früh auf dem Weg ins Studio. Ich lasse das Taxi ein gutes Stück vor dem Empfang anhalten. Spaziere die Straße zurück. Nächtliche Leere in dieser Zwischenzone am Stadtrand. In einem Bürohaus wechselnde Beleuchtung von Fenstern, wohl Putzmannschaften bei der Arbeit. Und weit oben im winterlichen Himmel am Kamin der Kehrichtverbrennungsanlage das rote Warnlicht.

Auch so bin ich noch zu früh. Ich scheine den Wärter am Empfang nervös zu machen, da ich mich im Warteraum nicht setze, sondern auf und ab gehe.

Und dann zur Maske geleitet und danach ins Studio zur Vorbesprechung.

In Mundart, schlägt der Chef von »Zehn vor zehn« vor.

Ich weigere mich – grundsätzlich, und erst recht, da es um Literatur geht.

Als Thema das Verhältnis von Dürrenmatt zur Schweiz.

Und sonst?

Ausgangspunkt die Rede Dürrenmatts bei der Preisverleihung an Václav Havel.

Schon, aber…

Der Vergleich der Schweiz mit einem Gefängnis. Das ist noch in aller Ohren.

Sicher. Nur – ich möchte Dürrenmatt nicht auf diese Aktualität reduzieren. Er war Schriftsteller, Künstler.

Wir einigen uns über die Fragestellungen. Der kleine Disput macht mich gefaßter. Als biete sich eine Aufgabe. Dürrenmatt als Schriftsteller, räsonierte ich in mich hinein, nicht in erster Linie daran gemessen, wie er es mit uns, der Schweiz, hielt, nicht die vaterländische Nutzbarkeit im Vordergrund, sondern das Werk.

Als Ouvertüre der Werbeblock: Nudeln vor dem Kochen auf rotem Samt präsentiert. Pralinen für alle, die man gern hat. Unter dem Weihnachtsbaum das »Risiko«-Spiel: Wer übernimmt die Rolle des Richters? Und beim Würfelspiel »Cosa nostra«: »Wer ist der Boß.« Die Schlümpfe im Schlümpfeland. Als fliegende Untertasse aus dem Weltraum Tannenzweige mit Markenartikeln zu Discountpreisen. Ein Deo-Duft, bei dem einem alles passieren kann.

Danach die Schlagzeilen: Soll Bundesrat Villiger zurücktreten – das Ergebnis einer Umfrage. Unruhen in Albanien. Im Magazinteil Ausführungen über politische Gruppentheorie: Wie macht man aus Feinden Freunde.

Und dann die Nachricht: »Friedrich Dürrenmatt ist tot. Er ist in der Nacht auf heute in seinem Heim in Neuenburg an Herzversagen gestorben.« Es folgt ein Kurzporträt: Dürrenmatt bei seiner Havel-Rede. Sein Anfang mit einem Theaterskandal. Der Kriminalroman *Der Richter und sein Henker* als Comic. Dürrenmatt als Maler: ein Bild, auf dem ein Eisenbahnzug über eine eingestürzte Brücke nach unten auf einen kommunistischen Demonstrationszug fällt. »Die Katastrophe der Technik, die Katastrophe der Religion und darüber die kosmische Katastrophe, ein lustiges Bild«, wie Dürrenmatt kommentiert.

Die erste Interview-Frage:

Wie haben Sie heute morgen auf die Nachricht von Dürrenmatts Tod reagiert?

Bestürzt. Vor zwei Wochen haben wir noch über seine Asienreise gesprochen. Die thailändischen Königsstädte, das Nationalmuseum in Taipeh, wozu ich geraten habe, unbedingt auf dem Weg nach Hawaii in Taiwan einen Stopp zu machen.

Wie haben Sie Dürrenmatt kennengelernt?

Das geht in die fünfziger Jahre zurück. Als 1957 die Zürcher Fassung der *Ehe des Herrn Mississippi* am Schauspielhaus aufgeführt wurde, schrieb ich den Einleitungsaufsatz im Programmheft. Damit ergab sich eine Freundschaft, die bis heute anhielt.

Sie sind Romancier. Dürrenmatt war Dramatiker. Wie beurteilen Sie seine Romane?

Man hat oft übersehen, daß er schon immer Prosa schrieb. *Die Stadt* ist für ein Frühwerk eine erstaunliche Prosa. Eines der großartigsten Werke der zeitgenössischen deutschsprachigen Literatur ist *Minotaurus,* vielleicht einer seiner dichtesten Texte. In den letzten zehn Jahren ist Dürrenmatt in erster Linie als Prosaschriftsteller hervorgetreten. Man denke an die beiden Bände *Stoffe.* Er hat als Prosaschriftsteller ebenso Rang wie als Dramatiker.

Wir haben in dem Kurzporträt ein Bild gesehen, das Dürrenmatt gemalt hat. Die Katastrophe einer Eisenbahn, die herunterstürzt, war dies sein Weltbild?

Er besaß eine Radikalität, die immer erschreckt hat. So steht nicht zufällig schon am Anfang der Skandal. In der Hinsicht ist er sich treu geblieben. Eine Radikalität, die immer auch die schlimmste Möglichkeit durchdenkt. Man hat in dem Kurzporträt, das vorher zu sehen war, einen Ausschnitt aus einem Interview gezeigt; die Passage macht deutlich, wie sehr es ihm um die Sinnfrage ging, was er von der heutigen Welt zur Kenntnis nahm, das Groteske, das Lächerliche am Menschen, seine wahnwitzige Bereitschaft, Katastrophen herbeizuführen – dies ist ein Grundthema gewesen. Und irgendwo der Aufschrei: »Man muß die Welt verändern.« Wie in der *Ehe des Herrn Mississippi.* Doch dann zeigt er, wie das unentwegt mißlingt. In dem Sinn kann man sein Werk als Appell verstehen, will man es moralisch werten.

Dürrenmatt hat auch immer wieder für Skandale gesorgt. Zuletzt bei der Rede zu Ehren Havels im Gottlieb-Duttweiler-Institut in Rüschlikon. Er hat Stellung bezogen zur Schweiz: Er hat sich zum Beispiel gegen die Armee ausgesprochen; er hat die Schweiz mit einem Gefängnis verglichen. Was für ein Verhältnis hatte Dürrenmatt zur Schweiz?

Ein kritisches. Was bei einem Intellektuellen nicht überraschen sollte, was aber bei uns in der Schweiz auffällt. Dürrenmatt hat sich stets zu seiner Herkunft bekannt. Die Kritik galt konkreten Einzelfällen. Da gibt es den Vortrag über Israel und die Araber, ein Monstervortrag über die Gerechtigkeit, Christentum und Nichtchristentum. Damit konnte er nicht nur rechts anecken, sondern auch links. Eine seiner wichtigsten politischen Schriften, finde ich, ist das *Nachwort* zu *Der Mitmacher*. Da hat er die Intellektuellen zum Thema gewählt, was nicht allen Intellektuellen gefiel. Er hat die Politik selber zum Thema gemacht. Nicht zufällig, daß die nächste Publikation, postum, ein Band mit Reden sein wird: die anläßlich der Ehrung von Havel, die, die er für Lafontaine hielt, und eine bei der Verleihung einer Medaille an Gorbatschow.

Was nehmen Sie persönlich mit, jetzt von Dürrenmatt?

Die Erinnerung an Gespräche. Er war jemand, der unentwegt erfand, er war immer daran, eine Geschichte zu entwickeln; wenn er redete, entwarf er fast nebenbei Philosophien. Nicht zuletzt deswegen ist die Trauer so groß, weil jetzt all die Stoffe mittrauern, die nicht mehr Dürrenmatt-Stoffe werden können. Dürrenmatt war ein belesener, ein gebildeter Mann – ob Theologie, Wissenschaft oder Literatur. Die Gespräche waren kaum privat; man war immer wieder überrascht, was er an Namen und Werken zitierte. Eines seiner Lieblingsgedichte stammt von Matthias Claudius. Die vier Verse kann ich nur noch mit seiner Stimme im Ohr hören:

Ach, es ist so dunkel in des Todes Kammer
Tönt so traurig, wenn er sich bewegt
Und nun aufhebt seinen schweren Hammer
Und die Stunde schlägt

Am Samstag morgen, kurz nach acht, ein Anruf von Peter Nobel, dem Testamentsvollstrecker von Friedrich Dürrenmatt: Ob ich mitkomme? Es finde eine Trauerfeier statt. Im kleinen Kreis.

Also doch. Ich habe noch das Telefongespräch vom Vorabend im Ohr.

Wir treffen uns vor dem Gebäude der *Neuen Zürcher Zeitung*. Ich steige zu, im Wagen die Gattin des Anwalts. Neben ihr auf dem Rücksitz Cordelia, die Frau des Verlegers Ruedi Bettschart, und Professor Peter von Matt.

Wir erfahren, daß es am Abend zuvor beinahe zu einem Streit im Trauerhaus gekommen wäre. Immerhin – wir werden von Fritz persönlich Abschied nehmen.

Unvermeidlich, daß wir auf die Todesanzeige in der *Neuen Zürcher Zeitung* zu sprechen kommen; sie ist unterzeichnet mit »Charlotte Kerr-Dürrenmatt und Freunde«. Die Familie wird nicht erwähnt.

Peter Nobel hat das Zürcher Amati-Quartett aufgeboten; auch die Musiker sind unterwegs nach Neuchâtel, in einem separaten Wagen.

Wir parken an der Rue Partuis du Sault. Beim oberen Haus. Eine Liegenschaft am Südhang des Jura, außer- und oberhalb von Neuchâtel, auch topographisch Distanz markierend.

Die Witwe bittet uns in den Salon. Als erstes an der Trennwand zum Arbeitszimmer die imaginäre Kerkerwelt von Piranesi. Ein Künstler, mit dem Dürrenmatt das Labyrinth teilte. Der Blick sucht auf den Grafiken die Treppen,

Verliese und Gruften ab. Vielleicht versteckt sich Dürrenmatt in dieser Irr-Architektur und hat noch nicht hinausgefunden in den Tod.

Anwesend ist eine Freundin der Witwe, Gisela Fischer. Dürrenmatts Sekretärin, die ihre Emotionen schwer zu verbergen vermag. Daniel Keel – wir reichen uns die Hand, es braucht kaum Worte. Und Liechti, der Wirt, einer der ältesten Bekannten und Vertrauten.

Anna Keel kommt vom Souterrain herauf, noch einen Stift in der Hand, einen Zeichenblock an sich gepreßt, sie klammert sich daran, sie sucht auch am Riemen ihrer Umhängetasche Halt. Sie hat auf Wunsch der Witwe Fritz auf dem Totenbett gezeichnet.

Eine Erinnerung und ein Bild drängen sich auf. Dürrenmatt am Sterbebett von Varlin; er porträtierte den Todkranken.

Ich steige die Treppe hinunter ins Schlafzimmer. Die Leiche nimmt die Breite und Länge des Bettes ein. Die Hände ineinandergelegt, um jeden Gruß gebracht. Die Gaukelei, es schlafe einer; man ist bereit, den Atem zu vernehmen. Und das Klischee vom halboffenen Mund, der noch etwas anvertrauen möchte. Man lauscht einer Totenstille, die kein Tod unterbricht. Auf dem Nachttisch ein Thriller von King, als habe Dürrenmatt für einen Moment die Lektüre unterbrochen. Ein gestreiftes Hemd, als würde er nach dem Nikkerchen ausgehen und nicht ins Krematorium überführt werden.

Bei keinem Menschen hatte ich so oft und so selbstverständlich den Tod in Betracht gezogen. Die Nachricht, Dürrenmatt gehe es nicht gut, alarmierte jedesmal; vernahm man, Dürrenmatt sei ins Krankenhaus eingeliefert worden, befürchtete man das Schlimmste. Doch dann traf man ihn wieder; er erzählte mit unbekümmerter Laune, sein Lachen war breit und dunkel wie immer, und man saß mit ihm bei einem Glas Wein.

Ich war überzeugt: Er hat so oft dem Tod gegenübergestanden, daß Dürrenmatt für ihn jede Attraktion verlor.

Langsam die Treppe hinauf. Auf der obersten Stufe einige Momente des Verweilens, bevor ich die Tür zum Zimmer mit dem Stimmengewirr öffne. Das Amati-Quartett ist eingetroffen. Die vier richten sich im Arbeitszimmer so ein, daß man sie vom Living aus sieht. Die Witwe plaziert sich vor den Stühlen und Sesseln und sitzt auf dem Boden.

Das Ensemble spielt ein Quartett von Mozart. Und danach einen Haydn. Dann wird zum Büffet gebeten. Bündnerfleisch, Schinken, Käse, all das, was als Résistance und Accessoires zur garnierten kalten Platte gehört.

Ein Augenblick auch, um auf die Terrasse zu treten. Ein Dezembertag, der trotz seiner Frische einen Aufenthalt im Freien erlaubt.

Offen der Blick auf den Neuenburgersee und in die Berner Alpen hinein, seine Alpen, wie Dürrenmatt sagen würde. Von hier aus konnte man die Höhenfeuer sehen, wenn Fritz jeweils am ersten August Familie und Freunde einlud. Stiegen Raketen und anderes Feuerwerk, wußte man nie genau: Krachte und sprühte es wegen des Nationalfeiertags, oder hatte Dürrenmatt das Spektakel arrangiert, zum Spaß und zur Unterhaltung seiner Gäste.

Von hier aus auch der weite Blick in den Himmel, den Dürrenmatt durchforschte, nachdem er nicht mehr an ihn glaubte. Nicht nur mit dem Fernrohr, das in seinem Arbeitszimmer steht. Von dieser Terrasse aus ließ er am nächtlichen Firmament literarisch Novae explodieren, und von hier ortete er im Weltraum, wo der Urknall seiner Imagination stattfand.

Den Mitgliedern des Quartetts wird nahegelegt, aus dem Haus zu sein, bevor die Familie eintrifft. Der Violinist und die Violinistin, die Viola und das Violoncello verpflegen sich più presto. Die Witwe zieht uns einzeln ins Vertrauen: Wir möchten gegenüber den Familienmitgliedern die musikalische Abschiedsfeier nicht erwähnen.

Kaum haben die Musikanten die Teller weggestellt, die Instrumente eingepackt und das Haus verlassen, trifft die Familie ein.

Die Schwester, von der Dürrenmatt selten sprach, aber wenn, dann mit brüderlicher Herzlichkeit: von ihrer Arbeit im Berner Inselspital, ihrem Sozialdienst und dem Kiosk, den sie mit anderen Frauen betreibt.

Und Peter, der Sohn. Pastor in Genf. Er führt das theologische Familieninteresse weiter und auch die Rebellion. Wie die Schweiz mit Militärdienstverweigerern umspringt, hatte Dürrenmatt an seinem Sohn miterlebt, eine Erfahrung, die sein kritisches Verhältnis zur Armee prägte.

Die Tochter Barbara und ihr Mann, ein Zeichenlehrer, sie wohnen ebenfalls in Genf.

Und die Jüngste, Ruth. Ihr gegenüber habe er ein schlechtes Gewissen, gestand Dürrenmatt einmal. Sie wuchs auf, als er und seine Frau Lotti viel unterwegs waren. Ruth ist aus den USA, wo sie bei einem Onkel lebt, herübergeflogen.

Die Sekretärin tut sich schwer mit dem Geheimhaltenmüssen. Liechti und ich bekunden in einem gegenseitigen Blick Solidarität. Wir erfahren, daß die Familienangehörigen für Montag eine eigene Todesanzeige aufgegeben haben.

Händedruck, Fragen nach dem Ergehen, Erinnerungen – und danach wiederum ein Moment, um persönlich und allein Abschied zu nehmen. Im Arbeitszimmer. Neben der offenen Verandatür, auffällig hingestellt, eine hohe Vase mit einem reichen Strauß langstieliger roter Rosen.

An der Rückwand das Porträt, das Varlin von mir malte. Sein früherer Platz war im Obergeschoß. Das Bild war dort auf ebenem Flurboden plaziert, so daß, wer den gefangenen Raum betrat, erschrak, weil er meinte, da sitze jemand. Fritz hatte mir die Rolle eines Hausgespenstes zugedacht. Als nach der Heirat mit Charlotte Kerr das Arbeitszimmer verkleinert wurde, bot die Rückwand nicht mehr wie bisher Spielraum für das Großformat der »Heilsarmee«, einen Klassiker von Varlin, doch es reichte für ein hohes schmales Bild. Meine Karriere als Hausgespenst war beendet, ich wurde salonfähig. Und Dürrenmatt spottete, ich würde ihm beim Schreiben über die Schulter schauen. Genaugenommen sah ich von der Leinwand nur auf den Rücken des Schriftstellers.

Jetzt, da er nicht mehr an seinem Schreibtisch sitzt, ist der Blick auf den Arbeitsplatz frei. Ich schaue nicht nur aus einem Rahmen von hinten, sondern auch von vorn in natura. Der Arbeitsplatz ist zweimal leer.

Ich habe nicht mitbekommen, daß die Bestattungsbeamten eingetroffen sind, um den Toten einzusargen. Die Witwe bittet die Trauergäste ins Arbeitszimmer; jeder soll sich eine der langstieligen roten Rosen nehmen. Auch ich entspreche dem Wunsch. Wir stellen uns hinter ihr auf, den Blick durch die offene Verandatür auf den Schauplatz Terrasse. Die Sargträger treten von links auf und wollen nach rechts abgehen. Da ruft die Witwe sie zurück. Da das Französisch nicht ganz klar ist, sind die Träger verwirrt, zumal sie gewohnt sind, den Sarg aus dem Haus zu tragen und nicht wieder zurück. Einer schaut nach hinten, als hätte er etwas verloren. Die Witwe ordnet an, den Sarg in der Mitte vor der Verandaöffnung aufzustellen. Dann wendet sie sich an die Trauernden: »Wir nehmen jetzt Abschied von Fritz. Mit einer Schweigeminute.« Alle stimmen ins Schweigen ein. Mitten in die Lautlosigkeit gellt von draußen ein greller Lärm. Die Witwe fährt zusammen und schreit über den Sarg hinweg. Ob die draußen ihre Zurechtweisung »Ruhe!« vernommen haben oder nicht, das Schweigen ist für den Rest der Schweigeminute gerettet.

Mir aber ist, als respektiere einer die Ruhe nicht, als lache er, ein breites und tiefes Lachen, das aus dem Sargdunkel kommt und das an schwarzen Brettern zurückprallt.

Gemessenen Schritts geht die Witwe auf den Sarg zu und legt ihre rote Rose auf den Deckel. Wir Trauergäste wissen nicht, ob dies ein Zeichen ist, es ihr gleichzutun. Doch die Witwe macht mit einer Geste klar: Dieser Auftritt ist ihr Solo.

Nur Ruth, die rebellische Tochter, hält sich nicht an die Regieanweisung. Sie stürzt nach vorn und legt auch ihre rote Rose auf den Sargdeckel, mit einer Stimme, die sich nicht ersticken ließ: Papi, für die letzte Reise.

Mit Zeigefinger und ausgestrecktem Arm weist die Witwe nach rechts: »Allez-y.« So hoppla-ig war das nicht gemeint, wie es auf französisch tönt. Das Kommando ist deutlich. Die Bestattungsbeamten zögern einen Moment, um sich zu vergewissern, ob es diesmal definitiv ist, dann heben sie den Sarg, achten darauf, daß die Rosen nicht herunterfallen, und setzen sich mit jenem schweren Schritt in Bewegung, den amtliche Trauer verlangt.

Jetzt hätte der Vorhang fallen müssen. Ich entdecke über der langen Fensterfront der Terrasse keinen. Ich nehme nicht an einer Trauerfeier teil, sondern an einer Uraufführung, bei welcher der Autor Regie und Hauptrolle der Witwe überließ. Die Premiere eines Stücks, das nur einmal aufgeführt wird und bei dem der Autor nicht durchfallen kann, da er bereits im Sarg liegt, alle Rezensionen sind vorweg erschienen als Nachrufe: »Der Autor und die trauernde Witwe.« Die Abdankung als literarische Variante zur Gattung »Groteske«. Noch nie war mir so klar, wie sehr die schweizerische Bezeichnung »Abdankung« auf eine Trauerfeier paßt.

Und dann der Szenenwechsel zum Krematorium. Wir sprechen uns ab, wer mit wem fährt. Jeder noch mit seiner langstieligen Rose in der Hand. Von Matt, der chauffiert, gibt sie ab für die Wegstrecke. Ich halte zwischen den Beinen auf meinem Vordersitz zwei Blumen.

Ein bescheidener Bau auf einer Anhöhe. Wir steigen die Stufen hinauf mit verlegener Feierlichkeit. Der Sarg ist bereits vorn aufgebahrt. Nun ist es an uns, die roten Rosen hinzulegen – auf den Sarg oder daneben. Wir suchen Platz in den Bänken, verstreut in den Reihen, und warten. Nichts geschieht. Plötzlich beginnt die Maschinerie zu spielen. Der Sarg fährt langsam nach unten. Es zuckt in mir. Einen Toten nach unten zu schicken – hätte Dürrenmatt nicht eher hinauffahren müssen? Ich weiß nicht, wer mir ins Ohr flüsterte: Eine solche Vorrichtung gibt's auch auf der Bühne, dort sagt man nicht Hölle, sondern Versenkung.

Und dann wendet sich die Witwe an uns. Sie sitzt an einem Gangende; sie schlägt ein Buch auf: »Ich lese aus dem Werk, das Fritz schrieb, nachdem er mich kennengelernt hat.« Und sie liest Passagen aus dem *Minotaurus.*

In einem Krematorium wird nicht applaudiert. Die Freundin der Witwe stützt die Witwe, wie sie sich erhebt, sie stützt sie auf ihrem Gang durch die Mitte, ein Abgang, und stützt sie hinaus. Wir Trauergäste folgen, einzeln und in Gruppen. Einige bleiben oben auf dem Treppenabsatz. Am Rand des Hügels die Witwe. Sie schaut mit dem Rücken zu uns und blickt in die Unendlichkeit. Ihre Gestalt erscheint im Gegenlicht, einsam im Schmerz und gut sichtbar.

Wir fahren ins Trauerhaus zurück. Wir finden uns wieder im Living. Es werden Gläser gefüllt. Der Wein ist aus einem Keller, über dessen Güte der Verstorbene wachte. Und als jeder ein gefülltes Glas in den Händen hält, hebt die Witwe das ihre: »Stoßen wir an. Jetzt, in dem Augenblick, da Fritz in ein anderes Element übergeht.« Wir trinken. Die Witwe läßt ihr Glas sinken, ein verlorener Blick, ein schicksalsergebener Seufzer, und mit einem Ruck die Aufforderung: »Kehren wir zur Wirklichkeit zurück.« Sie machte den ersten Schritt aufs kalte Büffet zu.

Ich nehme ein Stück Käse. Gegen den Appetit, den jede Trauer mit sich bringt. Dann ein zweites Stück, dies mit Bündnerfleisch umwickelt, und dieses zweite Stück als Gage für meinen Auftritt als Trauerstatist.

Die erste Begegnung

Untrennbar ist der Name Dürrenmatt mit dem Schauspielhaus Zürich verbunden; so geradlinig war das Verhältnis nicht. 1947 wurde hier *Es steht geschrieben* uraufgeführt. Der Regisseur dieses Erstlings, Kurt Horwitz, war Theaterdirektor in Basel. Er hatte das Stück nach Zürich vermittelt, weil er sich hier größere Resonanz versprach. Trotz des Zürcher Uraufführungsskandals blieb Horwitz dem Autor treu. Die nächsten Stücke erlebten im Stadttheater Basel ihre Uraufführung: *Der Blinde* und *Romulus der Große,* beide unter der Regie von Ernst Ginsberg. Mit München tat sich dem jungen Autor eine Chance auf. Hans Schweikart inszenierte *Die Ehe des Herrn Mississippi* an den Kammerspielen, wo ein Jahr danach auch *Ein Engel kommt nach Babylon* uraufgeführt wurde. 1956 kehrte Dürrenmatt mit *Der Besuch der alten Dame* glorios ans Zürcher Schauspielhaus zurück. Im Herbst des folgenden Jahres wurde dort eine Neufassung von *Die Ehe des Herrn Mississippi* auf die Bühne gebracht. Der Dramaturg Peter Löffler bat mich um einen Aufsatz fürs Programmheft.

»Sonderbar, wie dieser Autor sich mitteilt, wenn er etwas zu sagen hat; er benimmt sich, als ob er nichts zu sagen hätte, macht aus jedem Weg einen Umweg, spottet von unten und entlarvt um die Ecken, treibt sein Spiel mit dem Spiel, und dies wiederum mit einem Eifer, der größte Ernsthaftigkeit vermuten läßt; da gibt er einem einen Kompaß ohne Fixationspunkt und verlangt in aller Ungeniertheit, daß man ihm folge...

Ein Konglomerat von Geschehen, ein Gemisch von teils sich nicht immer deckenden Handlungspartikeln, oft in wenigen Sätzen dem Publikum direkt dargelegt oder in einzelnen Szenen ausgespielt, so daß sich Entwurf und minuziöse Ausarbeitung ablösen, womit der zeitliche Ablauf nicht einheitlich ist, sondern verschiedene Tempi kennt, gerafft wie springend. Und diesem Konglomerat von Geschehnissen entspricht ein solches der Stilmittel: Der Konversationston wechselt ab mit Versen, auf zynische Bemerkungen und schwarzen Humor folgen Pathos und lyrische Passagen; Schauspieler fallen aus der Rolle und spielen Conférencier; die Wände geben gleichzeitig Durchblick auf eine nördliche und südliche Landschaft, auf Kathedrale und Tempel, was laut Regieanmerkung des Autors verwirrend wirken soll...

Aber wenn man all das, was an politischen, religiösen und moralischen Gedanken vorgetragen wird, nur als Anlaß zu anderem nehmen soll – muß man sich dann an die Bemerkung von Dürrenmatt erinnern, daß er mit dem Instrumentarium des Theaters spiele. Ein großer Ulk also? Eine geistreich-freche Revue, wo Ideen Cancan tanzen?...

Eine urdramatische Situation: die Welt negieren, sie verändern oder retten zu wollen, die Ordnung und Herrschaft des Absoluten herzustellen und dabei die Verstrickung der eigenen Person erfahren zu müssen – etwas, das Anlage zum tragischen Geschehen hat. Aber Dürrenmatt schreibt nicht eine Tragödie; er erklärte einmal, daß Tragödien eine Welt voraussetzen, die noch in Ordnung sei, aber ein solches Ordnungssystem fehle heute. Was für eine Möglichkeit aber bietet sich denn da noch? Denn negieren, verändern, retten wollen – das bleibt nach wie vor. Dürrenmatt arbeitet mit Übertreibungen, mit Parodie, chargiert, gibt den Personen einen Maßstab, der sich von demjenigen des Alltags radikal unterscheidet. Und warum dies? Um Effekte zu erzielen? Um der Schocks willen? Um sich für Einfälle applaudieren zu lassen? Aus bloßer Freude am Spielen? Um aus dem Theater einen Taschenspieler-Auftritt zu machen? Oder sollte dieser ›zähschreibende Protestant und Phantast‹ eine Groteske der menschlichen Ohnmacht schreiben, um einen Schlußsatz möglich und glaubhaft werden zu lassen wie den: ›Ewige Komödie. Daß aufleuchte Seine Herrlichkeit, genährt durch unsere Ohnmacht.‹«

Dieser Aufsatz entstand, wie Aufsätze zu entstehen pflegen, am Schreibtisch, vor mir das Textbuch, ein literarisches Vorgehen, das mit der Bühne selber nichts zu tun hatte, Interpretation nach getätigter Lektüre.

Das änderte sich mit den Aufsätzen, die ich später, anläßlich von Uraufführungen, für die Programmhefte des Zürcher Schauspielhauses verfaßte. Diesen gingen Gespräche mit Dürrenmatt voraus, dazu kam die Teilnahme an Proben. Insofern haben die Aufsätze ein Stück Authentizität, da Dürrenmatt bereit war, sich im Formulierten wiederzuerkennen.

Nur eben – was, wenn das, was heute richtig scheint, morgen geändert wird und dieses seinerseits einen Grund abgibt für weitere Änderungen.

Die Premiere von *Frank der Fünfte* war auf einen Mittwoch angesetzt. Am Freitag davor stand das Ende des Stückes noch nicht fest. Nicht nur ich, auch Schauspieler wollten wissen, wie diese »Oper einer Privatbank« aufhört. Gustav Knuth zum Beispiel, der den Personalchef Egli spielte, bestürmte Dürrenmatt: »Dürri, ich möchte wissen, was ich zum Schluß sage.«

Ich meinerseits hatte spätestens Montag früh den Aufsatz fürs Programmheft an die Druckerei zu liefern. Ich versuchte Dürrenmatt klarzumachen, daß man anders schreibt, je nachdem, ob bei Schiller Elisabeth die Maria Stuart aufs Schafott schickt oder sie in die Freiheit entläßt.

Dürrenmatt hatte Erbarmen mit seinem Interpreten. Wir trafen uns zum Nachtessen. In einem Fischrestaurant, das es nicht mehr gibt, im Zentrum Zürichs. Ich erinnere mich noch genau, was wir aßen: Forelle Negus, zu einer Zeit, als es auf der Menükarte noch keine »political correctness« gab – schwarz, nicht weil der Fisch verbrannt war, sondern wegen der braunen Butter. Ich erinnere mich an die Speise, weil es einige Zeit brauchte, bis ich Dürrenmatt von den Fischgräten weg bei der Privatbank hatte.

Er skizzierte auf die Papierserviette, was nun als Schluß feststand und was Knuth in einem Epilog sagen würde. »Die Freiheit zum Bösen« lautete eine der Formulierungen. Großartig, das ließ sich deuten, darüber konnten wir zu zweit nach Forelle und Weißwein beim Kirsch philosophieren, und ich dachte zu Hause allein weiter darüber nach.

Bei der Uraufführung aber sagte Knuth, als er sich zum Schluß ans Publikum wandte: »Die Freiheit ist schön, ach, das wissen wir alle/Doch willst du sie greifen, vergeht sie im Nu/Denn wer am Speck sitzt, sitzt in der Falle/Und willst du hinaus, klappt die Falle zu.«

Das war nicht genau das, worüber wir bei Forelle Negus philosophiert hatten. Noch bevor der Applaus einsetzte, floh ich ins Foyer und las meinen Aufsatz: Was für ein Glück, ich hatte die »Freiheit zum Bösen« nicht allzu ausführlich expliziert.

»Nicht die Freiheit an sich, sondern die Unmöglichkeit der Freiheit innerhalb einer Verbrecherdemokratie« sei mit seiner Oper gemeint, erklärte Dürrenmatt später in seiner Münchner Rede über das Theater. Er hatte einen neuen Schluß konzipiert für die Aufführung an den Münchner Kammerspielen, die 1960, ein Jahr nach der Zürcher Uraufführung, folgte.

Als Maria Becker, mehr als dreißig Jahre später, das Stück für den Keller des Zürcher Schauspielhauses inszenierte, wurde ich gebeten, mich zur Uraufführung in einem Programmbeitrag zu äußern. Ich suchte Belege für meine Erinnerung. Dafür konsultierte ich zunächst die Buchausgaben. Das half nicht weiter. In den Band *Komödien II* (Arche Verlag, Zürich) hatte Dürrenmatt die Bochumer Fassung aufgenommen, die er 1964 zusammen mit Erich Holliger erarbeitet hatte; die Aufführung war, wie Dürrenmatt schrieb, »nach vierwöchiger Probe durch den Intendanten Hans Schalla verhindert worden«. Für die Werkausgabe seiner Theaterstücke, 1980 (Diogenes, Zürich), schrieb Dürrenmatt eine Neufassung. Nun hatte Dürrenmatt stets die Ansicht vertreten, für die gedruckten Theaterstücke gelte als Kriterium nicht die »theatergerechten Fassungen«, sondern die »literarisch gültigen«, das konnte bedeuten, daß ins Buch kam, was nie auf der Bühne war.

Ich aber hätte gern gewußt, was damals bei der Uraufführung in Zürich auf der Bühne gesprochen worden war, um meine Erinnerung abzustützen. Könnte da nicht das Archiv des Schauspielhauses weiterhelfen? Das Rollenbuch von Knuth brachte keine Gewißheit, das war bis zur Unübersichtlichkeit vollgekritzelt. Da kam der Dramaturg Bruno Hitz auf den Gedanken: Wenn die Rollenbücher der Schauspieler versagen, ein Exemplar hilft weiter, das der Souffleusc. Wenn jemand wußte, was an Text auf der Bühne geboten werden sollte, war sie es, die Zuflüsterin. Auf der letzten Seite des Souffleuse-Buches fand ich viel von Hand dazu Geschriebenes, Striche und gestrichene Striche und erneute Änderungen, die Formulierungen, nach denen ich suchte, nicht auszumachen. Ich wurde zusehends unsicherer. War das, woran ich mich erinnern wollte, Wirklichkeit gewesen oder bloß eine Neufassung von Wirklichkeit und ich die Version einer Version?

»Wenn Sie, verehrter Leser, an dieser Stelle nicht den üblichen gepflegten Aufsatz lesen, in dem ein literarisch Beflissener in essayistischer Manier zu Ihnen über Theater spricht, dann wundern Sie sich nicht, sondern schauen Sie sich erst einmal die Oper *Frank der Fünfte* von Friedrich Dürrenmatt an, überlegen Sie sich, was Sie dazu sagen könnten und möchten – und Sie werden auch diese Form der Präsentation gutheißen. Denn dessen kann Sie der Verfasser versichern, aber was machen Sie, wenn der Autor selbst, über den Sie schreiben, Sie beim Kultiviertsein stört? Wenn er Sie narrt? Nicht aus Bosheit, sondern durch die Art, wie er schafft, durch die Welt, die er kreiert, durch das Phänomen, das er darstellt. Da entwischt er Ihnen, obwohl er zu allen Gesprächen und Interviews bereit war, mit seiner ganzen dämonischen Gemütlichkeit. Soll man sich rächen, indem man ihn interpretiert, ihn, der auf keine Formel und auf keine Linie hin angelegt ist? Das wird geschehen, und man wird sich noch wundern, wieviel Metaphysik hier drin steckt. Aber um das machen zu können, müßte man vorerst verdaut haben, was einem vorgesetzt wurde; doch für den Schreibenden heißt die Schwierigkeit gar nicht: Was habe ich mit Dürrenmatt verdaut oder nicht, sondern: Wie ißt man Dürrenmatt?

Am Anfang war der Tresor, das fest verschlossene

Sinnbild der Sicherheit, und dieses Sinnbild geisterte im Kopfe eines Mannes und wollte mehr sein als nur ein Einfall oder ein Bild. Es ist bezeichnend, daß ein solches Bild oder Symbol, wie immer man will, bei Dürrenmatt zuerst da ist und nicht irgendeine Idee oder eine Absicht – eine Idee zum Beispiel, ein Theaterstück gegen oder über das Geld zu schreiben und sich damit zu den berühmten Verächtern des Fetischs Geld zu stellen, oder die Absicht, die Gesellschaft unserer Zeit in ihrer Sozial- und Wirtschaftsmoral unter die Lupe und erhöht auf die Bühne zu nehmen. Nicht davon geht ein Dürrenmatt aus, sondern von einem Bild, das nun die Logik der Weiterentwicklung bestimmt. Nicht daß dieser Bildeinfall dann am Anfang des eigentlichen Stückes stehen müßte, er kann völlig zurücktreten oder eine Szene ergeben wie in *Frank der Fünfte*, wo die Bankleute sich alle um den Tresor einfinden, um diesen und sich gegenseitig zu bewachen. Entscheidend ist, daß das Drama bei Dürrenmatt ein zu einer Welt ausgeweiteter dramatisierter Szeneneinfall ist.

Die Kollektivgruppe, aus dem Einfall des Tresors geboren, ist der Stab der Frankschen Bank, und zwar in der fünften Generation. Es ist eine unglückliche Generation, die nicht mehr die einstige Höhe der ertragreichen Gangsterbank besitzt. Diesen Gaunern mißlingt das Gaunern, denn es sind Gauner aus einer anderen Zeit, unschöpferische Gangster, sie machen alles nach der Methode der Vorfahren und wundern sich dann, daß sie verlieren. Denn sie verlieren, werden übergaunert von zwei jungen Gangstern, die die Chance der Stunde erkannt haben; diese gaunern nicht mehr als Handwerker, was dilettantisch wäre, sondern sind Gangster einer modernen, technisierten Welt – sie erfinden den neuen Stil, die neue Sachlichkeit des Gauners, indem sie nun nicht einfach ehrlich, sondern ›stinkehrlich‹ sind –, es kommen jetzt die Verbrechen im Rahmen der heutigen Gesetze: Frank der Sechste. Aber wenn diese Gauner versagen, dann nicht nur, weil sie methodisch ungeschickt sind, sondern auch, weil sie in ihrer Gangstergesinnung einen Hang zum Guten aufweisen, der sie zu angekränkelten Bösen macht.

Ob diese Bösen vom Guten angekränkelt sind oder nicht – das, was man vorgesetzt erhält in dieser Szenenfolge, ist eine Kumulierung von Kraßheiten und Betrügereien. Die Welt, die Dürrenmatt auf die Bühne bringt, ist überhaupt nur kriminell und korrupt, so daß man wahrlich für einen Moment entsetzt sein kann. Aber man könnte bei der Empörung ja nicht einmal sagen, es sei bezeichnend für die heutige Zeit, daß sie solch Schreckliches auf der Bühne zeigt – denn so ungeheuer modern ist das gar nicht, und wenn auch nicht Klassik, so ist es doch beste europäische Theatertradition. Warum sollte man Dürrenmatt verbieten, was man von Shakespeare oder auch zumindest von den Elisabethanern annimmt an Greueln? Wir müssen trotz unserer Moderne bescheidener werden, wir haben die Untaten keineswegs erfunden. Dürrenmatt, der sich keine Stelle im Text und keine Stellung auf der Bühne entgehen läßt, um seine Schauerversion noch auszubauen und zu bereichern; er gibt die Welt in aller Fülle ihrer Grauenhaftigkeit. Das ist eine Form der Desperatheit, auch wenn man manchmal den Eindruck hat, daß Dürrenmatt nicht die Desperatheit liebt, aber die Dinge, die sich bei einer solchen verzweifelten und chaotischen Welt ereignen.

Wenn das Bankhaus für die Welt schlechthin steht, dann hat man allerdings ein zynisches Fazit vor sich, denkt man an die Klammern des Prologs und des Epilogs. Vielleicht könnte man sich noch moralisch an die Überlegung halten, es werde demonstriert, wie das Böse eben nur das Böse zeugen könne, und man könnte versuchen, auf einem anderen Weg zu einer moralité zu kommen: Man erlebe hier die wilde Vision, daß die Bösen dem Guten nicht entrinnen.«

Das Bellevue, wie wir Zürcher den Bellevue-Platz nennen, war ein Knotenpunkt in der Kulturgeographie der fünfziger Jahre. Hier lag das Café Odeon; zwar liegt es, von einer Apotheke um die Hälfte seiner Fläche gebracht, noch immer dort. Aber das Odeon von heute hat mit dem von damals wenig zu tun. Mit dem Odeon besaß Zürich ein Literatur-Café in bester Wiener Manier. Wie sehr es Tradition hatte, wurde manifest, als man dort fünfzig Jahre Dadaismus feierte.

Gegenüber dem Odeon die Kronenhalle. Auch dieses Restaurant ist nicht mehr das von damals. Zwar stellt es mit seinen Gemälden nach wie vor ein exquisites Unikat dar, doch es ist nicht mehr der Treffpunkt von Intellektuellen, Malern, Schriftstellern, Schauspielern, Journalisten. Heute bleiben die Tische bis zur Polizeistunde reserviert fürs Essen. Damals war es möglich, am späteren Abend noch die Kronenhalle aufzusuchen, für ein Glas Wein oder ein Bier, auch um eine Kleinigkeit zu sich zu nehmen; die war nicht billig, aber erschwinglich. In Erinnerung daran wird heute noch auf der Speisekarte als kostbar-teures Relikt ein Spezialwurstsalat angeboten, ein »Balleronsalat«.

Die Rämistraße, die vom Bellevue in einer sanften Kurve hinaufsteigt zum Pfauen, an dem das Schauspielhaus und das Kunsthaus liegen, und noch weiter hinauf zur Universität und zur Eidgenössischen Technischen Hochschule – diese Rämistraße war zu einem geheimen Namen gekommen, den ihr der »libraire« Henry Wenger in Anspielung an die Steilmauer der Hohen Promenade gegeben hatte: Saint-

Rémy-la-Rampe. Nur wenige Schritte vom Odeon entfernt befand sich die »Librairie française«. Ein kultureller Begegnungsort der Frankophonen; hier wurden im Keller Lesungen und literarische Vernissagen veranstaltet. Heute hat sich in dem Ladenlokal eine Schuhboutique eingerichtet.

Und noch etwas weiter oben die Buchhandlung Oprecht des Europa Verlags. Emil Oprecht, Buchhändler und Verleger, war der Verwaltungsdirektor des Schauspielhauses, ein Mann, dessen Bedeutung für die Existenz und Gesinnung der Pfauenbühne maßgebend war. 1935 waren *Die Moorsoldaten* von Wolfgang Langhoff bei ihm erschienen. Der Europa Verlag war eine führende antifaschistische Adresse der Deutschschweiz gewesen.

Und auf der Gegenseite, rechts um die Ecke, das Hotel Urban. Es ist dem Erweiterungsbau eines Warenhauses gewichen. Es war ein Mittelklassehotel, in dem traditionellerweise Emigranten abstiegen. Walter Mehring war einer der Habitués.

Odeon, Kronenhalle, Librairie française, Oprecht-Buchhandlung, Hotel Urban, noch etwas weiter limmatabwärts das erste Boulevard- und Boheme-Café Zürichs, das Select, und dies alles im Einzugsgebiet von Kunsthaus, Schauspielhaus, der Kantonsschulen und der Hochschulen, der Oper wie des (damaligen) Fernsehstudios – in diesem Kulturrayon spielten sich hauptsächlich die Begegnungen mit Dürrenmatt ab – ob bei einem Aperitif oder einer Tasse Kaffee im Odeon oder aufwendiger nach einer Uraufführung die Feier in der Kronenhalle, Verabredungen ebenso wie zufälliges Einandertreffen. Saint-Rémy-la-Rampe hinauf oder Saint-Rémy-la-Rampe hinunter. An der Rämistraße im Gebäudekomplex des Kunsthauses sollte Daniel Keel seine zweite Kunstgalerie aufmachen; dort war 1978 die erste Ausstellung von Dürrenmatts Bildern und Zeichnungen zu sehen.

Kaum eine Begegnung, bei der Dürrenmatt nicht von seinen Plänen redete. Es verhielt sich nicht so, daß er seinem Gegenüber etwas mitteilte, auch dann nicht, wenn er um Rat fragte; er entwickelte seine Gedanken im Gespräch, und dieses motivierte sich dank eines Gegenübers. Daher konnte sich der Plan, ob Theater, Prosa oder Essay, von Mal zu Mal ändern. Diesem Konversationsstil des lauten Denkens blieb Dürrenmatt bis an sein Lebensende treu. Voll Überraschung zum Beispiel, wenn sich die trafen, denen Dürrenmatt von seinem letzten Theaterplan *Sokrates* erzählte; sie hatten nicht an der gleichen Uraufführung teilgenommen.

Eines Abends erzählte Dürrenmatt bei einem Glas Réserve de la patronne in der Kronenhalle von einem Kriegerdenkmal in einer norditalienischen Grenzstadt. Ich staunte nicht schlecht; hatte ich doch Denkmal und Ort ein paar Wochen vorher in einem Gespräch mit Dürrenmatt beiläufig erwähnt. Ich parierte, indem ich als persönliches Erlebnis ausgab, was Dürrenmatt mir seinerseits kurz zuvor geschildert hatte. Nun war es an ihm, sich zu wundern. Eine solche gegenseitige Spontan-Aneignung gab Anlaß für eine Passage in meinem Buch *Die Papiere des Immunen:*

»Da empfahl mir jemand ein Kriegerdenkmal: auf dem Sockel ein nackter Soldat, nur mit einem Helm bewehrt und einer Fahne in der Hand, und die flattert so, daß sie sein Geschlecht verdeckt. Ich staunte, denn ich hatte meinem Gegenüber vor einiger Zeit dieses Denkmal empfohlen, ich fand die Züchtigkeit der Darstellung so ehrlich und sinnvoll, weil die Fahne, in deren Namen der Soldat starb, genau die Stelle bedeckt, mit der er hätte Leben weitergeben können. Im gleichen Gespräch berichtete ich aber davon, wie ein Bekannter mich an seinen Arbeitsplatz eingeladen habe, ein Pathologe in einem Bezirksspital, er habe mich in die Kellerräume mitgenommen, ich hätte zuschauen dürfen, wie er einer Leiche Organe entnahm und wie er von einem Herz ein Stück abschnitt und es auf eine Waage legte, und diese Waage, eine alte Metzgerwaage, habe nicht nur das Gewicht angegeben, sondern auch gleich den Preis. Da starrte mich mein Gegenüber an: Die Sache komme ihm bekannt vor, sie sei nämlich ihm passiert, und er habe sie mir vor einigen Wochen erzählt. Wir bewegen uns nun einmal in einer Gesellschaft, in der es ein Copyright auf Erlebtes gibt. Als ob es nicht viel mehr darauf ankäme, daß überhaupt etwas erlebt wird. Sollten wir nicht froh sein, daß wenigstens ein anderer erlebt, was uns nicht vergönnt ist, und gar, wenn der andere es viel besser erlebt, als wir dazu je in der Lage gewesen wären. Aber würde es sich mit dem Tod nicht gleich verhalten? Vielleicht stirbt ein anderer den Tod, der zu uns passen würde.«

Daß Dürrenmatt sich später für Midas interessierte, leuchtete mir ein. *Midas oder Die schwarze Leinwand,* dieser »Film zum Lesen« ist ein Stück verkappter Autobiographie: nicht einer, der, was er anfaßt, in Gold verwandelt, sondern der sich anverwandelt, was er hört und sieht, um daraus kontinuierlich Stoff zu machen. Die Umwandlung der Welt in das Gold Dürrenmattscher Kunst.

Bot sich für einen jungen Literaten eine bessere Chance, als in vorweggenommener Kollegialität von eigenen Projekten zu reden? Von einem Buch, das aller Wahrscheinlichkeit nach in dem Verlag erscheinen würde, in dem auch die Werke Dürrenmatts herauskamen. Zum Beispiel von einem Roman, dessen Held ein Kanalisationsinspektor ist: Abwässer als Thema. Bei einem Glas Wein oder bei einem Kaffee stiegen wir vom Odeon oder der Kronenhalle in die Unterwelt der Abwässerkanäle. Bis mir eines Tages Dürrenmatt eröffnete, er werde aus dem Hörspiel *Herkules und der Stall des Augias* ein Theaterstück machen. Ich war betroffen: Da bringt Dürrenmatt im März den *Stall des Augias* auf die Bühne, und im Herbst des gleichen Jahres trete ich, ein Neuling, mit literarischen Abwässern an die Öffentlichkeit. Mit Zerknirschung ging ich zu der Premiere, erleichtert und beschwingt kam ich heraus. Dürrenmatt, aus Konolfingen stammend, der Berner, er hielt es mit dem Mist. Ich hingegen, aus Zürich, war kompetent für urbane Abwässer. Bei Dürrenmatt wurden unter dem Mist vaterländische Güter vermutet. Doch da dies nicht sicher war, war es besser, den Mist gar nicht zu entfernen. Ich hatte befürchtet, daß sein Herkules tat, was meiner getan hätte, nämlich Aufklärungsarbeit leisten, nach der es mit dem Ausmisten nicht weit her ist, da die Kühe am andern Tag den sauberen Stall wieder vollscheißen. Was, wenn Herkules dem Auftraggeber Augias die Kanalisation beigebracht hätte, ausgehend vom täglichen Neo-Dreck und der Notwendigkeit, Tag für

Tag mit ihm fertig zu werden. Dem kam ein einmaliges Durchschwemmen nicht bei, selbst wenn man dafür einen oder zwei Flüsse umleitet. Herkules her und Dürrenmatt hin. Es standen sich gegenüber die Illusion, mit einem Mal für immer sauberen Stall zu machen, und die simple Pragmatik, daß der Mensch kein reines Wesen ist. Es war ein metaphysischer Disput. Dürrenmatt führte ihn mit der Mistgabel, ich hatte die Kläranlage im Rücken.

Nicht Mist und Abwässer ergaben die Thematik unseres nächsten Gesprächs, sondern das Sterben: *Der Meteor* – vom Sterben auf der Bühne:

> »Die Anfänge des *Meteors* liegen also im Jahre 1961; die Thematik selber geht weiter zurück, sicherlich bis zu jener Stelle im *Pilatus,* wo der junge Dürrenmatt schreibt: ›Denn alle Dinge [...] waren nur da, weil Gott da war und er und nichts anderes, und waren da, weil es zwischen Gott und dem Menschen keine Verständigung gibt als den Tod...‹
>
> Die Thematik ist das Sterben. Nun war Dürrenmatt immer großzügig gewesen mit dem Sterben. Seine Phantasie im Erfinden von Bühnengestalten zeigte sich auch im Erfinden von Bühnentoden; nicht zufällig befassen sich bereits mehrere Dissertationen mit dem Problem des Todes in seinem Werk. Und Dürrenmatt ist sich auch im *Meteor* treu geblieben; es wird wiederum viel und zur Überraschung gestorben; nur eben ausgerechnet jener Mann, der am Anfang erklärt, er wolle sich hinlegen zum Sterben, schreit am Schluß: ›Wann krepiere ich denn endlich!‹

Es gehört zum Theaterbegriff Dürrenmatts, daß wir zunächst meinen, wir würden im *Meteor* zuschauen, wie einer stirbt. Aber bald stellen wir fest, daß sich die Perspektive verschoben hat: Wir erleben das Sterben aus der Perspektive eines Sterbenden, die Welt stirbt um ihn, sie erscheint im Zeitraffer; er, der sich vornimmt, in der Todesstunde einmal Wirklichkeit zu erleben, erfährt, daß die Realität in ihm vorbeisaust; das hat dramaturgisch zur Folge, daß sich ganze Biographien auf einzelne Szenen verkürzen. Blitzlichter zu jener ›ewigen Schrecksekunde‹, wie Dürrenmatt das Sterben genannt hat.

Ein Ereignis stellt Dürrenmatt auf die Bühne und nicht eine Handlung. Spricht man heute mit Friedrich Dürrenmatt über Theaterprobleme, trifft er sogleich die Unterscheidung von Ereignis und Handlung, und fragt man ihn, was ihn an der Handlung störe und weswegen er sich zum Ereignis hingezogen fühle, dann führt er in folgendem Sinne aus: Damit eine Handlung sich logisch abspielt, muß man immer wieder den Zufall benützen und so tun, als sei man ohne Zufall ausgekommen, als habe alles sich so ergeben müssen; dabei ist das Ergebnis nichts als Arrangement, der logische und damit auch chronologische Ablauf einer Handlung ist reine Fiktion. Ein Ereignis hingegen kennt eine andere Kausalität, da darf der Zufall als das auftreten, was er ist, als Zufall; beim Ereignis gibt es nicht wie bei einer Handlung die moralische Begründung, ein Ereignis ist ungreifbar, alle Rechtfertigung kann sich nachher ergeben und einstellen, aber sie betrifft das Ereignis nicht.

Was Dürrenmatt also darstellt, ist die aktive Seite des

Sterbens – das Sterben als Aktion und damit als Theater, zwischen den beiden Sätzen, daß das Sterben toll ist und das Sterben unmenschlich ist. Da ist das Sterben etwas anderes, als es der Kanzeltrost haben will. Es ist durchaus denkbar, daß einer, der sieht, wie Dürrenmatt mit dem Tod und dessen Requisiten umspringt, dem Dramatiker den Vorwurf der Pietätlosigkeit macht. Aber dann übersieht er, daß man am Grad des Auflachens das Ausmaß des Entsetzens ablesen kann, dann übersieht er, daß sich die Brutalität aus dem Akt des Sterbens in Konsequenz ergibt, und dann vergißt er, daß Pietät in der Kunst noch nie eine Kategorie war.

Sterben ist in diesem Stück das Problem einer geistigen Haltung. Es ist der Augenblick, da alle Hemmungen fallen – angesichts der Ewigkeit gibt es keine Rücksichtsnahme mehr, weder für sich noch für andere. Und damit schlägt auch die Stunde der Wahrheit: ›Die Gedanken, die einem kommen, die Hemmungen, die fallen, die Einsichten, die einem aufgehen. Einfach großartig.‹ Und Schwitter benimmt sich auch als Parvenü der Wahrheit.

Dann aber, wenn alle Hemmungen und Bindungen wegfallen, hat man den Augenblick der totalen Freiheit, eine Freiheit, die der Sterbende bei Dürrenmatt schamlos ausnutzt, und diese Freiheit wird zum Egoismus, wie ihn nur Sterbende kennen. Gerade diese Freiheit, welche das Sterben ermöglicht, ist für den Menschen etwas Unmögliches in ihrer Absolutheit. Der Schrei ›Wann krepiere ich denn endlich!‹ ist zugleich das Eingeständnis, daß eine solche Haltung unmenschlich, weil dem Menschen nicht gemäß ist.

Indem Dürrenmatt als Kontrapunkt zum Sterben die Auferstehung wählt, macht er deutlich, daß es beim Sterben nicht nur um eine geistige Haltung geht, sondern daß Sterben zugleich eine religiöse Kategorie ist. Dürrenmatt ist ein religiöser Dichter, für die Bibelstunde ungeeignet, aber wir leiden auch anders, als es der Katechismus sich ausdenken kann. Nichts wäre leichter, als in der Bühnenverwendung von Sterben und Auferstehen eine wenn auch noch so großartige und begabte Blasphemie zu sehen.

Dürrenmatt hat mit dem *Meteor* ein Stück über die Unmöglichkeit zu sterben geschrieben. In einer Zeit, in der die Ärzte wie selten zu den Auferstehungen des verlängerten Lebens verhelfen. Aber die Unmöglichkeit zu sterben ergibt sich in diesem Stück aus anderen Gründen – in einer Welt, wie sie ein Schwitter erlebt hat, kann man nicht sterben, diese Welt hat sich auch noch diese Möglichkeit genommen. Und jetzt muß man an die Stelle erinnern, die wir eingangs zitierten, nämlich daß der Tod die einzige Möglichkeit ist, sich mit Gott zu verständigen – um diese Möglichkeit haben wir uns gebracht.«

Die Gespräche drehten sich nicht so sehr um das Theater, sondern um den Tod als philosophische und religiöse Frage. Es war gelegentlich, als würde Dürrenmatt sich nicht zu einem Problem äußern, sondern aus Erfahrung reden. Er kannte wegen seiner Diabetes die Todesnähe, die Notfall-Einlieferung ins Krankenhaus und die Rettung in letzter Minute. Mit Humor sprach er von seiner Zuckersüßigkeit, wenn er sich in seinem breiten Berndeutsch als Honiglieferant verstand: »I by umgäh vo Beieli«, er sei von Bienen umgeben.

Präzis sind die Erinnerungen an diese sechziger Jahre, aber punktuell und gar so, daß ich sie nicht genauer situieren kann:

Herrlich läppisch, nach einer Premiere (nach welcher?), als wir zu dritt, Fritz, seine Frau Lotti und ich, in Feststimmung, Arm in Arm, spätnachts hotelwärts in die Weinbergstraße zogen, wo wir bei einer Flasche Wein mit zwei Zahngläsern in einem Hotelzimmer weiterfeierten und wo die Fröhlichkeit in eine Kissenschlacht ausartete, deren genauen Kriegsgrund ich bis heute nicht kenne. Ich glaube, Lotti und ich spielten Rezensenten, ein Kleinkrieg von jedem gegen jeden, wenn ich auch annehmen darf, daß sich am Ende das Ehepaar nach meinem Abgang im Bett verbündete.

Neben dem kindlichen Dürrenmatt der makabre, der Aussätzigen-Witze erzählte: Ein Lepra-Kranker schüttelt nie einem andern Befallenen die Hand, weil er sie sonst gleich in der eigenen behält. Er liebte das »épater les bourgeois«, was manche Kommentatoren dazu verleitete, in ihm einen puren Bürgerschreck zu sehen, aber so einfach machte er es ihnen nicht, trotz seiner Gruseleien.

Der unheimliche Dürrenmatt, der wie eine Figur aus einem seiner Stücke agierte und der spätabends in der Kronenhalle von seinen Besuchen bei Ernst Ginsberg erzählte. Der Regisseur seiner frühen Stücke, der Darsteller unzähliger Dürrenmatt-Rollen, lag schwerkrank danieder. Er, der nicht mehr artikulieren konnte, diktierte bis zu den letzten Atemzügen Gedichte. Dürrenmatt hielt ihm auf Kartons einzelne Buchstaben vors Gesicht und setzte diese zu Wörtern zusammen, je nachdem, wie der Todkranke nickte. Die Wörter ergaben am Ende Verse. Und Dürrenmatt machte vor, wie ein Todkranker geifernd sich per Nicken mitteilt.

Und Dürrenmatt der Genießer. Ein großer Moment, wenn er einen in Neuenburg in den Weinkeller mitnahm, um dort die Flasche zu holen, die dem Jahrgang seines Gastes entsprach. Da seine Diabetes ihm den Menüplan reduzierte, ließ er um so großzügiger essen, indem er einlud. Wir spielten »Chez Ilja Ehrenburg«, der erzählt in einem Roman von einem reichen Mann, der aus medizinischen Gründen kaum mehr etwas essen darf, der aber mit seinem Diener durch die Welt reist, um Spezialitäten kennenzulernen; essen tut der Diener, der seinem Herrn schildern muß, wie die Speisen schmecken – ein qualvolles Unternehmen, da nichts so schwierig-aussichtslos ist, wie Sinneseindrücke sprachlich wiederzugeben. Jedenfalls war ich dazu verknurrt, Köstlichkeiten zu essen und zu schildern, wie Kohlenhydrate schmecken, die sich in Zucker verwandeln. Indessen säbelte Dürrenmatt am Knochen, eine Eßmethode, die einem Denkstil entsprach. Erst dann ist zu Ende gegessen, wenn die schlimmstmögliche Wendung eingetreten ist: wenn am Knochen kein Fleisch übrigbleibt. Insgeheim war er auf der Suche nach einem Diabetes-Partner. Ich konnte ihm diesen Gefallen nicht erweisen; als ich dank Alterszucker hätte solidarisch sein können, lebte er nicht mehr.

Und der wissenschaftlich-philosophische Dürrenmatt, der damals an den *Physikern* arbeitete, was seiner Seriosität gemäß das Studium von Fachliteratur verlangte: Es ist alles Astrophysik. Man saß da in Erinnerung an Physikstunden, in denen einen am meisten die Experimente interessierten, weil sich mit ihnen etwas tat, ohne daß man das Prinzip zu verstehen brauchte. Dürrenmatt erklärte die Dramaturgie einer Nova – was sich bei ihm am Firmament an Explosionen ereignete, war von kriminalistischer Spannung, so daß man darauf wartete, daß Dürrenmatt den Täter des Urknalls entlarvte oder zugab, es selbst gewesen zu sein.

Und Dürrenmatt als Kumpan. Damals regierte noch die puritanische Polizeistunde Schlag zwölf in Zürich. Um so willkommener, wenn man nach Mitternacht noch irgendwohin gehen konnte wie ins Hallenstadion, wo im Dezember das Sechstagerennen abgehalten wurde. Wir saßen im Innenraum der Rennbahn; wir wurden von Glas zu Glas grundsätzlicher, von Zeit zu Zeit hoben wir den Kopf, drehten ihn von links nach rechts und stellten fest: Die Radfahrer waren nach wie vor auf ihren Bahnen unterwegs. Das war nicht bloßes Sportsinteresse, die Verläßlichkeit des Universums stand auf dem Spiel: Wir im Zentrum, und um uns drehte sich die Welt.

Zur Szene gehörte Peter Schifferli, der auch mein Verleger geworden war. Da konnte es zu unerwarteten Begegnungen kommen. Eine behielt ich in meinem lottrigen Gedächtnis. Nach einem Theaterabend (nach welchem?) landeten Dürrenmatt und ich zusammen mit Max Frisch im Haus des Arche-Verlegers zu einem Spättrunk. Ich war ob dieses Dichterduos mit Verleger so begeistert, daß ich mir in Erinnerung an Vorlesungen über die deutsche Romantik wie in einem Berliner Salon vorkam und ausführte, es gelte beste literarische Tradition zu beleben: »symphilosophein« – ein Wort, das Dürrenmatt kannte, der gütige Verachtung zeigte, wie immer, wenn es akademisch wurde, schließlich hatte er ein Studium abgebrochen. »Zusammen-philosophieren« – Frisch höhnte in beide Richtungen. Damals wurde mir zukunftsbestimmend klar: Frisch suchte Jünger, Dürrenmatt hielt Hof. Ich hielt es mit dem Hof.

Und zur Szene gehörte unübersehbar, unüberhörbar und nicht zu missen Varlin. Es hieß, die beiden hätten sich auf der Toilette der Kronenhalle kennengelernt und Varlin habe darauf gewartet, daß Dürrenmatt ihn ansprach. Ich hatte mit diesem Maler als Redaktor der Zeitschrift *du* zu tun gehabt und später das Glück, die erste Buchpublikation über ihn herausgeben zu dürfen. Dieser besessene Realist war mit seinem Pinsel der stärkste Pinselkritiker, den die schweizerische Kunstszene in diesen Jahrzehnten besaß. In seiner Porträtgalerie fanden nicht nur Clochards und Näherinnen Gnade und Aufnahme, sondern ebenso Koryphäen jeglicher Art, auch der intellektuellen Gattung. Varlin porträtierte Max Frisch und Friedrich Dürrenmatt. Eines Tages saß auch ich ihm Modell. Wie dieses Bild in Dürrenmatts Besitz kam, darüber gibt es Versionen. Als Varlin 1967 den Kunstpreis der Stadt Zürich erhielt, bat der Dürrenmatt, an seiner Stelle die Dankesrede zu halten. Dieser nutzte die Gelegenheit, um dem Germanisten Emil Staiger zu antworten, der ein Jahr zuvor den Zürcher Literaturstreit ausgelöst hatte mit seiner Attacke gegen die »Kloakenliteratur« der Moderne, und kommentierte:

> »Die Entfremdung unter den Dichtern nahm zu. Die Rede demoralisierte sie. Freundschaften gingen in die Brüche. Frisch und ich verkehrten nur noch über unsere Anwälte. Wie Diggelmann mit mir verfährt, kann man in der *neuen presse* lesen. Hugo Loetscher behandelt mich merklich kühler, vorher standen wir herzlich zueinander. Den berühmten Satz des letztjährigen berühmten Preisträgers: ›Wenn solche Dichter behaupten, die Kloake sei ein Bild der wahren Welt, Zuhälter, Dirnen, Säufer Repräsentanten der wahren, ungeschminkten Menschheit, so frage ich: In welchen Kreisen verkehren sie?‹ bezog Hugo Loetscher irrtümlicherweise auf sich. Er wies auf seinen Roman *Abwässer* hin. Der Satz ist ausschließlich auf mich gemünzt. Ich habe in Frau Nomsen eine Repräsentantin der wahren, ungeschminkten Menschheit geschaffen, die nicht nur Abortfrau ist, sondern auch Kupplerin, während Peter Bichsel unglücklich wurde, weil bis jetzt noch niemand auf seine literarische Unsittlichkeit kam.«

Anläßlich dieser Rede sei zwischen Maler und Schriftsteller mein Konterfei gehandelt worden. Oder wurde es als Honorar geschenkt, wie man auch hört? Jedenfalls kam mein Porträt ins Haus Dürrenmatt. In seinem Gedicht »An Varlin« spottete er: »Wenn ich aus meinem Atelier trete/Grinst mir Freund Loetscher entgegen/Er kennt meine grammatikalischen Fehler.«

Das war ein Irrtum. Ich habe die grammatikalischen Fehler, auch die eigenen, stets den Korrektoren überlassen.

Es gab auch den boshaften Dürrenmatt, der sich nicht ungern auf Kosten anderer lustig machte. Irgendwie mochte er »Studierte« nicht, als wäre Germanistik und Ähnliches von vornherein ein Ausweis literarischer Untauglichkeit. Und dann liebte er es auch, den »Zürchern« eins ans Bein zu geben. Irritierend, wie er über Elisabeth Brock-Sulzer spottete, die Kritikerin, die wie keine andere sich seit seinen Anfängen für ihn eingesetzt hatte und welche die erste Monographie über ihn verfaßte. Was mich betraf, machte er zuweilen aus »Loetscher« einen »Lörtscher«, was manchen Kollegen keineswegs mißfiel. Aber als 1967 *Die Wiedertäufer* uraufgeführt wurde, war Lörtscher ein willkommener Kommentator, auch wenn er unter seinem Taufnamen Loetscher über das »Engagement im Welttheater« schrieb.

> »Nach zwanzig Jahren kehrt Friedrich Dürrenmatt zu seinem Erstling zurück – zu jenem Stück, das in der deutschsprachigen Nachkriegszeit die unbekümmertste Explosion einer Theater-Phantasie darstellte. Derart, daß es einen nicht wundert, daß der Einfall bei diesem Autor zu einer ästhetischen Kategorie werden konnte.
>
> Es ist ja nicht überraschend, daß Friedrich Dürrenmatt seine Stücke bearbeitet. Das kritische Durchgehen

der eigenen Stücke hängt nicht zuletzt mit seiner Methode zusammen, ›mit der Bühne zu arbeiten‹.

Aber es gibt zugleich einen permanenten Dialog mit dem eigenen Werk bei Dürrenmatt. Dieses reflektierte Verhältnis zu seinem Werk mag nur jene überraschen, die hinter dem deklarierten Naturburschen nicht den bewußten Schaffer entdeckt haben, und kann nur für jene ein Novum sein, die nicht wissen, daß Dürrenmatt sein ›Schreiben‹ primär als ›Komponieren‹ versteht.

Wie viele Themen dieser Autor zur Verfügung hat, das läßt sich angesichts eines Œuvres, das im vollen Mannesalter steht, nicht festlegen. Aber es zeichnet sich immerhin ab, daß bei der ganzen Fülle und Buntheit des Dürrenmattschen Panoptikums zwischen den Schicksalen, deren Gesichter er auf die Bühne stellt, mehr Verwandtschaft besteht, als man gemeinhin annehmen möchte. So ist es keineswegs vermessen, zwischen dem Engel, der nach Bablyon kommt, und der Dame, die nach Güllen kommt, eine gemeinsame Verwandtschaft herzustellen.

Nur die Umstände, die sind verschieden, und ihnen entsprechend werden die Figuren erfunden und gibt es für die Figuren die entsprechende Logik – himmelhochweit und höllentief. Nicht umsonst ist für Dürrenmatt ein anderes Wort für Umstände, nämlich jenes des ›Zufalls‹, von entscheidender Bedeutung in seiner Dramaturgie.

Die Parallel-Lektüre von *Es steht geschrieben* und *Die Wiedertäufer* ist zunächst eine vorzügliche Schule für Dramaturgen. Dafür, wie man aus einem Text, der fürs Theater geschrieben ist, Theater macht. Dadurch nämlich, daß Dürrenmatt in seinem zweiten Stück alles in konkrete Situationen bringt; also nicht mehr von der Bühne herab fürs Publikum schreibt, sondern für die Bühne.

Das heißt im einzelnen, daß der Autor nicht mehr mitteilt, was geschieht, sondern das Geschehnis in Szene setzt. Wenn der Bischof im ersten Stück in einem Monolog den Zuschauern mitteilt, er habe Münster zu verlassen, dann nehmen die Zuschauer im zweiten Stück an jener Szene teil, wo dem Bischof die Nachricht überbracht wird, er habe Münster zu verlassen. Und wenn man im ersten Stück erfährt, die Wiedertäufer hätten die Macht in Münster übernommen, dann wird im zweiten diese Machtergreifung Schritt für Schritt vorgeführt.

Das heißt im einzelnen, daß die Monologe dramatisiert werden und die Mitteilungen dialogisiert, das heißt aber auch, daß gerafft wird, die Spiel-Situation verkürzt. Die sogenannte Freß-Arie von Bockelson aus dem ersten Stück ist als Menükarte länger als die aus dem zweiten Stück – aber die zweite macht satter.

Der Rückgriff Dürrenmatts auf seinen Erstling ist die Rückkehr eines Theatermannes zu seinem dramaturgischen Ausgangspunkt. Er, der mit den Möglichkeiten der Bühne spielte und sie erprobte, geht nun daran, die Möglichkeiten der Theaterhelden zu erproben und nicht zuletzt die eigenen.«

Was einst ein grausames Spiel über religiöse Schwärmerei, soziale Hoffnung und politische Rebellion war, ist zwar in den Programm-Sätzen des zweiten Stücks auch noch da –

»jene Träume, die halt das Volk so träumt«. Aber sie wurden im wortwörtlichen Sinne Theater – eine Frage des Auftritts und der Regie. Um dies zu erkennen, brauchen wir nicht nach Münster zurückzublicken. *Die Wiedertäufer* sind ein politisches Stück, politischer als jene Stücke, in welchen die aktuelle Politik ihre Probleme diskutiert.

»Das ist also Theater auf dem Theater – aber nicht im üblichen Sinne. Nicht derart, daß auf der Bühne gespielt wird und ein Bühnenpublikum das Spiel verfolgt; nicht derart, daß Traum und Wirklichkeit ineinander übergehen und jenes Spiel von Schein und Wahrheit sich abrollt. Vielmehr sind Theater und Wirklichkeit eins geworden, weil die Welt selber eine Bühne ist, auf der der Gaukler sogar den eigenen Weltuntergang inszenieren kann, in jenem Grade Bühne, daß der Schauspieler am Ende das ausgehungerte und dezimierte Münster, seinen Spielplatz, als Schmiere bezeichnet. Das ist nicht Calderonsches Welttheater, wo jeder seine Rolle hat. Sondern es ist ein Welttheater der Macht und damit der Ohnmacht, wo der große Spielplan nicht mehr zu erkennen ist.«

Wenn Dürrenmatt für *Die Wiedertäufer* auf seinen Erstling *Es steht geschrieben* zurückgriff und diesem eine komödiantische Wendung gab, war dies nicht ein weiteres Beispiel für sein ständiges Überarbeiten. Der Rückgriff war die Schlußklammer hinter eine Art Theater, in der es Dürrenmatt zu Meisterschaft gebracht hatte: ein Theater der barocken Einfälle und der dramaturgischen Radikalität, des abgründigen Humors und der unbekümmerten Spiellust. Dürrenmatt war sich bewußt, daß er sich nur noch wiederholen konnte.

Die Verabschiedung von seinem bisherigen Theater war nicht ein Abschied von der Theaterarbeit. Er machte sich an die Regie; er inszenierte in Zürich den *Urfaust*. Damit war auch unsere Zusammenarbeit zu Ende. Zu persönlichen Begegnungen kam es bloß noch per Zufall, und die Gespräche gingen meistens kaum übers Unverbindliche hinaus. Zudem waren es die Jahre meiner längeren Auslandsreisen.

Dürrenmatt wurde Mitdirektor des Basler Stadttheaters. Er machte sich an Bearbeitungen von Shakespeare und Strindberg. *Play Strindberg* kann man als Vorbereitungsetüde zur Stringenz seiner folgenden Stücke betrachten, die mehr von einem dramaturgischen Kalkulator stammen als von einem Erfinder von Figuren und Charakteren. Eine Wendung, die gegenläufig zum Bisherigen war und auch jene, die Dürrenmatt einst undisziplinierten Einfallsreichtum vorwarfen, nach der prallen Fülle seiner frühen Stücken rufen ließ.

Porträt eines Planeten erlebt seine Uraufführung in Düsseldorf und nicht mehr in Zürich, wo einst wegen des internationalen Kritikerandrangs die Premiere der *Physiker* an drei aufeinanderfolgenden Abenden durchgeführt werden mußte. Was danach und dennoch am Schauspielhaus Zürich zur Uraufführung kam, 1973 *Der Mitmacher* oder 1977 *Die Frist,* wurde kaum mehr von andern Bühnen nachgespielt.

Zur erneuten Annäherung kam es, nachdem Dürrenmatt vom Arche zum Diogenes Verlag gewechselt hatte. Daniel Keel wurde auch mein Verleger, und es war nicht zuletzt Dürrenmatt, der sich für seinen Verlagswechsel einen literarischen Zuzug wünschte. Und so wurden die Essen im Hause Keels zu einer Gelegenheit der persönlichen Begegnung und der literarischen Konversation. Bei einem solchen Zusammensein kam der Gedanke auf, es könnte an mir sein, die Geburtstagsrede zum Sechzigsten von Dürrenmatt zu halten.

Dürrenmatts Situation war damals merkwürdig. Unbestritten der Ruhm. Doch schien er vergangenen Zeiten anzugehören. Man sprach vom »Alten am Berg« in Anspielung auf Dürrenmatts Wohnsitz an einem Jura-Abhang. Fünfunddreißig war er, als *Der Besuch der alten Dame* Weltruhm einbrachte. Sechs Jahre später *Die Physiker* und dann *Der Meteor.* Danach folgten die Pleiten. Zudem hatte er sich mit seinem Engagement für Israel bei der modischen Linken isoliert.

Die Bemerkung, er sei vom Sockel gestürzt worden, parierte Dürrenmatt mit dem Satz: Er sei selber heruntergesprungen. Der sechzigste Geburtstag war insofern Bilanz, als eine erste Werkausgabe herauskam, eine Sichtung, für die Dürrenmatt zu den einzelnen Werken Kommentare schrieb und Neufassungen vorlegte.

Die Geburtstagsrede war ein Akt der Solidarität, was Dürrenmatt selber so auffaßte. Er schenkte mir aus diesem Anlaß eine Federzeichnung aus seiner Shakespeare-König-Johann-Serie: »Der Bastard tötet den Herzog von Österreich. Du kannst Dir unter dem Herzog von Österreich jemanden vorstellen, den Du besonders nicht magst.« Die schriftliche Widmung wurde im mündlichen Nachtrag dahin spezifiziert, daß der Herzog von Österreich vielleicht ein Rezensent ist.

Die Geburtstagsfeier fand unter ungewöhnlichen Umständen statt. Das Schauspielhaus war abgeriegelt. Man fürchtete, Protestierende könnten sich unter die Gäste mischen oder das Theater besetzen. Für diesen Samstag nachmittag im Januar 1981 waren Demonstrationen angesagt. Zürich stand im Alarmzeichen von »Jugend bewegt«. Die Befürchtungen, es könnte Krawalle geben, waren nicht unbegründet. Als Vertreter der schweizerischen Regierung sollte Kurt Furgler, der damalige Bundespräsident, die offiziellen Grüße überbringen. Er wurde zusammen mit dem Laudator durch einen Seiteneingang ins Theater geschleust. Gefeierter und Publikum trafen sich hinter verschlossenen Türen.

Ein Gedankendramaturg – der essayistische, der philosophierende Friedrich Dürrenmatt

Lieber Fritz,

Diese persönliche Anrede sei erlaubt. Für einen Moment wenigstens. Denn als es darum ging, deinen Geburtstag in Zürich zu feiern, fragte man mich, ob ich nicht bereit sei, einige Worte zu sagen, freundschaftlich, im kleinen Rahmen, launige Worte. Aber dann benahm sich diese Geburtstagsfeier, als sei sie ein Stück von dir, ich meine, ein Theaterstück von dir. Sie kam zu den verschiedensten Fassungen. Bis zur, wie mir scheint, nun endgültigen hier im Schauspielhaus. Aus war es mit den launigen Worten, sie kriegten einen Vorhang. Ich stellte fest, man läßt sich mit dir nicht folgenlos ein. Irgendwie bringst du einen auf die Bühne. So stehe ich also hier oben. Und erst noch mit eigenem Text. So sei mir wenigstens erlaubt, diese paar Bemerkungen voranzuschicken, als eine Art Satyrspiel. Wir werden gleich von diesem Satyrspiel zur Tragödie übergehen, zur eigentlichen Geburtstagsrede. Du hast einmal bemerkt, eine Rede in der Schweiz sei etwas Ernstes, in Deutschland etwas Tiefes, in Zürich aber etwas Tiefernstes – soll ich dir an deinem Geburtstag widersprechen?

Also: Sehr verehrter, hochgeschätzter Friedrich Dürrenmatt, meine Damen und Herren.

Sie haben, von Herrn Lohner vorgetragen, Passagen aus *Der Mitmacher* gehört. Dieser *Mitmacher* ist eines der berühmtesten Bücher der neueren Literatur; es hat sich nur noch nicht herumgesprochen. Zugegeben: Das Buch präsentiert sich auf den ersten Blick nicht sehr attraktiv. Es enthält den Text der Komödie *Der Mitmacher* und ein Nachwort dazu. Allerdings nimmt dieses Nachwort zweimal soviel Platz ein wie der Komödientext. Und dann hat Dürrenmatt erst noch ein Nachwort zum Nachwort geschrieben, nochmals so umfangreich wie das Stück selber.

Insofern es sich um ein Nachwort zu einem Theaterstück handelt, ist darin von Metier die Rede: von Monolog, Spielfläche oder Regie, von Beleuchtung bis Brecht. Aber wenn Dürrenmatt sich mit seinen Figuren einläßt, wird man bald merken, daß es hier nicht nur um Interpretation von Geschaffenem oder gar um dessen Rechtfertigung geht. Es wird nicht bloß nachgetragen, sondern vorwärtsgetrieben. Was sich als Fortsetzung ausnimmt, ist unentwegter Neu-Einsatz.

Das gilt ganz entschieden für das Hauptthema: das Mitmachen. Indem das Mitmachen unter Stichwörter wie »Wissenschaft und Ideologie« oder »das schlechte Gewissen des Intellektuellen« gestellt wird, weitet es sich aus, gewinnt an Aspekten und Aktualität. Für gewöhnlich teilen wir die Welt so ein: auf der einen Seite eine korrupte Gesellschaft, gegen die wir antreten, und auf der andern Seite wir, die Kritischen. Aber es gibt eine unangenehme Realität: die der Verstrickungen und Verflechtungen, mit ihrer ganzen Skala von Zynismus bis zum tragischen Scheitern. Diese Verflechtungen und Verstrickungen sind als Thema provokativer als alles Alternative und daher auch anhaltend ärgerlich.

Was aber in diesem Buch über Mitmacherei zur Sprache kommt, wird nicht nur diskursiv angegangen. In das Reflektierende schiebt sich Berichtendes, das Theoretische geht in Erlebnis über, Bildhaftes und Begriffliches lösen sich mit aller Selbstverständlichkeit ab, Überfragen und Verwerfen, Zurückstellen und Wiederaufnehmen, ein Prozeß, bei dem es mit aller Logik zu einem Nachwort zum Nachwort kommen muß. Und wenn wir beim Nachwort zum Nachwort sind, kann das Ganze in Erzählung umschlagen, und dies gleich zweimal. Wir treffen auf einen, im epischen Wortsinn, fabelhaften Dürrenmatt:

Einmal in einer Kurzgeschichte über Smithy, der die Grundidee für den Mitmacher im Stück abgab. Und dann in *Das Sterben der Pythia,* einer Erzählung von strengster Novellistik, einer modernen Lesart von Ödipus und seinem Orakel, nachdem für uns nicht mehr das Wort »Schicksal« zählt, sondern »Zufall«.

Das Buch *Der Mitmacher* hat Dürrenmatt im Untertitel als »Ein Komplex« bezeichnet, und man darf dies wohl doppelt verstehen: Einmal psychologisch, indem es sich bei diesem Mitmacher um einen Komplex handelt, von dem er nicht loskommt und auf den er in stets neuer Absicht zurückgreift. Aber auch ein Komplex von der Darstellung her, im Hinblick auf das Neben- und Ineinander verschiedenster Ausdrucksformen. So spiegeln sich das Aspekthafte und die Vielschichtigkeit auch formal.

Dieser *Mitmacher*-Komplex ist ein unbekanntes Buch geblieben. Zufällig ist das nicht. Als es vor fünf Jahren erschien, ging das On-dit um: Dürrenmatt sei kaltgestellt, und die Freundlicheren meinten, er habe sich zurückgezogen. Man überließ Dürrenmatt seinen gehabten Ruhm und wollte sich dafür seine Nicht-Aktualität einhandeln.

Ein Handel, auf den Dürrenmatt, zu unserem Vorteil, nicht einging.

Nun, streitig machen konnte man ihm etwas nicht, den Ruhm. Recht jung, noch nicht vierzigjährig, war er mit Theaterstücken wie *Der Besuch der alten Dame, Die Physiker* und, nachgezogen, *Die Ehe des Herrn Mississippi* zu internationaler Anerkennung gekommen, was sich in literarischen Preisen und ausländischen Ehrendoktoraten niederschlug. Dank der *Alten Dame* war Güllen auf die Landkarte der Weltliteratur gelangt. So unübersetzbar dieses Güllen war, so übersetzbar war das Verhalten der Gemeinde, der uns so lieben Gemeinde, die in diesem Stück zu einem Hauptakteur wird: jene Gemeinde, die bereit ist, bis zum Mord Gerechtigkeit zu üben, sofern damit Hochkonjunktur verbunden ist.

Mit Verwunderung mußte die Schweiz zur Kenntnis nehmen, daß sie, ein Land der plakativen Idylle, einen geradezu höllischen Autor hervorgebracht hatte. Zwar war die Absurdität in diesen fünfziger Jahren ein kulantes Thema, aber kein Theaterautor stieß derart unbekümmert in die Groteske und in ihre Abgründe vor. Und dieser Autor stammte ausgerechnet aus einer so gesunden Gegend wie dem Emmental. Wir waren als Schweizer aber noch so gern bereit, über seinen Einfallsreichtum zu staunen: Wenn er eine Oper wie *Frank der Fünfte* schrieb, mußte diese Gangsterbande reicher Phantasie entsprungen sein. Von irgendwoher mußte Dürrenmatt solche Ideen beziehen, von uns wohl kaum.

Allerdings war dieser Ruhm nicht so gradlinig verlaufen, wie man hinterher gern annahm.

Zwar war sein erstes Stück in Zürich aufgeführt worden. Aber die nächsten kamen in Basel und dann in München zur Uraufführung. Und von München holte man ihn nach Zürich zurück, in traditioneller Manier, mit etwas deutscher Rückendeckung. Und es war in Zürich, wo er seine großen Triumphe feierte; aber es war auch hier, wo er das erlebte, was er selber seine Pleiten nannte.

Auf seinen Mißerfolg hatte Dürrenmatt als Autor reagiert. Einmal, indem er eine *Dramaturgie des Durchfalls* schrieb. Dieser Text, der mit einem Theater abrechnet, das seinen Betrieb schon als Theater ausgibt und meint, daß seine Mission von der Größe der Subvention abhänge; dieser Text ist einer der persönlichsten, die Dürrenmatt je verfaßt hat, ein Schriftsteller, in dessen Werk das Privat-Persönliche sonst nie eine Rolle spielt.

Aber Dürrenmatt hat auf seine negativen Erfahrungen auch mit einem großen Ulk geantwortet. Er schrieb das Hörspiel *Abendstunde im Spätherbst* zu einer *Dichterdämmerung* um. Nicht zum erstenmal attackierte er Literaturbetrieb und Kritik. Aber bevor die Zunft darüber indigniert ist, wie mit ihr umgesprungen wird, möge sie zur Kenntnis nehmen, mit welch souveräner Selbstironie Dürrenmatt darin mit sich selber umspringt.

Er sei aus der Mode in die Freiheit entlassen worden, kommentierte er diese Entwicklung. Dabei ist das Wort Mode mit Vorsicht zu nehmen. Wenn ein Autor nie an etwas teilnahm, das nach Trend aussah, war es Dürrenmatt. Und es war auch immer untauglich, ihn mit irgendwelchen

Richtungen in Verbindung bringen zu wollen. Er brachte seine eigenen Kriterien mit. In dem Sinn tat er auch nie eine intellektuelle Beratungsstelle auf, und es ist unvorstellbar, daß er Jünger um sich scharte. Wenn er Hof hielt, dann war dies ein Hof von kulinarischer Geselligkeit, und er war sein eigener König und Hofnarr. Dürrenmatt wurde nicht einmal für sich selber Mode. Wenn er zu einem bestimmten Zeitpunkt seines Schaffens sein erstes Stück, *Es steht geschrieben,* aufgriff und daraus *Die Wiedertäufer* machte, schloß sich ein Kreis. Danach schrieb er, was er selber »Lehrstücke für Schauspieler« nannte: *Play Strindberg* und *Porträt eines Planeten.* Er, ein erfolgreicher Theatermann, macht sich mit *Der Mitmacher* und *Die Frist* auf die Suche nach einem neuen Theater: nach einem Theater, wo nicht mehr die Aktion, die er so gekonnt und bejubelt beherrschte, im Mittelpunkt stand, sondern der Kompositionswille; wo das Dramatische nicht mehr so sehr aus den Figuren, sondern aus der Sprache hervorgehen sollte – ein Theater, mit dem Dürrenmatt zumindest eines bewies: daß er nicht gewillt war, sein eigener Epigone zu werden.

Wenn aber dennoch zutreffen sollte, daß Dürrenmatt aus der Mode in die Freiheit entlassen wurde, wurde diese Freiheit genutzt, indem in ihr ein Komplex wie *Der Mitmacher* entstand. Wir geben diesem Komplex in diesem Geburtstagsgruß einen zentralen Platz, weil er uns ermöglicht, vom jetzigen Dürrenmatt zu reden, vom neuen. Zumal es mich lockt, bei einem Geburtstag nicht einfach mitzuhelfen, alte Kerzen auszublasen, sondern neue anzustecken.

Der Mitmacher-Komplex eignet sich dafür, weil wir in ihm nicht nur dem Künstler Dürrenmatt begegnen, dem

Dramatiker und Erzähler, sondern auch dem andern – aber welchem?

Ich hätte beinahe gesagt, dem »intellektuellen« Dürrenmatt. Aber ich weiß nicht, meine Damen und Herren, ob das Wort »Intellektueller« für Sie eine Empfehlung ist und ob sich Dürrenmatt darüber so sehr freuen wird. Was mich betrifft, habe ich nichts gegen die Existenz von Intellektuellen, das Dilemma fängt erst damit an, wie man diesen Intellekt benutzt.

Oder soll man vom Essayisten reden, wie man ihn aus seinen Kritiken, Aufsätzen und nicht zuletzt aus seinen Reden kennt? Aber bei dem Wort Essayist zögere ich nun wieder, wenn dieser Ausdruck in Richtung des Schöngeistigen weisen sollte, was bei Dürrenmatt bestimmt nicht gemeint sein kann.

Oder sollen wir viel direkter vom philosophierenden Dürrenmatt reden? Schließlich hat er einmal mit Philosophie begonnen. Auch wenn er das Studium aufgab; damit gab er nicht die philosophische Fragestellung auf, was nicht heißt, daß es ihm je um irgendein System geht, gerade das nicht.

Der intellektuelle Dürrenmatt, der essayistische, der philosophierende – vielleicht kommt man der Sache näher, wenn man sich an einen Begriff hält, der für ihn über das Theater hinaus von Bedeutung ist: »Dramaturgie«. Er hat verschiedene Dramaturgien geschrieben: nicht nur die erwähnte *Dramaturgie eines Durchfalls,* sondern auch eine *Dramaturgie der Politik,* was vielleicht gar nicht so weit auseinanderliegt.

Berühmt ist sein Diktum, wonach uns nur noch mit der

Komödie beizukommen ist, und Dürrenmatt hat alle Arten von Komödien durchgespielt, von der Farce bis zur Groteske, die tragische Komödie mit der *Alten Dame* und die ungeschichtliche, historische Komödie mit *Romulus dem Großen.* Sollte es da nicht folgerichtig sein, daß uns nicht mit einer Methodologie beizukommen ist, sondern mit einer Dramaturgie? Und müßte man dann nicht von Dürrenmatt als einem Gedankendramaturgen sprechen?

Dieser Gedankendramaturg entfaltet sich aufs faszinierendste im *Mitmacher-Komplex*. Hier werden Ideen inszeniert und für Theorien Rollen geschrieben, aber hier werden andererseits auch Figuren der kritischen Analyse ausgesetzt. In diesem Komplex ist der Gedankendramaturg neben dem Erzähler und Dramatiker voll an der Arbeit, und insofern ist dieses Buch ein totaler Dürrenmatt.

Nun ist dieser Gedankendramaturg stets im Hintergrund geblieben, was mancherlei Gründe haben mag.

Dürrenmatt ist ein so brillanter Formulierer, daß man vor Lachen vergaß, hinter der Boutade den Scharfsinn zu entdecken.

Fällt sein Name, stellen sich Assoziationen an ungebändigte Einfälle ein. Er selber sagte, man sollte ihn als eine Art Nestroy verstehen, als eine Art helvetischen Volksstück-Schreiber, so daß viele meinten, er sei ein Autor, aus dem es vorwiegend sprudele.

Aber diesem Autor verdanken wir eine Erzählung wie *Der Sturz,* die mit der Präzision eines Schachspielers geschrieben wurde. Und wenn er sagt, er komponiere seine Stücke, dann ist das nachprüfbar. Und wenn zu seinem dramatischen Schaffen das Arbeiten auf und mit der Bühne gehört, war das Kompositionsarbeit, die auf jeweilige Gegebenheiten Rücksicht nehmen wollte.

Es gab immer auch den Artisten Dürrenmatt, aber manche ließen sich davon schon ablenken, weil Dürrenmatt seine Gedanken in einem breiten Berndeutsch und in einem nicht so breiten Hochdeutsch vortrug.

Dieser Gedankendramaturg ist nicht vom Theaterautor und vom Erzähler zu trennen. Er war schon immer mit von der Partie, und er gehört heute erst recht dazu. Und sei es nur schon dadurch, daß den Künstler Dürrenmatt das auszeichnet, was auch dem Gedankendramaturgen Qualität verleiht: ein Wille zur Konsequenz.

Man erinnert sich an den Satz: Eine Geschichte sei dann zu Ende gedacht, wenn sie die schlimmstmögliche Wendung nehme. Das verrät eine Unerbittlichkeit, angesichts deren manche meinten, sie könnten bei diesem Autor von einem Nihilisten und Pessimisten sprechen. Aber wenn ich an all die gutgemeinten rettenden Hände denke, die als Vers, Prosa und Dialog sich einem heute in der Literatur entgegenstrecken, dann hat die Dürrenmattsche Unerbittlichkeit für mich etwas ungemein Tröstliches.

Bei der Formel, eine Geschichte sei zu Ende gedacht, wenn die schlimmstmögliche Wendung eintrete, ist ja nicht nur von der schlimmstmöglichen Wendung die Rede, sondern auch vom Zu-Ende-Denken. Damit ist nicht ein Denken gemeint, das einmal auf endgültige Wahrheit stoßen wird. Es sei denn, wir nähmen den Tod als diese definitive Wahrheit. Derart, daß das Sterben zu einem Sich-selber-zu-Ende-Denken wird, wie wir es in dem Stück *Der Meteor* erlebt haben.

Dieses Zu-Ende-Denken heißt vorerst einmal nur, daß man immer noch einen Schritt mehr wagt und noch einen weiter geht. Daher wird auch Dürrenmatt, wenn er von der heutigen Rolle des Schriftstellers spricht, nicht im Gesellschaftlich-Politischen verharren. Was nicht heißt, daß er sich dieser politischen Situation nicht gestellt hätte.

In dem *Monstervortrag über Gerechtigkeit und Recht* findet sich ein *Helvetisches Zwischenspiel*, das nach wie vor eine gute Einführung in jene Schweiz ist, die mit neutraler Verbissenheit unentwegt den Ernstfall übt und vor lauter Wehrbereitschaft gar nicht mehr fragt, was an diesem Land verteidigungswürdig ist.

So radikal seine Kritik sein kann, sie hat nie an provinziellem Phantomschmerz gelitten, daran, daß die Schweiz ein kleines Land sei und so gar nicht schicksalsträchtig wie andere. Eine Muse von schweizerischer Tüchtigkeit hat ihn nicht geküßt: die des Ressentiments.

Das änderte nichts an der Unbequemheit seiner Stellungnahmen. Wenn er 1968 gegen den Einmarsch der Russen in die Tschechoslowakei protestiert, erweist er gleichzeitig einem schweizerischen Kommunisten wie Konrad Farner Reverenz und erkundigt sich, inwiefern unsere Demokratie nur eine Illusion sei, die dringend überprüft werden müßte.

Und wenn er sich 1969 zum Globus-Krawall in Zürich äußert, moniert er, daß eine Gesellschaft sich nicht auf Werte berufen kann, wenn sie selber keine Werte, sondern nur noch Waren hervorbringt, eine Monierung, die Aktualität behalten hat.

Nein, an Standpunkten fehlt es nicht, nicht an deren Eindeutigkeit und auch nicht an deren Differenziertheit. Aber wenn der Gedankendramaturg einsetzt, wird das Denken eben weitergetrieben. Über die soziologischen und politischen Gegebenheiten hinaus. Dann wird die Frage nach Literatur oder Theater auch zu einer nach der Wahrheit: Inwiefern kann man Wirklichkeit darstellen, und was heißt es, einen Aspekt dieser Wahrheit im literarischen Werk wiederzugeben?

Literarische Fragen schlagen somit unweigerlich in erkenntnistheoretische um. Von da aus ergibt sich auch sein Interesse für die Naturwissenschaften – und dies nicht aus bloßer Freude an jenem Abenteuer, das uns zeitgemäße Märchen ermöglicht. Der Frage, was erkennbar ist, wird bei jenem Denken nachgegangen, das gerade dadurch sein Wissen weitertreibt, indem es seine Grenzen erkennt. Und wie dieses Wissen mit der Moral in Konflikt gerät, wurde auf der Bühne mit *Die Physiker* gezeigt, und inwiefern die Frage nach dem Wissen auch Fragen nach dem Glauben einschließt, kann man in einem Vortrag über Einstein nachlesen.

Stellung wird bezogen. Aber diese erhält ihre Bedeutung und ihren Grund erst dadurch, daß Dürrenmatt sie situiert, indem er sie in ein Ganzes, oder sagen wir, in ein Größeres stellt. Was in dem Fall zählt, sind Zusammenhänge. Und was er mit Zusammenhängen meinen kann, wird in seinem Buch über Israel deutlich – es trägt den Titel *Zusammenhänge.*

Dieser *Essay über Israel* ist ein Bekenntnis zur Existenz des Staates Israel, abgelegt zu einem Zeitpunkt, als eine solche Konfession isolierte. Aber bei Dürrenmatt wird auch ein solches Bekenntnis zu Ende beziehungsweise weitergedacht: So weitet sich die Thematik nicht nur zur Geschichte und Religion des Judentums, sondern auch zu der des Islams, und der, der spricht, weiß, daß er es als Christ tut und sein eigener Glaube mit involviert ist. So können Freiheit, Gleichheit und Brüderlichkeit zu einem neuen Nennwert kommen, nicht zuletzt deswegen, weil keiner dieser Begriffe nur der einen Religion oder der einen Kultur gehört, sondern allen.

So bietet Dürrenmatt in diesem Buch mitten in einem historischen Exkurs einen Koran-Gelehrten und einen Rabbi auf, er sperrt den gelehrten Juden und den gelehrten Muselman in ein Gefängnis, damit sie sich durch gemeinsame Erfahrung näherkommen und sich auch in ihren Unterschieden schätzenlernen; geradezu boshaft leitet Dürrenmatt ein, was eine erschütternde Paraphrasierung der Ring-Parabel werden soll.

Der Gedankendramaturg ist bei der Arbeit: Er inszeniert Gedanken und schreibt Rollen für Ideen und setzt andererseits die Figuren der Analyse aus. Der Bericht steht neben der Theologie, aber immer wieder brechen die Fabel und Parabel durch.

Dieses Buch *Zusammenhänge* ist ein Vorläufer des *Mitmacher-Komplexes.* Die beiden Bücher ähneln sich schon in ihrer Entstehung. Am Anfang der *Zusammenhänge* steht eine Rede, die Dürrenmatt aber auch noch hält, nachdem sie längst gehalten worden ist. So fügen sich an den Essay, der im Untertitel *Eine Konzeption* heißt, *Nachgedanken,* die so umfangreich sind wie die Vorgedanken. Und die *Zusammenhänge* weisen auch in der formalen Darstellung auf den *Mitmacher-Komplex.*

Soweit man bereits Einblick hat nehmen können in das Prosawerk, an dem Dürrenmatt seit zehn Jahren arbeitet, die sogenannten *Stoffe,* sieht man, daß die Art der Zusammenhänge und der Komplexität, wie wir sie darzustellen versuchten, auch sein augenblickliches Schaffen bestimmen wird. Dürrenmatt hat einmal erklärt, seine Schriftstellerei sei die Geschichte seiner Stoffe; wenn er nun an das monumentale Unternehmen seiner Stoffe geht, werden sie zugleich seine Schriftstellerei als Geschichte und Geschichten bieten.

Zusammenhänge und Komplexität, dank ihnen ist es möglich, daß die Ein-Mann-Opposition, von der Dürrenmatt als Verpflichtung spricht, vielleicht ein einsamer Platz ist, aber sicher kein verbindlicher. Denn in dem Maße, wie sich dieser Ein-Mann-Oppositionelle als Komplexität auffaßt und auf Zusammenhänge aus ist, weist er auf andere und anderes.

Als Protestanten hat sich einmal der junge Dürrenmatt deklariert. Damit war nicht bloß Protestant der Konfession gemeint, sondern einer, der protestiert. So ist es nur logisch, daß er als erste Helden rebellierende Protestanten auf die Bühne stellt, nämlich Wiedertäufer. Und so hat es Logik behalten, daß er nach wie vor gegen Dogmen antritt, ob dies nun die Dogmen einer Kirche oder einer Partei sind, ob es sich um bürgerliche Dogmen handelt oder um solche des Marximus: Wer zu Ende denken will, eignet sich nicht als Ideologe.

»Alles Kollektive wird wachsen, aber seine geistige Bedeutung einschrumpfen. Die Chance liegt allein noch beim einzelnen. Von ihm aus ist alles wieder zu gewinnen«, schrieb der junge Dürrenmatt vor fünfundzwanzig Jahren. In seinem *Mitmacher-Komplex* spricht er von seinen Träumen, »in denen immer wieder ein Motiv auftaucht, unerbittlich, ein einziges bloß, die Möglichkeit, an die ich glaube, an die ich mich klammere, die Möglichkeit, ganz ein Einzelner zu werden, die Möglichkeit der Freiheit...«, und es heißt weiter: »Jede Gesellschaft, je mehr sie gezwungen sein wird, durch die wirtschaftlichen und damit politischen Umstände, die sich ihr stellen, totalitär zu werden, wird in Zukunft, wie anderswo schon heute, danach beurteilt werden, wie sie ihre Einzelgänger, Außenseiter und Käuze zu tolerieren vermag, ob sie diese interniert, isoliert – oder akzeptiert, wenn auch zähneknirschend, als die letzten und ersten Zugvögel einer doch noch möglichen Freiheit.«

Die Freiheit als Voraussetzung, diese Welt als einzelner zu bestehen, das heißt im Falle des Schriftstellers und im Falle Friedrich Dürrenmatts, die Welt in den Griff zu kriegen, indem man sie darstellt, ein Bild von ihr zu machen, indem man sie zwingt, ein literarisches Werk lang eines ihrer Gesichter zu zeigen.

Das hat nichts mit jener Literatur zu schaffen, die eingreifen und verändern möchte. Nun ist der Streit über die Funktion der Literatur so alt wie diese selber. Am Anfang der europäischen Literatur stehen zwei Dichter: Homer und Hesiod. Hesiod wollte zeigen, wie man das Haus bestellt, Homer zeigte, wie es um dieses Haus bestellt war. Der eine ist nützlich, und den andern kann man lesen. Aber es ist klar, daß der nützliche eine größere Chance hatte, ins antike Schulbuch aufgenommen zu werden. Der alte Plato, ein Schulmeister-Philosoph, wollte Homer aus den Schulbüchern verbannt wissen. Wenn einer zeigt, wie es ums Haus bestellt ist, wird er rasch subversiv. Zudem gab es bei diesem Homer ein respektloses Lachen über die Götter. Seither gibt es in Europa eine Tradition dieses homerischen Gelächters. Was uns betrifft, machten wir hesiodische Jahre durch. Wenn das homerische Gelächter dennoch in unseren Jahrzehnten erklang, verdanken wir dies einem Autor wie Friedrich Dürrenmatt. Was mich betrifft, meine Damen und Herren, bin ich bereit, in dieses Gelächter einzustimmen, und nicht nur deswegen, lieber Fritz Dürrenmatt, weil du Geburtstag hast.

»Was ist Orion?« Das war seine Art zu telefonieren. Ohne Umschweife in medias res. Das Wie-geht-es-dir-mir-auch war für später. »Was Orion ist? Ein Sternbild.« – »Ach, du weißt es.« – »Warum nicht.« – »Was für eines?« – Ich wurde schon unsicher: »Das des Jägers.« – »Ach, das weißt du auch?«

Es ging um den Schluß des Romans *Justiz*. Der Autor entläßt seine Figur, sie tritt ins Freie und sieht am Himmel Orion und fragt: »Wen jagt er?« Deswegen der Anruf: »Was, wenn jemand nicht weiß, daß Orion ein Sternbild ist, und zwar das des Jägers? Dann hängt der Schlußsatz im Leeren. Müßte es demnach heißen: ›Ich, der Ich-Erzähler, sah zum ersten Mal Orion, das Sternbild des Jägers, und frage mich: Wen jagt er?‹« Definitiv wurde so entschieden: »Am Himmel seh ich zum ersten Mal Orion: Wen jagt er?« – »Das ist die schönste Formulierung«, lautete die Schlußfolgerung, »und die, die es nicht wissen, wissen es eben nicht.«

Das ist ein Beispiel für die Metier-Gespräche, die man mit Dürrenmatt führte. Diese waren wohltuend direkt und konkret. Mit der Orion-Frage war man mitten im Problem der Rezeption. Für wen schreibt man, nicht ideologisch, sondern banaler und vordergründiger zunächst: An was für einen Wissens- oder Bildungsstand darf man sich wenden, was sind die Voraussetzungen, ist es schon elitär, wenn antikes Bildungsgut angesprochen wird?

Dürrenmatt hat mit *Justiz* ein älteres Projekt aus dem Jahr 1957 aufgegriffen. Es war nicht der einzige Rückgriff. Er hatte sich auch wieder an die *Stoffe* gemacht, die »Geschichte meiner Schriftstellerei«, deren Anfänge ebenfalls in die fünfziger Jahre zurückreichen und von denen Teil I–III anläßlich seines sechzigsten Geburtstags erschienen. Neben den Werken, die er weiterführte, diejenigen, die er neu in Angriff nahm, wie *Der Auftrag oder Vom Beobachten des Beobachters der Beobachter* oder die Ballade *Minotaurus.*

Telefonate, diese Korrespondenz in den Wind gesprochen, worüber es nichts Schriftliches gibt außer der Telefonrechnung. Statt Briefwechsel ein Anrufwechsel. Telefonate, in denen nicht nur Beiläufiges zur Sprache kam.

Da konnte es um den Kiosk gehen. Dürrenmatt hatte in einem Interview erklärt, er wisse nicht, was in unserem Land besonders verteidigt werden müßte. Ich schlug am Telefon als verteidigungswürdig einen Kiosk vor. Ich dachte an den Kiosk am Paradeplatz in Zürich, an dem ich jeden Tag irgendwann einmal vorbeiging. Da hing die *Prawda* neben der *New York Times,* da waren Zeitungen aus praktisch allen westeuropäischen Ländern zu haben, wünschte man Presse aus dem sozialistischen Europa, wurde die besorgt, da las man die kommunistische Schlagzeile wie die liberale, im Aushang neben Kapitalismus das Schnittmuster, ob Erotik oder Motorsport, ob Kulinarisches, Lebenshilfe oder Tierwelt, immer wieder staunte ich, was für und wie viele Illustrierten es gab, ob Fachzeitschrift oder Boulevard. Diesen Kiosk hätte ich verteidigt, sogar samt Kaugummi, obwohl ich nur eine militärische Ausbildung als Sanitätssoldat genoß, aber ich hätte alle verbunden, die bei der Kioskschlacht verwundet worden wären.

Es waren nicht wenig Impulse, die gezählt wurden, als wir über die Havel-Rede diskutierten. Dürrenmatt hatte in der Laudatio des tschechischen Staatspräsidenten und Schriftstellers Václav Havel ausgeführt, daß auch wir in der Schweiz in einem Gefängnis sitzen. Es versteht sich, daß eine solche Ansicht den Honoratioren sauer aufstieß. Dürrenmatt wurde hinterher demonstrativ geschnitten. Zu einem direkteren Gespräch kam es am Abend im Schauspielhauskeller, wo Havel als Theaterautor gefeiert wurde. Wir kamen Tage danach am Telefon auf die Affäre zu sprechen. Ich meldete Bedenken an. Nicht, weil ich ein geschönteres Bild der Schweiz wünschte, sondern ich fragte mich, ob man jemandem, der tatsächlich im Gefängnis saß, darlegen darf, man befinde sich ebenfalls im Gefängnis, was aber nur metaphorisch gemeint sein kann. Ist es nicht fragwürdig, wenn in der Politik Metaphorik der Realität gleichgestellt wird, läuft das nicht auf Literarisierung hinaus und damit auf Ästhetisierung, die gefährlich ist, weil sie den Ernst der Sache verpaßt und in die Unverbindlichkeit führt.

»Sie hat dich gern gehabt.« Bevor ich begriff, folgte die Erklärung: »Sie ist gestorben. Lotti ist tot. Sie hat mir einen Streich gespielt. Ich habe sie gerüttelt. Sie ist tot.« Ich werde diese Sätze fast wörtlich in den *Stoffen* wiederlesen, wo der Tod seiner Frau eine großartig erschütternde Prosastelle abgeben wird. Daß er mich als einen der ersten anrief, um Lottis Tod mitzuteilen, durfte ich als Beweis der Freundschaft verstehen.

Lotti hatte Fritz von seinen Anfängen bis zum Weltruhm begleitet. Sie war auch die treue Gefährtin seines Werkes, indem sie zuhörte; zu- und angehört zu werden war für Dürrenmatt werk- und lebenswichtig. Als ausgebildete

Schauspielerin war Lotti eine fruchtbare Zuhörerin in Theaterdingen. Sie blieb im Hintergrund, was nicht heißt, daß sie in der Ecke blieb. Es gab auf dem Dürrenmattschen Gelände das mittlere Haus, neben dem Swimmingpool. Es hatte Dürrenmatt eine Zeitlang als Atelier gedient. Dort stand auch Lottis Flügel. »Kontakthof« nannte Dürrenmatt das dritte Haus, auf die Luxusbordelle der Reeperbahn anspielend. Er vom oberen Haus und Lotti vom unteren Haus kommend, trafen sie sich hier in der Mitte. Nicht nur in Erinnerung an die Abende, die man hier verbrachte, darf man sich fragen, wo die Liebesbriefe sind, die Fritz an Lotti schrieb. Im Berner Literaturarchiv, wo sein Nachlaß betreut wird, sind sie nicht zu finden.

Ich hatte Lotti noch ein paar Monate vor ihrem Tod gesehen. Bei einem der Besuche in Neuenburg. Es ging ihr schlecht. Fritz rief sie an, und wir unterhielten uns am Telefon, vom oberen Haus zum unteren. Lotti ließ es sich nicht nehmen, persönlich heraufzukommen. Sie sah erschöpft aus. Es blieb bei einigen konventionellen Sätzen. Der Händedruck und der Abschiedskuß besiegelten etwas, zu dem wir beide mit vorweggenommener Trauer ja sagen mußten.

Ein paar Wochen nach Lottis Tod rief Fritz an. Wir trafen uns kurzfristig in Mövenpicks Baron de la Mouette, nicht in der Kronenhalle – er wollte ungestört reden. Nach den Bestellformalitäten die Frage: »Wie lebt man allein?« Ich verstand zunächst nicht. Ich versuchte mit einer ironischen Bemerkung meine Verlegenheit zu überbrücken: »Wie man einen Sennenkaffee zubereitet, weißt du. Das hab ich von dir. Das Kaffeepulver direkt in die heiße Milch.«

Die Frage war ernster, von bedächtiger Verzweiflung. Ich merkte, daß ich als Single ein Spezialist in Sachen Alleinsein war, aber einer, der nicht wußte, was für Ratschläge er einem Dürrenmatt geben sollte, der verloren war.

Nach diesem Abend entwarf ich ein Planspiel: Wie sähe ein Stück aus, in dem nach Dürrenmatt-Manier ein möglicher Dürrenmatt der Held ist? Es wäre das Drama eines jungen Autors, seit einer Gelbsucht Diabetiker, der eine Frau und ein Kind und kein Einkommen hat und noch zwei Kinder zeugt, und der wieder einmal eingeliefert wird und so nicht bei der Geburt seines dritten Kindes dabeisein kann und der nicht für die Spitalkosten aufzukommen vermag. Der seine Familie quält und ihr nichts gönnt – denn was, wenn er wegen seiner Diabetes stirbt und die Familie steht ohne ihn da. Und der die Miete schuldig bleibt und auf die Straße gesetzt wird, so daß die Kinder da und dort untergebracht werden. Der Schreibarbeiten übernimmt, die er nicht mag, doch die garantieren gewisse Einkünfte, dazu kommen die ersten Erfolge mit seinen Stücken. Mit diesem ersten Geld erwirbt er ein Haus, damit die Seinen ein Dach überm Kopf haben, falls ihm etwas passiert. Nachdem er die Hypotheken dank weiterer Erfolge abgetragen hat, kauft er ein zweites Haus. Zudem kann er günstig Land erwerben, und nicht zuletzt dank literarischer Auszeichnungen baut er zwischen dem ersten Haus am unteren Hang und dem am oberen Hang ein drittes Haus, nicht so groß, aber immerhin ein Dach überm Kopf. Jedes der drei Kinder könnte unterkommen. Bei einem Unfall verliert er den jüngsten Sohn, die Tochter verheiratet sich und zieht aus, und der älteste übernimmt eine Stelle im Ausland. Dann stirbt seine Frau. Nun irrt der Held in seinen drei Häusern umher und von einem zum andern, inmitten all der Sicherheiten, die er für andere schuf und die niemand mehr braucht – ein Dach überm Kopf, aber unterm Dach nicht die Seinen.

Im Herbst des gleichen Jahres in Zürich die Uraufführung von *Achterloo.* Da ich im Ausland war, sah ich erst die letzte Aufführung, drei Monate später – sonntägliches Schmierentheater.

Dann die Wiederbegegnung nach der Südamerikareise, die Dürrenmatt mit Frau Charlotte Kerr und seinem Diabetesarzt Schertenleib unternommen hatte. Dürrenmatt auf der Suche nach dem »Kreuz des Südens«. Er hatte das Sternbild verpaßt. Dafür hatte er die Galapagos-Inseln besucht. Ausführlich schilderte er, wie Riesenschildkröten sich begatten, mühsam-langsam, sein gemächliches Berner Tempo beim Reden kam diesem Begattungsakt entgegen.

Im Frühling darauf die Heirat mit Charlotte Kerr. Am ersten August ein großes Fest, eine Drei-Seen-Fahrt auf dem Murten-, Neuenburger- und Bielersee. Dürrenmatt stellte uns seine neue Frau vor, und seine neue Frau stellte uns Dürrenmatt vor.

Der Freundes- und Bekanntenkreis veränderte sich. Wer blieb, war Liechti, der Wirt vom Hôtel du Rocher in Neuchâtel, bei dem wir oft bis in den Morgen hinein saßen. Eines Abends hatte sich Dürrenmatt inspiriert, in Liechtis Gästebuch ein Porträt von mir zu kollagieren; dafür benötigte er unter anderem Rot. Dieses trieb der Wirt auf der Titelseite einer Illustrierten mit einem roten Stern auf.

Die Besuche in Neuchâtel wurden seltener. Um so wichtiger wurden die Begegnungen im Hause Keels. Wie sehr die Freundschaft gegenseitige Achtung einschloß, durfte ich zur Kenntnis nehmen, als Dürrenmatt seinerseits eine Geburtstagsrede hielt, nämlich die zu meinem sechzigsten.

Es war die Zeit, als Dürrenmatt sich vom Theater zurückzog, aber auch die Zeit, um uns bewußtzumachen, daß wir mit diesem Theater-Autor zugleich einen großen Prosa-Autor anzuerkennen haben. Nun war eine solche Einsicht alles andere als neu. Es lassen sich Prosa- und Theaterarbeit bei einem Schriftsteller kaum trennen, bei dem Einfälle und Ideen, Fabulierendes und Reflektierendes aus der gleichen Grundhaltung hervorgehen. So lassen sich Parallelen festhalten, da ja seine frühe Prosa *Die Stadt* ihre stilistische Entsprechung im expressionistischen Aufbegehren seiner ersten Theaterstücke findet; kein Zufall, daß das erzählerische Schachspiel *Der Sturz* entstand, als Dürrenmatt seine austarierten Stücke der Spätzeit verfaßte.

Der Prosa hatte sich Dürrenmatt stets zugewandt, wenn er mit seinem Theaterschaffen in eine Krise geriet. Bezeichnend, daß er seine Niederlagen nicht wortlos hinnahm. Als sein Stück *Ein Engel kommt nach Babylon* nur einen Achtungserfolg erzielte, dachte er an den Rückzug von der Bühne und publizierte die theoretische Schrift *Theaterprobleme.* Als Dürrenmatt 1969 aus der Direktion der Basler Theater ausschied, machte er sich an einen Kriminalroman, den *Pensionierten,* der unvollendet blieb und postum erschien. Zum erfolglosen *Mitmacher* verfaßte er als Nachwort einen *Komplex* von über zweihundert Seiten, eine seiner wichtigen philosophisch-essayistischen Arbeiten. Seinem letzten Stück *Achterloo* ließ er *Rollenspiele* folgen, im Untertitel als *Protokoll einer fiktiven Inszenierung* bezeichnet, erarbeitet zusammen mit seiner zweiten Frau Charlotte Kerr-Dürrenmatt.

Der zweite Band *Stoffe* bildete den Ausgangspunkt für eine TV-Sendung. Das schweizerische Fernsehen plante, den Beitrag zum siebzigsten Geburtstag auszustrahlen. Beabsichtigt war nicht ein Interview, sondern ein Gespräch. Als Fortsetzung all jener unzähligen Gespräche, die wir jeweils bis in den Morgen hinein geführt hatten. Allerdings konnte es nicht unterbrochen werden von der Aufforderung, Dürrenmatt in seinen Weinkeller zu begleiten, wo er eine Flasche mit dem Jahrgang des Gastes zu suchen pflegte. Und das Gespräch konnte nicht so herrlich ausschweifend sein, wie es nur Bildung und Einfälle möglich machen. Präsent aber waren jene Probleme, die unseren Gesprächen Dimension gaben; mit der Frage nach der Literatur und nach dem Theater stellte sich zugleich die Frage nach der Wahrheit, in sie mündete jede ästhetische Fragestellung. Das war wohl unvermeidlich bei unserer intellektuellen Herkunft – Dürrenmatt kam von Kant, Plato und Kierkegaard her und ich von der französischen Philosophie der Nachkriegszeit.

Das Sinnlose als Freiheit

HUGO LOETSCHER: »Sinnlos wie die Wirklichkeit und unbegreiflich wie sie und ohne Grund.« Das ist der letzte Satz aus dem zweiten Band der *Stoffe [Turmbau]*. Man könnte diesen Satz recht pessimistisch auffassen: sinnlos, ohne Grund. Wäre das die richtige Lesart?

FRIEDRICH DÜRRENMATT: Nein, ich sehe das anders. Für mich war es eine große Befreiung, als ich darauf kam, daß das Sein keinen Sinn zu haben braucht und keinen Grund benötigt, daß es eine menschliche Annahme ist, daß das Sein Sinn und Grund haben müsse. Es ist des Menschen Aufgabe, dem Sein einen Grund zu geben. Das Sein an sich ist aber ohne Grund und Sinn.

HL: Die einfachste Art, dem Leben einen Sinn zu geben, ist natürlich, sich auf einen Gott zu berufen, der dem Ganzen Sinn gibt, ob durchschaubar oder nicht. Die Befreiung davon wäre eigentlich die Befreiung von dieser Gottesidee.

FD: Ja, das ist für mich sehr entscheidend, dieses menschliche Bedürfnis. Wir suchen immer nach einem Sinn, denn so bringen wir uns durch das Leben. Auch geben wir all unseren Tätigkeiten einen Sinn. Der Sinn ist also eine menschliche Tätigkeit, würde ich sagen. Wenn ich schreibe, so heißt das, ich gebe meinem Leben einen Sinn, indem ich schreibe. Oder wenn ich male, gebe ich meinem Leben einen Sinn, indem ich male. Aber das Leben selber, das Sein an sich, das Sein des Weltalls braucht keinen Sinn zu haben. Das ist für mich nicht pessimistisch, sondern es ist eine befreiende Erkenntnis, daß der Sinn nur beim Menschen selber liegen kann.

HL: Das bedeutet aber, daß der Mensch die Verantwortung selber übernimmt.

FD: Der Sinn kann auch beim Nächsten sein, von Mensch zu Mensch, im sozialen Leben, in allen möglichen Tätigkeiten des Menschen liegt er drin.

HL: Dann könnte man die *Stoffe* also so lesen, daß das Buch eine Befreiungsaktion war, Stationen der Befreiung.

FD: Ja, kann man so lesen. Man sollte das auch so lesen.

HL: Dann wäre das Resultat eine totale Freiheit, in der der Mensch souverän, aber auch ausgeliefert ist. Und das bedeutet, daß sich alle Möglichkeiten, auch des Schreibens, auftun. Plötzlich werden die Möglichkeiten schlechthin entscheidend. Damit aber auch dein Problem der Beliebigkeit: Wenn es so nicht ist, könnte es auch anders sein.

FD: Sagen wir mal, es geschieht innerhalb eines Ganzen. Einige Möglichkeiten werden realisiert, die meisten werden nicht realisiert. Wir sind ja heute so weit, daß wir in einem Weltbild leben, in dem nichts mehr voraussagbar ist. Wir wissen nicht, geht das Weltall endlos weiter? Stürzt es zusammen? Existierte es vorher schon einmal? Wie ist es entstanden? Das sind alles Bilder vom Menschen selbst. Wir leben in einem Weltbild, das genau so ist wie das Leben eines jeden. Für mich hätte es anders verlaufen können. Durch andere Einflüsse wäre ich Maler geworden. Ich wollte mich einfach ausdrücken. Ich bin durch so viele Faktoren das geworden, was ich bin; es wäre auch möglich gewesen, daß ich etwas ganz anderes geworden wäre. Schreiben war eine Möglichkeit meiner Verwirklichung, aber nicht die einzige. Ich hätte auch sehr früh sterben können, weil ich sehr früh einen schweren Unfall hatte. Es ist alles möglich. Wir leben im Unvorhersehbaren. Das ist für mich als Erkenntnis sehr wichtig.

HL: Die Möglichkeit, die in deinem Fall gewählt wurde, ist also das Schreiben. Nun gibt es verschiedene Möglichkeiten des Schreibens. Es gibt ein Schreiben fürs Theater, oder es gibt die Prosa. Sind das verschiedene Grundhaltungen des Schreibens?

FD: Ein Stück zu schreiben ist etwas ganz anderes, als Prosa zu schreiben. Heute schreibe ich nur noch Prosa, weil sie mehr Möglichkeiten bietet als das Theater. Im Theater bin ich an sehr viele Dinge gebunden, und für die Prosa bin ich frei.

HL: Es finden sich Bemerkungen in den *Stoffen*, das Theater biete die Möglichkeit, Welttheater zu spielen. Das Wort Welt spielt bei dir eine große Rolle; sei es als Weltschmiere, als Weltverwaltung, als Weltgleichnis. Das Wort Welt hat unüberhörbar Präsenz. Könnte man sagen, daß die großartigste Möglichkeit die ist, Welttheater in Prosaform zu bieten?

FD: Ja, das ist die Prosa, wie ich sie schreibe. Ich ziele auf Gleichnisse ab. Das Merkwürdige am Gleichnis sind die verschiedenen Interpretationsmöglichkeiten. Jemandem, der von Physik nichts versteht, dem ist die Formel $E = mc^2$ vollständig gleichgültig. Nur einer, der die Physik kennt, weiß damit etwas anzufangen. Ein Gleichnis dagegen ist immer etwas Zweideutiges, Dreideutiges. Das liegt an der Sprache. Sie ist mehrdeutig. Ein Schriftsteller schreibt immer auf mindestens zwei Ebenen. Man kann ein Buch immer mehrdeutig lesen. So ist es auch im

Theater. Für einen einfachen Menschen kann *Hamlet* ein Kriminalstück sein, für den Philosophen ist er etwas ganz anderes, für den Theologen wieder etwas anderes.

HL: In den *Stoffen* wird auch das Nichtgeschriebene angegangen und im Reflektieren darüber dargestellt.

FD: Es geht auch darum, wie ein Stoff entsteht. Ein Stoff entsteht immer aus einem bestimmten Spannungsverhältnis, aus einer bestimmten Situation, die einen zwingt, einen bestimmten Stoff zu schreiben. Nun kann man einen Stoff schreiben, oder man kann ihn ausdenken. Man hat natürlich immer viel mehr Stoffe gedacht, als man geschrieben hat. Schreiben ist ein langer Prozeß. Man weiß nie, auf was man sich einläßt, wenn man zu schreiben anfängt. Es verändert sich langsam, plötzlich kommt man zu Resultaten, von denen man anfangs nichts wußte. Die geben dem Stoff eine ganz andere Form und einen ganz anderen Inhalt. Das ist Arbeiten: einen Gedanken immer klarer fassen, einen Stoff herausarbeiten. Man arbeitet fast wie ein Maler oder ein Bildhauer. Der Unterschied ist nur, wenn ich male, dann sehe ich das Bild vor mir und kann sagen, das muß geändert werden. Ich kann wieder verdecken, kann alles wieder wegnehmen. Im Schreiben ist es so, daß ich diesen Stoff in mir trage und an ihn denke. Auch wenn ich mit jemandem spreche, ist im Hintergrund immer der Stoff, an dem ich arbeite. Dahinter steckt die Frage, weshalb man auf diesen Stoff kommt. Das ist ungeheuerlich, wie man in bestimmten Situationen zum Stoff kommt und sich damit beschäftigt. Plötzlich hat man eine Idee, wie man es darstellen könnte. Und warum? Weil man weitergeht und weiterlebt, verläßt man den Stoff wieder, aber der ist wie ein Geschwür in einem, dann muß man ihn abschreiben, aber natürlich nicht jeden Stoff, sondern nur den, der einen quält.

HL: Einen Stoff wie einen Gedanken entwickeln. Bilder erzwingen Gedanken. Der Zusammenhang zwischen Bild und Gedanken. Dieses Hin und Her – ist das ein Problem beim Schreiben?

FD: Bei mir ist das beim dramaturgischen (Theater-) Schreiben so. Das kann ich nur in einer Art primitiver Regie. Ich muß die Auftritte bedenken, ich muß mir den Raum vorstellen können, nur ganz vage, aber ich muß das, was ich schreibe, sehen. Ich kann ja nur den Menschen schreiben, der redet. Und diese Reduktion auf den redenden Menschen ist für mich ein Problem. Der Mensch denkt ja viel mehr, als er spricht. Was er denkt, muß ich verschweigen. In der Prosa ist das anders. Natürlich stelle ich mir vage etwas vor, aber ich bin viel freier in meiner Phantasie. Für mich ist Prosa eine Mischung, in der alles erlaubt ist. Für mich ist Prosa die absolute Freiheit.

HL: Man kann reflektieren, man kann erzählen. Das trifft man in den *Stoffen* an: den philosophierenden Dürrenmatt, den reflektierenden, den erzählenden, den variierenden. Damit wird die Sprache komplex abgedeckt. Da ist einmal das begriffliche Denken über ein Thema und dann zugleich die literarische Darstellung davon. Ist es der Schriftsteller, der Künstler, der gewinnt? Wenn ich an *Das Hirn* [in *Turmbau*] denke, an das Hirn, das sich selbst erdenkt und dann den Menschen und eine ganze Menschheitsgeschichte, hat dieses Kapitel etwas vom Durchspielen eines Gedankens, der seine Stärke und Kraft dank der Darstellung erhält.

FD: *Das Hirn* ist das letzte, was ich geschrieben habe. Es gibt in den *Stoffen* Stoffe, die sehr alt sind. Das Ganze ist natürlich eine Rückschau. Ich frage mich immer: Wie bin ich zu dem geworden, was ich bin, wie kam mein Denken zustande? Das ist auch ein großer Prozeß; meine Philosophiestudien habe ich ja nicht abgebrochen, sondern weitergeführt. Es ist mehr die Frage: Wie denke ich heute über Kant nach, als die, wie ich damals über Kant nachdachte. Ich hatte große Mühe, eine Dissertation zu schreiben, und bin dann Schriftsteller geworden. Es ist meine Entstehungsgeschichte, und sie ist natürlich im Zustand von heute geschrieben. Ich glaube, der Schriftsteller hat eine Form gefunden, immer weiterzudenken. Schreiben ist für mich eine Art, sich über die Welt und hauptsächlich über sich selbst klarzuwerden. Das ist ein Prozeß, der nie aufhört. *Das Hirn* ist eine Verbindung von dem, was ich heute über die Welt denke. Wir sind heute nicht sicher, ob wir die Welt erdenken oder ob unsere Weltsicht heute nicht ein Ausdruck unseres Denkens ist. Ist sie so, oder interpretieren wir sie so? Deshalb habe ich eine Fiktion gemacht: ein Hirn, das ganz allein ist und sich die Welt erdenkt, wie wir sie heute sehen.

HL: Es spiegelt sich ungeheuerliche Realität heute in diesen *Stoffen*. Sie gehört natürlich dazu, sei es als Humus oder als Umfeld dessen, was künstlerisch kreativ wird. Das Erstaunliche ist, wie es dann ins Bildhafte, ins Gleichnis übergeht, so ganz in grundsätzliche Situationen. Du sagst selbst, es gibt keinen Zufall: Wenn es nämlich keinen vorgegebenen Sinn gibt, dann ist alles Zufall oder kann Vorfall sein.

FD: Ein Zufall ist ein Ereignis, dessen Gründe wir nicht übersehen können. Nachträglich können wir die Welt absolut, als eine Kette von Ursachen und Wirkungen, beschreiben, aber wir können das nie vorsätzlich tun. Wir können nie sagen: Das wird nun geschehen. Man kann statistisch Wahrscheinlichkeiten berechnen. Das ist ein Ausdruck der heutigen Naturwissenschaften. Der Zusammenhang von Weltbild und Schreiben interessiert mich. Deshalb interessieren mich die Naturwissenschaften.

HL: Und auch die Beschäftigung mit der Astrophysik. Die Beschäftigung mit einem laizierten Himmel. Es ist nicht mehr der liebe Gott, der einem den Himmel erklärt, sondern das Fernrohr, mit dem man nun den gleichen Himmel sich nicht erobert, aber sich erklärt oder an ihn herankommen will.

FD: Wir haben heute natürlich ein ganz anderes Bild vom Himmel. Der Himmel war früher eine Metapher. Man wußte ja nicht, was die Sterne waren, und dachte darüber nicht nach, weil man glaubte, man könne das nicht herausfinden. Heute sind wir so weit, daß wir wieder eine Kosmologie haben wie die Griechen, aber eine wissenschaftliche. Das sind für mich sehr aufregende geistige Vorgänge, daß wir nachdenken, wie die Erde entstehen konnte. Deshalb brauchen wir auch das Wort Sinn nicht mehr. Da sind wir wieder am Anfang des Gesprächs, das ist für mich die Befreiung des Menschen von der Qual, über seinen Sinn nachzudenken. Ich bin davon befreit. Das, was spannend ist, ist die Realität, das Hirn. Das Hirn ist das Komplizierteste, was es gibt, so ein Organ kennen wir in der ganzen Natur nicht. Wir entdekken heute das Hirn. Das Hirn kann eben alles erdenken. Ohne Hirn wären wir in einer absoluten Dunkelheit. Es entsteht alles in unserem Kopf. Das ist das Wunder des Menschen. Das menschliche Hirn: das Wunder der Evolution. Wir sind geworden, und durch das Hirn können wir darüber nachdenken.

Zwei Wochen nach der TV-Aufnahme starb Dürrenmatt. Was als Gratulation gedacht war, wurde Nekrolog.

Das TV-Gespräch war die letzte Begegnung. Wir aßen nach der Aufnahme eine Kleinigkeit im mittleren Haus. Wir deckten den Tisch ab, und Dürrenmatt spülte das Geschirr. Ich dachte an seine Frage: Wie lebt man allein.

Er schien müde. Während des Vorgesprächs im kleinen Salon erhob er sich plötzlich; er verschwand um die Zimmerecke; als er nach kurzer Zeit wieder auftauchte, sah aus dem Hosenbund ein Hemdzipfel hervor. Er hatte sich Insulin gespritzt.

Danach stieß seine Frau Charlotte zu uns. Wir sprachen von der bevorstehenden Asienreise, mit der Dürrenmatt den Geburtstagsfeierlichkeiten seines siebzigsten zu entfliehen gedachte. Da ich die Länder der geplanten Route kannte, wagte ich einige Einwände. Gleich nach der Ankunft in Bangkok auf Sightseeing zu gehen, ob das nicht zu anstrengend sei nach zwölf Stunden Flug. Immerhin vier Tage in Hongkong, aber warum davon zwei zu einem Abstecher nach Schanghai. Ob ein solcher Streß zumutbar sei? Ich wagte gar nicht, eine Verschnaufpause vorzuschlagen, den Flug von Hongkong nach Hawaii in Taiwan zu unterbrechen, wegen des Museums und seines einmaligen Kultur- und Kunstschatzes.

»Tüet mi nid gäng spränge« – ein unübersetzbares Berndeutsch: »Hetzt mich nicht die ganze Zeit.« Das ist einer der letzten Sätze, die mir im Ohr blieben. Dürrenmatt hörte sich eine Planung an, die ihn kaum etwas anzugehen schien, obgleich er von den Vulkanen auf Hawaii mit kindlicher Neugierde redete; wir konnten auch spotten. Im Gegensatz zum »Kreuz des Südens« sind die Vulkane das ganze Jahr hindurch sichtbar.

Wir hatten auf diese Reise angestoßen; er ging auf eine andere.

Die Gedenkfeier

Die offizielle und öffentliche Gedenkfeier fand im Berner Münster statt. Als Dürrenmatts Anwalt und Freund Peter Nobel nach einigem Hin und Her im Trauerhaus diesen Ort vorgeschlagen hatte, hatte die Witwe Kerr-Dürrenmatt Bedenken angeführt: »Bern? Er war ein Weltautor.« Aber auch Weltautoren können nicht in der Welt, sondern nur an einem Punkt in ihr begraben werden.

Es moderierte Kurt Marti. Es sprach Walter Jens. Angefragt worden war auch Joachim Kaiser, doch sein Honorarsatz fürs Trauern war zu hoch. Es lasen Urs Widmer, Adolf Muschg und ich Dürrenmatt-Texte. Ich hatte mich für Schlußsätze aus Theaterstücken entschieden.

»Diese unmenschliche Welt muß menschlicher werden«,

wie der letzte Satz der *Wiedertäufer* lautet.

Oder der Epilog aus *Die Ehe des Herrn Mississippi:*

»Ich weiß, Sie halten mich für verrückt. Aber ich habe nicht gelogen. Ich wollte doch nur die Welt ändern. Und die Welt muß geändert werden. Es ist mir nicht gelungen. Aber andere werden kommen. Immer wieder. Mit immer neuen Ideen.«

Dazu der Schluß von *Ein Engel kommt nach Babylon,* wo Akki Bilanz zieht:

»Und ich liebe eine Erde, die es immer noch gibt, eine Erde der Bettler, einmalig an Glück und einmalig an Gefahr, bunt und wild, an Möglichkeiten wunderbar, eine Erde, die ich immer aufs neue bezwinge, toll von ihrer Schönheit, verliebt in ihr Bild, von Macht bedroht und unbesiegt. Weiter denn, Mädchen, voran denn, Kind, dem Tod übergeben und doch am Leben, mein zum zweitenmal, du Gnade, die nun mit mir zieht: Babylon, blind und fahl, zerfällt mit seinem Turm aus Stein und Stahl, der sich unaufhaltsam in die Höhe schiebt, dem Sturz entgegen; und vor uns, hinter dem Sturm, den wir durcheilen, verfolgt von Reitern, beschossen mit Pfeilen, stampfend durch Sand, klebend an Hängen, verbrannten Gesichts, liegt fern ein neues Land, tauchend aus der Dämmerung, dampfend im Silber des Lichts, voll neuer Verfolgung, voll neuer Verheißung und voll von neuen Gesängen!«

Dreimal ging das Licht auf der Bühne aus, und dreimal fiel der Vorhang.

1994 kam es zu Ausstellungen im Schweizerischen Literaturarchiv in der Landesbibliothek Bern und im Kunsthaus Zürich. Ein Moment, sich ein Bild von diesem Mann und seinem Werk zu machen und von einer Zeitgenossenschaft, wie sie für uns Bedeutung erlangte. Ausstellungen, die sich insofern unterschieden, als in Bern das Gewicht auf literarischen Zeugnissen lag und in Zürich bei Dürrenmatt als Zeichner und Maler. Ich hatte die Ehre, beide Ausstellungen eröffnen zu dürfen:

Meine Damen und Herren, der »reinste Dürrenmatt« – damit ist nicht notwendigerweise ein Text oder ein Bildwerk von Friedrich Dürrenmatt gemeint. Ein Dürrenmatt – das ist in unserem Metaphernkatalog und in unserer Vorstellungswelt eine allgemeinere Währung geworden. Was nicht so verstanden werden soll, als seien wir auf den Wechselkurs neugierig: In wieviel Dichter läßt sich ein Dürrenmatt umtauschen. Und dennoch: Wofür steht ein Dürrenmatt? Darüber erfuhren wie fürs erste kaum etwas aus der Abteilung Politik und wenig aus dem Feuilleton, dafür um so mehr aus der Rubrik »Unglücksfälle und Verbrechen«.

Aber es zeigt sich, daß die strenge Ressorteinteilung längst hinfällig geworden ist. Man weiß nicht, ob Unglücksfälle und Verbrechen in die höheren Kategorien von Politik, Kultur und Wirtschaft hinaufgestiegen sind oder ob diese herunterkamen zu den allgemeinverständlicheren Verbrechen und Unglücksfällen. Noch nie war eine »Panne« so spannend wie bei Dürrenmatt.

Wenn wir den jüngsten Wendehälsen in all ihre Blickrichtungen folgen, kommt uns das bekannt vor; haben wir nicht ähnliches gelesen, zum Beispiel in einem Komplex wie *Der Mitmacher*? Und von Geldwäscherei und Mafiamethode in Finanz und Wirtschaft – haben wir davon nicht schon einmal singen gehört, anläßlich der Oper einer Privatbank wie der von Frank dem Fünften? Über die Korruption von Macht und Gerechtigkeit hat uns ein Dürrenmatt informiert, kompetenter, da hintergründiger als jeder Gerichtsberichterstatter, in einem Buch wie *Justiz* zum Beispiel.

Einmal mehr scheint sich zu bewahrheiten, daß die Wirklichkeit die Kunst imitiert. Aber man darf sich schon fragen, weshalb die Wirklichkeit nicht einem Friedrich Schiller nachläuft, sondern einem Friedrich Dürrenmatt.

Das mag damit zusammenhängen, daß Dürrenmatt sich an der Wirklichkeit orientierte, nicht, indem er sie abbildete, sondern indem er suchte, was in ihr möglich ist: »Stoff fassen« nannte dies der junge Dürrenmatt. Das ist ein Unternehmen, bei dem sich Erschreckendes auftut. Der Grund für diese Entdeckungen ist der Abgrund.

Dürrenmatt könnte sich bei dieser Umschau und Durchsicht jederzeit darauf berufen, wie schwierig es ist, die Horror-Realität mit Horror-Visionen zu überbieten. In der Tat, es ist immer die Wirklichkeit, die übertreibt, glaubwürdig wird sie erst dank der Kunst. Ein Eisenbahnzug, der nicht mehr aus dem Tunnel findet, das ist eine Erzählung wert als Fahrt ins Nichts. Und wenn ein Mann einer Frau Gift in den Tee tut und sie ihm, und beide setzen sich erwartungsvoll an den Tisch, dann setzen wir uns nicht minder erwartungsvoll in den Zuschauerraum als zahlende Gäste der *Ehe des Herrn Mississippi.* Der Mist ist nicht einfach Mist; er zeugt von vaterländischer Ablagerung, auch wenn nicht feststeht, ob darunter, wie vermutet, ewige Werte liegen.

Eines ist klar – für einen Dürrenmatt kriegt man nichts Nettes oder Gefälliges. Es ist eine Währung, die ohne Kleingeld auskommt. Die Scheine sind hoch, da der Ausverkauf groß ist und der Kehraus anhält. Es ist eine Katastrophenwährung und damit von höchster Aktualität. Aber eine Währung, die nicht für diese oder für jene Katastrophe gilt. Dürrenmatt hat stets klargemacht, ihn interessiere nicht eine Katastrophe, sondern die Katastrophe schlechthin. Er war ein Mann und ein Autor von Anspruch.

Bei einer Katastrophe nach seinem Geschmack stößt am Himmel die Sonne mit einem andern Himmelskörper zusammen. Auf der Erde kracht eine Brücke, von ihr stürzt eine Eisenbahn, und die fällt auf einen Demonstrationsumzug, die Katastrophe der Religion, der Technik, der Ideologie. Die Katastrophe total. Was bleibt, ist das Bild, das Dürrenmatt davon malte, und hoffentlich wir, um das Bild zu betrachten.

Der »reinste Dürrenmatt«, er konnte nur geprägt und in Umlauf gebracht werden, weil Dürrenmatt als Autor eines sprachlichen und bildnerischen Werkes Schöpfer einer Welt war und als Schöpfer dieser Welt auch Inszenator ihres Untergangs.

Erstaunlich, was aus den Anfängen dieses »Es werde…« entdeckt werden kann: Zum Beispiel die Mansarde, die Dürrenmatt als Student in Bern mit »Szenen aus unsicheren Zeiten« ausmalte, Wände, die der Vermieter übertünchte,

Bilder, die heute hervorgeholt und restauriert werden. Das Zimmer selber nachgebaut in der Landesbibliothek für die Dürrenmatt-Ausstellung »Querfahrt« des Literaturarchivs. Oder ein verschollen geglaubtes Werk, das der junge Dürrenmatt, diesmal Student in Zürich, während einer Nacht verfaßte, zu Bildern von Walter Jonas, im Atelier des Künstlers, dem Dürrenmatt eine seiner schönsten Erinnerungsseiten widmen sollte, das »Buch einer Nacht«, eines der sensationellen Dokumente in der Dürrenmatt-Ausstellung im Zürcher Kunsthaus.

Von Anfang an sprachliches und bildnerisches Schaffen nebeneinander und dies ein Leben lang durchgehalten. Allerdings fiel die nachhaltige Entscheidung zugunsten der Sprache. Nicht zufällig aber, daß Dürrenmatt auf der Bühne Triumphe feierte, auf dem Agitations- und Aktionsfeld des Wortes. Nie wurde eine so geniale stumme Rolle verfaßt wie für die gelben Schuhe in *Der Besuch der alten Dame;* sie annoncieren, ohne daß ein Wort fällt, die dramatische Entwicklung all jener, die bereit sind, gegen hohes Entgelt Gerechtigkeit durch Mord zu üben.

Das Sichausdrücken in Wort und Bild läßt sich nicht einfach mit dem Begriff Doppelbegabung abdecken.

Wie Bild und Wort Ausdruck eines gleichen Gestaltungswillens sind, läßt sich an einem Thema wie dem Turmbau zu Babel aufzeigen, das Dürrenmatt visualisierte und verbalisierte. Der Turm vor dem Sturz und der Turm nach dem Sturz, die amerikanische Variante des Turms und der Versuch des Wiederaufbaus – das sind nicht Illustrationen zu einem Drama, in dem jeder Akt in einer höheren Etage hätte spielen müssen, ein Stück, das nicht geschrieben wurde und über dessen Entwurf und Scheitern Dürrenmatt einen großartigen Text schrieb.

Ob Wort oder Bild oder beides zugleich – die Frage lautet: auf welche Weise Wort und auf welche Art Bild:

Denn da ist der aussagekräftige Strich, minimal eingesetzt bei den Zeichnungen, ob Herkules paraphrasiert wird oder Leonard Steckel als Hauptdarsteller des *Meteors.* Da ist das Plakat als Satire-Bekenntnis zur Schweiz. Der Umgang mit der Schere für die Collagen und mit der Feder für all die Schwarzweißblätter, die nach der Schreibarbeit am Schreibtisch entstanden, oft zur nächtlichen Stunde. Neben den Federzeichnungen die Gemälde von der Staffelei, die Bilder von Kreuzigungen und Apokalypsen, die Porträts von Päpsten, Bekannten und Nächsten.

Und im Wortbereich das Hörspiel und für die Bühne die Groteske und die Tragikomödie, das Zwei-Personen-Stück wie das Rollenspiel und das historische Tableau, Übungsstück für Schauspieler und Bearbeitungen. Die Varietät wiederholt sich in der Prosa. Der Kriminalroman und zugleich das Requiem auf ihn. Die Kurzprosa wie die breit angelegte Komposition der Stoffe. Der wissenschaftlich orientierte Essay und die zeitkritische Rede. Und ein Nachwort zu einem Stück, das wichtiger wird als das Stück. Das maskuline Pendant in Prosa zur weiblichen Variante auf der Bühne mit dem Auftritt der alten Dame.

Plötzlich ist der »reinste Dürrenmatt« nicht mehr so rein und zählt mehr, als was man sich unter ihm bei der ersten Kotierung vorgestellt hat – neben dem Slapstick das poetische Bild, und auf die lyrische Passage folgt der spöttische Hymnus. Und er, der eben noch Phrasen bloßstellt, holt aus zum Pathos, und er zwingt sich zu stringenter Linienführung einer Konzeption, nachdem man bei ihm eben noch das Überbordende und Ausufernde bewundert hat.

Dieser Reichtum ist das Ergebnis künstlerischer Möglichkeiten, die ausprobiert wurden. Am intensivsten und spannendsten illustrieren dies die Theaterstücke. Das Arbeiten mit und auf der Bühne zeitigt die unterschiedlichen Versionen. Dürrenmatt, der aus seiner Verachtung für die Germanistik keinen Hehl machte, wurde einer ihrer splendiden Förderer. Selten hat ein Schriftsteller mit so viel Fassungen so vielen Literaturwissenschaftlern zu so viel akademisch-editorischem Brot verholfen.

Das Suchen nach einem endgültigen und unausweichlichen Schluß erlaubt Dürrenmatt kein Offenlassen, wenn er sich an sein eigenes Credo hält, wonach eine Geschichte dann zu Ende gedacht ist, wenn sie ihre schlimmstmögliche Wendung genommen hat. In der Hinsicht ist er mehr als fündig geworden.

Die faszinierende Formel von der schlimmstmöglichen Wendung nimmt sich wie ein Syllogismus aus. Aber es ist nicht die Schlußfolgerung eines Logikers, sondern die eines Dramaturgen. Und die erweist sich von stupend-kreativer Potenz, wenn die Dramaturgie auch noch beginnt, auf der Weltbühne zu inszenieren, und der Schauplatz global wird. Da kommt der Planet selber zu einem Porträt, und der Metzger, der auftritt, wird zum Weltmetzger. Eine Welt tut sich auf zwischen Konolfingen und Kosmos. Mit einer Geographie, in der man der Hure Babylon begegnet, wohin ein Engel kam, und in der man auf die Stadt der Wiedertäufer, Münster, trifft. Mit einer Karte, auf der Güllen liegt und ein

Tal wie das Durcheinandertal und Achterloo. Der »reinste Dürrenmatt« – er reicht plötzlich vom Urknall des Einfalls bis zum Lachen des Vorhangs, der sich senkt. Und bei einer Dramaturgie des Möglichen umfaßt auch das Lachen alle Möglichkeiten – vom Schalk bis zum Witz und zum Grimm, da wird aus Verzweiflung aufgelacht, es wird losgebrüllt und geschmunzelt, man amüsiert sich eben noch, und schon bleibt einem das Lachen im Hals stecken, und das große Gelächter begleitet den Untergang, der en suite gespielt wird.

Dürrenmatt hat »the worst case«, die unerläßliche Größe jeder wissenschaftlichen Computer-Simulation, in das Planspiel und Modellentwerfen seines Schreibens einbezogen. Das prägt seine Modernität. Er war postmodern, bevor es ein Wort dafür gab. Aber er war nicht ein Vorläufer der Beliebigkeit.

Andererseits darf man fragen: Wie kommt es, daß das Zu-Ende-Denken zu verschiedenen Schlüssen gelangt? Das erklärt sich bestimmt nicht aus einer dialektischen Wendigkeit, die die Quintessenz eines Werks den jeweiligen politischen Umständen anpaßt. Es genügt auch nicht die Annahme: Vielleicht wurde zu wenig präzis gedacht. Sondern eine Dramaturgie, die nach szenischen Möglichkeiten Ausschau hält, gelangt in letzter Konsequenz zur Möglichkeit von Dramaturgie überhaupt und somit nicht zu diesem oder jenem Schluß, sondern zu einer Totalität denkbarer Schlüsse.

Bei einem solchen Zu-Ende-Denken zählt nicht allein der Weg, den die Reflexion zurücklegt. Ausschlaggebend wird die Haltung, die hinter diesem Fragen steht und dieses ermöglicht. Eine Radikalität, die von Anfang an da war und welche als Kompromißlosigkeit durchhielt. Es ist bezeichnend, daß Dürrenmatt an seinem Malerfreund Varlin schätzte, daß dieser seine Porträts »bis zum Äußersten trieb«.

In einem Land, wo der Kompromiß nicht am Ende, sondern am Anfang steht, mußte eine solche Radikalität im Prinzip provozieren. Und erst recht, wenn Dürrenmatt seine bösen Schweizer-Psalmen anstimmte oder wenn er ausführte, wie der Rückzug der Schweiz auf sich selber in einer Befangenheit endet, die aus lauter Sorge um die Freiheit diese in ein Bewachungssystem sperrt – ein Musterbeispiel für das radikale Durchspielen einer Metapher wie der des Gefängnisses und zugleich ein Beispiel dafür, wie Sprachspiel und Engagiertheit Hand in Hand gehen.

Man könnte sich vorstellen, daß der Wille und die Fähigkeit zur Radikalität beste Voraussetzungen abgeben für einen Fundamentalismus, wie ihn Ideologien lieben. Genau das Gegenteil ist der Fall. Die Radikalität richtet sich gegen die Prämissen, auf die sich Glaubenssätze stützen, welche Credos auch immer, sie lehnt sich auf gegen das, was Dürrenmatt mit Rechthaberei meint und als Theologie bezeichnet.

Wie herausfordernd er sich damit nicht in die gängigen Schemen pressen läßt, bewies er mit dem *Monstervortrag über Gerechtigkeit und Recht* und mit seiner Rede über Israel. Die Verbindung zwischen Christentum, Judentum und Islam stellte er unter den Titel *Zusammenhänge.* Zusammenhang steht für Haltung und Gesinnung; es sind Hinweise und Querverbindungen, die nicht jene Ausschließlichkeit erlauben, wie sie fixierte Standpunkte für ihre Feindseligkeiten und Gewalttätigkeiten benötigen.

Zusammenhang erlangt auch Gültigkeit für das Werk und die Person Dürrenmatt. Er, der sich nie Dichter nennen mochte, der die Bezeichnung Schriftsteller vorzog und noch lieber sich als »Stückeschreiber« bezeichnete. Der ein nihilistischer Autor genannt wurde und gleichzeitig ein religiöser. Ein Zyniker und ein Moralist, der nicht Moral predigte, sondern Moral zum Thema machte. Ein Pessimist mit Untergangsszenarien und der in seinem Personenverzeichnis immer Rebellen aufführte und Liebende. Ein Pragmatiker, der sich ohne Theorien an die Arbeit machte, aber aus der Arbeit Leitsätze deduzierte. Der ein Philosophiestudium abbrach, aber zeitlebens Philosophie betrieb. Einer, der vor der Hybris der Naturwissenschaften warnte und von ihnen fasziniert war, der den Physikern zu einer Zuflucht im Irrenhaus verhalf und über Einstein einen Vortrag hielt. Einer, der sich weigerte, seine Werke politisch auszurichten, der aber zur Politik redete und als Analytiker an sie heranging und bloßstellte wie keiner. Einer, der Gott verwarf, aber als Agnostiker erst recht über Gott nachdachte, der den Himmel nicht mehr in der Bibel suchte, sondern durchs Fernrohr. Ein Mann der Einfälle und Visionen, der sich selber als Intellektuellen charakterisierte, als einen Zu-Ende-Denker oder als Gedankenschlosser. Nimmt man jede dieser Etikettierungen für sich, erhält man die buntesten Widersprüche. Versteht man sie als Positionen in einem Zusammenhang, ergibt sich ein sinnvolles Widerspiel. Zusammenhang entpuppt sich als Gegenbegriff zu einem anderen Schlüsselwort: dem Labyrinth. Da wird ein Haus oder eine Stadt zum Labyrinth. Unter diesem Stichwort wird der Winterkrieg in Tibet geführt oder findet eine Mondfinsternis statt. Das Labyrinth bringt die Rebellen hervor, die sich gegen ihr Eingeschlossensein wehren und zu Freiheitskämpfern werden. Das Labyrinth ist die verzweifelte Heimat von Minotaurus. Ihn hat Dürrenmatt in allen Situationen gesehen und dargestellt – Minotaurus, wie er eine Frau vergewaltigt, der verängstigte Minotaurus und der gedemütigte. Und ihm hat er eine Ballade gewidmet, einen seiner perfektesten Texte. Herumirren stellt für Dürrenmatt die menschliche Grunderfahrung dar. Aber er macht sich nicht daran, in der Manier moralischer Kleinmeister einen Ariadnefaden von Lebenshilfe abspulen zu lassen. Er befreit vom Labyrinth, indem er es darstellt. Aus den Zusammenhängen, die er gewinnt, schafft er eine neue Welt, eine eigene, die so in sich zusammenhängt, daß es möglich ist, von etwas zu sagen, es sei der »reinste Dürrenmatt«.

Eine Welt schaffen heißt noch nicht, mit ihr fertigwerden. Diese Erfahrungen teilen sich alle Weltenschöpfer mit dem allerersten Kreator. Auch Dürrenmatt hielt Ausschau nach einem, der Umgang mit der Welt gewohnt ist. Er wählte Atlas, der dazu ausersehen ist, den Globus zu buckeln. Allerdings ist der klassische Weltenträger müde geworden und möchte sich lieber auf der Kugel ausruhen, als sie stets auf den Schultern zu tragen; vor allem möchte er nicht, daß ihm angelastet wird, was er trägt. Dürrenmatt steht ihm bei, der schon den Boden entlang kriecht, und Dürrenmatt vervielfacht Atlas, indem er eine Welt der Atlasse kreiert. In ihr gehen einige mit unserem Planeten um, als sei er ein Spielball. Die Vervielfachung ist aber auch eine Demokratisierung im Sinne des Lastenausgleichs zwischen Schriftsteller und Leser, zwischen Künstler und Betrachter: Es wird uns vorgeführt, an was für einer Weltlast wir tragen und unter welcher Bürde wir zusammenbrechen können – nicht, daß die Kunst uns von dieser Last befreit, aber sie macht die Welt, an der wir tragen, noch in ihrem Schrecken ertragbar.

Im Helvetischen Chatroom

Kaum ein Autor der Generation nach Frisch und Dürrenmatt fühlt sich so verpflichtet, Gewissen zu sein, wie Adolf Muschg – ein Gewissen von nationaler Verantwortung. Doch steht ihm der eigene Eifer im Weg.

Erstaunlich, wie er sich seiner intellektuellen Konstitution bewußt ist. Bis heute klingt im Chatroom nach, was er einst im Vorwort zu *Mars* von Fritz Zorn mit prophetischem Weitblick als Selbstinterpretation formuliert hat:

> »Nicht die Starre war mein Problem, sondern der Krampf: die Angst, etwas zu versäumen und beim Gutmachen meiner Schuldgefühle (dem einzigen, dem wahren Kleinbürger-Kapital) nicht ganz vorn zu sein. Diese Angst vor dem Versäumnis brauchte mir nicht erst, wie *Fritz Zorn,* mit einem klinischen Befund zusammen aufzugehen. Sie begleitete mich als Lebensform.«

Mit seinem Gutmachen bietet er eine anschauliche Vorlage für eine Typologie oder ein Psychogramm des Protestierens. Was nicht heißt, daß man darüber seine literarischen Verdienste schmälert oder übergehen möchte. Als Redaktor der Zeitschrift *du* durfte ich den jungen Muschg zu den Mitarbeitern zählen. Seinen ersten Roman, *Im Sommer des*

Hasen, konnte ich, voller Anerkennung, im *Spiegel* besprechen. Die Rezension fand Aufnahme in den Sammelband *Über Adolf Muschg.* Ich bin ein interessierter Leser seiner Erzählungen geblieben.

Was meine eigenen Arbeiten betrifft, fand *Herbst in der Großen Orange,* das in Los Angeles spielt, Muschgs Aufmerksamkeit. Ein Protagonist, der in sich den Tod ahnt, kommt seinen Figuren des Krankseins, ihrem Krebs und ihren Depressionen, entgegen, bis zum hypochondrischen Punkt, daß Gesunde Kranke sind, die ihre Krankheit nicht zugeben. Aber mir schwebte nie eine »Literatur als Therapie« vor, wie Muschg sie versteht, auch nicht eine Gesellschaft von lauter Geheilten; meine Literatur findet nicht auf der Couch statt, weder schreibender- noch lesenderweise. Ich pflege meine Arztberichte nicht dem Verleger zu schicken, sondern der Krankenkasse.

Selten die Treffen im Chatroom, aber gelegentlich eben doch. Wir waren recht früh zu einer Nennung gekommen, zu einer vom Betreiber zugeteilten ID-Nummer.

Ebenfalls wie Muschg aus kleinbürgerlichen Verhältnissen stammend, hatte ich als Kapital nicht einmal ein Schuldgefühl mitgekriegt. Wenn schuld, war ich es kraft eigener Zuständigkeit, und wenn kollektives Schuldgefühl, schoben wir das eher dem Kapital zu als uns. Das hatte wohl damit zu tun, daß wir Parvenü-Kleinbürger mit proletarischem Stammbaum waren. Auch spielte mit, daß ich als nicht praktizierender Diaspora-Katholik wohl dank meiner Beichtstuhl-Entsorgungen einen lockeren Umgang mit Schuld pflegte, im Gegensatz zu ihm, dem Puritaner. Jedenfalls hatte ich angesichts seiner ausgeprägten Schuldbereitschaft eine kollegiale Arbeitsteilung in der Schweizer Literatur vorgeschlagen: Ich übernehme das Sündigen und er das schlechte Gewissen.

Muschg wollte selber sündigen. Mir blieb nur der Rat: bitte erst nach dem Sündigen Bekenntnis ablegen und nicht schon vorher.

Nun ist der Chatroom (hellit = HELvetisch-LITerarisch) dank IRC (Internet relay chat) ein Erfolg: www.hellit.ch. Aber auch ein Ort, um sich zu verpassen, vor allem, da ich mehr als einmal hinter Muschgs Positionen herhinkte. Zum Beispiel, wenn er für ein Symposium in Deutschland mitformulierte, daß die Schweiz ein »ereignisloses Land« sei; ehe ich mich dagegen verwahren kann, bezieht er Stellung gegen untolerierbare Ereignisse in diesem ereignislosen Land. Und unversehens ist die gleiche Schweiz nicht mehr eine Quantité négligeable:

> »Denn in unserer politischen Kultur gibt es durchaus empfehlenswerte und exportfähige Modelle.«

Oder ich teile seine Bedenken wegen einer Landesausstellung für 1991, aber dann entnehme ich einem späteren Interview, daß er keine Vorbehalte mehr anbringt. Eine Meinungsänderung? Das mag man früher so genannt haben. Es hat, wie Muschg ausführte, ein Paradigmenwechsel stattgefunden. Was mich zur Überlegung inspirierte:

Falls ich mit meinen Positionsbezügen Probleme haben sollte, werde ich mich in Zukunft vorerst einmal nach einem Paradigmenwechsel umsehen, um mich dessen Verantwortung nicht zu entziehen. Der wissenschaftliche Erfinder des

Paradigmenwechsels hat kaum geahnt, welchen Notfalldienst er bei politischen Turbulenzen uns verantwortungsvollen Intellektuellen erwies.

Aber eben. Da rät Muschg bei der Entgegennahme des Chamisso-Preises 2002 den Schweizern zu einer verstärkten kulturellen Annäherung an Deutschland und nimmt eine Formel von früher auf:

> »Der Deutschschweizer ist von Haus aus schweizerischer Staatsbürger und deutscher Kulturbürger. Er hat, als Patriot, heute erst recht die Verpflichtung zu dieser doppelten Loyalität, weil nur sie eine vollgültige und wirksame Teilnahme am europäischen Einigungsprozeß erlaubt.«

Verhält es sich heute nicht »erst recht« ganz anders? Die Tatsache, daß sich kulturelles (deutschsprachiges) und nationales Bewußtsein nicht decken, gilt nicht minder für den deutschen (bundesrepublikanischen) Staatsbürger wie für den österreichischen. Dieser Gegebenheit trägt die jüngere Germanistik schon damit Rechnung, daß sie vom Deutschen als einer plurizentrischen Sprache redet. Diese Plurizentrik ist für die deutschsprachige Kultur, unabhängig von der nationalen Zugehörigkeit, generell verbindlich. Nicht Doppelbürgerschaft für den Deutschschweizer, sondern Vielbürgerschaft, die ebenso für den bundesrepublikanischen Staatsbürger wie für den österreichischen gilt. Diese Vielbürgerschaft ist gültiger und wirksamer für eine Teilnahme am europäischen Einigungsprozeß als die nur »doppelte Loyalität«. Denn für den deutschsprachigen Schweizer zählen Erkenntnis und Bekenntnis, daß nicht nur die eigene Sprache seine kulturelle Identität ausmacht, wie gut oder schlecht oder auch nicht er die anderen Sprachen seines Landes auch beherrschen mag. Das Wissen, daß zu seiner Identität auch andere Sprachen als die eigene gehören, erlaubt keine Sprachhierarchie und keinen kulturellen Absolutismus.

Wenn Muschg kurz nach seiner Empfehlung des deutschen Kulturbürgertums im welschen Radio ein Interview gibt, wird er nicht eine entsprechende Annäherung der französischen Schweiz an Frankreich fordern, sondern eine europäische Neuorientierung als vorrangig bezeichnen. Damit lag er im welschen Radio richtig.

Die kleinbürgerliche Angst, beim Gutmachen nicht ganz vorn zu sein, weckt Neugierde für das, was bald vorn sein könnte, und schärft den Spürsinn fürs Richtig-Liegen – die Sorge aller Occasionisten. Wenn aber jemand immer richtig liegt, muß man sich fragen: Wo steht er?

Für eine Radiographie des Protestierens konnte ich mir notieren: Es gibt die Versuchung, den Protest ernster zu nehmen als die Sache. Also verfolgte ich nicht ohne Neugierde sein Protestieren – für den Fall, daß, und für den Fall, daß nicht.

Für den Fall des Versäumnisses. Das Unternehmen »Suhrkamp Schweiz«, der Versuch, eine Filiale des Frankfurter Verlags in Zürich aufzutun, begann mit einem Eklat. Den vorgesehenen Betreuern, Dieter Bachmann und Hans-Ulrich Zbinden, wurde von Siegfried Unseld gekündigt, bevor sie ihr erstes Programm verwirklichen konnten. Dieses schien zu linkslastig. Was in Frankfurt am Main tolerierbar war und links-akzeptabel, war an der Limmat untragbar revolutionär.

Bei einem damaligen Treffen schweizerischer Autoren in der Berliner Akademie protestierte Muschg am Rednerpult. Nicht wegen Suhrkamp. Er protestierte, weil ein Redaktor beim *Luzerner Tagblatt*, Jürg Tobler, vom Ringier-Verlagshaus schnöde entlassen worden war. Als ich Muschg, einen Suhrkamp-Autor, auf die Affäre »Suhrkamp Schweiz« ansprach, gestand er, er habe ein heftiges Telefonat mit Siegfried Unseld geführt.

Das brachte mich auf den Gedanken, postum meine gesammelten Protest-Telefonate zu veröffentlichen. Allerdings, beim Reagan-Protest ließ mich die CIA so lange am Apparat warten, daß ich angesichts des Impulszählers auflegte, und ich bin auch nicht über das Vorzimmer von Breschnew hinausgekommen, aber ansonsten...

Und für einen »Fall, daß«: Als die Schweiz 1998 Schwerpunkt an der Frankfurter Buchmesse war, sollten zur Eröffnung fünf junge Autorinnen und Autoren eine Begrüßung verlesen, die vier Sprachregionen vertretend, und dazu als fünfter jemand, der in einer andern als in einer der Nationalsprachen schrieb, das war der arabische Autor Ibrahim al-Koni. Da wurde ruchbar, daß die schweizerische Fremdenpolizei den Autor zwar nach Frankfurt ausreisen lassen, aber ihm die Wiedereinreise in die Schweiz verweigern werde. Eine skandalöse Maßnahme, die Beamtentalent fürs Groteske verriet. Ein Grund zu intervenieren, und nicht nur in den Medien zu protestieren. Wir vom Verband Schweizerischer Schriftstellerinnen und Schriftsteller setzten uns gleich mit der Gruppe Olten in Verbindung, die ihrerseits bereits eine Intervention vorbereitete, um gemeinsam bei der zuständigen Behörde vorstellig zu werden. Anderntags war in den Zeitungen zu lesen, daß Muschg und ein Kollege gegen das Vorhaben der Fremdenpolizei protestierten. Immerhin zwei Gerechte. Damit erübrigte sich die Intervention der beiden Autorenverbände nicht, und sie hatte auch Erfolg.

Erwähnenswert ist die Aktion, weil sie ein Beispiel dafür gibt, wie das Protestieren personifiziert wird. Nicht daß an der Betroffenheit der jeweiligen Empörten gezweifelt würde oder an der Integrität. Aber es gibt ein Verantwortungsgefühl, das nichts mit der Schülerangst zu tun hat, die moralische Hausaufgabe nicht gemacht zu haben.

Die Art, wie dem Schauspielhausdirektor Christoph Marthaler gekündigt worden war, war ein guter und dringlicher Grund, dieses Vorgehen nicht wort- und tatenlos hinzunehmen. Das Komitee »Marthaler bleibt« mit Muschg und Roger de Weck hatte Erfolg. Man könnte es bei der Anerkennung bewenden lassen, aber in Erinnerung bleibt, wie Vollversammlung gespielt und damit Maßstäbe verschoben wurden. Bühnenbild-gerecht berief sich Muschg auf die 68er Rebellion, bemerkte aber, man wolle die Fehler von damals nicht wiederholen. Damit wurde klar, warum die Schweiz ihre revolutionären Vollversammlungen fünfunddreißig Jahre später abhält, weil sie nämlich keine Fehler machen will.

Der Protest mag zur Dramatisierung und Inszenierung verführen, auch Protestieren ist eine Frage des Stils. Literarisierung aber wird fragwürdig. Wie man dabei über Geranientöpfe stolpert, führte Muschg vor.

Wenn Max Frisch unser Verhalten gegenüber Fremdarbeitern kritisierte: »Wir riefen Arbeitskräfte, und es kamen Menschen«, ist das nicht Literatur, sondern klare Erkenntnis, die nicht einmal unbedingt neu war, aber eine Sachlage auf den moralischen Nenner von schmerzlicher Präzision brachte und einen Slogan abgab, der sich in unser Gewissen einprägte.

Als der damalige Bundespräsident Delamuraz die Holocaust-Diskussion zu entschärfen suchte mit der läppischen Bemerkung, Auschwitz liege nicht in der Schweiz, konterte Muschg, Auschwitz könne überall liegen, auch in der Schweiz. Man kann von ihm zu diesem Thema fünf Beiträge lesen, darunter zwei Preisreden. In dem Sammelband *Wenn Auschwitz in der Schweiz liegt* schreibt er:

> »Das Grauen von Auschwitz beruht nicht darauf, daß es am unvorstellbaren Ende jeder Zivilisation liegt, sondern in der vorstellbar gewordenen Mitte einer jeden … Und es braucht keinen bösen Blick mehr dazu, im einst realen Auschwitz etwas von der Fassade der heute nicht mehr ganz realen Schweiz wahrzunehmen: den Geranienschmuck vor den Fenstern, die peinliche Sauberkeit, wo es darauf ankam (auf UNSERER Seite des Todes), das Zartgefühl des guten Familienvaters Höß, der die jungen Menschen nur bedauern konnte, die unter blühenden Bäumen dahin gingen, in sein Gas.«

Da meldet sich kein »böser« Blick, sondern ein fragwürdiger. Verständlich, daß kritisch reagiert wurde. Auch mit billigen Invektiven und Verunglimpfungen. Darauf antwortete Muschg in *O mein Heimatland* (1998). Er hatte Herrn B. und seine Partei, die Schweizerische Volkspartei (SVP), im Visier, »viele senkrechte Landsleute« und die Stiftung »Pflanzen und ihre Seele«, die sich gegen die Diskriminierung von Geranien wehrte. Muschg ist zuweilen recht anspruchslos, was seine Gegner betrifft. Es gab nicht nur »senkrechte Schweizer«, die seine Aussage anstößig und eine solche Literarisierung unziemlich und unerlaubt fanden; es meldeten sich durchaus ernst zu nehmende Intellektuelle der schreibenden und philosophierenden Zunft zu Wort.

Die Thematik des Holocaust ist zu ernst, um sich mit moralischem Design zu schmücken – gingen die Jungen nur unter blühenden Bäumen »in sein Gas« und nicht auch unter entlaubten?

Darf man Auschwitz als Metapher verwenden? Läuft das nicht auf Verharmlosung hinaus? Und damit auf Ästhetisierung, was dem Ideologie-Kitsch zum Blumenschmuck verhilft.

Nun ist *O mein Heimatland* und seine *150 Versuche mit dem berühmten Schweizer Echo* der Anlage nach ein erstaunliches Buch in seiner Mischung von Persönlichem und Gesellschaftlichem, von Historie und Gegenwart, von Konfession und erzählender Geschichtsschreibung. Allerdings geht das nicht ohne private und helvetische Interna ab, man hätte sich dazu gewünscht, daß der Autor es seiner leichten Schreibweise etwas schwerer gemacht und sich bei kritischen Anspielungen behaftbarer festgelegt hätte. Nun ist ein Mitanliegen des Buches, Gottfried Keller und seine Verleumder in Parallele zu setzen zu dem, was einem heutigen Autor widerfährt; Klassiker unter sich, im erlittenen Unverständnis vereint; allerdings muß man den Klassiker Keller (trotz seiner Kleinwüchsigkeit, dem frühen Tod des Vaters und der Wiederverheiratung der Mutter) nicht unbedingt als psychologisch-psychiatrischen Fall lesen, wie dies Muschg in seinem Buch *Gottfried Keller* (1977) vorschlug.

Wenn ein Suhrkamp-Klappentexter zu *O mein Heimatland* meinte, daß noch 1997 ein sorgfältig gehegtes Bild der neutralen Schweiz gepflegt wurde, muß er belehrt werden, daß schon bald nach 1945 ein Demystifikationsprozeß einsetzte und daß die »helvetische Malaise« seit den fünfziger Jahren ein Grundthema der intellektuellen Auseinandersetzung blieb. Es gab eine Zeit, da Nonkonformisten als Festredner geradezu gefragt waren. »Siebenhundert Jahre Eidgenossenschaft« waren 1991 ebenso Anlaß des Protestes wie der Feierlichkeiten. Und in den vier Bänden *Die Schweiz und die Schweizer* hatten junge Kenner unserer Mentalitätsgeschichte mit Mythen aufgeräumt. Eine kritische Intelligenzia hatte sich längst zu Wort gemeldet.

Das ist das Lässig-Angenehme am Chat, da fällt einem dazu etwas ein und dann was anderes zu was anderem. Aber um am Palaver und der Diskussion teilzunehmen, braucht es eine Nennung – sei es der richtige oder ein Deckname. Allerdings ist der Nickname »Genie« schon besetzt. Der Betreiber schlägt Numerierung vor. Frei sind alle Nummern ab 1229.

Wer aber ist der, der eben eintritt, ein paar Schritte macht und gleich durch den nächsten Beam rausgeht. Ach richtig, der Chatroom ist nicht möbliert. Man wird beim Telefonamt einen Bonus beschaffen für Tisch, Stuhl und Rezensentenbank. Noch ist das »Nachruf«-Zimmer nicht eingerichtet. Geplant ist auch ein »Zimmer der zurückgeschickten Manuskripte«, gesponsert vom Sozialfond der ProLitteris. Vorgesehen auch ein Lecture room für Autoren- und Autorinnen-Lesungen mit dem Appell »An alle«. Soweit man munkelt, läuft ein entsprechendes Gesuch an die Pro Helvetia: »Gerade in Zeiten wie den unseren...«, wie es allgemein rhetorisch heißt.

In diesem Land ist Gewissen glücklicherweise demokratisiert – und in dieses teilten und teilen sich nicht nur Schriftsteller, auch wenn einem gleich Max Frisch und Friedrich Dürrenmatt einfallen und man auch an die sanfte Hartnäckigkeit von Peter Bichsel und die hinterhältige Poesie seiner Glossen denken darf.

Nicht nur Schriftsteller, sondern nicht minder und gelegentlich kompetenter bestimmten Historiker wie Edgard Bonjour oder Jean-Rudolf von Salis und Journalisten wie Alfred A. Häsler die Diskussion. Ebenso Filmer wie Richard Dindo oder Markus Imhoof, bildende Künstler und Theologen wie Leonhard Ragaz oder Karl Barth. Während des Kriegs sollte Barth mundtot gemacht werden wegen des Vortrags »Im Namen Gottes des Allmächtigen« und seiner Briefe in die Tschechoslowakei und nach England, in denen er zum Widerstand gegen den Nationalsozialismus aufrief:

> »Der Menschensohn, der der Sohn Gottes war, war aber ein Jude. In diesem Juden hat Gott uns alle lieb gehabt.«

Und schon ist es, kaum aufgetaucht, verschwunden, das Tierchen mit dem nackten Schwanz, eine degenerierte Leseratte, die sich als Wühlmaus durchbringt. Zurück bleiben ein paar Kügelchen, das Resultat einer typischen Bildschirmbeschmutzerin, die irgendwo in Archiven geknabbert hat und ein Zitatenhäufchen hinterließ, darin auch eines von C. G. Jung, ein Beispiel für positive Beschmutzung:

»Seit alter Zeit ist das der Schweiz zugehörige Zodion (Tierkreiszeichen) entweder das der Jungfrau oder das des Stieres; beides sind sogenannte Erdzeichen, ein untrüglicher Hinweis darauf, daß schon den alten Astrologen der chthonische Charakter der Schweizer nicht entgangen war ... Wenn daher der weiße Mensch seinen Instinkten getreu ist, so reagiert er mit instinktiver Abwehr gegen alles, was man ihm sagen und raten könnte. Und was er schon verschlungen hat, muß er als corpus alienum (Fremdkörper) wieder ausstoßen, denn sein Blut refusiert das auf fremdem Boden Gewachsene.« Hoffentlich haben das unsere Banken nicht beherzigt. Doch weiter: »Erfüllt die Schweiz mit ihrer rückständigen, erdhaften Art eine sinnvolle Funktion im europäischen System? Ich glaube, diese Frage bejahen zu müssen ... Sollte es so sein, daß wir die rückständigste, konservativste, eigensinnigste, selbstgerechteste und borstigste aller europäischen Nationen sind, so würde das für den europäischen Menschen bedeuten, daß er in seinem Zentrum richtig zu Hause ist, bodenständig, unbekümmert, selbstsicher, konservativ und rückständig, das heißt noch aufs innigste mit der Vergangenheit verbunden ... das wäre keine üble Rolle für die Schweiz, Europas Erdenschwere und damit den Sinn eines Gravitationszentrums darzustellen.«

Man muß das alles aus dem jeweiligen Zeitmoment heraus verstehen, heißt es. Sicher, aber Zur-Kenntnis-Nehmen lohnt sich schon deswegen, um zu begreifen, daß nicht alles neu ist, was sich heutig gibt.

»Wer von der Literatur der Schweiz spricht, muß früher oder später von ihrem Verhältnis zur Geschichte sprechen, auch zum Rauschcharakter der Geschichte, auch zur Kultur des Cafard, auch zur Kultur der historischen Ernüchterung; Patriotismus als strenge Patriotismuskritik, das Paradox eines ›kritischen Patriotismus‹ also, bestimmt entscheidend das künstlerisch verbindliche Schreiben seit Mitte des 20. Jahrhunderts.«

Desweiteren führt Peter von Matt aus, was sich daraus an Themen und Stoffen, an Namen und Titeln, an Diskursen und Porträts, was sich daraus alles an Konsequenzen und Klecksen ergeben kann für die tintenblauen Eidgenossen und die tintenblauen Leser. Unvermeidlich, daß einer reklamiert; er fühlt sich übergangen, er hat etwas in der Hand, was nach einer Petarde aussieht, darauf als Markenzeichen »Carl Albert Loosli«:

»Ich habe schon 1912 gefragt: Ist die Schweiz regenerationsbedürftig? Eine Frage, die sich nicht erst seit gestern aufdrängt ... Allgemein war die Mißstimmung ... Was uns fehlte, war der Wille zur Kultur, und wir sind ängstlich dafür besorgt, diesen Willen, den wir instinktiv als antidemokratisch, als staatsfeindlich empfinden, unter keinen Umständen aufkommen zu lassen.«

Dieser Zwischenruf stört den ernsten Chat mit Peter von Matt nicht weiter, vor allem nicht, wenn einer fasziniert ist vom Abschnitt über die Metapher, da nicht nur vom »Nutzen«, sondern auch vom »Elend« der »politischen Metapher« gesprochen wird, die noch so gern und rasch dazu verführt, Probleme ließen sich verbal durch brillante Vergleiche erhellen und gar lösen:

> »Man darf einer Metapher nicht mehr abfordern, als sie auf Anhieb liefert. Sonst beginnt sie zu hinken, wie die alten Römer schon wußten: Omnis comparatio claudicat. Kein Vergleich, der nicht hinkt.«

Und während wir mit von Matt beim Stichwort der fehlenden Metropole auf unsere (dennoch existierende) Urbanität zu sprechen kommen, kriecht erneut ein Nager über den Bildschirm, eine Wühlmaus, die nicht mehr piepst, sondern, gentechnisch behandelt, klickt. Die Maus legt ein neues Häufchen, diesmal hat sie an *Meisterstücken aus den Dichtungen der besten schweizerischen Schriftsteller von Haller bis in die Gegenwart* geknabbert, um über die »poetische Nationalliteratur der deutschen Schweiz« zu orientieren, wobei mit Gegenwart die Mitte des 19. Jahrhunderts angepeilt wird.

> »...die Schweizer des vorigen Jahrhunderts sind mitten in ihrer literarischen Bewegung, von welcher Deutschland den ersten entscheidenden Anstoß zu seiner höchsten geistigen Blüte erhielt, stehengeblieben. Während wir mit dem Ausbau unserer politischen Verfassung be-

> schäftigt waren, sind wir der höheren ästhetischen Bildung bis in die neuere Zeit verlustig geworden... Wenn wir in Erwägung ziehen, daß es zwei Wege gibt, auf denen ein Volk zu seiner ästhetischen und politischen Ausbildung gelangen kann...: Die Schweiz ebnete zuerst den harten Boden der Wirklichkeit; sie arbeitete sich unter den mannigfachsten Kämpfen zu einer politischen Bedeutung, zu einem gesunden republikanischen Staatsleben hindurch und ist erst jetzt im Begriffe, aus der politischen Epoche in die ästhetische hinüberzutreten.«

Sind wir nicht noch immer daran, den Boden der Wirklichkeit zu ebnen, wofür uns heute die modernsten Walzen von Psychologie und Politik zur Verfügung stehen?

Will man überhaupt gleich von Gewissen reden, als gehe es um eine Instanz? Warum nicht einfach von kritischem Bewußtsein sprechen, das sich auf die unterschiedlichste Weise äußern kann. In Romanen wie *Hinterlassenschaft* von Walter Matthias Diggelmann, oder wenn Giovanni Orelli für sein Romanmodell der Gelddemokratie das »Monopoly«-Spiel wählt, in Kabarettauftritten von Franz Hohler und seinen Drachenjagden und Solidaritätsbekundungen. Da wäre das *Berner Tagebuch* von Kurt Marti zu nennen, die Auseinandersetzung mit unserer jüngsten Geschichte in den Theaterstücken von Thomas Hürlimann und Urs Widmer, in Stellungnahmen zur Aktualität, wie sie von Otto F. Walter stellvertretend zu lesen sind in *Gegenwort. Aufsätze, Reden, Begegnungen:*

»Daß Schreiben an den Punkt kommt, wo es existentiell wird, wo es den Einsatz der ganzen Person verlangt. Und auch das wohl, auch das: daß Menschenwerdung oder also Humanität und Menschenwürde in dieser Zeit nicht zu haben sind, ohne daß wir Widerstand leisten. Widerstand im Fühlen, Denken, Tun. Auch in der Sprache, auch in der Sprache der Literatur.«

Als der Intellektuelle in der europäischen Geschichte ein Begriff wurde und sich damit auch die Frage nach seiner Rolle stellte, hat Emile Zola mit *J'accuse* das klassische Vorbild für das protestierende Engagement geliefert. Wer sich solcher intellektuellen Tat verpflichtet fühlt, tut gut daran, Zola nicht einfach nachzueifern, sondern *J'accuse* auch zu lesen. Er wird sehen, wie wenig literarisch der Text sich gebärdet, wie sachbezogen der französische Autor in seinen Artikeln und offenen Briefen argumentiert.

Der Protest als sachorientierte Analyse? Das ist mühsamer, als seine Unterschrift unter einen Aufruf zu setzen.

Verständlich, daß ein Autor wie Niklaus Meienberg, der sich Gesellschaftskritik zum vorrangigen Anliegen machte, den »Recherchier-Journalismus« propagierte. Nicht, daß vor ihm oder neben ihm nicht schon und auch recherchiert worden wäre; aber sein Postulat verrät die Einsicht, daß Kritik in dem Maß trifft, in dem sie nicht einfach Ausdruck von Gesinnung bleibt, sondern kraft einer Analyse zum Über- und Umdenken zwingt. *Die Erschießung des Landesverräters Ernst S.* möge als Hinweis dienen.

Dabei war es Meienberg klar, daß Fakten schon immer

interpretierte Fakten sind und daß auch seine Perspektive politisch-ideologisch determiniert war. Entscheidend, daß er seine Sprachkraft ins Argumentieren verlegte, überzeugend, wo er die Prämissen seines Denkens klar auf den Tisch legte, ob die einem gefielen oder nicht.

Man durfte an Pankraz den Schmoller denken, der, soweit Gottfried Keller zuständig ist, »durch Wald und Feld streichen kann, um zu sehen, wie er irgendwo ein tüchtiges Unrecht auftreiben und erleiden könne«. Ich erinnere mich, wie wir im Mai 1968, von der Cité Universitaire kommend, abends spät bei der Métro-Station Luxembourg standen und ich, Redaktor der *Weltwoche,* Meienberg, Mitarbeiter der *Weltwoche,* zu einer nächtlichen Zwiebelsuppe einlud. Er trat einen Schritt zurück und fragte mich, auf die Studentenunruhen anspielend:

»Wie können Sie in einem solch historischen Moment Zwiebelsuppe essen?«

»Erstens ist Zwiebelsuppe ein proletarisches Gericht, und dann, wer weiß, vielleicht ist es die letzte.«

Der heilige Zorn findet nicht immer ein ihm ebenbürtiges Objekt.

Indem der Protest zielgerichtet ist, gerät er unweigerlich in die Abhängigkeit des Augenblicks. Diese Bedingtheit kennt auch das politische Kabarett, das in seinen Anspielungen oft nur aus lokaler Kenntnis heraus verständlich ist. Das ist eine Erfahrung, die Meienberg mit großen Polemikern wie Karl Kraus teilte. Dieser, vehement gegen die journalistische Kanaille kämpfend, war, was späteres Verständnis erschwerte, nicht minder ein Opfer dessen, was er attackiert hatte: des Schreibens für den Tag.

Es bedeutete denn auch eine große Enttäuschung für Meienberg und seine Frankophilie, daß die französischen Ausgaben seiner Aufsätze in Frankreich nicht größeres Echo fanden; aber vieles, was an Ort und Stelle getroffen hatte, verlor seine Wirkung außerhalb des Streitfeldes.

Schon sprachlich mußte unter Umständen ent-lokalisiert werden. Indem Meienberg schweizerdeutsche Ausdrücke und Redewendungen in seine Prosa einbaute, erzielte er helvetischen Chic, unmittelbar Umgangsprachliches donnerte wie das »Bisiwätter« durch die Sätze. Daher hat der Diogenes Verlag in der Hoffnung, in Deutschland ein breiteres Publikum anzusprechen, die Ausgabe von *Zunder. Überfälle, Übergriffe, Überbleibsel* (1993) mit einem Glossar versehen, worin Nichthelvetern eine Sprache erklärt wird, wie sie im Chatroom gang und gäbe ist: »Schroter« bedeutet Polizist, »Gschwellti« sind Pellkartoffel und eine »Pflotschglottere« ist eine dumme Kuh.

Meienberg verlieh mit seinem Schreiben der Reportage literarischen Rang. Und es sind nicht in erster Linie die polemischen Arbeiten, die überdauern. Liest man in seiner Anthologie *Heimsuchungen,* nehmen einen erneut die Porträts eines Boxers oder eines Autorennfahrers ein, unter den Landschaften »Châteaux en Espagne« oder als Beispiel für seine Frankreichberichte die paar Seiten über die Ratten in den Pariser Kanälen, was nicht heißt, daß wir auf die Perspektive seiner *Reportagen aus der Schweiz* verzichten möchten.

Die literarische Reportage pflegen heißt aber nicht, daß nun Literatur der Reportage gleichzusetzen wäre, wie Meienberg postulieren konnte. Mit einer rigorosen Ausrichtung auf Faktizität und Belegbarkeit konnte er von Romanschriftstellern, die in ihren Werken auf aktuelle Situationen Bezug nahmen, fordern: »Namen nennen.« So mußte man gegen ihn die Fiktion und das Recht auf Fiktion verteidigen. Als er bei seinem »Eintritt ins Hochgebirge« eine »Erweiterung der Pupillen« feststellte, bekannte er:

> »Degoutiert/von der Politik/kriech ich in die Poesie zurück.«

»Zurück« ist nicht ganz richtig, denn die Poesie begleitet ihn seit 1966.

Als er sich an ein Romanprojekt machte, einen Liebesroman, der in seinem gehaßliebten Sankt Gallen spielen sollte, geriet er mit den eigenen Ideen in Konflikt, was als eine weitere Verstrickung mitwirken mochte bei seinem Entschluß, freiwillig aus dem Leben zu scheiden.

Wir hatten uns im Chatroom nicht nur über Engagement und helvetische Misere unterhalten; es war auch um Heilige gegangen. Wir hatten beide, zwar nicht mehr praktizierende Katholiken, eine katholische Jugend hinter uns. Meienberg hatte sie mit Radikalität und Scheiterhaufen-Hohn verworfen. Ich hingegen:

Man muß die Heiligen von einst (die Credos von einst) nicht notwendigerweise weiter pflegen, aber man sollte sie auch nicht einfach verjagen, sondern ihnen, als Gelebtes, zu einem neuen Stellenwert verhelfen, eine Art negative Treue beweisen: dem heiligen Antonius, den unsere Mütter verehrten, klarmachen, daß wir, wenn wir etwas verloren haben, nicht mehr wie einst eine Kerze anzünden, sondern aufs Fundbüro gehen, ihm aber eine, wohl weihrauchfreie, Ecke zuweisen – die Heiligen, die man vertreibt, kehren eines Tages zurück.

Die Heiligen sind ins Leben von Meienberg zurückgekehrt und haben ihn in den letzten Monaten vor seinem Tod beim Choralsingen begleitet.

Eine einzelne Hand kursiert. Der ausgestreckte Zeigefinger verwandelt sich in einen pädagogischen Rohrstock, während er den Bildschirm abfährt, und wird dabei zu einer Krücke, um im Fall einer hinkenden Belehrung zu helfen:

Das vaterländische Verantwortungsgefühl kann zur künstlerischen Barriere werden. Gegen diese Vereinnahmung und Gefahr wehrte sich ab den siebziger Jahren eine neue Schriftstellergeneration, »Recht auf Literatur« fordernd. Einmal mehr wurde der Konflikt zwischen dem Patriotischen und Poetischen akut. Eine Auseinandersetzung, die die Versuchung mit sich bringt, daß bei der Verteidigung von literarischer Kunst die Literatur nicht genügt, sondern daß es »schöne« Literatur sein muß. Und bereits ein Zwischenruf:

»Typisch – wir kennen ›Unser Schweizer Standpunkt‹, die Rede, die Carl Spitteler 1914 hielt und in der er die kulturelle Eigenständigkeit der Schweiz verteidigte. Wer aber kennt sein mythisches Epos *Prometheus und Epimetheus*? Wer hat die vier Bände seines *Olympischen*

Frühling gelesen? Vielleicht noch die eine oder andere Erzählung. Ein Nobelpreisträger für Literatur ohne Literatur.«

»Subskription: Manierismus«. Ein Sonderangebot. Der Spot auf dem Bildschirm verspricht Studien zu einer ungeschriebenen Geschichte der Schweizer Literatur. Anvisiert ist laut Prospekt mit Manierismus nicht eine Stilepoche, sondern eine Grundhaltung: a) Manierismus des Stils und b) Manierismus der Innerlichkeit. Literatur als etwas Höheres und damit Überhöhtes. Man wehrt sich gegen den staatsbürgerlichen Anspruch, aber man verpaßt die Literatur erneut, indem man sie als Kompensation versteht. Als Fallbeispiel Albin Zollinger. Zur Illustration fast das ganze Band einer Rezension:

> »Seine ersten politischen Schriften stammen aus den frühen zwanziger Jahren, als sich Zollinger zum Pazifismus bekannte und dagegen opponierte, die Schweizer Armee als ›Stätte der Erziehung‹ zu rechtfertigen, da dies eine ›zu kostspielige pädagogische Institution‹ sei. Einer seiner letzten politischen Beiträge stammt aus dem Jahr 1940, eine Ansprache, anläßlich eines Kompanieabends einer Territorialeinheit gehalten: ›Wir können dem Ausnahmezustand des Aktivdienstes seine heimliche Größe und eine vereinfachende reinigende Wirkung nicht absprechen.‹ Er zählte sich zur ›Minderheit der unabhängig Denkenden‹, der sich 1938 zur Liberalität bekannte: ›Unter Verzicht auf klassische Glätte und ästhetische Bequemlichkeit bemühte ich mich, für Demokratie und

Freiheit, Menschenwürde und Rechtlichkeit einzutreten, ohne das Hauptziel aus den Augen zu verlieren: der positiven Leistung das Forum zu erhalten. Der Möglichkeit, vom Kommunisten bis zum Frontisten jedem in seinem Künstlertum gerecht zu werden.‹ So sehr seine Lehrtätigkeit ihn beim Schreiben einengen mochte, er betrachtete sie nicht nur als Angelegenheit eines reinen Brotberufs. Er trat für eine ›demokratische Handhabung der Volksschule‹ ein: ›Den schweizerischen Holzboden gerbt die Lauge der Opportunität, das bekommt ein im Staatsdienst verquickter Träumer zu spüren: Nützlichkeit, Verwendbarkeit sind das einzige, was die Dinge legitimiert.‹ Eindeutig sein Verantwortungsgefühl: ›Es ist die Sorge um unser Land, die mich zum Reden treibt.‹ Mit aller Bestimmtheit kämpfte er gegen den Nationalsozialismus und konnte gleichzeitig die neudeutsche Terminologie übernehmen: die Schweiz als ›übervölkische Einheit‹, als ›letztes Refugium des Deutschtums‹, für die gilt: ›Das Wesen der Schweiz ist auf Qualität angelegt und nicht nur im Uhren-, Schokolade- und Maschinenfach, sondern Gott sein Dank einstweilen auch in seinem Schrifttum.‹ Wie sah die Qualität in seinem eigenen Fall aus? Er verteidigte sich: ›Man hat, ich glaube mit der Absicht eines Komplimentes, meine literarische Art als unschweizerisch bezeichnet, weil ich, zivilerweise wie künstlerisch, keine Bergschuhe trage: wer genauer hinblickt, wird alles in meiner Dichtung voll schweizerischer Hügeligkeit, alemannischer Dämmerung finden.‹ Wie verträgt sich sein politisches Credo mit seiner Auffassung von Kunst? In ›Bildnis des Dichters‹ oder in ›Geheimnis der Lyrik‹ heißt es vom Dichter, daß ›er mit verfeinerter Witterung ins Göttliche hinüberreicht‹, den ›dichtenden Dilettanten‹ charakterisierte er als den ›ganz Undämonischen‹, oder man liest: ›Der Lyriker, über dem raunenden Abgrund des Kosmos, deutet aus traumhaftem Rausch heraus.‹ Damit erklärt sich auch seine ›kunstvolle‹ Prosa.«

»Kennen Sie MEINRAD? Lesen Sie BEATRICE«. Die Verlage haben den Chatroom entdeckt. Ihre Werber locken mit einem Quiz, dessen Lösung sie gleich mitliefern.

MEINRAD, das ist Meinrad Inglin, der Autor des *Schweizer Spiegels,* eines Romans, der, Geschichte aus der Zeit des Ersten Weltkriegs aufarbeitend, ein Muster des bürgerlichen Gesellschaftsromans abgab. Als junger Autor vermißte Inglin in der Schweizer Literatur ein Buch, das uns erröten macht, »weil es Dinge erzählt, die uns tief angehen«. In seinem ersten Roman, *Die Welt in Ingoldau,* macht er das, und zwar mit dem Erfolg, daß es zu einem Skandal kommt, dem er sich durch eine Flucht aus Schwyz nach Zürich entzieht. Doch dann überarbeitet Inglin das Buch, und es fällt weg, was erröten machen konnte: Sexuelle Anspielungen, der erotische Aspekt einer Geschwisterliebe, die latente Homosexualität eines seiner Protagonisten, die Schändung eines Kruzifixes. Er kommentierte sein Umarbeiten:

> »Was der Roman an Fülle verloren haben mag, hat er an Form gewonnen... Was mich damals zunächst bewegte, war der Überdruß an Realismus, an Gegenwartsproblemen, am bürgerlichen Lebensstil, und die Lust, der Zeit davonzulaufen.«

Dazu zitiert der Spot mit vollem Namen BEATRICE von Matt und ihre Monographie:

»Kein Werk Inglins wird mehr in dem Maß zeit- und gegenwartsbezogen sein wie *Ingoldau. Wendel von Euw* (1924) flüchtet in einen engeren, privateren Konflikt, der dem damals noch immer drängenderen Künstler-Bürger-Problem entspricht. *Über den Wassern* (1925) in ein überzeitlich Mythisches, und *Gran Hotel Excelsior* (1928) greift eine Vorkriegs-Hotelaristokratie und überspitzte Zivilisation an, ohne ihr eine andere Gegenwart entgegenzusetzen als Natur und bäuerlich einfaches Leben. Der Essay ›Lob der Heimat‹ (1928) glaubt nur an den innersten Kern des angestammten Volkes und im Grunde nur des bäuerlichen... *Jugend des Volkes* ist nach seiner eigenen Aussage eine Flucht aus der Gegenwart in die ›vorgeschichtliche Dämmerung‹.«

Und die Bilanz des Spots: »Lest Urfassungen.«

So laut es zuweilen im Chatroom zugehen mag, es fehlen Stimmen. Auch die von Laure Wyss. Und nicht nur hier drin, sondern auch draußen. Sich behaupten – Laure Wyss war in der Lebenshaltung und im Schreiben Beispiel bis Vorbild. Um so überraschender, wenn man, wie dies Vertrautere erlebten, ihre Selbstzweifel kannte. Aber das Sich-in-Frage-Stellen schärfte die Fähigkeit, Fragen an die Gesellschaft zu stellen; sie kannte die Antworten nicht schon vor dem Fragen. Sie konnte in ihrer Klarheit unerbittlich sein und zügelte ihre Radikalität mit Humor und Ironie.

Sich behaupten zu müssen, dazu gab es persönlichen und gesellschaftlichen Anlaß genug. Eine alleinerziehende Mutter paßte nicht ins bürgerliche Bild. Bezeichnend, daß sie sich nicht aufs private Problem versteifte, sondern dies ausweitete auf solche, die sich auf ihre Weise am Rand befanden – ob sie eine Terroristin im Gefängnis besuchte oder mit Hilfe von Dokumenten *Mutmaßungen über eine Familientragödie* darlegte. Die Erfahrung, die sie als Journalistin und Redaktorin in einer männerdominierten Medienwelt machte, spiegelte sich in ihren Protokollen *Frauen erzählen ihr Leben.* Sie wurde zur Avantgardistin und »grand old lady« der Frauenliteratur, weil sie vom Erlebten herkam und nicht von irgendwelcher Ideologie. Ihre Prosa hatte Boden und gewann damit an Kopf und Seele.

Erneut hatte sie sich zu behaupten, als nach ihrer Pensionierung an die Stelle des journalistischen Schaffens immer mehr das literarische trat, was der belletristischen Zunft nicht unbedingt behagte. Mit dieser zweiten Karriere wurde sie erneut Beispiel, diesmal Vorbild für ein kreatives Alter, dafür, daß man neben Erzählungen und Lyrik mit achtzig *Weggehen ehe das Meer zufriert* schreiben kann. Mit Büchern wie diesen Fragmenten zur Königin Christina von Schweden erlangte Laure Wyss einen Platz in der Literatur, und vieles von dem, was sich literarisch gibt, kann sich daneben nicht behaupten.

Frauenliteratur, ein Begriff, auf den ich mich nur mit Zurückhaltung einlasse wie einst auf den der Arbeiterliteratur – nein, nicht eine Literatur so frisieren oder so konzipieren, daß sie einem einfacheren Bildungsstand Rechnung trägt, sondern bei der Ausbildung für Chancengleichheit eintreten, damit jede und jeder die schulische Möglichkeit hat, sich so auszubilden, daß der anspruchsvolle Text nicht eine Bildungsbarriere abgibt. Das betrifft nicht mehr nur Lektorentätigkeit, sondern Bildungspolitik.

Keine gutgemeinte Ghettoisierung. Was eine Anthologie von schreibenden Frauen nicht überflüssig macht, um aufzuzeigen, wie in den gängigen Literaturgeschichten Autorinnen vernachlässigt oder übersehen wurden, wobei es sich erweisen kann, daß in der welschen Literatur Frauen wie Alice Rivaz und Corinna Bille eine Präsenz einnehmen, wie sie zur gleichen Zeit in der deutschschweizerischen fehlt.

Jede solche Anthologie wird die banale Erkenntnis bieten, daß, was von Frauen verfaßt wird, die ganze Spannweite der zeitgenössischen Literatur spiegelt – mit Autorinnen wie Christina Viragh, Ruth Schweikert oder Gertrud Leutenegger. Da steht neben der zerbrechlichen Prosa einer Adelheid Duvanel die Militanz von Mariella Mehr, die die Repressionspolitik gegen die Kinder der Landstraße, die sogenannten Zigeuner, zum Thema machte, neben der experimentellen Prosa von Ilma Rakusa findet sich die Naturlyrik von Erika Burkart. Frauen-Literatur, wenn Erica Pedretti Hodlers Modell als Stoff wählt, und Männer-Literatur, wenn Gerhard Meier sich an Böcklins »Toteninsel« inspiriert? Die Kurzprosa, wozu Robert Walser ganze Generationen verführte, wird als Genre ästhetisch ebenso feminin wie maskulin beherrscht. Das Netz ist geschlechtsneutral, es dient der »Netz«-Gruppe junger Autorinnen und Autoren wie dem »Netzwerk schreibender Frauen«.

Wenn Eveline Hasler von der letzten Hexe erzählt, die in

der Schweiz verbrannt wurde, oder von der ersten Anwältin, dann ist dies so wenig Frauenliteratur, wie Pirmin Meier Männerliteratur verfaßt, wenn er über *Mord, Philosophie und die Liebe der Männer* oder über den *Fall Federer* schreibt. Und diese Bücher charakterisieren sich auch nicht primär als Homoliteratur, weil sie die Homosexualität zum Thema haben; sicher ist es ein Novum, daß Homosexualität explizit ein literarisches Thema wurde wie bei Christoph Geiser oder Guido Bachmann. Aber *Ter Fögi ische Souhung* oder *La mort de Chevrolet* sind nicht wegen ihrer homosexuellen Thematik Unikate. Mit diesen Werken erlangt Martin Frank einen Stellenwert dort, wo postmoderne Spielarten der Sprache in Spannung zur literarischen Tradition gebracht werden – und dies gilt ebenso für die Bücher, die folgten; es wäre zu bedauern, wenn *Fögi* und *Chevrolet* seinen späteren Werken *im waren lager* oder *Ocean of Love* den Weg verstellten.

Ohne Zweifel verdanken wir der Germanistik, die sich der frauenspezifischen Schreibweise annahm oder den weiblichen Blick analysierte, psychologische und soziologische Einsichten. Aber diese Erkenntnisse sollten nicht die literarische Wertung bestimmen, auch nicht, wenn es um die Aufwertung von Annemarie Schwarzenbach geht.

Das spezifisch Literarische. Man denke an die gängige Rezensententätigkeit – sie ist hauptsächlich Nacherzählung. Recht selten setzt sich die Kritik nach literarischen Kriterien mit den Werken auseinander. Literaturkritik, die es ernst meint, sollte zugleich immer die Frage nach dem stellen, was Literatur zur Literatur macht.

Da loggt sich Fabio Pusterla ein. Ein Tessiner. Pusterla, der in einem Gedicht bekannte:

> »Ich kann dastehen, weiter nichts, zusehen,/wie zart die Blätter in Bewegung sind ... und mich betrinken am Holzgeruch/in der Tiefe des Waldes.« Und auch: »Das bin ich: nichts./Ich will aber das, was ich bin. Und die Wörter: jetzt nimmt sie mir keiner mehr.«

Zum »spezifisch Literarischen« vernimmt man von ihm:

> »Es handelt sich nicht darum, den Einfluß zu negieren, den das politische Territorium, sozial wie sprachlich, auf die literarische Produktion ausüben kann und daß es selbst in gewissen Fällen determinierend sein mag. Der springende Punkt ist, daß das spezifisch Literarische woanders angesiedelt ist.«

Das sind bemerkenswerte Sätze zur italienischsprachigen Literatur der Schweiz. Daraus kann nicht geschlossen werden, daß sein Heimatkanton in seiner Lyrik nicht präsent wäre. Aber es finden sich in ihr nicht nur Orte am Luganersee oder im Oberhalbstein, die einen lyrischen Anlaß bieten, sondern auch Bocksten an der schwedischen Westküste, wo ein Toter gefunden wurde, der im 14. Jahrhundert anscheinend einem Ritualmord zum Opfer fiel. Neben dem Tessin die Lombardei, neben italienischen Lyrikern Übersetzungen des französisch schreibenden Philippe Jaccottet oder des Portugiesen Nuno Júdice. In Pusterlas poetischer Geographie findet sich auch das »Land aus der Tiefe«:

»Wir müssen es sorgsam empfangen, erkunden,/sacht das Dunkel wegschieben von seinen Schauern,/sanft ihm zureden, daß es bleibt«, und Orte wie dieser: »Könnte ich eine Gebärde wählen, einen Ort, eine Zeit/dann wäre die Zeit ein Abend, an dem die Luft stillsteht,/und der Ort wäre ein Ort wie so viele...«

Pusterla verwirft jeden Minoritäten-Bonus. Nicht Nachsicht üben, weil die Tessiner Autoren, schon wegen mangelnder Publikationsmöglichkeiten, es schwer haben, sondern sie ernst nehmen; ernst nimmt man sie, wenn sie ungeachtet von ihren Schaffensbedingungen bewertet werden.

Und daß die Situation in der Tat nicht sehr wohlwollend ist, erfuhr Giorgio Orelli, der über siebzig werden mußte, bis endlich mit *Rückspiel/Partita di ritorno* eine Buchpublikation auf deutsch herauskam, so daß die Chance besteht, im Chatroom Verse von einem Lyriker zu hören, der »mit den Wörtern reist«:

»Da schlug es zu Mittag, man hörte schreiende/Kinder, und aus dem Schatten des Kirchturms erschien,/bedeckt mit metallenen Blättern gegen die Vögel des Rebbergs,/ ein Alter./Und ich frage mich nun, was Erinnerung nützt:/wie er im Sonnenlicht blitzte,/wie er schepperte, derweil kein Wind ging.«

Auf die Frage, ob die doppelte Zugehörigkeit zum italienischen Sprach- und Kulturraum einerseits und zur schweizerischen, das heißt tessinischen, Realität anderseits auch zu

Spannungen, Benachteiligungen, Konflikten führen kann, antwortete Giorgio Orelli:

»Ich habe diese Situation des Dazwischenstehens, in der die Tessiner leben, immer eher als Vorteil denn als Nachteil oder Gefahr erlebt. Das gilt für den Schriftsteller wie für den Bürger. Die Treue zu den eigenen Wurzeln hindert uns nicht daran, den Blick über unsere engen Grenzen schweifen zu lassen ... Unsere Situation zwischen zwei Kulturen hat mir nie geschadet... Es stimmt, daß man in meinen Gedichten das Land, in dem ich lebe, sieht und hört. Doch dieses reale Land, außerhalb unseres Kopfes, stimmt nicht überein mit dem, was Goethe ›Dichterland‹ genannt hat, das heißt mit dem Land der Poesie, das in den Chiffren der lyrischen Sprache erscheint.«

Dazu äußerte sich Iso Camartin, der erste Inhaber eines Lehrstuhls für rätoromanische Sprache und Kultur an den Zürcher Hochschulen, auf folgende Weise:

»In einer Situation wie der gegenwärtigen verliert die rätoromanische Literatur allein dann nicht ihren Sinn, wenn sie sich der Aufgabe unterordnet, eine durch nichts anderes ersetzbare Spracherfahrung einer Minderheit auszugestalten. Nicht der Kunstcharakter, den sehr wenige, aber vielleicht doch einige Werke innerhalb der rätoromanischen Literatur an sich haben, ist in erster Linie ausschlaggebend dafür, die Literatur vor dem Untergang zu bewahren. Für literarische Kunst gibt es genügend Ersatz, wenn die rätoromanische Literatur einmal vergessen sein wird. Was allein ein Festhalten an ihr für die Rätoromanen rechtfertigt, ist die Hilfe, die sie anbietet, um jene Sprachbasis zu entwickeln, auf der jeder geborene Rätoromane doch noch steht.«

Es gibt in der Literatur keine mildernden Umstände, auch nicht solche der Minorität.

Und schon fordert uns Etienne Barilier, der Romanschriftsteller *(La crique des perroquets* oder *Un rêve californien)* und Essayist (*Albert Camus* oder *Alban Berg*), ein Kämpfer gegen den »neuen Obskurantismus«, auf:

»Soyons médiocres, laßt uns durchschnittlich sein, feiern wir einen Geisteszustand, wie er für die welsche Geistesverfassung typisch ist, lebende Tote in einem literarischen Milieu, das gar nicht stattfindet, diese friedfertige Mediokrität... wir sind die Besten der Welt, aber diese Welt existiert nicht... wir sind in diesem Dorf die ersten, und es gibt auf der Welt nur dieses Dorf.«

Besoin de grandeur, »Bedürfnis nach Größe«, mit diesem Pamphlet redet Charles-Ferdinand Ramuz mit, der Klassiker der modernen welschen Literatur, von dem Barilier schreibt:

»Ramuz hat gesprochen, geschrien und dann geschwiegen.«

Soll man an Max Frisch denken und seine Bilanz: der Autor, der gegen Watte kämpft? Oder kommt einem die Bemerkung des welschen Filmregisseurs in den Sinn: Die Schweizer gehen zum Bahnhof, aber sie reisen nicht ab? Hat da einer Robert Walser im Ohr:

> »Hübsch ist es, in Bahnhöfen herumstehen und die Reisenden, die ankommen und fortgehen, gemütlich betrachten zu können. Aber dann sitzt man plötzlich auf einmal in Wirklichkeit in einem der vielen Züge. Ich liebe das ›ruhige Reisen‹ und gestehe: Ich reise wenig, deshalb denke ich mit einer Art Sehnsucht daran.«

Auf dem Bahnhof wäre sicher Peter Bichsel anzutreffen, der einen Zug nimmt, nicht um irgendwohin zu fahren, sondern um Zug zu fahren. Und vielleicht irrt auch Paul Nizon herum, der wieder einmal vergebens in der Schweiz den Schalter sucht, wo man dem Kunden, der sagt: »Ich entreise«, einen Fahrschein ausstellt.

Der Aufenthalt im Bahnhof lohnt sich für Peter Weber; er inspirierte ihn zu Prosa. Der Bahnhof ein Ort, der an die Sixtinische Kapelle erinnert, die Tischreihen des Restaurants werden zu Landzungen und die Treffpunkt-Uhr zum Orient; doch wenn sich einer zu weit weg wagt, wird er als Patient in den Schlaf gespritzt; doch da ist auch einer, der als Thema »Schwarm und Schwärme« wählt und der sich beim Schwärmen bis ins Untergeschoß wagt; doch um dem allgemeinen Fernweh zu begegnen, das hier immer wieder aufkommt, werden in der Querhalle beidseits Riesenbildschirme eingerichtet.

Der Bahnhof als Schauplatz eines kleinen Welttheaters für ein Reisen, ohne wegzugehen.

Dieses Land verführt immer wieder zu Nachsichten, die nicht statthaft sind. Dieter Fringeli, Lyriker, Herausgeber einer vorzüglichen Mundart-Anthologie, *Mach keini Schprüch,* hätte sich bestimmt am Chatten beteiligt, wenn er das Paßwort »ego« gekannt hätte:

> »Die deutschsprachige Literatur in der Schweiz ist nicht reich an gewichtigen epischen Werken. Aus dem Grunde können wir nicht auf die Prosabücher von Jakob Bührer, von Friedrich Glauser, von Ludwig Hohl, von Rudolf Jakob Humm... verzichten.«

Das ist eine Logik, die ich mich weigere mitzumachen. Entweder sind die Prosabücher der zitierten Autoren von literarischer Bedeutung, dann sind sie es, egal, ob unsere Prosaliteratur reich oder arm ist, oder sie sind zweit- und drittrangig, dann kann man auf sie verzichten, auch wenn unsere Prosaliteratur arm bleibt.

Fringeli stellt solche Überlegungen in *Dichter im Abseits* an; er macht es sich zur vornehmen Aufgabe, Autorinnen und Autoren dem Vergessen zu entreißen. Das »Wiederentdecken« ist ohne Zweifel eine Pflicht, der sich die Germanistik ebenso zu unterziehen hat wie die Editionstätigkeit; man möchte »Reprinted by Huber« erwähnen, eine Buchreihe, die von Charles Linsmayer betreut wird und der wir unter anderem verdanken, daß die Werke von Kurt Guggenheim greifbar sind.

Nicht alle, die in Vergessenheit gerieten, lohnen den

Wiederbelebungsversuch literarisch. Wer sich ein Bild der dreißiger Jahre machen will, kann Jakob Bührer nicht übergehen. Er bleibt im Kampf gegen den damaligen Totalitarismus einer der aufrechten Kommentatoren, der für seine demokratische Gesinnung zu büßen hatte, aufschlußreich für die Geschichte unserer politischen Mentalität. Aber seine Werke sind in erster Linie literaturhistorisch interessant.

Wiederentdeckung – das gilt für Friedrich Glauser und in prominenter Weise für Robert Walser. Wie erfolglos das Bemühen sein kann, einem Autor zu dem Platz zu verhelfen, der ihm in der Literatur zukommt, läßt sich an Jakob Schaffner aufzeigen. Man hat ihm seine Nazi-Sympathien nie verziehen, da sind wir Schweizer unversöhnlicher und selbstgerechter als die Länder, die direkt unter dem Nationalsozialismus gelitten haben. Wir bestrafen Jakob Schaffner mit Nicht-zur-Kenntnisnahme und merken nicht, daß wir uns mit der Nichtlektüre seiner Johannes-Romane selbst bestrafen.

Doch was für merkwürdige Messages sind im Chatroom zu vernehmen. Ein Text taucht auf, in dem jedes zweite oder dritte Wort »boba«, »boba« heißt. Bis jemand realisiert, daß es sich um einen Eingriff handelt. Das Hotel Olten, in dem der Chat sich eingemietet hat, unterhält eine Zensurmaschine. Diese ersetzt jeden Ausdruck, der die gängige Moral beleidigt, durch »boba«, ebenfalls ein »four-letters-word«, wie man im Amerikanischen sagt, Ausdrücke, für die das Deutsche gewöhnlich mehr als vier Buchstaben benötigt. Da frißt eine elektronische Katze, was sexinspirierte Mäuse eingetippt haben. Doch dann taucht plötzlich »fuck-h-ing«

auf, damit kann doch nur »fucking« gemeint sein, aber falsch geschrieben. Die Zensurmaschine liest automatisch buchstabengetreu, so daß, was falsch geschrieben ist, durchschlüpft. Heißt das, daß, wer die Orthographie nicht beherrscht, durchkommt – womit »ficken« mit »ie« sich behauptet? Soll Bildung bestraft werden? Oder tarnt sie sich als Un-Bildung, auf die Gefahr hin, daß man jede Unbildung schon als getarnte Bildung betrachtet?

Was soll *das*? Einer, der den Chatroom im Afro-Look betritt? Oder der hinter ihm mit der Irokesenfrisur? Doch dann erkennt man, daß Afro und Irokese ein und dieselbe Person sind und daß ein einziger Klick den Turban durch den Zylinder ersetzt.

Vom Chatroom gelangt man leicht zu »Haute Coiffure«, einem altehrwürdigen Unternehmen, mit dem Stiftungskapital Gottfried Kellers von einem Seldwyler gegründet, der als Hans Kabys in die Welt hinauszog und als John Kabys zurückkehrte. Der machte den Frisiersalon auf, den viele als Hans betreten und als John verlassen, als Hans-Ruedi hineingehen und als Jean-Rodolphe herauskommen, wo ein Päuli zum Pablo wird. Ganze Biographien kann man hier frisieren lassen. Für die intellektuelle Wellness, in Erinnerung an den Firmengründer, einen »Schmied seines Glücks«, arbeitet hier auch ein »Masseur seines Glücks«; da kann sich einer, der die Redaktion einer Kulturzeitschrift verließ, auf eigenen Wunsch fürs Impressum zum »Redaktor honoris causa« kneten lassen.

»Rückkehrer« als Sprechblase und Ansteckknopf. Daß das Ausland einwirkt, ist nicht selbstverständlich. Martin Salander gesteht, daß ihn die sieben Brasilien-Jahre nicht groß verändert haben. Er ist ein berühmter Rückkehrer. Berühmt wie Stiller oder die alte Dame. Der Rückkehrer ist eine Figur, vielleicht mehr der schweizerischen Germanistik als der Literatur selber.

Da meldet sich Dubravka Ugresic zu Wort, indem sie sich mit ihrer »Kultur der Lüge« gastarbeiterlich einloggt: Ein Grundthema der serbisch-kroatischen Literatur sei das Weggehen und Zurückkommen (und dann Scheitern). Sollte sich einmal mehr als Variation erweisen, was wir als Sonderfall betrachten? Unser Sonderfall verliert in dem Maße, in dem wir uns mit einer Komparatistik des Leidens abgeben.

Die Rückkehr, das ist die helvetische Gutmachung für das Weggehen. Übers Weggehen wird unvermeidlich gechattet.

> »Was muß ich nach Paris oder nach New York! Das ganze Leben gibt es auch bei mir in der Straße.«

Der, der sich so äußerte – war das nicht ein Mundartdichter, und einer unserer stärksten?

Wir möchten weder auf Jürg Federspiels New York – *Die beste Stadt für Blinde und andere Berichte* – oder sein *Museum des Hasses. Tage in Manhattan* verzichten noch auf die *Japan-Trilogie* und *L'usage du monde* von Nicolas Bouvier missen.

Thomas Hürlimann bringt die Themen »weg von der Heimat« und »Feuersbrunst« in ein enges Verhältnis: Schweizer neigen in der Fremde dazu, Brandstifter zu werden, ein Akt der Nostalgie. In *Himmelsöhi, hilf* liest man:

»In der deutschsprachigen Schweizer Literatur wird ein Werk nur dann berühmt, wenn es von Heimat und Feuer redet ... Auch die Dichter wie früher die Landsknechte und wie sehr viel später O., das Au-pair-Mädchen, suchten ihre Heimat. Um sie zu stiften, legten sie Brände.«

Was ist aber mit der Ivo della Sapienzia, der Kirche des Tessiner Architekten Francesco Borromini in Rom? Die hat seit dem Barock Epochen überdauert und es bis auf eine schweizerische Banknote geschafft. Und Le Corbusier, der baute Häuser und zündete sie nicht an. Zu was für einem großartigen Text das Ausland inspirieren kann, beweist Hürlimann, wenn er auf »Spurensuche in Galizien« geht. Woraus nicht geschlossen werden darf, daß er für die Meisterschaft der *Tessinerin* oder des *Gartenhauses* in die Fremde muß.

Wer allerdings bei Hürlimann keine Chance hat, ist der Kosmopolit, von dem es in »Das Holztheater« heißt:

»Er wohnt im Kosmos, und als Kosmopolit gibt sich aus, wer überall auf dem Planeten zu Hause ist, weltgewandt und weitgereist... Der Kosmopolit fühlt sich in der Ebene heimisch, überall auf der Oberfläche des Planeten.«

Was aber, wenn einer, der sich das Epitheton ornans »kosmopolitisch« von dritter Seite eingehandelt hat, repliziert:

Ich habe mich nicht nur auf der Oberfläche bewegt, sondern manchmal einen Tunnel genommen und bei langen Distanzen die Luft, und die Oberfläche konnte bei Flüssen, Seen und Meeren Wasser sein. Aber vielleicht bin ich kein richtiger Kosmopolit.

Hürlimann präzisiert:

> »Ich meine vielmehr, daß wir uns in eine Falle hineinmanövriert haben, nämlich in die Falle der totalen Ebene, und die, glauben Sie mir, ist weder mit nationalen noch mit europäischen Mitteln zu einem bewohnbaren Ort zu machen ... Auf einer Kugel, sagt Ernst Jünger, ist jeder Punkt ein Mittelpunkt. So etwas wie Mitte kann es infolgedessen auf dem Planeten, in der Fläche, gar nicht geben; auf halbem Weg zwischen dem Punkt und dem All jedoch, zwischen dem Kleinod und dem Kosmos, könnten wir Menschen eine neue, eine uralte, eine natürliche Mitte finden.«

Wenn nicht mehr länger die »Vertikale« gilt, ist das der Moment, um sich zum Flachland zu bekennen:

Einem heutigen Kulturbewußtsein gemäß ist das Horizontale an die Stelle des Vertikalen getreten, nicht länger Hierarchie, sondern das Nebeneinander, die Simultaneität, die Gleichzeitigkeit von Verschiedenem, letzten Endes die Toleranz der totalen Ebene. Globales Denken stützt sich auf die Erkenntnis, daß es auf einer Kugel keinen Mittelpunkt mehr gibt. Die Unterschiede von Zentrum und Rand sind hinfällig geworden. Da helfen auch Wörter wie »uralt« und »natürlich« nicht weiter.

Da tritt eine Katze auf, so daß die Wühlmaus gleich

verschwindet. Die Katze begleitet Hürlimann auf seinem Abendspaziergang, den er gegen die Mobilität des Kosmopoliten ausspielt; der könnte allerdings entgegnen:

Auch ein Kosmopolit, ob mit oder ohne Katze, kann einen Abendspaziergang unternehmen. Vielleicht an einer Küste, die für ihn neu ist. Was, wenn in der Schweizer Literatur weniger spaziert und gewandert würde und dafür mehr flaniert – aber wie flaniert man in den Alpen?

Das Thema ist gegeben: die heimatliche Enge, aus der einer ausbricht, eine Enge, die nichts Großes erlaubt. Das Leiden an der Kleinheit des Landes, ein Leiden aber, das Bestätigung jener Provinzialität sein kann, als deren Überwindung es sich ausgibt. Ein Ausbruch aus Usurpation von Schicksal.

Wenn mit Enge die Kleinheit des Landes angepeilt wird, ist es ein leichtes, eine respektable Liste großer Autorinnen und Autoren anderer kleiner Länder aufzustellen. Aber ist das nicht eine läppische Replik? Und wenn mit Enge spießige Engstirnigkeit gemeint ist, ist die ebenso in größeren Ländern anzutreffen, selbst in der »grande nation« der Literatur, wie Madame Bovary erfuhr. Und für die Bewohner von ganz großen Ländern hat Gertrude Stein ein für allemal eine übernationale Ausreisegenehmigung ausgestellt, indem sie von Oakland sagte: »There is no there there.«

Was hindert jemanden daran, anderswo und außerhalb seiner Herkunft einen neuen Ort zu suchen, an dem er sich einrichtet und wo er zu leben gedenkt. Nur, wenn die Tatsache, daß man nicht in der Schweiz leben mag, als Exil interpretiert wird, muß man ein Fragezeichen setzen. Kuno

Raeber hat in München gelebt und gearbeitet, ohne sich als Exilant zu fühlen, und er hat in dieser Zeit seine Gedichte in Schweizer Mundart verfaßt. Urs Jäggi oder Matthias Zschokke, um nur die zu nennen, leben in Berlin, ohne sich als Emigranten zu verstehen. Paris hat für welsche Schriftsteller einen besonderen Stellenwert wegen der zentralistischen Kultur Frankreichs. Aber deswegen gleich von Exil reden? Dem würde ein Georges Borgeaud kaum zustimmen, und Benoziglio betrachtet mit Überlegenheit Paris als Vorort von Lausanne.

Muß man nicht das Wort Exil jenen überlassen, die vertrieben wurden oder nicht ohne Lebensgefahr in ihre Heimat zurückkehren können, die aber gern zurückkehren möchten, die vielleicht nicht einmal laut die Regimes ihrer Heimatländer zu kritisieren wagen, weil sie Repressalien gegenüber den zurückgebliebenen Familienangehörigen befürchten müssen. Ein Paris, in dem polnische oder spanische Exilanten für eine demokratische Heimat kämpften.

Wenn Paul Nizon Anspruch auf den Exilanten-Status erhebt, muß er sich sagen lassen, daß sein Exil als Schweizer recht angenehm ist, da die heimatlichen Literaturkommissionen dem Exilanten von Zeit zu Zeit Auszeichnungen oder Werkjahre zukommen lassen. Oder sollte die Tatsache, daß die Heimat ihm (auch finanziell) Anerkennung zollt, ein Beweis mehr dafür sein, daß in dem Land der »Multiplikation konformer Existenzen« nur Mittelmaß herrscht, das Mittelmaß auszeichnet? Als Attitüde jedenfalls ist das Exil leicht ertragbar, wenn es subventioniert wird. »Emigration«, das ist in diesem Fall eine Anbiederung auf Kosten der tatsächlich Betroffenen, ein Gänsefüßchen-Schicksal.

Denn um Schicksalsträchtigkeit geht es. Wenn Nizon sich in Paris niederließ, weil er hier seine »künstlerische Vogelfreiheit« fand, ist das eine einleuchtende Erklärung, die keiner weiteren Begründung bedarf. Aber er suchte mehr. Nicht nur, daß seine Sprachkunst stets darauf aus war, Erlebtes zu finden, was das eigene Leben an Vitalität nicht immer bot. Er wollte der historischen Belanglosigkeit, wie sie die Schweiz bietet, entfliehen. Daher auch eine Bewunderung wie die für Ernest Hemingway: »Was hätte der gemacht ohne Krieg, ohne diese ›Vergünstigung‹.« Aber eben, zu so was wie Kriegen kommt der vom Schicksal vernachlässigte Schweizer Autor nicht, der ohne zerbombte Städte und Soldatenfriedhöfe dichten muß...

»Die Schweiz kann man als Avantgarde auffassen, insofern sie etwas vorwegnimmt, was dem ganzen westlichen Europa blüht, die Einübung in den Tod. Hier ist das Licht des Lebens schon längst erloschen.«

Und was setzt Nizon dem entgegen? Die eigene Person. Das ist nicht immer ausreichend. Es erlangt dann Bedeutung, wenn der Schreibende sich nicht nur für sich interessiert; aber dort, wo Eigenliebe und Eigeninterpretation sich mit sich selbst zufrieden geben, wird die Belanglosigkeit, der er zu entfliehen sucht, durch eine ersetzt, die er sich erschreibt.

Da irrt einer über den Bildschirm, stößt sich den Kopf an und torkelt gegen die nächste Wand. Auf seinem Ansteckknopf ist zu lesen: »einfällehaber«:

»Ich bin ein ›Märchenhafter‹. Ich suche wie Robert Walser eine Brust, wo ich dank eines Dichters all das sein darf, was ich bin: Karrenschieber, Wirt, Raufbold, Sänger, Schuster, Salondame, Bettler, General, Banklehrling, Tänzerin, Mutter, Kind, Vater, Betrüger, Erschaffener, Geliebter.«

Was das wohl bedeutet? Eine Wolke. Eine Wolke von der Farbe des Elfenbeins. Jemand annonciert sich. Eine Frau oder ein Mann? Jung oder alt? Die Wolke als Zeichen dafür, daß jemand am Schreiben ist. Was darf an Text erwartet werden in der Enge unseres Bildschirms?

Enge? Nein – Provinz ist nicht eine Gegebenheit, sondern eine Entscheidung.

Editorische Notiz

Die urbanen Platters – die andere helvetische Tradition

Unveröffentlicht.

Thomas Platter: »Lebenserinnerungen«, GS-Verlag, Basel, 1999 (S. 20, 21). Emmanuel Le Roy Ladurie: »Eine Welt im Umbruch. Der Aufstieg der Familie Platter im Zeitalter der Renaissance und Reformation«, Klett-Cotta Verlag, Stuttgart, 1998 (S. 185); Albrecht von Haller: »Gedichte«, H. Haessel Verlag, Leipzig, 1923 (S. 74); Jakob Baechtold: »Geschichte der deutschen Literatur in der Schweiz«, Huber & Co., Frauenfeld, 1919 (S. 447–687).

Interview mit Albrecht von Haller

Veröffentlicht in: »Die Schweiz von außen gesehen«, Benziger Verlag, Zürich, 1991.

Albrecht von Haller: »Gedichte«, H. Haessel Verlag, Leipzig, 1923 (S. 59, 73, 74, 76, 90, 124); idem: »Albrecht Hallers Tagebuch seiner Studienreise nach London, Paris, Straßbourg und Basel: 1727/28«, Verlag Hans Huber, Bern, 1968 (S. 18). Jakob Baechtold: »Geschichte der deutschen Literatur in der Schweiz«, Huber & Co., Frauenfeld, 1919 (S. 447–687).

Salomon Geßner und die leichte Flöte

Unveröffentlicht.

Salomon Geßner: »Sämtliche Schriften«, Orell Füssli Verlag, Zürich, 1972: »Idyllen«, »Einleitung« (Band II), »Neue Idyllen«, »Briefe« (Band III).

Johann Georg Zimmermann oder das Leiden an der Schweiz

Unveröffentlicht.

Johann Georg Zimmermann: »Über die Einsamkeit: Auszüge aus der vierbändigen Ausgabe, Leipzig 1784/85«, Tanner und Staehelin Verlag, Zürich, 1982 (S. 127); idem: »Vom Nationalstolz. Über die Herkunft der Vorurteile gegenüber anderen Menschen und anderen Völkern«, Tanner und Staehelin Verlag, Zürich, 1980 (S. 12, 18, 35, 36, 62, 80, 88, 90, 124, 126, 144).

Werner Milch: »Die Einsamkeit. Zimmermann und Obereit im Kampf um die Überwindung der Aufklärung«, Verlag Huber, Frauenfeld, 1937 (S. 93).

Jeremias Gotthelf: Käsehütte statt Schulhaus

Unveröffentlicht.

Jeremias Gotthelf: »Der Bauernspiegel oder Lebensgeschichte des Jeremias Gotthelf. Von ihm selbst beschrieben«, Eugen Rentsch Verlag, Erlenbach-Zürich, 1952; idem: »Die Wassernot im Emmental/Wie Joggeli eine Frau sucht«, Diogenes Verlag, Zürich, 1978.

Gottfried Keller: »Sämtliche Werke und ausgewählte Briefe«, 3. Band, Hanser Verlag, München/Wien, 1958 (S. 916); Walter Muschg: »Basler Universitätsreden«,

Helbing & Lichtenhahn, Basel, 1954; Walter Nigg: »Wallfahrt zur Dichtung«, Artemis Verlag, Zürich, 1966 (S. 261); Karl Fehr: »Jeremias Gotthelf (Albert Bitzius)«, J. B. Metzlersche Verlagsbuchhandlung, Stuttgart, 1967 (S. 65, 67).

Mit Gottfried Keller im ungemütlichen Seldwyla
Veröffentlicht unter dem Titel »Schreiben in Seldwyla«, in: »Katalog zur Ausstellung im Strauhof Zürich«, 1990. Gottfried Keller: »Die Leute von Seldwyla«, Band I und II, Diogenes Verlag, Zürich, 1978; idem: »Sämtliche Werke und ausgewählte Briefe«, 3. Band, Hanser Verlag, München/Wien, 1958 (S. 1206). Urs Widmer: »Über Gottfried Kellers Fähnlein der sieben Aufrechten«, in: »Das Geld, die Arbeit, die Angst, das Glück«, Diogenes Verlag, Zürich, 2002 (S. 176).

Blaise Cendrars – Hommage à un »fumiste«
Veröffentlicht in: »Blaise Cendrars. Ein Kaleidoskop in Texten und Bildern«, Lenos Verlag, Basel, 1999.

Adrien Turel oder das formulierte »Heimweh nach der Zukunft«
Veröffentlicht in: »Tages-Anzeiger-Magazin«, Zürich, Nr. 10, 1976.
Adrien Turel: »Bilanz eines erfolglosen Lebens«, Auswahl von Hugo Loetscher, Huber Verlag, Frauenfeld, 1976.

Friedrich Glauser – der arme Hund, der jeder von uns ist
Veröffentlicht als Nachwort zu: »Wachtmeister Studer«, Diogenes Verlag, Zürich, 1989.
Friedrich Glauser »Dada, Ascona und andere Erinnerungen«, Arche Verlag, Zürich, 1976 (S. 15, 55, 83, 89, 155); idem: »Morphium«, Arche Verlag, Zürich, 1980 (S. 21, 22, 24, 72, 126, 132).

Der Lehrer der Sprache, der Anwalt der Bildung – Max Rychner
Veröffentlicht in: »Jahrbuch 99 der Deutschen Akademie für Sprache und Dichtung«, Darmstadt. Darin auch der Brief von Max Rychner über »Die Kranzflechterin« von Hugo Loetscher.

Konrad Farner – ungewöhnliche Stichwörter zu einem ungewöhnlichen Marxisten
Veröffentlicht in: »Tages-Anzeiger-Magazin«, Zürich, Nr. 281, 1973.

Ludwig Hohl und die voreiligen Herbergen
Veröffentlicht in: »Neue Zürcher Zeitung«, Zürich, 21./22. 02. 1987.
Ludwig Hohl: »Die Notizen oder von der unvoreiligen Versöhnung«, Band I und II, Artemis Verlag, Zürich, 1944 (Notiz VII/175, VIII/132); idem: »Landschaften«, in: »Nächtlicher Weg«. Erzählungen, Suhrkamp Verlag, Frankfurt a. M., 1982 (S. 16); idem: »Bergfahrt«, Suhrkamp Verlag, Frankfurt a. M., 1984 (S. 7, 14); idem: »Von den hereinbrechenden Rändern: Nachnotizen«, Band I

und II, Suhrkamp Verlag, Frankfurt a. M., 1986 (Notiz 22, 61, 66, 96, 97, 124, 127, 136, 141, 154, 164, 177, 231, 235, 259, 294, 305, 337, 376, 382, 383, 405, 467, 510, 526, 532, 539).

Max Frisch – erschwerte Verehrung

Unveröffentlicht.

Max Frisch: »Antwort aus der Stille. Eine Erzählung aus den Bergen«, Deutsche Verlags-Anstalt, Stuttgart/Berlin, 1937 (S. 89, 128); idem: »Schweiz als Heimat? Versuche über 50 Jahre«, Suhrkamp Verlag, Frankfurt a. M., 1990; idem: Max Frisch/Friedrich Dürrenmatt: »Briefwechsel«, Diogenes Verlag, Zürich, 1998 (S. 85, 166); idem: »Fragebogen«, Suhrkamp Verlag, Frankfurt a. M., 1998; idem: »Der Mensch erscheint im Holozän«, Suhrkamp Verlag, Frankfurt a. M., 1981 (S. 141).

Max Frisch: »Gesammelte Werke in zeitlicher Folge«, Suhrkamp Verlag, Frankfurt a. M., 1976: »Homo Faber« (Band IV.I, S. 24); »Die Schweiz ist ein Land ohne Utopie« (Band IV.I, S. 258); »Biedermann und die Brandstifter. Ein Lehrstück ohne Lehre« (Band IV.II, S. 328); »Wilhelm Tell für die Schule« (Band VI.II, S. 415); »Ist Kultur eine Privatsache? Grundsätzliches zur Schauspielhausfrage« (Band I.I, S. 100); »Achtung: Die Schweiz. Ein Gespräch über unsere Lage und ein Vorschlag zur Tat« (Band III.I, S. 298, 307); »Stiller« (Band III.II, S. 378); »Gide« (Band VI.I, S. 288); »Bin oder Die Reise nach Peking« (Band I.II, S. 604); »Don Juan oder Die Liebe zur Geometrie« (Band III.I, S. 168); »Die Schwierigkeiten oder J'adore ce qui me brûle« (Band I.2, S. 460);

»Blätter aus dem Brotsack« (Band I.I, S. 173), »Orchideen und Aasgeier. Ein Reisealbum aus Mexico. Oktober/November 1951« (Band III.I, S. 208). Uwe Johnson: »Max Frisch. Stichworte«, Suhrkamp Verlag, Frankfurt a. M., 1975 (S. 29/31); Heinz Ludwig Arnold: »Was bin ich? Über Max Frisch«, Wallstein Verlag, Göttingen, 2002; Peter von Matt: »Die tintenblauen Eidgenossen. Über die literarische und politische Schweiz«, Hanser Verlag, München/Wien, 2001 (S. 235); Ingeborg Bachmann: »Werke«, Band I, Piper Verlag, München, 1978 (S. 46).

Maurice Chappaz und sein Judas-Evangelium

Veröffentlicht in: »Neue Zürcher Zeitung«, Zürich, 26. 10. 2002.

Maurice Chappaz: »Die Walliser. Dichtung und Wahrheit«, Kandelaber Verlag, Bern, 1960; idem: »Lötschental secret. Les photographies historiques d'Albert Nyfeler«, Editions 24 Heures, Lausanne, 1975; idem: »Lötschental: Die wilde Würde einer verlorenen Talschaft«, Suhrkamp, Zürich/Frankfurt a. M., 1979; idem: »Chant de la Grande Dixence«, in: »Poésie de Maurice Chappaz II«, Editions Bertil Galland, Vevey, 1982 (S. 125); idem: »Le Garçon qui croyait au Paradis«, Editions 24 Heures, Lausanne, 1989 (S. 27); idem: »Testament du Haut-Rhône«, in: »Poésie de Maurice Chappaz I«, Editions Bertil Galland, Vevey, 1980 (S. 163); idem: »Tendres campagnes«, in: Poésie de Maurice Chappaz III«, Editions Bertil Galland, Vevey, 1982; idem/Jean-Marc Lovay: »La tentation de l'orient«, Cahiers de la renaissance vaudoise, Lausanne,

1970 (S. 144); idem: »Le Valais au gosier de grive«, in: »Poésie de Maurice Chappaz II«, Editions Bertil Galland, Vevey, 1982 (S. 25); idem: »Office des morts«, in: »Poésie de Maurice Chappaz III«, Editions Bertil Galland, Vevey, 1982 (S. 11). René Etiemble: »Préface«, in: Maurice Chappaz: »Pages Choisis«, Alfred Eibel, Lausanne, 1977 (S. 9–19).

Die Teufels-Musen von Jacques Chessex

Veröffentlicht in: »Neue Zürcher Zeitung«, Zürich, 5. 4. 2003.

Jacques Chessex: »La Muerte y la nada. Œuvres d'Antonio Saura«, Pierre Canova, Paris, 1990 (S. 49, 75); idem: »Figures de la métamorphose«, La Bibliothèque des Arts, Lausanne, 1999 (S. 5); idem: »Le Calviniste«, in: »Poésie II«, B. Campiche, Yvonand, 1997 (S. 111); idem: »Portrait des Vaudois«, L'Aire, Lausanne, 1990 (S. 204); idem: »Carabas«, Lausanne/Grasset/Paris, 1971 (S. 194); idem: »Les Saintes Ecritures«, L'Age d'Homme, Lausanne, 1985 (S. 9); idem: »Transcendance et transgression. Entretiens avec Geneviève Bridel«, Bibliothèque des Arts, Lausanne, 2002 (S. 21, 37). François Nourissier: »Bon appétit, Monsieur L'Ogre«, in: Jacques Chessex: »Minotauro = Minotaure«, Fundaciòn Antonio Pérez, Cuenca, 2000 (S. 79).

Friedrich Dürrenmatt – Labyrinthische Erinnerungen

Unveröffentlicht: Die persönlichen Erinnerungen.

Veröffentlicht:

»Friedrich Dürrenmatt: Gedankendramaturg«, »Querschnitt«, NZZ Verlag, 1982; »Labyrinth mit Zusammenhang. Friedrich Dürrenmatt Schriftsteller und Maler«, Diogenes Verlag, 1994; »Gespräch Hugo Loetscher mit Friedrich Dürrenmatt«, »Tages-Anzeiger-Magazin«, Nr. 50, 1991. Aus den Programmheften des Zürcher Schauspielhauses wurde auszugsweise zitiert. Friedrich Dürrenmatt: »Literatur und Kunst«, Diogenes Verlag, Zürich, 1980 (S. 165, 183).

Im Helvetischen Chatroom

Unveröffentlicht.

Adolf Muschg: »Gottfried Keller«, Kindler Verlag, München, 1977; idem: »O mein Heimatland! 150 Versuche mit dem berühmten Schweizer Echo«, Suhrkamp Verlag, Frankfurt a. M., 1998; idem: »Die Schweiz am Ende. Am Ende die Schweiz. Erinnerungen an mein Land vor 1991«, Suhrkamp Verlag, Frankfurt a. M., 1990 (S. 205, 207); Fritz Zorn: »Mars. Mit einem Vorwort von Adolf Muschg«, Kindler Verlag, München, 1977 (S. 9). Thomas Hürlimann: »Der Kosmopolit wohnt im Kosmos«, in: idem: »Das Holztheater: Geschichten und Gedanken am Rand«, Ammann Verlag, Zürich, 1997 (S. 11, 20, 25); idem: »Höhenfeuer«, in: idem: »Himmelsöhi, hilf! Über die Schweiz und andere Nester«, Ammann Verlag, Zürich, 2002 (S. 51, 56). Niklaus Meienberg: »Die Erschießung des Landesverräters Ernst S.«, Luchterhand Verlag, Darmstadt, 1974; idem: »Zunder. Überfälle, Übergriffe, Überbleibsel«, Diogenes Verlag, Zürich, 1993; idem: »Die Erweiterung der Pupillen beim Eintritt ins Hochgebirge: Poesie 1966–1981«, Limmat Verlag, Zürich,

1981 (S. 5). Hugo Loetscher: »Albin Zollinger als politischer Publizist.« Neue Zürcher Zeitung vom 28. 1. 1985. Beatrice von Matt: ›Meinrad Inglin. Ein Biographie«, Atlantis Verlag, Zürich, 1976. (S. 121–122). Meinrad Inglin: »Notizen des Jägers. Aufsätze und Aufzeichnungen«, Atlantis Verlag, Zürich, 1973 (S. 53–59). Robert Walser: »Feuer: Unbekannte Prosa und Gedichte«, Suhrkamp Verlag, Frankfurt a. M., 2003 (S. 17, 26). Peter von Matt: »Die tintenblauen Eidgenossen. Über die literarische und politische Schweiz«, Hanser Verlag, München/Wien, 2001 (S. 61, 68). Peter Weber: »Bahnhofsprosa«, Suhrkamp Verlag, Frankfurt a. M., 2002 (S. 38, 73, 90). Otto F. Walter: »Gegenwort: Aufsätze, Reden, Begegnungen«, Limmat Verlag Genossenschaft, Zürich, 1988 (S. 247). Fabio Pusterla: »Solange Zeit bleibt/Dum vacat«, Gedichte, ausgewählt, übersetzt und eingeleitet von Hanno Helbling, Limmat Verlag, Zürich, 2002 (S. 32, 54); idem: »Le ragioni di un disagio: dubbi metodologici sulla ›letteratura della Svizzera italiana‹«, in: Antonio Stäuble (Hg.): »Lingua e letteratura italiana in Svizzera«, Atti del convegno tenuto all'Università di Losanna, Edizioni Casagrande, Bellizona, 1989 (S. 60). Giorgio Orelli: »Rückspiel/Partita di ritorno«, Gedichte, ausgewählt und übersetzt von Christoph Ferber, Limmat Verlag, Zürich, 1998 (S. 5, 113). Nicolas Bouvier: »Der Skorpionsfisch. Eine Reise«, Ammann Verlag, Zürich, 1989; idem: »L'usage du monde«, Edition Payot, Paris, 1992. Etienne Barilier: »Soyons Médiocres! Essai sur le Milieu Littéraire Romand«, Edition L'Age d'Homme, Lausanne, 1989 (S. 51, 101, 106); idem: »Contre le nouvel Obscurantisme. Eloge du Progrès«, Edition Zoé, Carouge–Genève, 1995. Robert Weber (Hg.): »Die poetische Nationalliteratur der deutschen Schweiz. Musterstücke aus den Dichtungen der besten schweizerischen Schriftsteller von Haller bis auf die Gegenwart«, Verlagsbuchhandlung J. Vogel, Glarus, 1866 (S. IX, X). Carl Albert Loosli: »Ist die Schweiz regenerationsbedürftig?«, Selbstverlag, Bümpliz, 1912. Paul Nizon: »Die Erstausgaben der Gefühle. Journal 1961–62«, hg. von Wend Kässens, Suhrkamp Verlag, Frankfurt a. M., 2002 (S. 135).

Personenregister

Bitte beachten Sie
auch die folgenden Seiten

Hugo Loetscher im Diogenes Verlag

Abwässer

Ein Gutachten

»Nach einem politischen Umsturz ist der Inspektor der Abwässer aufgefordert worden, einen Bericht über den Zustand der Kanalisation zu verfassen. Denn die Leute, die immer ›so gewaschen tun‹, müßten einmal da hinabschauen können, was alles unter ihren Füßen dahinfließt, das Verborgene und Chaotische unter ihrer sauberen Stadt... Der Inspektor in *Abwässer* hat den ›Abwasserblick‹, der die oberflächlichen Dinge durchschaut. Ein außerordentliches Prosawerk, das ein schwieriges Thema in einer gewagten Metapher meistert –; nicht die Welt als Kloake, aber die Kloake als eine Konstante der Welt.«
Anton Krättli/Kritisches Lexikon zur deutschsprachigen Gegenwartsliteratur

»Dieses Buch ist ein explosives, destruktives und großartiges literarisches Dokument. Es ist ein totales Märchen aus der Wirklichkeit, das wenig ausläßt: weder die Liebe noch die Technik, weder die Psychologie noch die Dummheit, weder die Einsamkeit noch die Gemeinheit.« *Die Welt, Hamburg*

Die Kranzflechterin

Roman

»Jeder soll zu seinem Kranze kommen«, pflegte Anna zu sagen; sie flocht Totenkränze.

»Auch hier führt die Wahl des ungewöhnlichen Blickpunktes zu ungewöhnlichen Ansichten aus der Menschenwelt und Farbenspielen des Lebens, die um so mehr faszinieren, als vom Tode her ein leichter Schatten auf sie fällt.« *Nürnberger Zeitung*

Noah

Roman einer Konjunktur

Loetscher erzählt die Geschichte eines Mannes, der die Konjunktur anheizt mit seinem Plan, die Arche zu bauen. Niemand glaubt im Ernst an die kommende Flut, aber alle machen mit ihr Geschäfte. Aber nicht nur im Geschäftsleben, auch im Kulturbetrieb zeitigt die Konjunktur ihre unerfreulichen Begleiterscheinungen. Noahs Lage verschlimmert sich aus vielen Gründen, so daß einer zuletzt sagen kann: »Jetzt kann ihn nur noch die Sintflut retten.«

Wunderwelt

Eine brasilianische Begegnung

Die Begegnung eines Europäers mit den Mythen von Leben und Tod einer fremden Kultur: eine Hymne, aber noch mehr eine Elegie, geschrieben für ein kleines Mädchen.

»Ich würde *Wunderwelt* gerade auch besonders viele junge Leser wünschen. Nicht nur weil Loetscher die Sprache fand, um die Wirklichkeit bis in Nuancen genau so darzustellen, daß man ganz in sie hineingenommen wird. Sondern auch wegen einer Geisteshaltung, ohne die dieses Buch nicht hätte geschrieben werden können ... Statt ›Wunderwelt‹ könnte dieses Buch auch ›Die Fähigkeit zu trauern‹ überschrieben sein.« *Deutsches Allgemeines Sonntagsblatt, Hamburg*

Herbst in der Großen Orange

»Hugo Loetscher ist mit *Herbst in der Großen Orange* ein großer Wurf gelungen. Der dritte Satz schon ist der erste hintergründige, denn das ›Grün‹ ist künstlich, wie fast alles in dieser Stadt. Auf 165 Seiten enttarnt Loetscher eine Scheinwelt, reiht ein sprachliches Kabinettstückchen ans andere, ist mal lyrisch, mal satirisch. Immer aber schwingt eine hei-

tere Melancholie mit, angesichts einer Menschheit, die nicht mehr so recht weiß, wo's langgeht.«
Stern, Hamburg

Der Waschküchenschlüssel
oder Was – wenn Gott Schweizer wäre

»Loetscher ist ein bedeutsamer Schweizer Erzähler und Romancier, der auch als Journalist arbeitet und zudem die Welt kennt. Er hat einen famosen Sinn fürs Anekdotische und Skurrile, einen scharfen Blick, gepaart mit einem gänzlich unhysterischen, natürlichen Ton. Zum Schluß der Lektüre meint man, den Abend mit einem Freund verbracht zu haben, dem man gern länger zugehört hätte. Wer schreibt uns so trefflich, so distanziert und aus liebevoller Nähe über die Italiener? Die Franzosen? Uns in der Bundesrepublik?«
Titel, München

Der Immune
Roman

»Noch bevor manche jüngeren Autoren und Autorinnen Literatur als Mittel zur Erforschung und Bewältigung des eigenen Lebens entdeckten, setzte Hugo Loetschers *Der Immune* einen Maßstab, vor dem nicht viele bestehen. Ein Muster und deshalb auch heute noch aktuell, weil es hier einer verstand, in der selbstkritischen Beschäftigung mit dem Ich auf geistreiche, witzige, eloquente Art den Blick freizugeben auf die Epoche, in der dieses Ich sich formte und in der es lebt.« *Tages-Anzeiger, Zürich*

Die Papiere des Immunen
Roman

»Der Immune ist ein überaus witziger und intelligenter Herr, ein weitgereister, gebildeter Gesprächspartner, elegant und originell – ein durchaus passabler Gefährte für ein Buch von 500 Seiten. Ein Buch voll von

schönen und abstrusen Geschichten, die einen wuchtigen Kosmos bilden; und obwohl der Immune vorgibt, seinen Wohnsitz im Kopf zu haben, sind diese Papiere alles andere als kopflastig.«
Westermann's, München

Die Fliege und die Suppe

und 33 andere Tiere in 33 anderen Situationen
Fabeln

Einst hatten die Tiere Charakter, dann erging es ihnen wie den Menschen, sie fingen an, sich zu verhalten.

»Ganz ohne missionarisches ›Du sollst‹ macht Loetscher einsichtig, was der Mensch nicht soll, aber tut. Ähnliches habe ich nie gelesen. Literatur pur. Da wird nichts angemerkt, reflektiert, verdeutlicht. Wörter und Sätze als Essenz.« *Die Zeit, Hamburg*

Der predigende Hahn

Das literarisch-moralische Nutztier

»Unter dem Titel *Der predigende Hahn* nimmt Loetscher gleichsam als Arche Noah von ›Aar‹ bis ›Zukunftsgeiß‹ jenes Getier auf, das Dichtern seit alters zu literarischem und moralischem Nutzen diente. Was nebenher beweisen soll, daß kaum einer der großen Autoren ohne Tiere hat auskommen können. Die Ausbeute reicht von Abraham a Sancta Clara bis Emile Zola, vom Gilgamesch-Epos bis zu Walt Disney. Eine schöne und anregende Idee.«
Harald Hartung/Frankfurter Allgemeine Zeitung

Saison

Roman

Er war berühmt, nur wußte dies niemand. Aber er hatte noch ein ganzes Leben vor sich. Philipp, zwischen Schulabschluß und Berufsausbildung stehend, von der Großen Bühne träumend, jobbt einen Sommer lang als Bademeister. Aus einer Zürcher Seebadeanstalt macht er mit unbekümmerter Phantasie ein buntes, spannend-überraschendes Badetheater. Philipps erste Saison wird zudem zur Saison einer zarten Liebe.

»*Saison*, das ist ein melancholisches Buch und zugleich ein moderner Entwicklungsroman mit erstaunlichem Tempo. Blendend formuliert, mehrfach ironisch gebrochen, mit schnellen Schnitten und überraschenden Wendungen.«
Österreichischer Rundfunk, Wien

»Hugo Loetschers Sinn für Humor, seine Phantasie – gepaart mit feinen Beobachtungen – schlagen sich auch in seinem Werk *Saison* nieder.«
Tages-Anzeiger, Zürich

Die Augen des Mandarin
Roman

Kann man mit blauen Augen sehen? Diese Frage eines chinesischen Mandarins stimuliert Past, den frisch entlassenen Angestellten einer obskuren Kulturstiftung und Spezialisten für Gedenktage und Neujahrsfeiern, zu Erinnerungen aus seinem bewegten Leben. Sie entführt ihn noch einmal in fast alle Erdteile, sie entlockt ihm pointierte Geschichten und Anekdoten – in einem verstörenden, berauschenden Nebeneinander der Kontinente, Zeiten und Bilder, in dem sich Ränder und Zentren auflösen, sich unerwartet das Vertraute im Fremden und das Fremde im Vertrauten zeigt.

»Anders als alles Gewohnte und sehr zum Staunen. *Die Augen des Mandarin* ist nicht ein Roman, eher schon zweihundert Romane in einem. Es ist ein Funkeln, Blitzen und Witzeln von Geschichten, Ideen und Pointen, wie man es eher selten trifft in dieser Welt.«
Andreas Isenschmid / Tages-Anzeiger, Zürich

»Hugo Loetscher ist ein großes, ein schönes Werk gelungen. Was an *Die Augen des Mandarin* mehr als alles andere beglückt, ist seine Kühnheit: ohne Scheu handelt es vom Sterben und greift doch mitten ins Leben hinein.« *Roman Bucheli / Neue Zürcher Zeitung*

»Ein Feuerwerk der Fabulierkunst. Daß es Hugo Loetscher gelingt, die pulsierenden Erinnerungssplitter zu einem berauschenden Ganzen zu verbinden, macht seine ganz eigene Kunst des Erzählens aus. Dieses Buch ist ein Geschenk.« *Berner Zeitung*

Vom Erzählen erzählen

Poetikvorlesungen
Mit Einführungen von Wolfgang Frühwald und Gonç alo Vilas-Boas

»Vom Erzählen erzählen« – diesen Titel gab Hugo Loetscher seinen Münchner Poetikvorlesungen aus dem Jahr 1988. Die erweiterte Neuausgabe dieser Texte wird ergänzt durch »Ein Schriftsteller in und außerhalb der Schweiz«, die Antrittsvorlesung an der CUNY (City University of New York), wo Loetscher 1982 der erste Inhaber des Swiss Chair war. Zudem finden sich in dem Band auch die Poetikvorlesungen, die er im Frühjahr 1999 an der Universität Porto hielt.

»Hugo Loetscher ist ein Autor, der seit mehr als einem Vierteljahrhundert zu den vielseitigsten Gestalten der deutschsprachigen Schweizer Literatur gehört.« *Neue Zürcher Zeitung*

Der Buckel

Geschichten

In diesen neunzehn Geschichten, darunter zahlreiche unveröffentlichte, kehrt besonders ein Thema immer wieder: *Der Buckel* steht für den lädierten Menschen, den Ausgestoßenen und Benachteiligten. Sie illustrieren aufs schönste die erzählerische Spannbreite und Vielfalt Hugo Loetschers.

»Was für eine Mischung aus Ironie und Philosophie, Weltläufigkeit und Bodenständigkeit! Welch scharfen

Blick der Multiperspektive und der Wechselidentität pflegt schon so lange so brillant einer der zeigemäßesten deutschsprachigen Autoren, der Schweizer Hugo Loetscher!« *Ingo Arend/Freitag, Berlin*

mit Alice Vollenweider
Kulinaritäten
Ein Briefwechsel über die Kunst und die Kultur in der Küche

Noch ein Kochbuch? Ja, aber noch viel mehr: in diesen Briefen entfaltet sich eine kleine Kulturgeschichte der Küche. Nebst höchst delikaten Rezepten erfährt der Leser, wie und wo diese Rezepte entstanden sind, wo die Quellen der heutigen Kochkunst liegen, wie es die Schriftsteller mit dem Essen hielten; auch der Stil unterscheidet dieses Buch von allen anderen Kochbüchern: die beiden Briefschreiber verstehen nicht nur etwas von der Küche, sondern auch von Humor.

Padre António Vieira
Die Predigt des heiligen Antonius an die Fische
Hugo Loetscher
António Vieira – Portrait eines Gewissens

Der portugiesische Jesuit António Vieira (1608 bis 1697) ist eine der großen Figuren des europäischen Gewissens. Hugo Loetscher hat ihn für die deutsche Sprache entdeckt. Indem er von dem Prediger und Missionar, dem Diplomaten und Politiker António Vieira spricht, gibt er zugleich ein literarisches Bekenntnis von Aktualität.

»*Die Predigt des heiligen Antonius an die Fische* richtete sich gegen die portugiesischen Kolonisten und wehrte sich für die Indianer, jene rothäutigen Lebewesen, die man wie Tiere jagte und einfing und die den Aufbau einer feudalen Kolonialwirtschaft ermöglichen sollten.« *Hugo Loetscher*

Urs Widmer
im Diogenes Verlag

»Wer kann heute noch glitzernde, glücksüberstrahlte Idyllen erzählen? Wer eine Geschichte über den Golfkrieg und die A-Bombe? Wer ein Märchen für Erwachsene von – sagen wir: fünfzehn an? Und wer eine Liebesgeschichte über Lebende und Tote, die uns traurigfroh ans Herz geht? Die Antwort: Urs Widmer. Er kann all dies aufs Mal und all das ist, eine Rarität in der deutschen Literatur, tiefsinnig und extrem unterhaltend zugleich.«
Andreas Isenschmid/Die Zeit, Hamburg

Vom Fenster meines Hauses aus
Prosa

Schweizer Geschichten

Shakespeare's Geschichten
Alle Stücke von William Shakespeare, nacherzählt von Walter E. Richartz und Urs Widmer. In zwei Bänden

Das enge Land
Roman

Liebesnacht
Eine Erzählung

Die gestohlene Schöpfung
Ein Märchen

Indianersommer
Erzählung

Der Kongreß der Paläolepidopterologen
Roman

Das Paradies des Vergessens
Erzählung

Der blaue Siphon
Erzählung

Liebesbrief für Mary
Erzählung

Die sechste Puppe im Bauch der fünften Puppe im Bauch der vierten
und andere Überlegungen zur Literatur. Grazer Vorlesungen 1991

Im Kongo
Roman

Vor uns die Sintflut
Geschichten

Der Geliebte der Mutter
Roman

Das Geld, die Arbeit, die Angst, das Glück.

Niklaus Meienberg im Diogenes Verlag

Heimsuchungen

Ein ausschweifendes Lesebuch

Ein Lesebuch über Landschaften und Städte, über Dichter und Politiker, über Gott und die Welt – Heimsuchungen im wahrsten und doppelten Sinne des Wortes.

»Seine Sprache schafft eine neue Stufe der Beteiligung. Präzise ist sie und klar, zurückhaltend, trocken (nie vernebelnd), schön.« *Süddeutsche Zeitung, München*

»Er ist weit differenzierter und intelligenter als seine Kritiker. Aber es ist auch unfair, ihn mit gehetzten und unter Druck stehenden Journalisten zu vergleichen. Denn er gehörte ja schon immer einer andern Kategorie an: der der Schriftsteller.«
Margrit Sprecher/Die Weltwoche, Zürich

Zunder

Überfälle, Übergriffe, Überbleibsel

Die Ideologien sind zertrümmert, Gewißheiten verdampft. Der Reisende Meienberg war seit 1991 widersprüchlichsten Eindrücken ausgesetzt. Seine Reportagen handeln u.a. von der triumphalen Siegesparade in Washington (nach dem Golfkrieg), dem ethnischen Wahn in Karabach und der Angst im Strudel der Ereignisse von Algier.

»Für mich ist Meienberg vor allem ein großer Prosaautor. Wo diese Prosa schließlich erschienen ist, das ist gleichgültig. Das ist ähnlich wie bei Heine. Heinrich Heine hat einen großen Teil seines Werks für Zeitungen geschrieben. Das gehört heute zur verbindlichen deutschen Prosa.«
Peter von Matt/SonntagsZeitung, Zürich